Startklar!

Wirtschaft · Berufs- und Studienorientierung

Gymnasium

Erarbeitet von
Jürgen Kochendörfer

Oldenbourg Schulbuchverlag, München

Startklar!

Wirtschaft · Berufs- und Studienorientierung

Der Band wurde erarbeitet von Dr. Jürgen Kochendörfer, Aichwald

Redaktion:	Klaus Pflügner, Dr. Uwe Andrae
Umschlaggestaltung:	Corinna Babylon
Layout und technische Umsetzung:	Stephan Hilleckenbach, Berlin
Illustration:	Matthias Pflügner, Berlin
Kartenherstellung und Grafik:	Erfurth Kluger Infografik, Berlin

www.oldenbourg.de

Die Webseiten Dritter, deren Internetadressen in diesem Lehrwerk angegeben sind, wurden vor Drucklegung sorgfältig geprüft. Der Verlag übernimmt keine Gewähr für die Aktualität und den Inhalt dieser Seiten oder solcher, die mit ihnen verlinkt sind.

Die Mediencodes enthalten zusätzliche Unterrichtsmaterialien, die der Verlag in eigener Verantwortung zur Verfügung stellt.

1. Auflage, 1. Druck 2018

Alle Drucke dieser Auflage sind inhaltlich unverändert und können im Unterricht nebeneinander verwendet werden.

Druck: Mohn Media Mohndruck, Gütersloh

ISBN 978-3-637-02325-3 (Schülerbuch)
ISBN 978-3-637-02326-0 (E-Book)

PEFC
PEFC/04-31-1033

PEFC zertifiziert
Dieses Produkt stammt aus nachhaltig bewirtschafteten Wäldern und kontrollierten Quellen.

www.pefc.de

Liebe Schülerinnen und Schüler,

wie euch die Bezeichnung „Wirtschaft/ Berufs- und Studienorientierung“ (WBS) vermuten lässt, ist der Themenbereich des Fachs breit gefächert. Ihr erwerbt nicht nur Kompetenzen, die ihr als „mündige Wirtschaftsbürger“ benötigt, sondern bekommt auch Anregungen, die euch die spätere Suche nach einem Ausbildungs- oder Studienplatz erleichtern. Das ist dringend notwendig.

Im WBS-Unterricht versetzt ihr euch jeweils in unterschiedliche Rollen, etwa in die von Verbrauchern, Bewerbern um einen Ausbildungsplatz, Arbeitnehmern, beruflich Selbstständigen und von gestaltenden Bürgerinnen und Bürgern in der sozialen Marktwirtschaft. Ihr berücksichtigt dabei die Interessen von denjenigen, mit denen ihr es dann jeweils zu tun habt, und ihr bekommt einen Einblick in gesetzliche Vorgaben, die solche Wirtschafts- oder Berufsbeziehungen regeln.

Der Band „Startklar!“ ist wie folgt strukturiert:

Auftaktdoppelseiten

Jedes Kapitel wird mit einer Bilddoppelseite eröffnet. Ein großformatiges Foto ermöglicht euch zusammen mit einem kurzen Übersichtstext eine Einstimmung auf das Thema des Kapitels.

Themendoppelseiten

Sie bilden den Schwerpunkt des Bandes. Jedes Kapitel wird in überschaubare Einzelthemen gegliedert. Die große Überschrift auf der linken Seite zeigt euch an, worum es geht. Verfassertexte wechseln mit Materialien, die mit **M** gekennzeichnet sind. Dies können Abbildungen, Textquellen, Schaubilder, veranschaulichende Skizzen oder Karikaturen sein.

Auf den Themendoppelseiten findet ihr auf einigen Themenseiten Webcodes (z. B. **Webcode:** SK023253-001). Gebt den Code auf der Internetseite www.cornelsen.de in das Feld „Webcode“ ein. Hier findet ihr zusätzliche Angebote zum jeweiligen Thema.

Arbeitsaufträge

Fragen mit Fragezeichen findet ihr nur selten. Stattdessen werden Operatoren verwendet. Das sind Verben, die zu einer bestimmten Tätigkeit auffordern, z.B. erläutert, beschreibt, begründet.

Randspalte

Viele Doppelseiten enthalten Randspalten mit Worterklärungen oder Auszügen aus Gesetzestexten. Sie beziehen sich auf Textstellen, die mit einem Sternchen* gekennzeichnet sind.

Methodenseiten

Sie beschreiben Arbeitsmethoden und Arbeitstechniken, die euch bei der Erschließung eines konkreten Themas helfen.

Checkup-Seiten

Am Ende eines jeden Kapitels findet ihr die Seiten „Das kann ich ...“. Dort werden wichtige Inhalte in Form von Schaubildern zusammengefasst. Außerdem könnt ihr mit dem Wissens-Check überprüfen, ob ihr alle Inhalte verstanden habt.

Glossar

Schwierige Begriffe aus der wirtschaftlichen und arbeitsrechtlichen Fachsprache sind im Anhang des Buches alphabetisch geordnet und erklärt.

Register

Mit dem Stichwortverzeichnis am Ende des Buchs könnt ihr herausfinden, auf welchen Seiten ein bestimmter Sachverhalt behandelt wird.

INHALT

Kapitel 1

Verbraucher und Märkte

Kapitel 2

Wahl eines geeigneten Berufs

Kapitel 3

Arbeitnehmer im Betrieb

Kapitel 4

Sich selbstständig machen

Kapitel 5

Leben und Arbeiten in der Sozialen Marktwirtschaft

KAPITEL 1

Verbraucher und Märkte

Offene Läden bis in den Abend, verkaufsoffene Sonntage und Angebote im Internet ermöglichen es euch, jederzeit einzukaufen. Vielen macht Einkaufen Spaß – etwa in einem Einkaufszentrum wie auf dem Foto. Manche lassen sich aber auch schnell zum Kauf verführen. Marktteilnehmer brauchen einen kühlen Kopf, sie wollen für sich das Beste herausholen. Anbieter streben nach dem höchstmöglichen Gewinn, Kunden nach niedrigen Preisen und trotzdem nach einer hohen Qualität.

Aber deshalb sind nicht alle Verbraucher und alle Anbieter Egoisten. Den Kunden ist es wichtig, dass es ihren Mitmenschen und der Umwelt gut geht. Deshalb kaufen sie auch einmal teure Produkte, die für die Natur weniger schädlich sind. Es gibt auch immer mehr Unternehmer, die nicht bereit sind, Waren, z. B. T-Shirts oder Jeans, in Fabriken nähen zu lassen, die niedrigste Löhne bezahlen, den Arbeitsschutz missachten und sogar Kinder beschäftigen.

Im diesem Kapitel erfahrt ihr vieles über wirtschaftliche Entscheidungen von Verbrauchern, über das Verhalten von Anbietern, über die Entstehung von Marktpreisen und über rechtliche Aspekte bei Käufen.

Motive für wirtschaftliches Handeln

M1 Lisa und David beim Frühstück

Lisa und David sitzen am Wochenende gemeinsam beim Frühstück. Dabei blättern sie Werbebroschüren durch, die in ihrem Briefkasten lagen. Ihre Wohnung ist immer noch nicht fertig eingerichtet. David hätte sehr gerne ein Fernsehgerät mit großem Monitor, das als Sonderangebot zu haben ist. Lisa dagegen würde stattdessen lieber noch einige Tage Urlaub machen und eine Flugreise nach England buchen.

★ **Sachgüter**
Gegenstände wie Fahrzeuge, Smartphones oder Möbelstücke, die von Handwerks- und Industriebetrieben hergestellt werden. Auch landwirtschaftliche Erzeugnisse wie Obst und Gemüse sind Sachgüter.

★ **Dienstleistungen**
Sie werden u. a. von Handwerkern, Banken, Versicherungen, Rechtsanwälten, Ärzten oder Friseuren erbracht. Es geht also um Reparaturen, Beratungen oder Behandlungen. Wenn ein Handwerker ein Fenster einbaut, ist das Fenster ein Sachgut, der Einbau eine Dienstleistung.

★ **Kaufkraft**
In privaten Haushalten das monatliche für den Konsum und für Ersparnisse verfügbare Einkommen, also derjenige Betrag, der vom Einkommen übrigbleibt, nachdem alle regelmäßig wiederkehrenden Zahlungsverpflichtungen, z. B. Wohnungsmiete, Versicherungsbeiträge, abgezogen sind.

Bedürfnisse

Ihr könnt sicherlich den Konflikt von Lisa oder David verstehen. Wie diese beiden haben alle Menschen Wünsche, doch kaum einer kann sie alle gleichzeitig erfüllen. Wünsche wie die von Lisa und David werden auch als Bedürfnisse bezeichnet. Sie geben einen Mangel an, den Menschen gegenüber bestimmten Sachgütern★ oder Dienstleistungen★ empfinden. Sind sie in der Lage, ein Bedürfnis durch den Kauf eines Sachgutes oder einer Dienstleistung zu befriedigen, müssen sie das Geld dazu haben, also über die notwendige Kaufkraft* verfügen.

Wir alle haben das Bedürfnis nach Nahrung, nach Kleidung und Wohnung. Solche Grundbedürfnisse sind notwendig zum Leben. Wie Lisa und David haben die meisten Menschen weitere Bedürfnisse, z.B. nach anspruchsvoller Unterhaltung, nach einer besonders schönen Wohnungseinrichtung oder nach Urlaubsreisen. Diese Kulturbedürfnisse machen unser Leben angenehmer. Die Grenzen zwischen Kultur- und Luxusbedürfnissen sind fließend. Je anspruchsvoller die Bedürfnisse werden, umso mehr werden sie zu Luxusbedürfnissen.

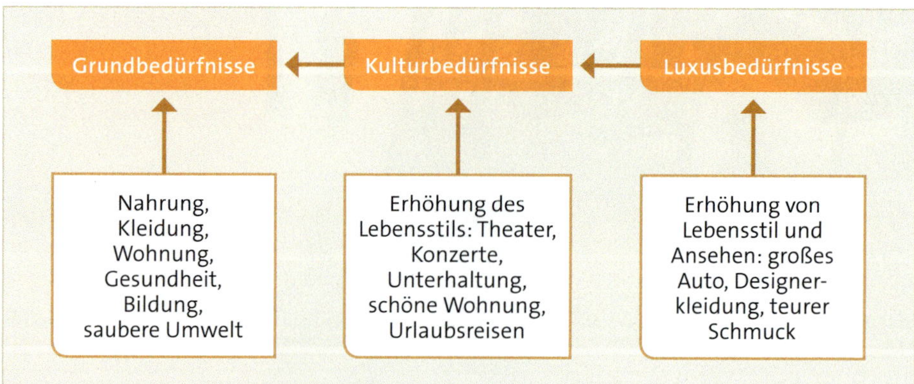

M2 Bedürfnisse nach Dringlichkeit

Rangordnung der Bedürfnisse

Nicht alle menschlichen Bedürfnisse lassen sich mit Geld befriedigen. Freundschaft, Geborgenheit oder Liebe sind menschliche Bedürfnisse, die wichtiger sind als z.B. Designerkleidung. Vor über 50 Jahren hat sich der amerikanische Psychologe Abraham Maslow Gedanken über die Bedürfnisse der Menschen gemacht und ein recht einfaches Modell entwickelt: eine Pyramide der Wichtigkeit von Bedürfnissen. Nach seiner Theorie versuchen Menschen zuerst die Bedürfnisse der niedrigen Stufe zu befriedigen. Sobald eine Stufe erreicht ist, streben sie nach der nächsthöheren.

M3 Rangordnung der Bedürfnisse nach Abraham Maslow

Die Bedürfnisse von Jugendlichen unterscheiden sich oft deutlich von denen Erwachsener:

M4 Das Auto als Statussymbol?

Für junge Menschen wird es zunehmend unwichtiger, ein eigenes Auto zu besitzen. Eine größere Rolle spielen Computer und Smartphones. Das hat eine Umfrage des internationalen Beratungsunternehmens Prophet ergeben. Der Markenberater hat insgesamt 1000 deutsche Bürger im Alter von 18 bis 34 Jahren zu ihrer Einstellung zum Thema Auto befragt. Das Ergebnis der aktuellen Studie: Das Auto als Statussymbol verliert unter jungen Leuten zunehmend an Bedeutung. Vielmehr sehen sie es als reines Fortbewegungsmittel an. Der Besitz hochwertiger Technik wie PCs, Laptops oder Smartphones sei bereits heute vielen wichtiger als der Besitz eines eigenen Autos.
Insgesamt 41 Prozent der Befragten stimmten der Aussage zu, dass das Auto seine Bedeutung als Statussymbol verloren habe. Mehr als die Hälfte bezeichnen es sogar als reines Werkzeug, das der Fortbewegung von A nach B diene. Ein Drittel der 18- bis 34-Jährigen findet, dass Carsharing eine gute Alternative zum eigenen Auto sei. Dabei fanden die Forscher heraus, dass der eigene Pkw immer unwichtiger wird, je höher der Bildungsstand der Befragten ist.

Junge Menschen setzen andere Prioritäten, auto motor sport online, 6.3.2014 [Text gekürzt], in: www.auto-motor-und-sport.de (Zugriff: 5.2.2016)

* **Selbstverwirklichung**
Umfassende Ausschöpfung der Fähigkeiten mit dem Ziel, eigene Sehnsüchte und Neigungen zu verwirklichen. Dabei soll die eigene Person zur Entfaltung gebracht werden.

1 Spielt die Situation von **M1** in einem Rollenspiel nach.
2 Ergänzt die drei Arten von Gütern durch eigene Beispiele.
3 Fasst die Aussage von **M4** in eigenen Worten zusammen. Beurteilt die Aussage aus Sicht von Jugendlichen in ländlichen Gebieten einerseits und in städtischen Gebieten andererseits.
4 Ordnet die folgenden Bedürfnisse jeweils den Rangstufen nach Maslow (**M3**) zu: Klarheit über den weiteren Lebensweg, Lob von Lehrern, ein warmer Pullover.

Wir alle müssen wirtschaften

Knappe und freie Güter

Wirtschaftsgüter, die nicht in beliebigem Umfang an jedem Ort zu jeder Zeit zur Verfügung stehen, und ebenso alle Dienstleistungen, die ihr nachfragt, gelten als knapp. Sie stehen euch nicht kostenlos zur Verfügung. Nur wenige Güter, sog. freie Güter, stellt uns die Natur im Überfluss zur Verfügung. Beispiele hierfür sind Sand in der Wüste, Luft zum Atmen, Wasser im Meer. Aber selbst diese wenigen freien Güter sind nicht immer so beschaffen, wie wir sie brauchen. Luft in den Großstädten ist oft mit Feinstaub belastet, das Meerwasser ist verschmutzt und mit Plastikmüll belastet.

Auktionen, z. B. bei eBay

M 1 Preismedaille des Stuttgarter Karls-Gymnasiums (Ende des 19. Jahrhunderts, Durchmesser 32 mm)

Besonders knapp sind Güter, die nur einmal oder nur in wenigen Exemplaren zur Verfügung stehen. Ein Beispiel: Wie ihr wisst, bekommen am Ende jedes Schuljahres Schülerinnen und Schüler mit guten Leistungen zusätzlich zu ihren Zeugnissen Preis- oder Belobigungsurkunden. Vor allem in Württemberg gab es seit dem 17. Jahrhundert bis zum Ersten Weltkrieg an einigen Schulen zusätzlich zu den Urkunden geprägte Medaillen aus Silber oder Bronze. Der Dichter Friedrich Schiller bekam während seiner Schulzeit in Stuttgart fünf solcher Preismedaillen. Heute gibt es Sammler für alte Schulmedaillen – sicherlich sind manche davon Lehrerinnen und Lehrer.

Im Juni 2015 versteigerte ein Stuttgarter Auktionshaus eine gut erhaltene Silbermedaille des Stuttgarter Karls-Gymnasiums (**M 1**) für 90 Euro.

Bei solchen Medaillen handelt es sich um besonders knappe Güter. Sie wurden jedes Jahr nur in geringer Zahl geprägt. Bei sehr knappen Gütern wie Antiquitäten oder Kunstgegenständen sind Auktionen eine erfolgreiche Möglichkeit zur Ermittlung von Marktpreisen. Für Versteigerungen gibt es Auktionshäuser, die sich meist auf bestimmte Warengruppen spezialisiert haben, z. B. auf Münzen oder Gemälde. Solche Kultur- oder Luxusgüter sind oft teuer.

Aber auch ihr habt vielleicht schon einmal mithilfe eurer Eltern ein Internet-Auktionsportal genutzt; das bekannteste ist eBay. Dort könnt ihr Waren einstellen, die ihr nicht mehr benötigt und die ihr gern verkaufen wollt – oder ihr nutzt das Portal, um selbst etwas zu ersteigern.

Aber Achtung: Bei Internetauktionen müsst ihr vorsichtig sein, denn anders als traditionelle Auktionshäuser gewähren die Anbieter keine Qualitätskontrollen. Fotos sind oft so geschickt aufgenommen, dass ihr Fehler nicht erkennt. Und bei Privatanbietern gibt es, sofern nicht bewusst getäuscht wurde, kein Rückgaberecht. Außerdem besteht die Gefahr, dass die Anbieter über zusätzliche Internetadressen selbst mitbieten, um die Preise hochzutreiben.

Einteilung von Gütern

Nehmen private Haushalte Güter, also Sachgüter, aber auch Dienstleistungen in Anspruch, werden diese als Konsumgüter bezeichnet (z. B. Nahrungsmittel, Hausrat, privater Pkw). Werden sie von Unternehmen zur Herstellung anderer Güter und Dienstleistungen eingesetzt (z. B. Maschinen, Werkzeuge, Strom, der zum Betreiben der Maschinen benötigt wird), sind es Produktionsgüter. Gebrauchsgüter wie Maschinen oder Möbel dienen der langfristigen Nutzung. Verbrauchsgüter sind z. B. Strom oder Heizöl.

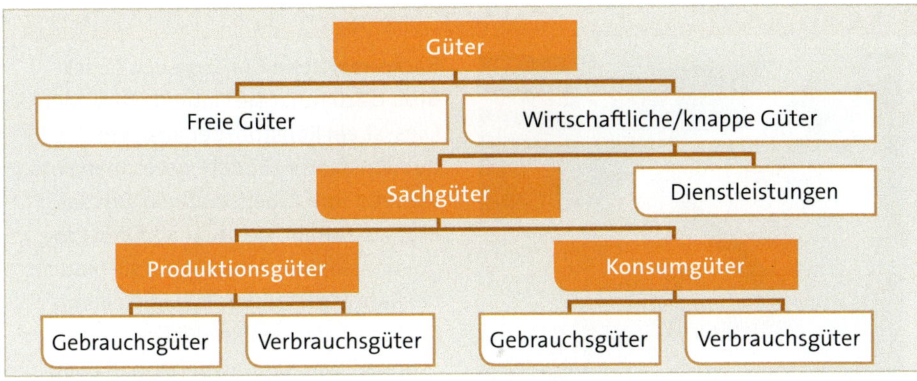

M 2 Einteilung von Gütern

Zwang zum Wirtschaften

Leider ist es so, dass sich nicht alle eure Bedürfnisse nach Gütern befriedigen lassen. Euch fehlt dazu das notwendige Geld, die notwendige Kaufkraft. Ihr müsst deshalb eure Einnahmen und Ausgaben planen und aufeinander abstimmen. Das bedeutet: Ihr müsst wirtschaften, also mit eurem Geld haushalten. Handelt ihr wirtschaftlich, richtet ihr euch nach dem wirtschaftlichen Prinzip. Es wird auch ökonomisches Prinzip* genannt. Dieses gibt es in zwei Ausprägungen, dem Maximal- und dem Minimalprinzip (**M 3**).

* **Ökonomisches Prinzip**
Ein bestimmter Nutzen soll mit dem geringsten (Geld-)Einsatz erreicht werden (= Minimalprinzip), oder mit einem bestimmten (Geld-)Einsatz soll ein maximaler Nutzen erreicht werden (= Maximalprinzip).

M 3 Ökonomisches Prinzip: links Maximalprinzip, rechts Minimalprinzip

1 Nennt Arten von Gütern, die sowohl Konsum- als auch Produktionsgüter sein könnten (Text, **M 2**). Ordnet die folgenden Güter **M 2** zu:
Kochtopf, Schmiermittel, Fräsmaschine, Stromverbrauch ablesen.

2 Überprüft, inwiefern bei den folgenden Beispielen das ökonomische Prinzip in der Ausprägung des Minimalprinzips oder des Maximalprinzips vorliegt (Text, **M 3**):
- Herr Müller hat sich zum Kauf einer Geländelimousine entschieden. Er sucht mehrere Händler auf und erkundigt sich, welchen Preis er für sein Wunschauto nach Abzug möglicher Preisnachlässe zu bezahlen hat.
- Ein Fliesenlegermeister organisiert den Arbeitseinsatz seiner fünf Beschäftigten so, dass an einem Werktag möglichst viele Fliesen verlegt werden können.
- Bei der Weiterentwicklung von Fahrzeugmotoren achten die Hersteller darauf, bei gleichbleibender Leistung den Kraftstoffverbrauch zu senken.

M 1 Bäckermeisterin Christine Groß

Bäckermeisterin Christine Groß bäckt Brot. Dazu nutzt sie Getreide bzw. Mehl. Dies ist ein Rohstoff, der aus dem Produktionsfaktor „Boden" gewonnen wird. Sie setzt ihre Arbeitskraft ein, um das Brot zu formen, sie nutzt also den Produktionsfaktor „Arbeit". Und sie braucht ein Rührwerk für den Teig und einen Backofen, also den Produktionsfaktor „Kapital". Mit Kapital meint man nicht Geld, sondern Betriebsmittel wie Gebäude, Maschinen und Werkzeuge.

Man kann also grundsätzlich drei Produktionsfaktoren unterscheiden:

M 2 Einteilung der Produktionsfaktoren

Neben Boden, Arbeit und Kapital wird heute oft noch der Faktor „Wissen" genannt. Die Bäckermeisterin plant, organisiert und kontrolliert den Produktionsprozess bis hin zur Berechnung der Kosten und sie organisiert den Verkauf der Ware. Sie ist also für die richtige Kombination der drei Produktionsfaktoren verantwortlich mit dem Ziel, ein gewünschtes Produktionsergebnis zu erzielen. Schon Robinson* musste die Produktionsfaktoren auf seiner Insel kombinieren:

M 3 Die Geschichte von Robinson, etwas abgewandelt

Robinson Crusoe lebt allein auf seiner Insel. Zum Leben und Überleben produziert er Güter. Das wichtigste Gut ist zunächst der Fischfang, den er mit bloßen Händen durchführt. Jeden Tag fängt er fünf kleine Fische, die er zubereitet und verzehrt. Robinson steht vor der Alternative, entweder alle Fische am Ende eines Tages zu konsumieren oder aber Konsumverzicht zu üben, indem er einen Teil der Fische über einem Lagerfeuer brät und dadurch haltbar macht. Wenn er nur vier Fische am Tag aufisst, hat er am fünften Tag vier Fische übrig. Er hat also weniger konsumiert und stattdessen gespart.

Das Sparen ermöglicht es Robinson einen Tag lang, nicht mit bloßen Händen zu fischen, sondern während dieser Zeit ein Netz zu knüpfen. Mit dem Netz steigert er seine Güterversorgung, weil er nun eine größere Zahl Fische fangen kann. Robinson kann durch die gewonnene Zeit anderen Dingen nachgehen, zum Beispiel ein Wohnhaus bauen, und so seinen Wohlstand mehren.

Das Netz stellt ein Produktions- oder Investitionsgut dar. Aus der Verbindung der Produktionsfaktoren Arbeit und Natur entsteht der neue Produktionsfaktor Kapital. Sparen bedeutet also Konsumverzicht. Es ist die Voraussetzung für Investitionen und demnach für die Anschaffung von Produktionsgütern.

Autorentext

* **Robinson Crusoe**
Der englische Autor Daniel Defoe erzählt in seinem 1719 erschienenen Roman die Geschichte eines Kaufmanns, der gegen den Willen seiner Eltern seine gesicherte Existenz aufgibt und zur See fährt. Er besteht einige Abenteuer und erleidet schließlich Schiffbruch, den er als einziger der Besatzung überlebt. Er strandet auf einer unbewohnten Insel vor der Nordostküste Südamerikas. Er versucht so gut wie möglich, sich in seinem neuen Leben einzurichten.

M4 Einkaufen in einem kleinen Lebensmittelgeschäft

Substitution der Produktionsfaktoren

Wird ein Produktionsfaktor durch einen anderen ersetzt (substituiert), geschieht dies meist mit der Absicht, die Wirtschaftlichkeit* des Produktionsprozesses zu erhöhen. Produktionsschritte, die bisher von Mitarbeitern erledigt wurden, werden von Maschinen übernommen, die dies kostengünstiger, schneller und genauer durchführen. Der Produktionsfaktor Arbeit wird durch den Produktionsfaktor Kapital, also durch Betriebsmittel ersetzt.

Maßnahmen, um bestehende betriebliche Regelungen und Abläufe zu verbessern, d.h. den Faktor Arbeit durch Maschinen zu ersetzen, bezeichnet man als Rationalisierung. Sie dient der Kostensenkung. Rationalisierungsmöglichkeiten ergeben sich in der Fertigung z.B. durch Automatisierung, also der Beschaffung leistungsfähigerer Maschinen oder Roboter. Weitere Maßnahmen sind die Vereinheitlichung von Teilen durch den Einsatz von Baukastensystemen, sodass bestimmte Bauteile kostengünstig in großen Stückzahlen für mehrere Erzeugnisse hergestellt werden können.

Dieser seit dem Industriezeitalter sich fortsetzende Trend in der Substitution von Arbeit durch Kapital ist aber auch umkehrbar. Die chemische Unkrautvernichtung in der Landwirtschaft wird immer häufiger aus Umweltschutzgründen auf Bio-Bauernhöfen durch eine mechanische Unkrautentfernung, teilweise mit Handarbeit, ersetzt. Die meisten Verbraucher nehmen es hin, dass das so erzeugte Obst und Gemüse etwas teurer ist.

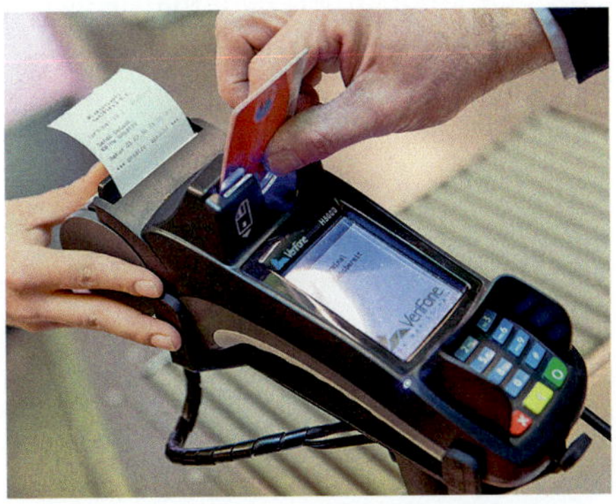

M5 Rationalisierung – sogar beim Einkaufen?

* **Wirtschaftlichkeit**
Darunter versteht man die Erlöse (Umsätze) eines Unternehmens im Verhältnis zu dessen Kosten (z.B. Arbeitsentgelt, Material).

1 Beschreibt die unterschiedlichen Produktionsfaktoren (Text, M2).
2 Begründet, warum Robinson Konsumverzicht übt (M3).
3 Charakterisiert die beiden Fotos M4 und M5. Wo macht Einkaufen mehr Spaß? Aber wie ist es mit der Wirtschaftlichkeit (s. Randspalte)?
4 Erklärt, wie mithilfe der Produktionsfaktoren Boden und Arbeit der Produktionsfaktor Kapital gebildet werden kann (M2).

Gegen „hirnlosen“ Konsum

M1 „Hirnloser“ Konsum

Kaufen, ohne nachzudenken?

Geänderte Ladenschlusszeiten, verkaufsoffene Sonntage, Angebote über TV und Internet ermöglichen es euch, fast zu jeder Tages- und Nachtzeit einzukaufen. Manche von euch lassen sich wahrscheinlich schnell zum Kauf verführen. Sie wählen oft unkritisch einen Billiganbieter, um ihre Wünsche zu erfüllen. Und vielleicht gibt es in eurer Klasse sogar Mitschüler, die glauben, sie wären besonders hoch angesehen, wenn sie das neueste Smartphone besitzen oder die teuerste Designerkleidung tragen.
Was für ein Irrtum!

M2 Einkaufen bei Primark. Eine 15-Jährige berichtet

Auch ich war schon mehrmals bei Primark und bin mit den Massen shoppen gegangen.
Natürlich weiß jeder, dass Primark angesichts so niedriger Preise nicht unter guten Bedingungen produzieren kann: ein Paar Schuhe für sieben Euro, ein Fünfer-Pack Socken für zwei Euro, ein bedrucktes T-Shirt für vier Euro oder eine mittelgroße Handtasche für neun Euro gibt es nicht umsonst. Man muss fast davon ausgehen, dass dafür Kinder arbeiten. Aber die Kinderarbeit sieht man ja nicht, wenn man gerade bei Primark einkauft, denken sich viele Kunden.
Allerdings muss man sich fragen, wo heute noch unter fairen Bedingungen produziert wird, und ob es nicht eigentlich egal ist, wo man einkauft – die meisten Klamotten werden in Asien hergestellt. Für viele Jugendliche sind die billigen Preise das ausschlaggebende Kriterium und ich glaube, dass viele Jugendliche über die Produktionsweise in anderen Läden ähnlich denken wie ich.
Für alle, die jetzt noch gar nicht wissen, was Primark eigentlich ist: Es ist eine Textildiscounter-Kette, die ursprünglich aus Irland kommt. In diesem Laden kann man sich ein komplettes Outfit für unter 30 Euro kaufen. Das geht von allen möglichen Kleidungsstücken über Schuhe und Taschen bis hin zu Kosmetikartikeln. Das Geschäftsprinzip ist eindeutig „Masse statt Klasse“. Die Teenager, die bei Primark einkaufen, wissen auch, dass es qualitativ Hochwertigeres gibt. Aber Leute in meinem Alter haben lieber zehn verschiedene Billig-Shirts, aus denen sie wählen können, als nur ein teures Stück. Shopping bei Primark ist ein Erlebnis.

Kristina Schnell: Einkaufen bei Primark, Stuttgarter Zeitung online v. 10.4.2014 (Text gekürzt), in: www.stuttgarter-zeitung.de (Zugriff: 5.2.2016)

Umweltschonende Produktion

Mit dem Klimawandel und der zunehmenden Umweltzerstörung wird die Frage immer wichtiger, welche ökologischen und sozialen Folgen euer wirtschaftliches Handeln verursacht. In eurem Streben nach Konsum solltet ihr nicht die Grundlagen des Lebens zerstören oder andere Menschen ausbeuten. Immer mehr Verbraucher wollen deshalb wissen, wer ihre Teeblätter gepflückt, ihr T-Shirt genäht oder ihr Smartphone zusammengelötet hat. Forderungen nach einer umweltschonenden Produktion werden immer häufiger gestellt.

M3 „Hungerlöhne“ – ein Zeitungsbericht

Als Hait Ladi ihr Heimatdorf verließ und als Haushaltshilfe für 40 Euro anheuerte, erschien der jungen Frau eine Anstellung in der boomenden Textilindustrie Kambodschas wie eine Verheißung. Denn inklusive Überstunden brachte sie nach einer Sechstagewoche mit durchschnittlich zehn Arbeitsstunden [monatlich] 60 bis 65 Euro nach Hause. Es dauerte nicht lange, bis die Fabrik am Stadtrand von Phnom Penh, wo sie anheuerte, sich eher als schlechter Traum entpuppte. Stromkosten von knapp 10 Euro im Monat, ihr Anteil an der Miete für die armselige Hütte, die als Unterkunft diente, und Lebenshaltungskosten fraßen angesichts steigender Preise große Teile des Einkommens auf. „Wir arbeiten ja nicht nur für uns“, sagt Hait Ladi, „wir schicken Geld nach Hause für unsere Familien.“
Ladis linker Oberarm wurde von zwei Kugeln zerschmettert, als die berüchtigte Sondereinheit 911 [...] am 2. Januar 2013 mit brutaler Gewalt gegen ihre streikenden Textilarbeiterkollegen vorging. Sie hat ihre Arbeit verloren. Nun liegt die ganze Last auf den Schultern ihrer 17-jährigen Schwester. Die arbeitet wieder für die kärglichen 60 Euro Monatslohn, die seit 2013 in Kambodscha gelten.

Willi Germund: Sklaven der Globalisierung, Stuttgarter Zeitung online, 30.6.2014 [Text gekürzt], in: www.stuttgarter-zeitung.de (Zugriff: 5.2.2016)

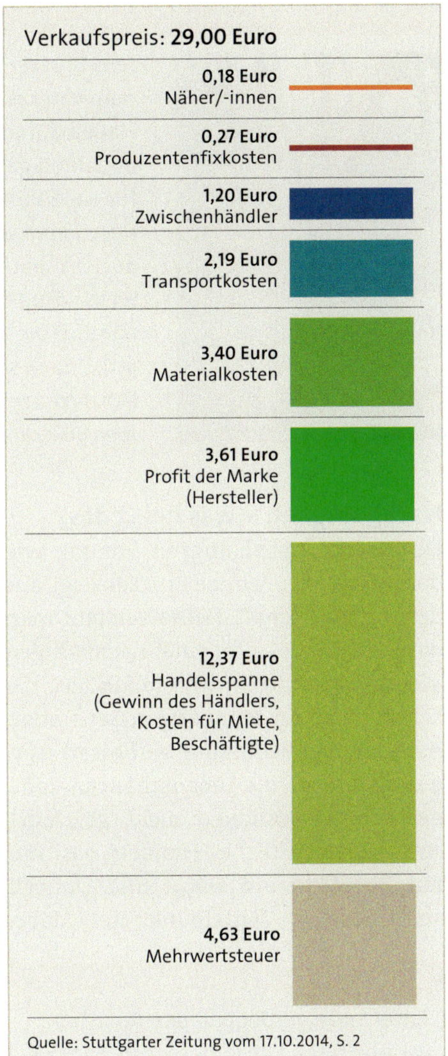

M4 Ertragsanteile vom Preis eines T-Shirts aus Bangladesch, das in Deutschland für 29 Euro verkauft wird. Die meisten in Deutschland verkauften Kleidungsstücke werden in China gefertigt

1 Erklärt und bewertet die Karikatur (M1).
2 Fasst die Argumente zusammen, die von der Schülerin (M2) für und gegen den Kauf von Textilien bei Billiganbietern genannt werden. Recherchiert anschließend selbst nach Anbietern, die eine ähnliche Strategie verfolgen.
3 Ermittelt, wie viel Prozent des Verkaufspreises eines T-Shirts aus Bangladesch den Näherinnen oder Nähern zugutekommt (M4).
4 Gebt den Text (M3) mit eigenen Worten wieder. Erörtert, wie europäische Händler veranlasst werden könnten, die Arbeitsbedingungen ostasiatischer Textilhersteller zu verbessern.

Wirtschaften – mit Rücksicht auf Natur und Umwelt

M 1 Nachhaltig wirtschaften

Jens Brucker besitzt 120 Hektar Wald. Er hat sie von seinem Vater geerbt, dieser vom Großvater von Jens. Die Nadelbäume, vor allem Tannen und Fichten, werden nach 60 Jahren geschlagen. Dann sind die Stämme dick genug für das Sägewerk. Die Familie Brucker lebt seit vielen Generationen von der Land- und Forstwirtschaft. Das soll auch in späteren Generationen so bleiben. Jens Brucker weiß natürlich, wie viel Holz er jedes Jahr schlagen darf, nämlich die Stämme, die auf zwei Hektar wachsen. Er muss dann sofort junge Bäume nachpflanzen – schließlich darf der Wald in seinem Bestand nicht bedroht sein. Jens Brucker wirtschaftet nachhaltig.

Nachhaltigkeit – was heißt das?

Der Begriff Nachhaltigkeit kommt, wie das Beispiel der Familie Brucker zeigt, aus der Forstwirtschaft. Heute versteht man darüber hinaus unter einer nachhaltigen Wirtschafts- und Umweltpolitik, dass die Lebenssituation der heutigen Generation nur unter der Bedingung verbessert werden darf, dass die Lebenschancen kommender Generationen nicht gefährdet sind. Wirtschaftliches Handeln darf nur mit Rücksicht auf Natur und Umwelt stattfinden. Im Mittelpunkt steht dabei die Vermeidung von Umweltschäden bei der Produktion. Dazu gehören auch das Wiederverwerten von Rohstoffen und der Einsatz erneuerbarer Energien, also von Solarenergie und von Windkraft mit dem Ziel der Verringerung der Treibhausgase*. Um dem Ziel der Nachhaltigkeit näherzukommen, beschloss die Bundesregierung 2010, bis zum Jahr 2050 Strom zu 80 Prozent aus erneuerbaren Energiequellen zu erzeugen. Jeder kann durch nachhaltigen Konsum* mithelfen.

* **Treibhausgase**
So werden Kohlendioxid (CO_2) und andere künstlich erzeugte Gase bezeichnet, die sich in der Atmosphäre ansammeln. Sie vermindern die Wärmerückstrahlung von der Erdoberfläche in das Weltall und speichern die entsprechende Energie in der Erdatmosphäre.

* **Nachhaltiger Konsum**
Dabei kaufen Verbraucher umwelt- und sozialverträglich hergestellte Erzeugnisse. Ein Beispiel dafür sind Kaufentscheidungen zugunsten fair gehandelter Produkte. Verbraucher kaufen etwas teurere Güter, um Erzeuger mit gerechten Arbeitsbedingungen zu unterstützen. Auch sonst ist für eine nachhaltige Kaufentscheidung ausschlaggebend, dass die Betriebs- und Folgekosten eines Produktes beachtet werden. Das gilt für den Energieverbrauch ebenso wie für die leichte Reparierbarkeit oder die Langlebigkeit der Produkte.

M 2 Schokolade, nachhaltig erzeugt

Ritter Sport verdoppelt den Anteil der verarbeiteten Kakaomasse aus nachhaltigem Anbau. Dazu schließt der Schokoladenproduzent aus Waldenbuch eine Liefervereinbarung. Der Kakao trägt das sogenannte UTZ-Zertifikat, das neben der Umweltverträglichkeit auch soziale Mindeststandards für die Arbeiter garantiert. Es wird möglich, die Herkunft des Kakaos bis zum einzelnen Erzeuger zurückzuverfolgen. Der Schokoladenhersteller arbeitet bereits seit 25 Jahren mit Kleinbauern aus Nicaragua zusammen. Diese Partnerschaften ermöglichen ihm, direkten Einfluss auf Produktions- und Arbeitsbedingungen auszuüben. Spätestens 2025 will Ritter Sport seine Produktion auf 100 Prozent nachhaltigen Kakao umgestellt haben.

Thomas Thieme: Ritter Sport setzt auf Zertifikate, Stuttgarter Zeitung vom 13. Oktober 2015, S. 13 (Text gekürzt)

M 3 Umwelttechnologien nehmen zu

Der Weltmarkt für Umwelttechnik und nachhaltige Rohstoffnutzung wird sich bis 2025 mehr als verdoppeln. Der Anteil der Umwelttechnologien an der deutschen Erzeugung von Sachgütern und Dienstleistungen wird bis zum Jahr 2025 voraussichtlich auf über 20 Prozent ansteigen. [...]
Kleine und mittlere Unternehmen sind mit einem Anteil von etwa 90 Prozent die entscheidenden Träger der Green-Tech-Branche. Der Wachstumskurs der Branche

trägt auch auf dem Arbeitsmarkt in Deutschland Früchte – mit vermutlich einer Million zusätzlichen Arbeitsplätzen bis 2025. Demografische Entwicklung, zunehmende Industrialisierung der Schwellenländer, Ressourcenknappheit und Klimawandel [...] sind die Treiber für das Wachstum der grünen Zukunftsmärkte.

Nach: Pressemitteilung des Bundesumweltministeriums vom 10.9.2012

Energiesparen – ein Beispiel

Auch ihr habt viele Möglichkeiten, Strom zu sparen. Die von der Stiftung Warentest (s. S. 56) herausgegebene Verbraucherzeitschrift „test" zeigt dies am Beispiel von 1,5-V-Batterien (s. **M5**). Solche Mikrozellen mit 10 mm oder Mignonzellen mit 14 mm Durchmesser, die ihr für Taschenlampen, Fernsteuerungen und viele andere Geräte verwendet, könnt ihr durch aufladbare Akkus ersetzen. Dadurch wird der Energieverbrauch zum Herstellen, Aufladen und Entsorgen verringert, es werden Abfälle vermindert und ihr könnt durch die Verwendung der Akkus sogar noch Geld sparen. Tester der Stiftung Warentest ermittelten, dass ihr mit einem Viererpack Akkus innerhalb von fünf Jahren um die 550 Einwegbatterien einsparen könnt. Das verhilft euch zu einhundert Euro mehr in der Tasche, erspart Rohstoffe bei der Herstellung und verringert Müll mit umweltschädlichen Stoffen. Für 150 Einwegbatterien muss rund sieben Mal mehr Energie zur Herstellung, zum Laden sowie zur Entsorgung aufgewendet werden als für einen Akku, der 150 Mal geladen wird. Allerdings müsst ihr ein Ladegerät besitzen. Der Preis dafür liegt zwischen 20 und 40 Euro.

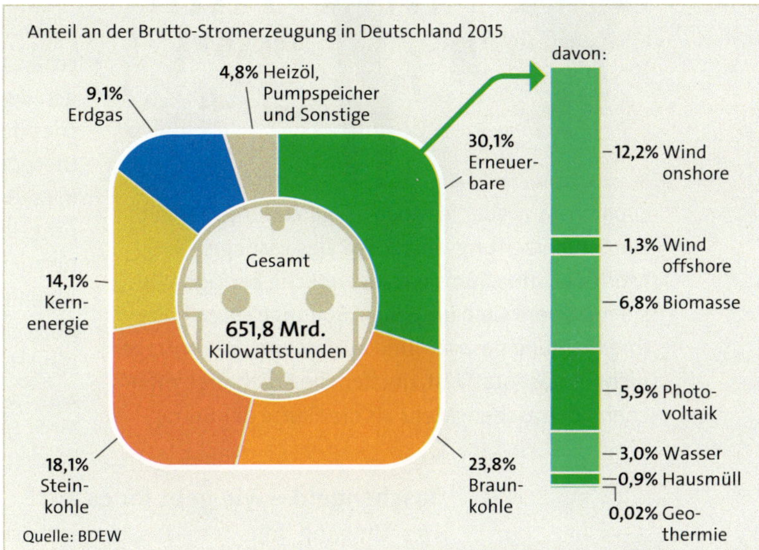

M4 Stromerzeugung in Deutschland nach Energieträgern 2015

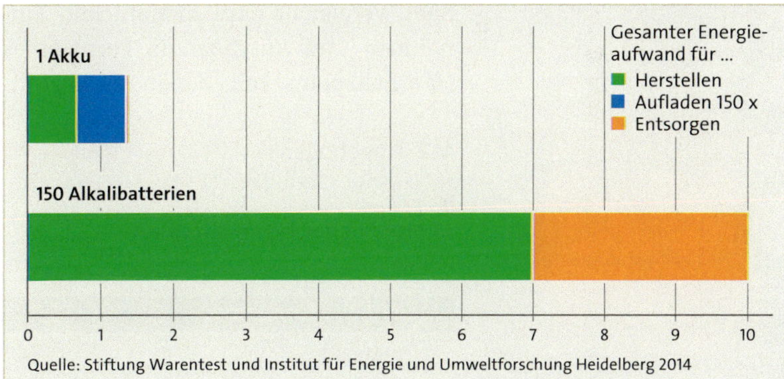

M5 Energieverbrauch von 150 Batterien und einem Akku

1 Fasst zusammen, welche nachhaltigen Ziele der Schokoladenhersteller (**M2**) verfolgt. Beurteilt das Verhalten von „Ritter Sport". Sucht anschließend im Internet nach weiteren Unternehmen, die auf nachhaltige Produktion setzen.

2 Macht in der Klasse Vorschläge, wie in eurer Schule Energie eingespart werden könnte.

3 Gebt den Text von **M3** in eigenen Worten wieder.

4 Beschreibt das Schaubild **M4**.

5 Bewertet die Möglichkeit der Energieeinsparung durch aufladbare Akkus (Text, **M5**).

Einen Fragebogen auswerten

M 1 Taschengeld für teure Mode?

„Sparen ist wieder in Mode" – ein Zeitungsbericht: Die Schülerzeitung „Klammer" des Esslinger Mörike-Gymnasiums hat Jugendliche befragt, wie sie mit ihrem Geld umgehen. 50 junge Leute haben ihre Meinung gesagt – und auch wenn die Umfrage nicht repräsentativ ist, dürften die Ergebnisse manchen überraschen: Mehr als die Hälfte der Befragten spart regelmäßig, mehr als 60 Prozent geben Geld für teure Marken- und Prestigeprojekte aus. Die Vorlieben für Jungen und Mädchen unterscheiden sich: Die Mehrheit der Jungs steckt ihre Ersparnisse in Elektronik, Handys, Spiele und Filme, bei den Mädchen steht Mode mit Abstand an erster Stelle. Mehr als die Hälfte der deutschen Jugendlichen zwischen 14 und 17 Jahren erhält nach Untersuchungen des deutschen Bankenverbandes ein monatliches durchschnittliches Taschengeld von 30 Euro. Dieser Betrag bestätigte sich auch bei der Umfrage in Esslingen. Die Umfrage ergab weiter, dass vier von fünf Heranwachsenden regelmäßig Geld längerfristig zur Seite legen, ein Wert, der überrascht. Für viele Jugendliche stehen der Führerschein, das eigene Auto oder Reisen an erster Stelle. Ein Drittel spart Geld für eine Ausbildung oder das Studium.

Aileen Scheurenbrand: Sparen ist bei jungen Leuten wieder in Mode, Eßlinger Zeitung v. 16./17.8.2014, S. 10

Taschengeld – wie gebt ihr es aus?

Der Umgang mit dem Taschengeld ist eine Herausforderung, mit der ihr sicherlich alle schon Erfahrungen gesammelt habt. Vergleicht eure monatlichen Einnahmen und Ausgaben in Form eines Haushaltsplans mit denen eurer Mitschülerinnen und Mitschüler. Wie viel Taschengeld bekommen diese im Durchschnitt pro Monat? Wie gehen sie damit um? Die Auswertung von Fragebögen hilft bei den Antworten.

M 2 Fragebogen

Persönlicher Haushaltsplan ☐ **Junge** ☐ **Mädchen**

Monatliche Einnahmen		Monatliche Ausgaben		
Taschengeld	...... EUR	Handygebühren	...... EUR	...... %
Geburtstag/Weihnachten (:12)	...... EUR	Essen, Süßigkeiten	...... EUR	...... %
Belohnung u. a. für gute Noten	...... EUR	Getränke	...... EUR	...... %
Nebenbeschäftigung	...... EUR	CDs/Musikdownloads	...... EUR	...... %
Zuschuss Großeltern u. a.	...... EUR	Computerspiele	...... EUR	...... %
		Bücher/Zeitschriften	...... EUR	...... %
		Kleidung/Schulsachen	...... EUR	...... %
		Ausgehen/Kino	...... EUR	...... %
		Kosmetik/Körperpflege	...... EUR	...... %
		Sparen	...... EUR	...... %
Summe Einnahmen	**...... EUR**		**...... EUR**	**%**

M 3 Wie viel Geld – und wofür?

Die Gymnasialklasse 8b entwarf den Fragebogen (**M 2**). Schon im Vorgespräch ergab sich, dass fast allen Schülerinnen und Schülern das Taschengeld für persönliche Wünsche zur Verfügung stand. Kleidung und Schuhe, Schulmaterial und das Mittagessen in der Schulmensa bezahlen fast immer die Eltern. Jungen und Mädchen bekamen ein durchschnittliches monatliches Taschengeld von 28 Euro. Dazu kamen noch 9 Euro durch Geldgeschenke und Nebenbeschäftigungen wie das Austragen von Werbeflyern oder Babysitten.

Durchschnittliche Ausgaben in Euro

	Jungen	Mädchen
Handygebühren	6,10	5,40
Essen, Süßigkeiten	4,20	3,90
Getränke	4,60	3,20
DVDs/Musikdownloads	4,80	1,20
Computerspiele	3,80	0,80
Bücher/Zeitschriften	2,80	3,50
Kleidung/Schulsachen	1,20	5,20
Ausgehen/Kino/Fitness	4,30	4,20
Kosmetik/Körperpflege	0,20	4,40
Sparen	5,00	5,20
Summe Ausgaben:	37,00	37,00

Mädchen geben meist mehr Geld für Kleidung und Kosmetik aus, weniger für DVDs und Computerspiele.

Analysieren

Die Ergebnisse aus **M3** sind Durchschnittswerte in absoluten und in relativen Beträgen. Die Zahlenwerte können z.B. in Form von Säulendiagrammen veranschaulicht werden (**M4**). Diese eignen sich besonders zum Vergleich von Mengenangaben zu einem bestimmten Zeitpunkt.

Kreisdiagramme („Tortendiagramme") eignen sich dagegen vor allem dazu, Prozentwerte darzustellen, also z.B. den Anteil des Taschengeldes, der für Computerspiele ausgegeben wird (**M5**).

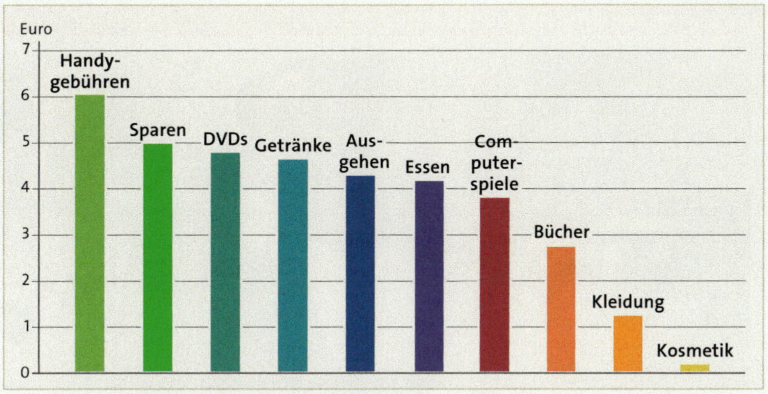

M 4 Absolute Werte der Verwendung des Taschengeldes nach **M 3** als Säulendiagramm (Jungen)

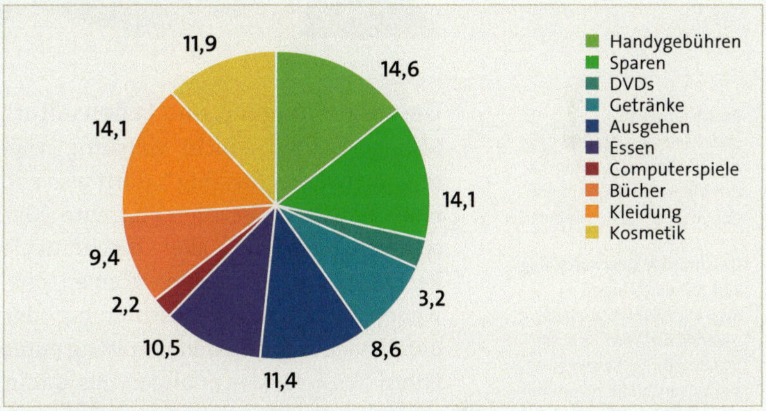

M 5 Relative Größen aus **M 3** als Kreisdiagramm in Prozent (Mädchen)

Anwenden

1. Entwerft und kopiert einen Fragebogen ähnlich dem von **M2**. Jeder in eurer Klasse füllt einen Fragebogen aus und ermittelt den prozentualen Anteil seiner jeweiligen Ausgaben an seinen Gesamtausgaben. Die Fragebögen sind selbstverständlich anonym, werden also nicht mit Namen versehen.
2. Bildet Arbeitsgruppen, die die Auswertung und die grafische Umsetzung vornehmen. Bei den Kreisdiagrammen müsst ihr die Prozentwerte mit 3,6 multiplizieren. Einfacher geht es mit Excel. Am besten ist es wohl, wenn ihr die Auswertung der Fragebögen für Mädchen und Jungen getrennt vornehmt.
3. Diskutiert die Ergebnisse in der Klasse. Wo lassen sich Einsparungen vornehmen? Vergleicht eure Ergebnisse mit den Aussagen des Zeitungsartikels (**M1**).

Ein Mofa für Jana?

M1 Jana möchte ein Mofa kaufen

Die 16 Jahre alte Jana möchte ein gebrauchtes Mofa kaufen, ohne ihre Eltern zu fragen. Das Geld dafür hat sie gespart. Sie erzählt ihren Mitschülern davon. Die sind skeptisch: „Darfst du mit deinem Taschengeld machen, was du willst?“ „Musst du wirklich nicht deine Eltern fragen?“ „Welche Pflichten kommen denn auf dich zu?“ Es gibt viele Fragen.

Geschäftsfähigkeit und Lebensalter

Solange ihr noch nicht volljährig seid, seid ihr zwar rechtsfähig*, dürft also z.B. eine Erbschaft bekommen, eure Geschäftsfähigkeit ist aber beschränkt*. Rechtsgeschäfte von euch können entweder durch vorherige Zustimmung oder durch nachträgliche Genehmigung eurer Eltern Wirksamkeit erlangen. Bis dahin sind sie „schwebend unwirksam“.

Mit Geld, das euch zur freien Verfügung gestellt wurde, dürft ihr Rechtsgeschäfte wie den Kauf von Kleidung, Lebensmitteln oder auch Handykarten durchführen, ohne eure Eltern zu fragen. Eure Eltern können euch aber sagen, wofür ihr das Geld nicht ausgeben dürft.

Schulden dürft ihr nicht machen, auch nicht mit Zustimmung eurer Eltern. Ihr dürft euer Girokonto nicht überziehen und auch keinen Handyvertrag unterschreiben, bei dem erst nach dem Telefonieren Zahlungen fällig werden.

Wenn ihr ein Geschenk bekommt, mit dem keine Verpflichtung verbunden ist, dürfen euch eure Eltern die Annahme nicht verbieten. Wenn euch eure Tante 100 Euro schenkt, dürft ihr das Geld annehmen. Aber wenn euch die Tante einen Hund (oder auch ein Mofa) schenkt, können das eure Eltern ablehnen, weil dann Verpflichtungen und Kosten auf euch zukommen.

Warum ist das so? Der Gesetzgeber hat festgelegt, dass Jugendliche vor der Vollendung des 18. Lebensjahres, also vor ihrem 18. Geburtstag, nicht voll geschäftsfähig sind, weil sie oft noch nicht in der Lage sind, die Folgen ihres Handelns in vollem Umfang zu übersehen. Die Geschäftsfähigkeit ist im Bürgerlichen Gesetzbuch* (BGB) geregelt, die beschränkte Geschäftsfähigkeit in den Paragrafen 106 ff.

* **Rechtsfähigkeit**
BGB § 1 Beginn der Rechtsfähigkeit. Die Rechtsfähigkeit des Menschen beginnt mit der Vollendung der Geburt.

* **Beschränkte Geschäftsfähigkeit Minderjähriger**
BGB § 107 Einwilligung des gesetzlichen Vertreters. Der Minderjährige bedarf zu einer Willenserklärung, durch die er nicht lediglich einen rechtlichen Vorteil erlangt, der Einwilligung seines gesetzlichen Vertreters.
BGB § 110 Bewirken der Leistung mit eigenen Mitteln. Ein von dem Minderjährigen ohne Zustimmung des gesetzlichen Vertreters geschlossener Vertrag gilt als von Anfang an wirksam, wenn der Minderjährige die vertragsmäßige Leistung mit Mitteln bewirkt, die ihm zu diesem Zweck oder zu freier Verfügung von dem Vertreter oder mit dessen Zustimmung überlassen worden sind.

* **Bürgerliches Gesetzbuch (BGB)**
Es regelt die wichtigsten Rechtsbeziehungen zwischen Privatpersonen, z.B. das Vertrags-, das Familien- und das Erbrecht.

M2 Lebensalter und Geschäftsfähigkeit

M 3 Mofa mit 16

Wenn ihr mit 16 ein Mofa kauft, habt ihr ein eigenes Kraftfahrzeug. Manche nehmen aber ihre Verantwortung nicht wahr und geraten in Konflikt mit Gesetzen. Ihr müsst einen Helm tragen, sonst riskiert ihr ein Bußgeld. Auch dürft ihr keine „Fahrgäste" mitnehmen. Voraussetzung für das Mofa-Fahren (ab 15 Jahre) ist eine Mofa-Prüfbescheinigung. Die Ausbildung dazu müsst ihr in einer Fahrschule machen. Da von jedem Kraftfahrzeug, auch von einem Mofa, eine Gefährdung ausgeht, braucht ihr verpflichtend eine Haftpflichtversicherung. Als Nachweis für diese Versicherung braucht ihr jedes Jahr ein neues Versicherungskennzeichen. Ohne ein solches macht ihr euch strafbar. Den Versicherungsvertrag müssen eure Eltern unterschreiben. Dadurch wird der Elternteil, der den Kauf- und Versicherungsvertrags unterschrieben hat, zum Halter des Fahrzeugs. Was bedeutet das? Ein Mofa darf auf gerader Strecke 25 km/h fahren. Schafft es wesentlich mehr, macht sich der Halter strafbar, selbst wenn ihr gar nicht so schnell gefahren seid. Auch für den verkehrssicheren Zustand, z. B. für korrekte Beleuchtung, ist der Halter verantwortlich.

Autorentext

M 4 Tattoos und Piercings

Mit dem Stechen einer Tätowierung oder dem Setzen eines Piercings sind für Jugendliche nahezu unüberwindliche rechtliche Hürden verbunden. Die Probleme drehen sich rund um die Frage: „Kann ein Minderjähriger wirksam einen Vertrag abschließen?" Ab sieben Jahren sind Kinder und Jugendliche „beschränkt geschäftsfähig" und bis zur Volljährigkeit grundsätzlich nicht in der Lage, ohne die vorherige Zustimmung der Eltern einen wirksamen Vertrag (mit dem Tattoo-Studio um die Ecke) abzuschließen. Auch § 110 BGB hilft hier nicht weiter. [...]
Selbstverständlich haben es die Eltern in der Hand, das Taschengeld unter der deutlichen Voraussetzung zu gewähren, dass es nicht für Tattoo oder Piercing ausgegeben wird. Der noch nicht Achtzehnjährige ist ohne Einwilligung seiner Erziehungsberechtigten rechtlich nicht in der Lage, wirksam einen Vertrag mit einem Tattoo-Studio abzuschließen. Versucht er es trotzdem, kann er nach Durchführung der Maßnahme sein Geld vom Tätowierer bzw. Piercing-Stecher zurückverlangen und sogar Strafanzeige wegen Körperverletzung stellen.

www.kinderrecht-ratgeber.de (Zugriff: 8.2.2016)

1 Der 16-jährige Ahmet kauft sich von seinem zur freien Verfügung stehenden Geld Lautsprecherboxen für sein Smartphone für 140 Euro. Sein Vater hält die Anschaffung für viel zu teuer und fürchtet außerdem Lärm in der Wohnung. Er will die Boxen an den Händler zurückgeben. Entnehmt dem Gesetzestext, ob der Händler die Lautsprecherboxen zurücknehmen muss (§ 110 BGB).

2 Ahmet bekommt von seinem Onkel 50,- EUR geschenkt. Da sein Vater mit diesem Onkel Streit hat, veranlasst er Ahmet, das Geld zurückzugeben. Stellt fest, ob dieser das Geld gemäß § 107 BGB zurückgeben muss.

3 Nennt wesentliche Kosten, die vor und nach dem Kauf eines Mofas für Jana (**M 1**) entstehen (**M 3**). Janas Eltern sind mit dem Kauf nicht einverstanden. Sie halten das Mofa-Fahren für zu gefährlich. Beurteilt die Rechtslage.

4 Wertet den Text **M 4** aus. Nennt Gründe, warum verantwortungsvolle Betreiber von „Tattoo-Studios" minderjährige Kunden ablehnen.

Hersteller/Modell	mittlerer Preis in €	Unfall-schutz	Handhab./ Komfort	Hitzebe-ständigkeit	Schad-stoffe	Urteil/ Note
Gewichtung in Prozent		50	40	5	5	
Casco Activ 2	80	1,9	1,7	0,5	1,0	**1,7**
Cratoni Pacer	60	2,2	1,6	0,5	1,0	**1,8**
Lazer Beam MIPS	55	2,2	2,2	0,5	1,7	**2,1**
Limar X-Ride-Superlight	90	2,3	2,6	0,5	1,6	**2,3**
Alpina Mythos 3.0	90	2,7*	1,9	2,5	1,6	**2,4**
Bell Annex MIPS	140	2,5	2,8	0,5	2,0	**2,5**
Uvex City e	70	2,8*	1,7	2,8	1,0	**2,5**
Abus In-Vizz Ascent	130	2,9*	1,9	0,5	1,6	**2,6**
Btwin BH 500	30	2,9*	2,4	0,5	1,0	**2,6**

ADAC-Motorwelt 6/2017, S. 38 (Auszug)

M 1 ADAC-Test von Fahrradhelmen

Angebot und Bestellung

Wie ihr aus dem Test (**M 1**) erseht, ist der teuerste Fahrradhelm keineswegs der beste. Vor dem Kauf eines Produktes, bei dem es um eure eigene Sicherheit geht, solltet ihr euch gründlich informieren, z.B. in Fachzeitschriften oder in Veröffentlichungen der Stiftung Warentest. In dem Test sind Durchschnittspreise angegeben. Wo aber ist der Fahrradhelm, den ihr ausgesucht habt, am preiswertesten? Vielleicht in einem Online-Shop? Aber dort könnt ihr ihn nicht aufprobieren und euch nicht beim Einstellen der Gurte helfen lassen. Aus hygienischen Gründen tauschen Onlinehändler Fahrradhelme meist nicht um. Die beste Beratung bekommt ihr wahrscheinlich in einem Fahrradgeschäft. Rein rechtlich gesehen schließt ihr beim Kauf eines Fahrradhelms einen Kaufvertrag ab. Der Vertrag besteht aus zwei übereinstimmenden Willenserklärungen*, durch die sich der Verkäufer und ihr als Käufer vertraglich binden. Bei größeren Käufen, z.B. bei einem Kraftfahrzeug, wird meist ein schriftlicher Vertrag abgeschlossen, bei dem Vertragsinhalte wie Art, Menge und Qualität der Ware, Kaufpreis, Liefertermin und die Zahlungsbedingungen genau festgelegt sind. Auch durch schlüssiges Handeln* können Verträge abgeschlossen werden. Grundsätzlich kann entweder der Verkäufer oder der Käufer die erste Willenserklärung abgeben (s. **M 2**).

Es gibt also zwei Möglichkeiten:

1. Ihr ruft bei einem Fahrradhändler an und sagt, ihr möchtet bei ihm den am besten bewerteten Fahrradhelm bestellen und später abholen. Der Händler (Verkäufer) ist einverstanden. Das bedeutet, dass ihr als Kunden (Käufer) ein Kaufangebot macht und der Verkäufer das Angebot annimmt. Die Annahme des Ange-

* **Willenserklärung**
Rechtsgeschäfte entstehen durch Abgabe von Willenserklärungen, z.B. einseitig bei der Kündigung eines Arbeitsverhältnisses oder zweiseitig beim Kauf eines Handys. Willenserklärungen sind schriftlich oder mündlich möglich und durch schlüssiges Handeln.

* **Schlüssiges Handeln**
Jemand bringt seinen Willen stillschweigend zum Ausdruck. Beispiel: H. möchte zur Uni fahren. Er kauft einen Fahrschein und steigt in die Straßenbahn ein. Niemand kontrolliert ihn. Trotzdem gibt H. eine schlüssige Erklärung ab: Indem er in die Straßenbahn einsteigt und eine Strecke fährt, schließt er stillschweigend einen Beförderungsvertrag mit dem Betreiber der Straßenbahn ab.

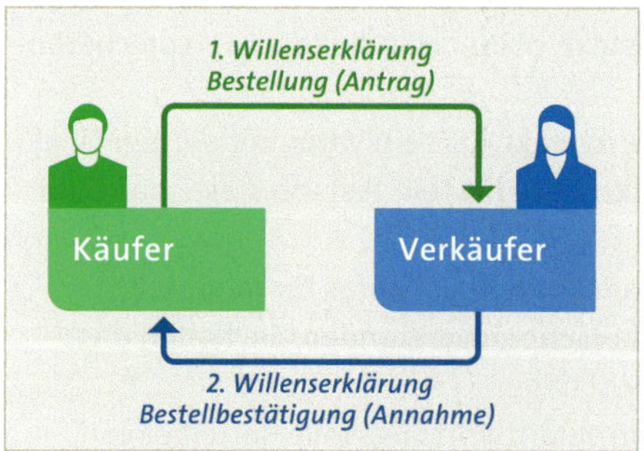

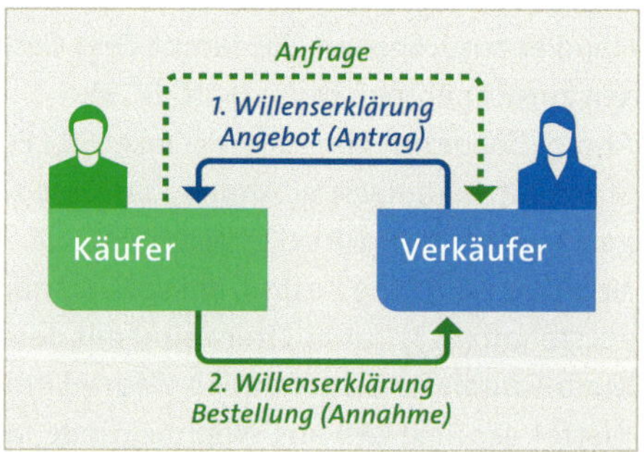

M 2 Möglichkeiten des Zustandekommens eines Kaufvertrags

bots wird in diesem Fall auch als Bestellbestätigung bezeichnet.
2. Ihr könnt aber auch anders vorgehen: Ihr sucht euch aus dem Testergebnis einen geeigneten Fahrradhelm aus und ruft dann bei verschiedenen Händlern an, um nach dem Preis zu fragen. Nach eurer Anfrage macht euch der Händler ein Angebot, das ihr annehmen oder ablehnen könnt. In diesem Fall kommt also vom Verkäufer das Angebot, von euch als Kunden die Bestellung. Angebote sind auch bei anderen Vertragsarten üblich. Wenn eure Eltern eure Wohnung renovieren lassen wollen, bitten sie einen oder mehrere Handwerksmeister, ihnen ein Angebot zu unterbreiten.

Erfüllung des Vertrags

Die aus einem Kaufvertrag entstehenden Pflichten* sind in § 433 des Bürgerlichen Gesetzbuchs (BGB) geregelt. Der Verkäufer hat die Pflicht, die Ware zum vereinbarten Zeitpunkt einwandfrei, also ohne Mängel zu liefern. Der Käufer muss die Ware fristgerecht bezahlen.

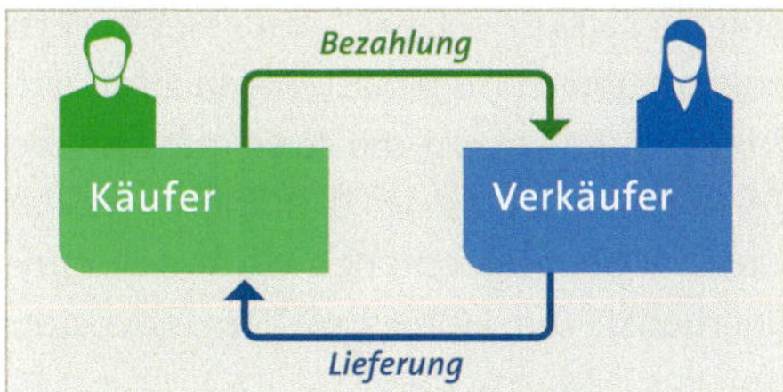

M 3 Erfüllung des Kaufvertrags

Mangelhafte Lieferung

Was ist aber, wenn ihr einige Monate nach dem Kauf des Fahrradhelms feststellt, dass die Lackierung des Helms abblättert? Das müsst ihr nicht hinnehmen. Der Kaufvertrag verpflichtet den Verkäufer, dem Käufer eine Ware zu übergeben, die frei von Sachmängeln ist. Tut er es nicht, hat er nicht ordnungsgemäß geliefert. Es liegt dann eine mangelhafte Lieferung vor. Wie geht ihr dann vor (s. **M 4**)?

M 4 Nacherfüllung

Ein Händler muss für jedes neue Produkt, das gekauft wird, während einer Gewährleistungsfrist* von zwei Jahren für Fehlerfreiheit einstehen. Das bezieht sich auf Fehler, die beim Kauf vorhanden waren, jedoch nicht auf Fehler, die durch normalen Verschleiß entstehen. So ist eine abgelaufene Schuhsohle ein Jahr nach dem Kauf der Schuhe sicher kein Grund für eine Reklamation. Kunden haben einen Anspruch auf die sog. Nacherfüllung. Das bedeutet, dass der Käufer das Wahlrecht hat zwischen einer Reparatur und einer Ersatzlieferung der fehlerfreien Ware. Trotzdem kann der Händler bei einem mangelhaften Laserdrucker oder einem defekten Mofa erst einmal auf einer Reparatur bestehen. Bei billigen Produkten allerdings ist die Reparatur in der Regel nicht sinnvoll. Wenn der Fehler in den ersten sechs Monaten nach dem Kauf auftritt, geht der Gesetzgeber davon aus, dass der Mangel schon beim Kauf vorhanden war. Dann muss der Händler, wenn er das bezweifelt, den Beweis liefern, dass er ein einwandfreies Produkt geliefert hat. Wird der Mangel erst nach sechs Monaten entdeckt, muss der Käufer glaubhaft machen, dass der Mangel von Anfang an vorlag (Beweislastumkehr). Wichtig ist es auch, die Kassenbons mindestens zwei Jahre lang aufzubewahren. So kann der Kunde beweisen, wann er was und wo gekauft hat.

Autorentext

* **Pflichten aus einem Kaufvertrag**
BGB § 433 Vertragstypische Pflichten beim Kaufvertrag.
(1) Durch den Kaufvertrag wird der Verkäufer einer Sache verpflichtet, dem Käufer die Sache zu übergeben und das Eigentum an der Sache zu verschaffen. Der Verkäufer hat dem Käufer die Sache frei von Sachmängeln [...] zu verschaffen.
(2) Der Käufer ist verpflichtet, dem Verkäufer den vereinbarten Kaufpreis zu zahlen und die gekaufte Sache abzunehmen.

* **Gewährleistungsfrist**
Wenn der Käufer einer Ware eine Privatperson ist und der Verkäufer ein Unternehmer, beträgt die Gewährleistungspflicht zwei Jahre. Nach einer Frist von mehr als sechs Monaten muss der Käufer glaubhaft machen, dass der Mangel bei der Übergabe des Kaufgegenstandes schon vorhanden war.

1 Fasst zusammen, welche Pflichten dem Verkäufer und dem Käufer jeweils aus dem Abschluss eines Kaufvertrags entstehen (§ 433 BGB, **M 3**).

2 Beschreibt in eigenen Worten die beiden Möglichkeiten des Zustandekommens eines Kaufvertrags (**M 2**).

3 Fasst zusammen, welche Rechte euch zustehen, wenn nach dem Kauf eines Erzeugnisses Mängel auftreten (**M 4**).

Verbraucher haben Rechte, auch bei Online-Käufen

M1 Elena bestellt einen Jogginganzug – online

Elena, 16 Jahre alt, möchte mit ihrem Taschengeld einen schicken Jogginganzug kaufen. Fotos eines Versandhändlers zeigen preiswert erscheinende Angebote. Sie entscheidet sich für die Farbe lila und bestellt den Anzug in ihrer Größe. Sie weiß, dass Jugendliche auch Online-Käufe vornehmen dürfen, solange es sich um Alltagsgeschäfte handelt, die mit eigenen Mitteln bewirkt werden können. Ratenzahlungsgeschäfte dürfen mit Jugendlichen nicht abgeschlossen werden. Aber das hat Elena auch nicht vor. Es gibt aber Händler, die grundsätzlich keine Internetverträge mit Jugendlichen abschließen. Das Risiko ist ihnen zu groß. Das von Elena ausgewählte Versandhaus ist bereit, Elena zu beliefern.
Da sie ein Girokonto besitzt, kann sie den Rechnungsbetrag überweisen.
Als das Paket eintrifft, stellt sie fest, dass die Farbe des Jogginganzugs eher rosa wirkt und dass auch die Verarbeitung zu wünschen übrig lässt. Sie entschließt sich sofort, das Kleidungsstück zurückzuschicken. Dabei muss sie einiges beachten.

Grenzen der Vertragsfreiheit

Unternehmer dürfen beim Online-Handel nicht tun und lassen, was sie wollen. Gesetzliche Regelungen, die das Europäische Parlament oder der Deutsche Bundestag beschlossen haben, beschränken ihre Handlungsmöglichkeiten. Verbraucher werden davor geschützt, übervorteilt zu werden.

Kauf im Internet

Habt ihr schon einmal, ähnlich wie Elena (**M1**), eine Ware online bestellt? Dann habt ihr einen Kaufvertrag abgeschlossen, einen sogenannten Fernabsatzvertrag. Fernabsatzverträge werden ausschließlich über sogenannte Fernkommunikationsmittel, also über Briefe, Telefonanrufe, Faxe, das Internet oder über Bestellungen nach Katalogen abgeschlossen. Den Internethandel bezeichnet man auch als E-Commerce. Kennzeichnend ist dabei, dass sich Unternehmer und Verbraucher bei der Anbahnung der Verträge und beim Vertragsabschluss nicht persönlich begegnen.
Ihr habt auch keine Möglichkeit, die Ware vor Vertragsabschluss zu sehen und zu prüfen. Kaufentscheidungen trefft ihr lediglich auf der Grundlage von Informationen, die euch von einem Anbieter zur Verfügung gestellt werden. Häufig verlangen Händler die Überweisung des Rechnungsbetrags, noch bevor die Lieferung erfolgt ist. Das kann gefährlich sein, es gibt auch unseriöse Anbieter. Der gesetzliche Verbraucherschutz erlegt den Herstellern oder Händlern Informationspflichten auf, z.B. über die Person, die Anschrift und die Telefonverbindung des Unternehmers, die Qualität der angebotenen Ware, den Kundendienst, die Höhe der Versandkosten und das Widerrufsrecht.

Widerrufsrecht

Bei Fernabsatzgeschäften steht euch ein 14-tägiges Widerrufsrecht* zu, nicht aber z.B. bei verderblichen Waren. Dies bedeutet, dass ihr euch innerhalb dieser Frist ohne Angabe von Gründen wieder vom Vertrag lösen könnt. Die Widerrufsfrist beginnt am Tag, nachdem ihr die bestellten Waren vollständig erhalten habt. Wollt ihr die Ware nicht behalten, müsst ihr den Widerruf gegenüber dem Händler in eindeutiger Weise erklären. Dies kann per E-Mail, Brief oder Fax geschehen. Online-Händler sind verpflichtet, euch einen Vordruck für eine Widerrufserklärung zu-

* **BGB § 355 Widerrufsrecht bei Verbraucherverträgen**
(1) Wird einem Verbraucher durch Gesetz ein Widerrufsrecht [...] eingeräumt, so sind der Verbraucher und der Unternehmer an ihre auf den Abschluss des Vertrags gerichteten Willenserklärungen nicht mehr gebunden, wenn der Verbraucher seine Willenserklärung fristgerecht widerrufen hat. [...]
(2) Die Widerrufsfrist beträgt 14 Tage. Sie beginnt mit Vertragsschluss. [...]

BGB § 357 Rechtsfolgen des Widerrufs [...]
(6) Der Verbraucher trägt die unmittelbaren Kosten der Rücksendung der Waren, wenn der Unternehmer den Verbraucher [...] von dieser Pflicht unterrichtet hat. Satz 1 gilt nicht, wenn der Unternehmer sich bereit erklärt hat, diese Kosten zu tragen. [...]

kommen zu lassen. Meist geschieht das online. Die kommentarlose Rücksendung des Warenpakets ohne diese Erklärung gilt nicht als wirksamer Widerruf.
Nach erfolgtem Widerruf müsst ihr die Ware innerhalb von 14 Tagen wieder in Richtung Händler auf den Weg bringen. Bei versiegelten CDs, DVDs oder Ähnlichem ist Voraussetzung, dass das Siegel nicht entfernt wurde. Der Verkäufer ist verpflichtet, das Geld innerhalb von zwei Wochen nach Erhalt der Widerrufserklärung zurückzuzahlen.
Der Händler muss euch nicht nur den Kaufpreis zurückerstatten, sondern auch seine Versandkosten, die ihr bezahlt habt. Im Gegenzug müsst ihr die Kosten für die Rücksendung der Waren tragen, es sei denn, der Händler hat sich bereit erklärt, diese zu übernehmen. Gewährt der Händler ausdrücklich ein „Rückgaberecht", so bedeutet dies, dass er immer die Rücksendekosten übernimmt.

Wie verhält es sich bei eBay?

Wenn ihr bei eBay mitbieten wollt, müsst ihr 18 Jahre alt sein. Andernfalls müssen euch eure Eltern mit ihrem Account helfen. Bietet eine Privatperson bei einem Online-Auktionshaus eine Ware an, kommen die Regelungen über Fernabsatzverträge nicht zur Anwendung. Allerdings muss in einem solchen Fall der Anbieter eines gebrauchten Gegenstands ausdrücklich darauf hinweisen, dass es sich um einen Privatverkauf handelt und deshalb kein Widerrufsrecht und kein Gewährleistungsanspruch besteht. Wenn der Anbieter bei Internetauktionen ein gewerblicher Händler ist, liegt auch bei Online-Auktionshäusern ein Fernabsatzvertrag vor. Da bei Versteigerungen aber der Kunde nicht vor Vertragsschluss in Textform vom Händler über sein Widerrufsrecht belehrt werden kann, wird die Widerrufsfrist auf vier Wochen verlängert.

M 2 Muster-Widerrufserklärung

1. An

....

....
(Name, Anschrift, ggf. Telefaxnummer oder E-Mailadresse des Unternehmers)

2. Hiermit widerrufe(n) ich/wir den von mir/uns abgeschlossenen Vertrag über den Kauf der folgenden Waren:

....
(Name der Ware, ggf. Bestellnummer und Preis)

3. Bestellt am: .... *(Datum)*

4. Erhalten am: .... *(Datum)*

5. Name und Anschrift des Verbrauchers:

....

....

6. Datum ....

7. Unterschrift .... *(nur bei schriftlichem Widerruf)*

1 Nennt einige „Fernkommunikationsmittel".
2 Erklärt, wie Elena vorgehen muss, um den Jogginganzug zurückzugeben (**M 1**).
3 Nehmen wir an, ihr kauft ein Smartphone bei einem Versandhändler. Nachdem ihr das Geld überwiesen habt und der Postbote das Handy gebracht hat, stellt ihr fest, dass dasselbe Handy in einem Elektromarkt in eurer Nähe deutlich billiger ist. Beschreibt, wie ihr euch verhalten könnt (Text, Randspalte, **M 2**).
4 Überprüft mithilfe von § 357 des Bürgerlichen Gesetzbuchs, in welchem Fall ein Verbraucher die Kosten der Rücksendung tragen muss.

Ein Girokonto eröffnet viele Zahlungswege

M 1 Bettina am Geldautomat

Die 15-jährige Bettina hätte gern ein eigenes Girokonto, auf das ihre Eltern ihr Taschengeld überweisen. Wenn sie Geld braucht, möchte es Bettina am Geldautomaten abheben können. Sie ruft bei einer Sparkasse in ihrer Nachbarschaft an und fragt, ob sie ein Girokonto eröffnen darf. Dort erfährt sie: Natürlich kannst du auch als Jugendliche ein Girokonto eröffnen. Die meisten Kreditinstitute, das sind Banken oder Sparkassen, bieten Girokonten schon ab einem Alter von 12 Jahren an. Allerdings geht das nur mit Einwilligung beider Elternteile. Komme mit deiner Mutter oder deinem Vater zur nächsten Geschäftsstelle, und in wenigen Minuten ist das Konto eröffnet. Auch dein anderer Elternteil muss den Antrag dann noch unterschreiben. Du kannst mit deinem Girokonto am Zahlungsverkehr teilnehmen, ähnlich wie Erwachsene. Dazu bekommst du eine Bankcard mit einer vierstelligen Geheimzahl (PIN), die du auswendig wissen musst (**M 2**). Du kannst Überweisungen vornehmen und bargeldlos bezahlen. Es gibt aber eine Einschränkung: Als Minderjährige darfst du dein Konto nicht überziehen. Dein Girokonto wird als Guthabenkonto geführt. Für Konten von Jugendlichen, Auszubildenden und Studenten fallen meist keine Gebühren an. Den Kontostand kannst du dir am Geldautomaten anzeigen lassen. Wenn deine Eltern einverstanden sind, ist auch ein Online-Konto möglich. Online-Überweisungen kannst du von zu Hause aus erledigen und deinen Kontostand jederzeit am PC oder Smartphone abrufen.

Girokonten sind unverzichtbar

Verbraucher sind heute auf ein Girokonto angewiesen. Auf diese Weise lassen sich Miete, Strom, Telefon und andere laufende Kosten per Überweisung, Dauerauftrag oder Einzugsermächtigung (Lastschrift) bargeldlos vornehmen. Für Arbeitnehmer dient das Girokonto als Grundvoraussetzung, damit ihnen das Arbeitsentgelt überwiesen werden kann. Diejenigen von euch, die bereits über ein Girokonto verfügen, lassen sich sicherlich das Taschengeld auf ihr Konto übertragen.

Über die Gutschriften- und Belastungsbuchungen und das verbleibenden Guthaben erstellen die Kreditinstitute regelmäßig Kontoauszüge. In der Spalte „Soll" (Belastung) sind die Beträge aufgeführt, die vom Konto abgezogen werden. Die Summen, die auf das Konto eingezahlt werden, sind in der Spalte „Haben" (Gutschrift) verzeichnet.

Bei Zahlungen auf fremde Konten gibt es unterschiedliche Möglichkeiten:

Die Überweisung: Ein Kontoinhaber veranlasst sein Kreditinstitut, einen bestimmten Betrag vom eigenen Konto abzubuchen und auf das Konto des Empfängers zu übertragen. Vordrucke für Überweisungen erhaltet ihr am Schalter eures Kreditinstituts. Dort könnt ihr die ausgefüllten und unterschriebenen Überweisungsformulare auch abgeben. In den Schalterhallen der Kreditinstitute findet ihr auch Überweisungsautomaten, wo ihr eure Aufträge eingeben könnt.

Die Lastschrift: Was ist mit Zahlungen, die zwar regelmäßig wiederkehren, aber deren Höhe immer unterschiedlich ist, wie beispielsweise bei der Telefonrechnung? Für solche Fälle gibt es das Lastschrifteinzugsverfahren. Dabei ermächtigt der Zahlungspflichtige den Empfänger, die anfallenden Rechnungsbeträge von seinem Konto einziehen zu lassen.

Innerhalb von acht Wochen könnt ihr ohne Begründung eine Lastschrift widerrufen. Dadurch könnt ihr vermeiden, dass jemand unbefugt von eurem Konto Geld abbucht. Aber natürlich müsst ihr deshalb regelmäßig eure Kontoauszüge überprüfen.

Der Dauerauftrag: Es wäre ziemlich umständlich, wenn eure Eltern für die Zahlung von Miete, Versicherungsprämien, für euer Taschengeld und andere regelmäßig anfallende Kosten jeden Monat neue Überweisungen ausfüllen müssten. Deshalb erteilen die meisten Kunden in derartigen Fällen einen Dauerauftrag. Der Kontoinhaber beauftragt dabei seine Bank oder Sparkasse, zu bestimmten Terminen, z.B. zum Ersten jeden Monats, eine Überweisung auszuführen. Dadurch verpasst ihr keine Zahlungstermine. Natürlich könnt ihr mithilfe eines Dauerauftrags auch jeden Monat einen Teil eures Taschengelds auf euer Jugendsparbuch überweisen lassen.

IBAN und BIC

Um den Zahlungsverkehr innerhalb Europas zu erleichtern, gibt es die internationalen Kontonummern IBAN (= International Banking Account), und es wird eine internationale Bankleitzahl verwendet, der BIC (= Business Identifier Code). Die meisten Inhaber eines Girokontos kennen ihre 10-stellige bisherige Kontonummer auswendig. Sie steht am Ende der 22-stelligen IBAN, die mit einem Ländercode (DE für Deutschland) beginnt:

IBAN: DE99 1235 4678 1234 5678 90

- DE99: Ländercode und Prüfnummer
- 1235 4678: Bankleitzahl
- 1234 5678 90: Kontonummer

Über die Prüfnummer kann der Rechner des Kreditinstituts Zahlendreher bei der Eingabe der IBAN erkennen und eine Fehlermeldung ausgeben. Bei Überweisungen im Inland ist die Angabe des BIC nicht notwendig.

M2 Bankcard – Muster

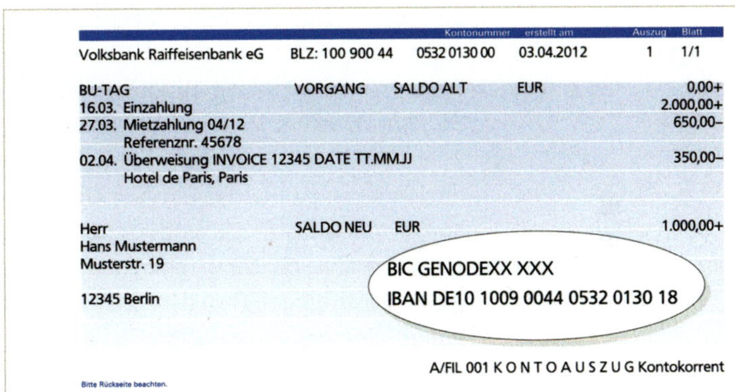

		Kontonummer	erstellt am	Auszug	Blatt
Volksbank Raiffeisenbank eG	BLZ: 100 900 44	0532 0130 00	03.04.2012	1	1/1

BU-TAG	VORGANG	SALDO ALT	EUR	0,00+
16.03.	Einzahlung			2.000,00+
27.03.	Mietzahlung 04/12 Referenznr. 45678			650,00–
02.04.	Überweisung INVOICE 12345 DATE TT.MMJJ Hotel de Paris, Paris			350,00–
		SALDO NEU	EUR	1.000,00+

Herr
Hans Mustermann
Musterstr. 19
12345 Berlin

BIC GENODEXX XXX
IBAN DE10 1009 0044 0532 0130 18

Bitte Rückseite beachten.

A/FIL 001 KONTOAUSZUG Kontokorrent

M3 Kontoauszug – Beispiel

1 Nennt Gründe, warum Bettina (**M1**) ein eigenes Girokonto einrichten will.

2 Übertragt die Tabelle in euer Heft, kreuzt eure Entscheidung hinsichtlich des Zahlungswegs an und begründet sie:

	Überweisung	Dauerauftrag	Lastschrift	Begründung
a) Bettina hat ein T-Shirt bei einem Online-Händler bestellt.				
b) Hans muss einmal pro Jahr den Mitgliedsbeitrag zu seinem Sportverein bezahlen.				
c) Herr Mayer zahlt monatlich die Gebühren für seinen Telefonanschluss.				

Rechnungen online bezahlen

M1 Rechnung für einen Fahrradhelm

Herrn
Samuel Müller
Heckenstraße 99
12345 Baumstadt

Radvogel
Heckenstraße 35
99999 Musterstadt
Tel.: 0999/1234 FAX: 0999/1235
E-Mail: info@radvogel-muster.de
Bankverbindung: Sparkasse Musterstadt
IBAN: DE 58 1235 4678 0599 8993 88
BIC: SPARDEF789

Datum: 18.04.20xx

Rechnung Nr. 6541

1 Fahrradhelm . . . . 70,00 €

Im Rechnungsbetrag sind 11,18 € (19 %) Mehrwertsteuer enthalten.

Bitte überweisen Sie den Rechnungsbetrag bis 15.05.20xx auf unser Konto.

Hans Radvogel e.K. USt.ID 48095/325 **HRA 9876 Amtsgericht Musterstadt**

Samuel hat bei einem Online-Händler den am besten bewerteten Fahrradhelm (s. S. 22) für 70 Euro gekauft. Nun kommt die Rechnung (**M1**). Samuel schaut sich die Angaben genau an und füllt das Überweisungsformular (s. **M5**) entsprechend aus. Er bringt das Formular zu seinem Kreditinstitut. Diesen Weg will er sich künftig sparen. Er beschließt deshalb, in Zukunft seine Rechnungen bequemer online zu bezahlen.

★ **Mehrwertsteuerberechnung**
Beispiel:

$$\text{MwSt.} = \frac{70\ \text{EUR} \cdot 19\%}{119\%} = 11{,}18\ \text{EUR}$$

Banküberweisung

Mit der Ausstellung einer Überweisung gibt der Schuldner eines Rechnungsbetrags einem Kreditinstitut (Bank oder Sparkasse) den Auftrag, einen bestimmten Betrag von seinem Girokonto auf das Girokonto des Gläubigers, also des Zahlungsempfängers, zu übertragen. Die Überweisungsvordrucke der Kreditinstitute sind einander ähnlich. Meist bestehen sie aus einem zweiteiligen Durchschreibesatz mit einem Überweisungsauftrag an das Kreditinstitut und einer Durchschrift für den Aussteller. Ihr solltet die Überweisungsformulare sorgfältig mit Druckbuchstaben beschriften, da sie maschinenlesbar sein müssen. Bei unordentlich ausgefüllten Vordrucken müssen Mitarbeiter der Kreditinstitute die Eingaben nachbearbeiten. Das kann die Überweisung um mehrere Tage verzögern.

Homebanking

Durchs Internet wird der heimische Computer auf Wunsch zur persönlichen Bankfiliale mit Öffnungszeiten rund um die Uhr. Überweisungen oder den Daueraufträge erledigt ihr per Mausklick. Ihr gebt am PC die Internetadresse eures Kreditinstituts ein. Über die Eingabe der Zugangsdaten, also der Kontonummer und dem Onlinebanking-PIN (PIN = Persönliche Identifikationsnummer) könnt ihr Bankgeschäfte tätigen. Neben der PIN müsst ihr beim Online-Banking eine TAN (TAN = Transaktionsnummer) anfordern. Meist geschieht das dadurch, dass euer Kreditinstitut über eine SMS die TAN an euer Handy leitet.

Online-Banking gilt als sicher. Trotzdem müsst ihr einige Regeln beachten (**M3**).

M2 Weg einer Überweisung

M3 Datensicherheit beim Online-Banking

1. Die PIN und TAN und Passwörter sind zentrale Sicherheitskomponenten. Diese Daten sind geheim und dürfen nur auf der Seite des Kreditinstituts angegeben werden.
2. Ignoriert E-Mails, in denen ihr aufgefordert werdet, eure Zugangsdaten zurückzusenden oder auf einer Internetseite einzutragen (sog. Phishing). Die Verwendung einer Firewall und eines Virenschutzprogramms, die stets auf dem neuesten Stand sein müssen, versteht sich von selbst.
3. Neben einem Virenschutzprogramm sollte jeder Anwender darauf achten, nur Programme und Dokumente aus sicheren Quellen zu öffnen. Der Datenanhang einer von einem unbekannten Absender empfangenen E-Mail kann Schadprogramme enthalten. [...]
4. Setzt immer aktuelle Programmversionen von Betriebssystemen und von Anwendungssoftware ein. Pflegt die Programme, indem ihr Updates mit Verbesserungen (Patches) zeitnah installiert.

Deutscher Sparkassen Verlag (Hg.): Mäuse, Moos und mehr, Sparkassen-Schulservice, Stuttgart 2013, S. 36 f.

Electronic cash

Hier bezahlt ihr mit der Bankcard. An der Kasse wird eure Karte in ein Lesegerät geschoben. So entsteht eine Verbindung zu eurem Girokonto. Ihr gebt über eine Tastatur den PIN ein. Ist die Karte nicht gesperrt und ein ausreichendes Guthaben vorhanden, wird die Zahlung freigegeben.

M4 Überweisungsformular

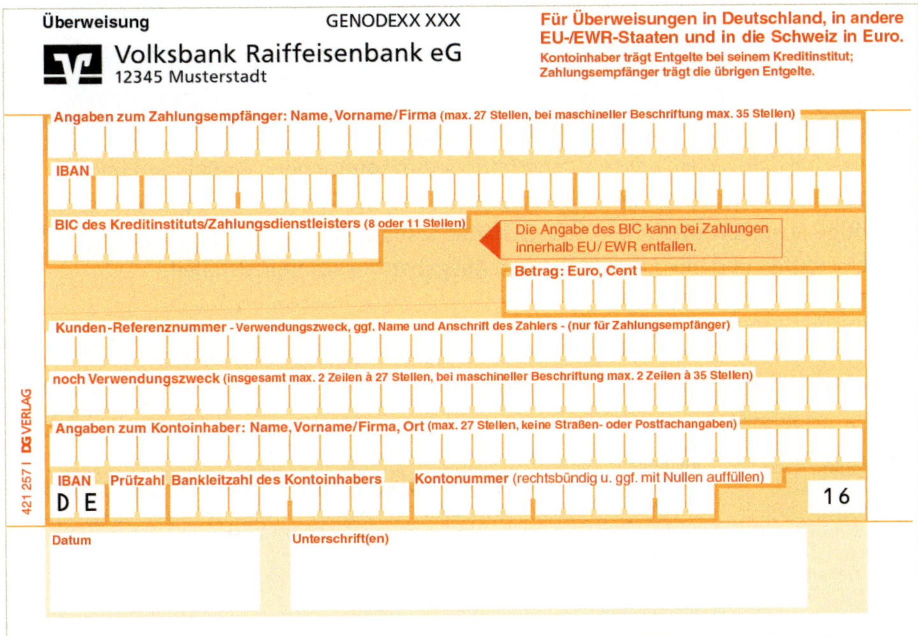
Überweisung
GENODEXX XXX
Volksbank Raiffeisenbank eG
12345 Musterstadt
Für Überweisungen in Deutschland, in andere EU-/EWR-Staaten und in die Schweiz in Euro.
Kontoinhaber trägt Entgelte bei seinem Kreditinstitut; Zahlungsempfänger trägt die übrigen Entgelte.
Angaben zum Zahlungsempfänger: Name, Vorname/Firma (max. 27 Stellen, bei maschineller Beschriftung max. 35 Stellen)
IBAN
BIC des Kreditinstituts/Zahlungsdienstleisters (8 oder 11 Stellen)
Die Angabe des BIC kann bei Zahlungen innerhalb EU/EWR entfallen.
Betrag: Euro, Cent
Kunden-Referenznummer - Verwendungszweck, ggf. Name und Anschrift des Zahlers - (nur für Zahlungsempfänger)
noch Verwendungszweck (insgesamt max. 2 Zeilen à 27 Stellen, bei maschineller Beschriftung max. 2 Zeilen à 35 Stellen)
Angaben zum Kontoinhaber: Name, Vorname/Firma, Ort (max. 27 Stellen, keine Straßen- oder Postfachangaben)
IBAN D E
Prüfzahl
Bankleitzahl des Kontoinhabers
Kontonummer (rechtsbündig u. ggf. mit Nullen auffüllen)
16
Datum
Unterschrift(en)
421 257 I DG VERLAG

1 Kopiert das „SEPA-Überweisungsformular“ (M4) und ergänzt es um die zur Bezahlung der Rechnung (M1) notwendigen Angaben. Welche Angaben müssten auf den Kontoauszügen des Kontoinhabers und des Zahlungsempfängers jeweils zu finden sein?
2 Verändert die Überweisung so, dass ihr vom Rechungsbetrag 2 Prozent Skonto* abzieht.
3 Nennt wichtige Maßnahmen zur Vermeidung von Fehlern bei der Datensicherheit beim Online-Banking (M3).

* **Skonto**
Prozentualer Preisnachlass auf den Gesamtbetrag bei Zahlung innerhalb einer bestimmten Frist oder bei Barzahlung.

Ein Haushaltsplan hilft euch beim Wirtschaften

M 1 Familie Richter berät über wünschenswerte Anschaffungen

Familie Richter will mit ihren begrenzten Mitteln einen möglichst großen Nutzen erzielen. Damit sie mit dem Familieneinkommen gut wirtschaften kann, ist es notwendig, dass sie eine gute Übersicht über ihre kommenden Einnahmen und Ausgaben hat. Wenn ihr diese Übersicht verloren geht, kann es leicht passieren, dass unnötige Schulden entstehen. Sie beschließt deshalb, sich eine gründliche Übersicht zu verschaffen und ihre Einnahmen und Ausgaben zusammenzustellen.

Arbeitseinkommen		Vermögenseinkommen	Transfereinkommen	
Einkommen aus nicht selbstständiger Arbeit, z. B. Arbeitsentgelt (Lohn, Gehalt)	Einkommen von Selbstständigen, z. B. aus Gewerbebetrieb, Landwirtschaft, von Ärzten, Rechtsanwälten	Zinsen für Spareinlagen, Dividenden für Aktien, Einkünfte aus Vermietung und Verpachtung	aus Steuermitteln, z. B. Arbeitslosengeld II, Kindergeld	aus der gesetzlichen Sozialversicherung, z. B. Altersrente, Arbeitslosengeld I★

M 2 Zusammensetzung des Familieneinkommens

★ **Arbeitslosengeld**
Arbeitslose haben Anspruch auf Arbeitslosengeld I, wenn sie zuvor Beiträge zur Arbeitslosenversicherung bezahlt haben. Das Arbeitslosengeld wird aus den Einnahmen der Arbeitslosenversicherung bezahlt. Wer mehr als ein Jahr arbeitslos ist, bekommt das viel geringere Arbeitslosengeld II, oft auch mit Hartz IV bezeichnet. Arbeitslosengeld II wird aus Steuern finanziert, also nicht aus der Arbeitslosenversicherung.

Wirtschaften nach dem Ökonomischen Prinzip

Wenn sich die Mitglieder der Familie Richter nach dem ökonomischen Prinzip verhalten, werden sie eine Rangfolge ihrer Bedürfnisse aufstellen. Zunächst wird es jeweils um die Befriedigung ihrer Grundbedürfnisse gehen, also um Nahrungsmittel, Wohnung, Kleidung, aber auch um Körperpflege und Bildung. Erst dann werden sie entscheiden, welche zusätzlichen Bedürfnisse sie befriedigen können. Um Einnahmen und Ausgaben zu vergleichen, helfen ihnen Haushaltspläne, z.B. für den folgenden Monat. Der Saldo* zeigt ihnen, wie viel Geld übrig bleibt oder wie viel fehlt und deshalb eingespart werden muss. Ein typischer Haushaltsplan der Familie Richter mit zwei Kindern könnte folgendermaßen aussehen:

M 3 Haushaltsplan der Familie Richter

Einnahmen	Euro
Arbeitseinkommen Eltern (netto)	3400
Kindergeld (zwei Kinder)	384
Mieteinnahme für vermietete Einliegerwohnung	426
Einnahmen insgesamt in einem Monat	**4210**
Ausgaben	
Nahrungsmittel, Getränke	820
Kleidung, Schuhe	230
Energie, Hausinstandhaltung	450
Möbel, Haushaltsgegenstände	150
Körper- und Gesundheitspflege	200
Kosten für PKW, Fahrkarten u.a.	200
Telefon, Handy	110
Theater, Kino, Freizeit, Gaststättenbesuche	250
Schulsachen, Bildung	130
Konsumausgaben insgesamt in einem Monat	**2540**
KFZ-Steuer, Versicherungsbeiträge	120
Zinsen und Tilgung* von Kredit für eigenes Wohnhaus	1250
Andere Ausgaben insgesamt in einem Monat	**1370**
Saldo z.B. für Ersparnisse (Einnahmen – Ausgaben)	**300**

Zusammenstellung des Autors

Das Statistische Bundesamt stellte 2013 anhand von Befragungen vieler Haushalte in Deutschland fest, welche durchschnittlichen Einnahmen dort verfügbar sind und wofür die Haushalte das Einkommen ausgeben. Manche Ausgaben fallen nicht jeden Monat an, z.B. die Ausgaben für Kleidung und Schuhe. Um einen Überblick über die monatlichen Ausgaben zu bekommen, werden in einem Haushaltsplan Durchschnittswerte errechnet. Wie ihr seht, gibt es zwischen einzelnen Haushaltstypen deutliche Unterschiede zwischen der durchschnittlichen Höhe der Einnahmen, deren Verwendung und den verbleibenden Salden.

* **Saldo**
Begriff für den Unterschiedsbetrag, z.B. zwischen Einnahmen und Ausgaben. Der Saldo wird als Ausgleichsposten auf der kleineren Kontoseite eingesetzt.

* **Tilgung**
Rückzahlung eines Kredits oder Darlehens. Meist geschieht dies in Form von Raten. Die Tilgung von Darlehen für ein Wohnhaus oder eine Eigentumswohnung kann zehn Jahre oder länger dauern. Für den noch nicht getilgten Teil des Darlehens müssen Zinsen bezahlt werden.

M 4 Ausgaben privater Haushalte, 2014

Haupteinkommensperson	Arbeitnehmer/-innen	Arbeitslose	im Ruhestand
Durchschnittliche Nettoeinkünfte eines Haushalts in einem Monat	**4871 Euro**	**1476 Euro**	**3341 Euro**
Ausgaben (in Prozent)			
Nahrungsmittel, Getränke u.a.	7,6	16,0	8,5
Kleidung, Schuhe	2,8	3,3	2,2
Wohnen, z.B. Miete, Energie	19,1	37,7	24,6
Möbel, Haushaltsgegenstände	3,3	3,0	3,1
Körper- und Gesundheitspflege	1,8	1,3	3,7
Kosten für Pkw, Fahrkarten u.a.	8,8	6,4	6,4
Telefon, Handy	1,5	3,2	1,4
Theater, Kino, Bildung, Gaststättenbesuche	11,7	11,3	12,0
Anteil der Konsumausgaben	**56,6**	**82,2**	**61,9**
Versicherungsbeiträge, Spenden u.a.	7,0	5,0	7,1
Zinsen und Tilgung von Krediten	9,1	3,5	4,3
Saldo für den Erwerb von Geld- und Sachvermögen	**27,3**	**9,3**	**26,7**

Nach: Statistisches Bundesamt, Fachserie 15 Wirtschaftsanalysen Reihe 1, 2014, S. 29

1 Tragt in der Klasse die unterschiedlichen Positionen der Familienmitglieder von Familie Richter (M 1) in einer Podiumsdiskussion vor. Sucht mithilfe von M 3 nach einer Lösung.
2 Veranschaulicht M 3 in einem Säulendiagramm. Beschreibt Einsparmöglichkeiten.
3 Vergleicht die Einnahmen und die prozentuale Verteilung der Ausgaben eines durchschnittlichen Arbeitnehmerhaushalts mit dem eines Arbeitslosen- und eines Rentnerhaushalts (M 4). Fasst die Ergebnisse schriftlich in wenigen Sätzen zusammen. Beurteilt die unterschiedlichen Salden. Wozu können diese verwendet werden?

Sparen soll sich lohnen

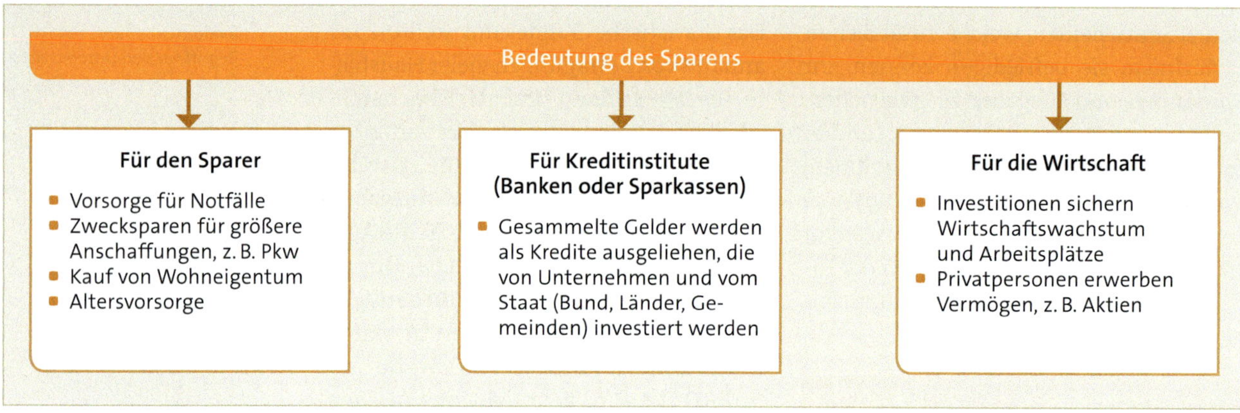

M1 Privates Sparen hilft auch der Wirtschaft

Kreditmärkte

Auf einem Kreditmarkt müsste es eigentlich wie auf einem Wochenmarkt zugehen: Wenn Unternehmen und Privatpersonen viel Geld auf die Banken bringen, das Angebot an Geld also steigt, müssten die Zinsen sinken. Wenn Haushalte, Unternehmen und der Staat viel Geld leihen, die Nachfrage also groß ist, müssten die Zinsen steigen. Dieses Gleichgewicht gerät aber aus den Fugen, weil die Europäische Zentralbank in diesen Markt eingreift. Häufig verleiht sie viel Geld zu sehr niedrigen Zinsen an die Kreditinstitute. Dadurch sinken auch die Bankzinsen. Unternehmen und Privatpersonen können sich für geringe Zinsen Geld leihen, um zum Beispiel Maschinen oder Einrichtungsgegenstände zu kaufen. Die Nachfrage nach Gütern steigt, die Betriebe sind gut ausgelastet, die Arbeitslosigkeit sinkt. Wenn für Kredite nur wenig Zinsen bezahlt werden müssen, sinken aber auch die Sparzinsen.

Sparen und Inflation

Jeder Geldanleger wünscht sich für seine Ersparnisse eine möglichst hohe Rendite*. Die Zinsen sollen auf jeden Fall die Inflationsrate ausgleichen.

Die Inflationsrate bezeichnet die prozentuale Teuerung (Teuerungsrate) von Sachgütern und Dienstleistungen, meist gegenüber dem Vorjahr. Mit der Erhöhung der Preise wird gleichzeitig die Kaufkraft des Geldes verringert. Bei einer hohen Inflation wird das Einkommen der Verbraucher zunehmend wertloser.

Die Berechnung der Inflationsrate durch das Statistische Bundesamt basiert auf einem sogenannten Warenkorb, der dem Kaufverhalten der Verbraucher eines Durchschnittshaushalts mit 2,3 Personen entspricht (s. **M3**). Jeden Monat werden in rund 30 000 Geschäften, in Versandhauskatalogen und im Internet über 300 000 Einzelpreise der am häufigsten gekauften Güter oder erbrachten Dienstleistungen abgefragt.

Nun kann die Preisentwicklung der Produkte dieses Warenkorbs neu ermittelt und damit die Veränderung der Preise z. B. im Vergleich zum Vorjahr berechnet werden.

Eine Inflation und das Gegenteil, eine Deflation, drücken ein Ungleichgewicht zwischen der Geldmenge einer Volkswirtschaft und dem Wert aller Waren, die auf dem Markt zum Verkauf angeboten werden, aus.

Der Kaufkraftverlust als Folge einer Inflation zeigt seine Wirkung aber vor allem bei Beträgen, die der Verbraucher anspart. Geldanlagen, die keine oder nur geringe Zinsen abwerfen, sind keine gute Wahl. Bei einem Zinssatz von 3 Prozent und einer Inflationsrate von 2 Prozent beträgt die reale Verzinsung nur 1 Prozent. Ist die Inflationsrate höher als die Zinsen, kann mit dem Ersparten immer weniger Gegenwert eingekauft werden.

* **Rendite**
Gesamtertrag eines gesparten oder angelegten Geldbetrags. Sie wird meist in Prozent des Geldbetrags für den Zeitraum von einem Jahr berechnet.

Sachwerte sind begehrt, weil sie nicht von der Inflation betroffen sind. Auch Aktien basieren auf realen Vermögenswerten. Gewinner einer Inflation sind die Schuldner. Ihre Schulden werden real kleiner.

Deflation

Eine Deflation kann entstehen, wenn Verbraucher und Unternehmer nur wenig Vertrauen in die Zukunft der wirtschaftlichen Entwicklung haben. Sie kaufen und investieren weniger. Stattdessen sparen sie. Es kommt zwangsläufig zu Preissenkungen. Die Deflation erhöht die Kaufkraft, weil die Preise sinken. Aber die nachlassende Nachfrage führt zu Produktionseinschränkungen und Arbeitslosigkeit.

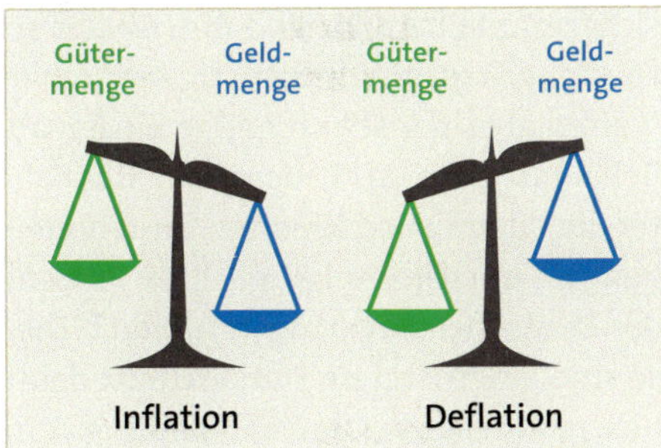

M2 Ungleichgewichte zwischen Geld- und Güterangebot

Lehren aus der Geschichte

Die Inflation nach dem Ersten Weltkrieg in Deutschland hatte ihren Höhepunkt im Jahr 1923. Der Geldwert halbierte sich fast täglich. Am 1. November 1923 kostete ½ kg Rindfleisch 36 Milliarden Mark. Die Geldvermögen von vielen Millionen Sparern wurden vernichtet.

Die Deflation von 1930 bis 1932 hatte noch verheerendere Folgen. Während der vorausgegangenen Weltwirtschaftskrise war die Nachfrage nach Sachgütern und Dienstleistungen in Europa und den USA sprunghaft zurückgegangen. Die Betriebe mussten Beschäftigte entlassen, die Arbeitslosigkeit stieg. Die Menschen verloren ihr Vertrauen in die Demokratie, viele wählten die verbrecherische Nationalsozialistische Partei (NSDAP).

Einlagensicherung

Aufgrund der Weltwirtschaftskrise wurden einige Banken insolvent und konnten Spareinlagen nicht zurückzahlen. Wie ist das heute? Bei einer Bankeninsolvenz greift das Einlagensicherungsgesetz. Die Inhaber eines Kontos haben den gesetzlich garantierten Anspruch auf eine Entschädigung von bis zu 100 000 Euro, wenn ihr Institut nicht mehr in der Lage ist, Einlagen zurückzuzahlen. Die meisten deutschen Kreditinstitute sind darüber hinaus Mitglieder eines Einlagensicherungsfonds, bei dem Guthaben bis mindestens 1 Million Euro abgesichert sind.

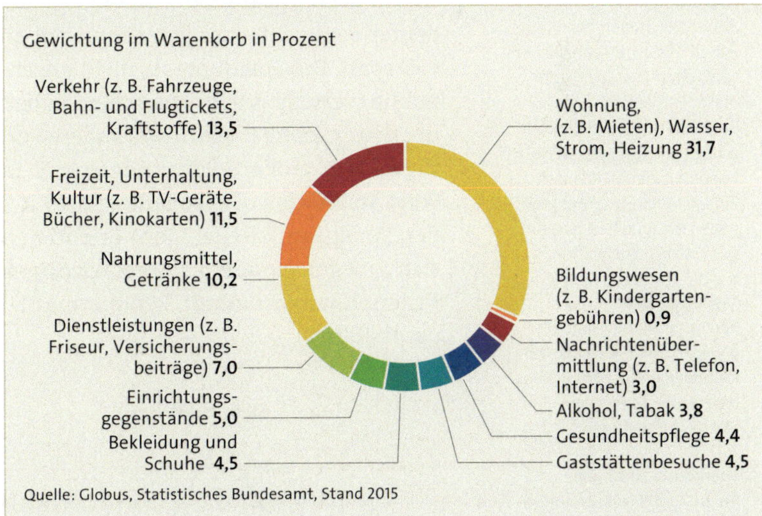

M3 Statistischer Warenkorb 2015

1 Beschreibt jeweils die Wirkungen von Inflation und Deflation (Text, M2).

2 Formt das Schaubild (M3) in ein Säulendiagramm um. Wofür geben Familien das meiste Geld aus?

Sparen – warum und wie?

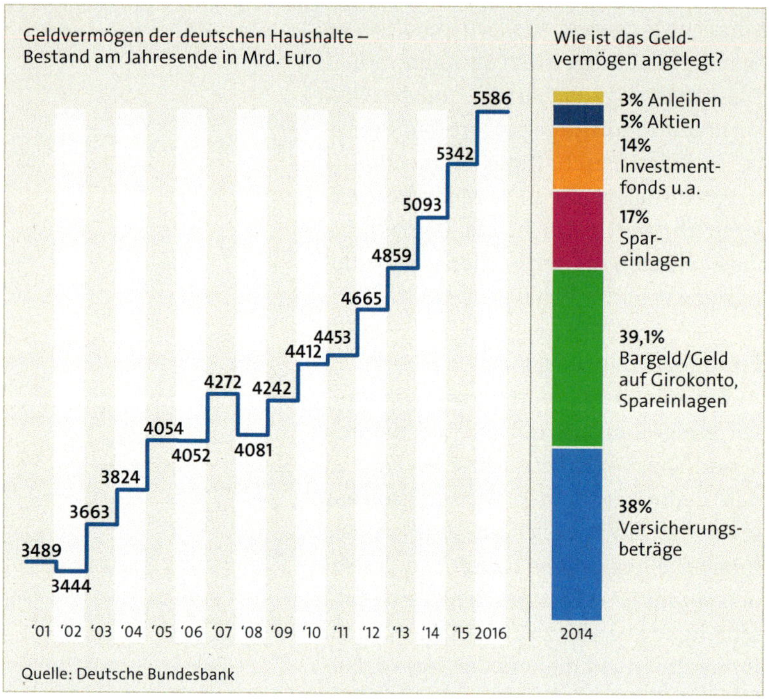

M1 Wachsende Geldvermögen

Was bedeutet das „Magische" Dreieck?

Die Deutschen sparen im Durchschnitt 9 Prozent ihres Einkommens. Man nennt diesen Wert „Sparquote". Allerdings bedeutet das nicht, dass jeder Haushalt so viel spart. Die Sparquote ist nicht gleichmäßig verteilt. Viele Menschen haben überhaupt keine Ersparnisse, andere verfügen über große Geldvermögen, z. B. in Form von Aktien oder Anleihen*.

Bei Anlageentscheidungen orientieren sich Anleger vor allem an drei wichtigen Kriterien: an Sicherheit, Rendite und Liquidität (**M2**).

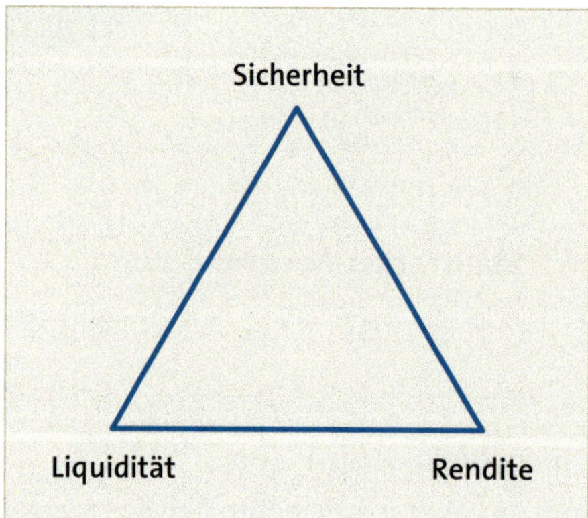

M2 „Magisches" Dreieck

- **Sicherheit** bedeutet, dass der Sparer das angelegte Geld in vollem Umfang zurückbekommt. Zugunsten von höheren Ertragschancen geht er kein Risiko ein.
- **Rendite** meint den Ertrag, den eine Sparanlage oder ein Wertpapier erbringt.
- **Liquidität** heißt, dass Teile des Vermögens jederzeit ohne Verlust „flüssig gemacht" werden können, also kurzfristig verfügbar sind (liquide = flüssig).

Betrachtet ihr diese drei Kriterien genauer, stoßt ihr auf einen sogenannten Zielkonflikt: Keiner der drei Eckwerte des Magischen Dreiecks lässt sich verbessern, ohne damit die beiden anderen negativ zu beeinflussen. Die meisten Sparer bevorzugen Anlageformen wie das Tagesgeldkonto*, das Sparkonto* oder auch sichere Anleihen. So sind ihre Gelder sicher angelegt und kurzfristig verfügbar, werfen aber nur sehr niedrige Zinsen ab. Beliebt ist auch das Bausparen*, das später die Tilgung von Krediten für Wohneigentum erleichtert. Lediglich 18 Prozent der Deutschen bevorzugen Aktien*. Diese sind langfristig im Durchschnitt deutlich renditestärker, haben allerdings ein höheres Risiko. Grundsätzlich gilt: Je höher die Renditeerwartung, desto größer das Risiko. Bei Aktien kann die Dividende* ausfallen, der Kurs kann abstürzen. Wenn ihr später einmal Aktien kaufen wollt, müsst ihr euch deshalb genau über die wirtschaftliche Situation des Unternehmens und die Konjunkturaussichten der Weltwirtschaft informieren.

Nachhaltige Geldanlagen

Immer mehr Menschen wählen Geldanlagen, bei denen nicht nur Renditen erzielt werden, sondern auch ökologische und soziale Aspekte in die Kaufentscheidung einfließen. Nachhaltige Wertpapiere eignen sich dazu, persönliche Werte mit finanziellen Strategien zu vereinen. Viele Geldanleger kaufen z.B. keine Aktien von Rüstungsfabriken oder Betreibern von Kohlekraftwerken.

* **Anleihe**
Staatliche Stellen geben Anleihen mit unterschiedlichen Laufzeiten aus. Die Käufer dieser Papiere, die „dem Staat" damit Geld leihen, profitieren von den entstehenden gleichbleibenden Zinsen. Auch Unternehmen geben oft Anleihen aus, um sich Geld zu beschaffen.

* **Tagesgeldkonto**
Verzinstes Konto ohne festgelegte Laufzeit. Der Kontoinhaber kann täglich in beliebiger Höhe über sein Guthaben verfügen.

* **Sparkonto/Sparbuch**
Bis zu 2000 Euro können sofort abgehoben werden, bei größeren Beträgen gilt eine dreimonatige Kündigungsfrist. Bei Sparkonten mit einer vereinbarten Kündigungsfrist von z. B. einem oder von vier Jahren sind die Zinsen etwas höher.

M 3 Geldanlage bei Niedrigzinsen

Wer auf absolute Sicherheit setzt, muss sich damit abfinden, dass sein Vermögen schrumpft. Rendite ohne Risiko – das war einmal. Entsprechend skeptisch stehen die Experten dem klassischen Sparbuch gegenüber, das bislang als Inbegriff der sicheren Anlage galt. Nicht viel besser kommen Anleihen weg. Bei erstklassigen Schuldnern wie der Bundesrepublik Deutschland gleicht die Rendite gerade mal die Geldentwertung aus. [...]
Der Zwang zu lang anhaltendem regelmäßigen Sparen ergibt sich auch, wenn man ein Haus oder eine Eigentumswohnung kauft. Anlageberater verweisen aber auch darauf, dass eine Immobilie das Kapital langfristig bindet und daneben oft wenig Raum für weitere Sparanlagen lässt. Immerhin garantieren eine Wohnung oder ein Haus in ordentlicher Lage eine regelmäßige Rendite in Form von Mieteinnahmen (oder Mietersparnis bei Eigennutzung). Einen Wertzuwachs der Immobilie selbst sollte man hingegen nicht fest einplanen. Zumal langfristig nur Immobilien in Wachstumsregionen eine solide Wertentwicklung versprechen. In vielen ländlichen Regionen und strukturschwachen Gebieten gehen die Preise wegen der schrumpfenden Bevölkerung jetzt schon spürbar zurück. [...]
Zu den umstrittensten Anlagen zählt Gold. [...] Zum einen lässt sich die Entwicklung des Goldpreises kaum vorhersagen, Gold ist ein reines Spekulationsobjekt. Zum anderen bringt eine Anlage in Gold keine Rendite in Form von Dividenden, Zinszahlungen oder Mieteinnahmen. Weit spekulativer noch als Gold sind Kunstwerke oder Oldtimer als Geldanlage.

Michael Kröger: Geldanlage bei Niedrigzinsen: Rendite ohne Risiko gibt's nicht mehr, SPIEGEL online, 5.6.2014, www.spiegel.de (Zugriff: 8.2.2016)

★ **Bausparen**
Ein Teil der Summe für den Kauf einer Immobilie wird bei einer Bausparkasse angespart, für die Restsumme garantiert die Bausparkasse einen zinsgünstigen Kredit. Bausparverträge werden staatlich gefördert, auch für Schülerinnen und Schüler ab dem 16. Lebensjahr.

★ **Aktie**
Sie entspricht einem Anteil am Vermögen einer Aktiengesellschaft (AG). Aktien berechtigen zum Bezug von Dividenden und zur Mitsprache in der jährlichen Hauptversammlung der Aktionäre. Dividenden sind der Teil des Gewinns, der an die Aktionäre ausbezahlt wird. Gute Geschäftsaussichten beflügeln den Börsenkurs der Aktie, bei schlechten sinkt der Kurs.

★ **Dividende**
Der Teil des Gewinns einer Aktiengesellschaft, der an die Aktionäre ausbezahlt wird.

1 Beschreibt das Schaubild (**M 1**). Findet eine Erklärung dafür, warum 2002 und 2008 die Geldvermögen der privaten Haushalte gegenüber dem jeweiligen Vorjahr gesunken sind.

2 Ordnet mithilfe von **M 3** den Anlagemöglichkeiten in der senkrechten Achse für die drei Kriterien des „magischen" Dreiecks jeweils die Ausprägungen „hoch", „mittel" und „gering" zu.

	Sicherheit			Verfügbarkeit			Rendite		
	hoch	mittel	gering	hoch	mittel	gering	hoch	mittel	gering
Girokonto									
Sparbuch									
Bausparen									
Anleihen									
Aktien									
Gold									

3 Ihr habt Geburtstag und bekommt 50 Euro geschenkt. Das Geld legt ihr auf euer Sparkonto. Wie hoch sind die Zinsen nach einem Jahr bei einem jährlichen Zinssatz von 2 Prozent?
Hinweis: Die Gleichung zur Berechnung der Jahreszinsen lautet: $Z = \frac{K \cdot p\%}{100\%}$
Z sind die anfallenden Zinsen,
K das Kapital und p der Zinssatz in %.

4 Wenn ihr wissen möchtet, welchen Wert das Guthaben $K_o = 50$ Euro nach n Jahren hat, braucht ihr die Gleichung für das Endkapital nach n Jahren:

$$K_n = K_o + \frac{K_o \cdot p\%}{100\%} = K_o \cdot (1 + \frac{p\%}{100\%})^n$$

Wie hoch ist das Kapital nach 5 Jahren?

Schon Jugendliche geraten in die Schuldenfalle

M 1 Schulden

Viele Jugendliche leihen sich geringe Beträge von Freunden und Bekannten. Das ist zumeist harmlos, doch wenn sich diese Beträge ansammeln, kann es schwierig werden, die Schulden wieder zurückzuzahlen. Unabhängig davon, mit wie viel Geld man im Rückstand ist und bei wem, muss man die Situation als Warnung erkennen und einen besseren Umgang mit Geld lernen.
Die Schuldenprobleme vervielfältigen sich bei vielen jungen Erwachsenen sprunghaft. Wer ein Auto oder eine Einrichtung für die erste eigene Wohnung kauft, kann schnell in der Schuldenfalle sein. Wenn außerdem Mahnungen ignoriert werden, kommen Mahngebühren und Verzugszinsen dazu. Im schlimmsten Fall können nicht bezahlte Schulden Arbeitsverhältnisse gefährden.

Ökonomisches Prinzip

Erinnert ihr euch noch an das Ökonomische Prinzip (s. S. 11)? „Mit einem bestimmten Geldeinsatz soll ein maximaler Nutzen erreicht werden", heißt es beim Maximalprinzip. So geht es euch auch mit dem Taschengeld, das ihr zur Verfügung habt. Ihr müsst damit haushalten. Es gibt freilich auch Jugendliche, die sich Geld von Freunden leihen, wenn sie unbedingt den neuesten James-Bond-Film sehen wollen (**M 1**). Das kann schon mal passieren, aber es muss die Ausnahme bleiben. Rund 12 Prozent der Jugendlichen zwischen 13 und 17 Jahren, das haben Untersuchungen ergeben, sind mit durchschnittlich 60 Euro verschuldet.
Trotz Flatrates gehören die Handygebühren bei vielen von euch zu den „Taschengeldfressern". Haben eure Eltern für euch einen Handyvertrag abgeschlossen? Seid ihr auch schon aus allen Wolken gefallen, wenn die monatliche Rechnung kam – mit Kosten für das Herunterladen kostenpflichtiger Apps, von Spielen und Videos sowie für das mobile Surfen im Internet? Viele Apps könnt ihr kostenlos herunterladen, müsst aber im weiteren Spieleverlauf bezahlen (In-App-Käufe). Auch Prepaid-Karten sind mit Musik-Abos und Ähnlichem schnell leer. Die Kosten sammeln sich im Hintergrund. Ladet ihr die Karte auf, wird der rückständige Betrag vom Guthaben abgezogen und die Karte ist erneut leer, und das mehrfach. Es kostet einige Mühe, Abo-Verträge, die ihr als Jugendliche nicht abschließen dürft, wieder zu kündigen.

Wer sind die Gläubiger?

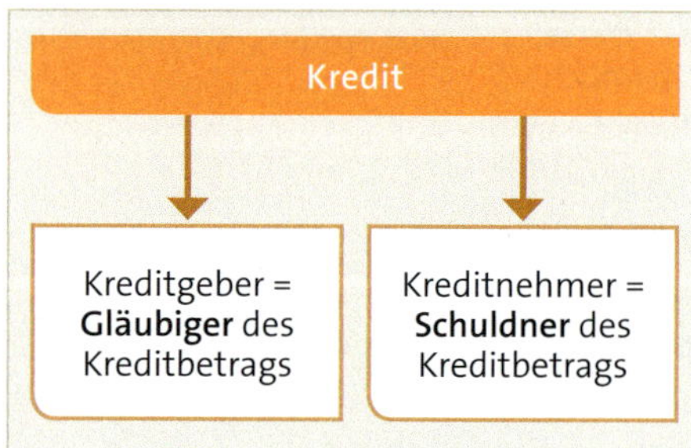

M 2 Gläubiger und Schuldner

Banken und Sparkassen vergeben vor dem 18. Lebensjahr ihren Kunden in der Regel keine Kredite. Deshalb werden zuerst Eltern, Familienangehörige und Freunde gefragt, ob sie eine Anschaffung, z. B. ein neues Smartphone, vorfinanzie-

ren. Eltern oder Freunde sind dann Gläubiger des jugendlichen Kreditnehmers, des Schuldners. Die meisten Jugendlichen zahlen ihre Schulden bald wieder zurück, aber nicht allen gelingt es.
Junge Erwachsene haben oft mehr Schulden und mehr Gläubiger, weil 18-Jährige in eigenem Namen Verbindlichkeiten eingehen dürfen. Sie vereinbaren bei Käufen Teilzahlung, schließen Verträge mit Telekommunikationsanbietern oder mit Versand- und Online-Händlern. Volljährige können aber auch ihr Konto überziehen und zahlen dafür oft hohe Zinsen.

M 3 Kein Einkommen, hohe Schulden

Hallo,
ich bin 18 Jahre alt und gehe auf die Fachoberschule für Wirtschaft und Informatik. Dies ist eine Privatschule, die mich 160 Euro im Monat kostet. Auf einer staatlichen Schule habe ich keinen freien Platz mehr bekommen. Die ersten drei Raten konnte ich noch bezahlen, weil ich früher mit eBay Geld verdient habe. Ich hab auch schon als Minderjähriger erfolgreich auf eBay gehandelt. Dies geht aber nun nicht mehr. Das Finanzamt war auf die hohen Umsätze aufmerksam geworden und besuchte mich eines Tages plötzlich. Mir wurde dann untersagt, als Privatperson gewerblich auf eBay zu handeln. Deswegen musste ich diese Nebentätigkeit leider aufgeben, sonst hätte ich eine Firma anmelden müssen. Auch habe ich ein Sky-Abo abgeschlossen, obwohl ich nicht gewusst habe, wie ich das alles zahlen sollte.
Nun habe ich kein Geld mehr und weiß nicht, wie ich das alles bezahlen soll. Außerdem verstehe ich mich nicht mehr mit meinen Eltern. Wir haben fast jeden Tag Streit, vor allem weil ich die Schule wegen zu hoher Fehlzeiten verlassen muss. Auch die Schulgebühren kann ich nicht mehr zahlen. Meine Eltern wollen, dass ich ausziehe.

Autorentext nach einem Internetforum

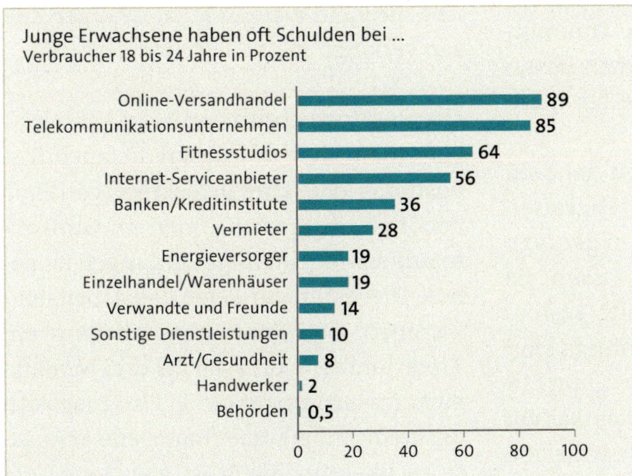

M 4 Wer sind die Gläubiger?

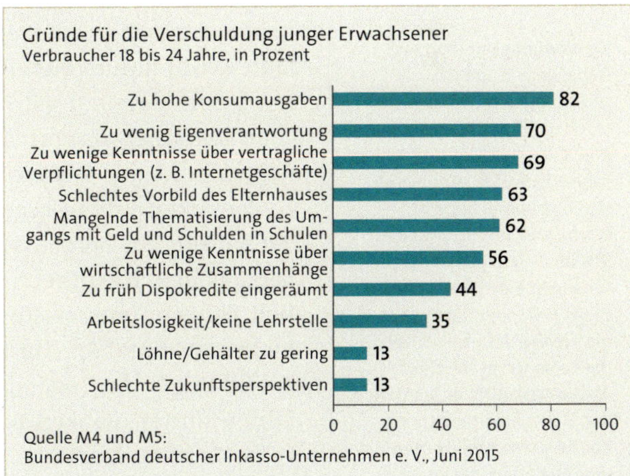

M 5 Gründe für Verschuldung

1 Erklärt die Begriffe „Gläubiger“ und „Schuldner“ mit eigenen Worten.
2 Habt ihr euch schon einmal Geld von euren Eltern oder von Freunden geliehen? Berichtet, auf welche Weise ihr es zurückbezahlt habt (M 1).
3 Nennt die Höhe der Handykosten, die bei euch monatlich anfallen.
4 Fasst zusammen, warum junge Erwachsene oft Schulden machen (Text, M 3, M 5).

Kredite für Verbraucher

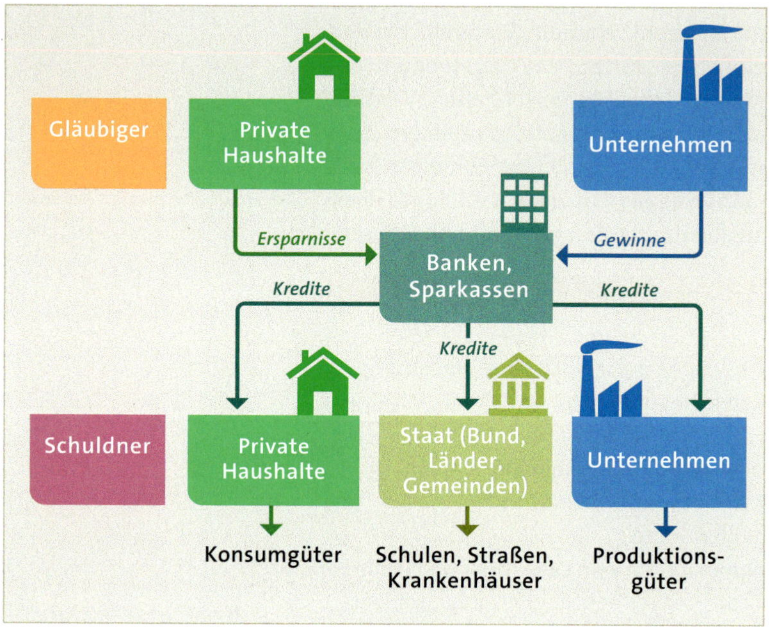

M1 Ersparnisse werden zu Krediten

★ **Kreditfähigkeit**
Die Fähigkeit, Kredite aufzunehmen, beginnt mit der Volljährigkeit, also mit dem 18. Geburtstag.

★ **Kreditwürdigkeit (Bonität)**
Dabei geht es um die Einschätzung der Kreditinstitute, ob der Kreditnehmer den Kredit auch wieder zurückzahlen kann. Sie informieren sich fast immer bei Wirtschaftsauskunfteien wie der Schufa (Schutzgemeinschaft für allgemeine Kreditsicherung). Dort sind Daten über die Kreditwürdigkeit einzelner Personen gespeichert. An die Auskunfteien werden von vielen Kreditinstituten, Kaufhäusern, Kreditkartengesellschaften und Versandhäusern alle Kredite und Ratenzahlungen ihrer Kunden gemeldet und über neue Kunden Auskünfte eingeholt. Die über sie u. a. von der Schufa gespeicherten Daten können einmal jährlich kostenlos von Privatpersonen abgerufen werden.

Sich verschulden – oder lieber nicht?

„Schulden werden bei uns nicht gemacht. Bei uns wird sofort alles bezahlt." Diesen Standpunkt kann man häufig hören. Aber nicht jeder denkt so, viele lassen sich oft von günstig erscheinenden Zinssätzen verführen. Ob Auto, Möbel, den neuen Fernseher oder einen Traumurlaub, Kredit aufnehmen für einen besseren Lebensstandard gilt heute bei manchen Menschen als normal.

Ratenkredite für Privatkunden gehören zu den lukrativsten Geschäftstätigkeiten der Banken und Sparkassen. Auf der Jagd nach neuen Kreditnehmern lassen sie sich daher immer wieder neue Werbemethoden einfallen. Nur Volljährige sind kreditfähig★. An Jugendliche unter 18 Jahren dürfen Banken oder Sparkassen keine Kredite vergeben. Dazu wäre die Genehmigung eines Familiengerichts erforderlich.

Kreditverträge für Verbraucher

Unter einem Kredit versteht man die befristete Überlassung von Geld gegen die Zahlung von Zinsen. Bei Krediten mit längeren Laufzeiten über höhere Summen spricht man meist von Darlehen. Beide Partner eines Kredit- oder Darlehensvertrags haben bei diesem Geschäft einen Nutzen. Der Kreditnehmer (Schuldner) kann etwas verwirklichen, was ihm sonst wegen der fehlenden Eigenmittel nicht möglich wäre. Der Kreditgeber (Gläubiger) erhält sein Geld wieder zurück und hat zusätzliche Zinseinnahmen. Kreditinstitute sind die häufigsten Kreditgeber. Sie verwenden dafür vor allem die Spareinlagen ihrer Kunden, die sie als Darlehen wieder in den Wirtschaftskreislauf einbringen. Privathaushalte verwenden sogenannte Konsumentenkredite vor allem für größere private Anschaffungen, häufig für die Anschaffung eines Pkw oder für einen Haus- bzw. Wohnungskauf.

Banken, Versandhäuser und Online-Shops gewähren nur Kredite an Kunden, wenn diese eine ausreichende Kreditwürdigkeit★ (Bonität) gewährleisten. Von der Bonität hängt bei Kreditinstituten auch die Höhe der Kosten ab. Bei einer hohen Bonität ist das Risiko der Kreditvergabe für Banken und Sparkassen gering, deshalb werden auch weniger Zinsen verlangt.

Dispositionskredit

Für einen Überziehungskredit, auch Dispositions- oder kurz Dispokredit genannt, benötigt ein Kreditnehmer ein Girokonto, auf das regelmäßige Zahlungen eingehen. Dies ist in der Regel das Arbeitseinkommen. Den Kontoinhabern wird ein Kreditrahmen von zwei bis drei Monatseinkommen eingeräumt. Ein Dispositionskredit hilft, kurze finanzielle Engpässe zu überwinden. Er ist aber teuer, die Zinssätze liegen oft bei mehr als 10 Prozent pro Jahr.

Ratenkredit

Wenn es darum geht, über einen längeren Zeitraum Geld aufzunehmen, ist der Ratenkredit die günstigere Möglichkeit. Dabei handelt es sich um ein Darlehen mit einem festen Zinssatz, das über eine vorher vereinbarte Laufzeit mit gleichbleibenden Raten zurückgezahlt wird. Vor der Aufnahme eines Ratenkredits sollten die Konditionen verschiedener Anbieter verglichen werden. Ein wichtiges Entscheidungskriterium ist der effektive Jahreszins. In ihm sind der Nominalzinssatz sowie eventuell anfallende Versicherungsprämien und Provisionen enthalten. Je niedriger der Effektivzins, umso günstiger wird der Kredit. Kreditinstitute, aber auch Geschäfte, die Ratenzahlungen anbieten, müssen den effektiven Jahreszins immer angeben. Seine Ermittlung ist ein kompliziertes Rechenverfahren. Im Internet gibt es dazu kostenlose Kreditrechner.

Lockangebote

Manche Banken werben mit günstigen Kreditangeboten. Doch oft handelt es sich dabei nur um Lockangebote für Kunden mit hoher Bonität. Nur Kunden mit festem Arbeitsplatz, überdurchschnittlich hohem Einkommen und keinen weiteren Schulden erhalten den Niedrigzins. Am liebsten vergeben Kreditinstitute Kredite an Privatpersonen, wenn Sicherheiten vorhanden sind. Beim Kauf eines Wohnhauses oder einer Eigentumswohnung dient die erworbene Immobilie den Banken oder Sparkassen als Sicherheit für die Rückzahlung des Kredits. Beim Kauf eines Pkws behält das Kreditinstitut den Fahrzeugbrief als Sicherheit und verlangt vom Kunden den Abschluss einer Vollkaskoversicherung.

Widerrufsrecht

Die Aufnahme eines Kredits ist keine Entscheidung, die ein verantwortungsbewusster Verbraucher leichtfertig trifft. Häufig vergleicht ein Kreditnehmer mehrere Angebote und schaut genau ins „Kleingedruckte" des Vertrags. Denn vor allem bei Baufinanzierungen geht es um beträchtliche Summen. Aber trotz bester Vorbereitungen kann es dazu kommen, dass ein Kreditnehmer nach der Vertragsunterzeichnung noch ein günstigeres Angebot erhält oder doch lieber auf einen Kredit verzichtet. Dann stellt sich die Frage, ob kurzfristig der Vertrag noch gekündigt werden kann.
Das Bürgerliche Gesetzbuch (BGB) garantiert Verbrauchern ein 14-tägiges Widerrufsrecht für Kreditverträge, die sie z.B. mit einer Bank abgeschlossen haben. Der Widerruf muss schriftlich erfolgen, am besten durch Einschreiben. Eine Begründung ist nicht notwendig. Nicht gekündigt werden können Kleinkredite bis zu 200 Euro und Pfandkredite.

1 Informiert euch bei eurem Kreditinstitut, wie hoch dort die Überziehungszinsen bei einem Girokonto sind. Die Auskunft bekommt ihr auch telefonisch oder im Internet.

2 Übertragt die Tabelle in euer Heft und ergänzt die fehlenden Werte des Ratenkredits.

	Kredit Bank A	Kredit Bank B
Kreditbetrag	20 000 Euro	20 000 Euro
Zinssatz pro Monat	0,48 %	0,45 %
Zinssatz pro Jahr		
Laufzeit	36 Monate	48 Monate
Summe der Zinsen		
Kreditbetrag + Zinsen		
Monatsrate (Kredit + Zinsen)	651,56 Euro	

Wohneigentum oder Miete?

M1 Ein eigenes Heim – Wunsch fast aller Familien

Eine eigene Immobilie?

Fast jeder, der einen eigenen Haushalt führt, steht früher oder später vor der Entscheidung: Ist es vernünftig, weiterhin zur Miete zu wohnen, oder sollte besser ein Haus oder eine Eigentumswohnung erworben werden? Gutverdienende Eltern, die den Wunsch haben, ihre Kinder im eigenen Haus toben zu lassen, ohne gleich an die Nachbarn denken zu müssen, werden sich für die eigene Immobilie entscheiden. Abgesehen vom Bedürfnis, „etwas Eigenes" zu besitzen, betrachten viele Menschen die eigenen vier Wände als wichtigen Teil der privaten Altersvorsorge. Vieles spricht auf den ersten Blick für das Eigenheim. Statt Miete zu zahlen, zahlt man den Kredit für die eigene Immobilie ab, allerdings zusammen mit erheblichen Zinsen. In den ersten Jahren nach dem Kauf sind die zu zahlenden Darlehensraten meist deutlich höher als Mietzahlungen. Aber Mieten steigen mit der Zeit, oft in der Höhe der Inflationsraten, während die vereinbarten Darlehensraten gleich bleiben. Allerdings verursacht die eigene Immobilie auch Kosten wie Grundsteuern und Hausversicherungen. Und natürlich fallen auch immer wieder Kosten für die Instandhaltung an.

Zins und Tilgung

Käufer eines Eigenheims sollten mindestens 20 Prozent der Kaufsumme angespart haben. Der für die Finanzierung der Restsumme erforderliche Kredit ist bei vernünftiger Kalkulation in der Regel bei monatlichen Ratenzahlungen nach spätestens 30 Jahren abbezahlt. Darlehen können als Tilgungsdarlehen* oder Annuitätendarlehen* gewährt werden.

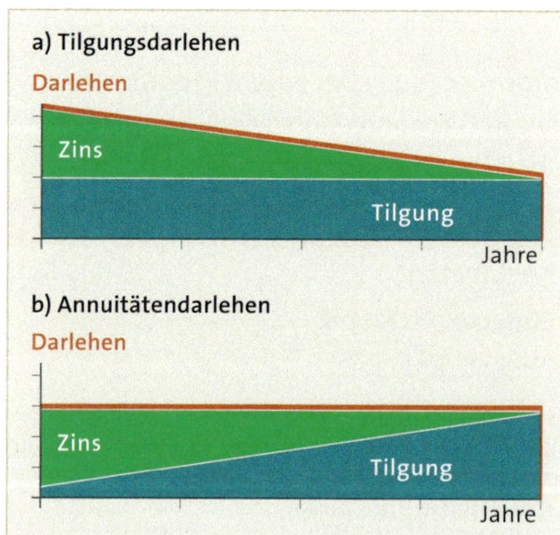

M2 Tilgungsformen von Darlehen

* **Tilgungsdarlehen**
Dabei bleibt der Tilgungsanteil unverändert. Die laufenden Zahlungen sinken, weil die Zinslast wegen der abnehmenden Restschuld zurückgeht.

* **Annuitätendarlehen**
Darunter versteht man ein Darlehen mit gleichen Rückzahlungsraten. Die Raten setzen sich jeweils aus einem Zins- und einem Tilgungsanteil zusammen. Weil mit jeder Rate ein Teil der Schuld bezahlt wird, verringert sich der Zinsanteil zugunsten des Tilgungsanteils. Der Zinssatz wird beim Abschluss des Darlehensvertrags für einen vereinbarten Zeitraum festgeschrieben.

In den meisten Fällen erfolgt die Rückzahlung in Form eines Annuitätendarlehens. Das folgende Beispiel zeigt, was damit gemeint ist:

Tilgungs- und Zinsanteil eines Annuitätendarlehens von 10 000 Euro während der ersten vier Jahre bei einer jährlichen 10%igen Verzinsung und einer jährlichen Rückzahlungsrate von 2 000,- Euro.

	Zins	Tilgung	Restschuld
1. Jahr	1 000,-	1 000,-	9 000,-
2. Jahr	900,-	1 100,-	7 900,-
3. Jahr	790,-	1 210,-	6 690,-
4. Jahr	669,-	1 331,-	5 359,-

M 3 Sinkende Zinsen, steigende Tilgungsraten

Wertentwicklung

Ein Immobilienerwerb ist in der Regel nur dann sinnvoll, wenn absehbar ist, dass die Käufer langfristig am gleichen Ort bleiben werden und dort auch einen sicheren Arbeitsplatz haben. Ein Verkauf innerhalb der ersten zehn Jahre ist schon allein wegen der Erwerbsnebenkosten in Form von Maklerprovision, Grunderwerbsteuer und Grundbuchgebühren von zusammen meist mehr als 10 Prozent des Kaufpreises nicht sinnvoll. Allein die Grunderwerbsteuer beträgt in Baden-Württemberg 5 Prozent des Kaufpreises der Immobilie. Um bei einem Verkauf Verluste zu vermeiden, müssen diese Kosten durch den Wertzuwachs des Objekts wieder zurückgeholt werden – und der liegt selbst in wirtschaftlich starken Regionen im Schnitt nur selten über 2 bis 3 Prozent pro Jahr.

In Ballungsgebieten können die Preise für Häuser und Eigentumswohnungen beträchtlich steigen. Voraussetzung ist aber auch dabei, dass das Grundstück in einer ruhigen Gegend liegt und mit öffentlichen Verkehrsmitteln gut zu erreichen ist. Aber auch diejenigen, die einen Umzug auf lange Sicht ausschließen können, machen mit dem Erwerb eines Hauses oder einer Wohnung eventuell ein schlechtes Geschäft. Denn nicht jede Immobilie steigt langfristig automatisch im Wert. Entscheidend ist der Standort. In Regionen, in denen Arbeitsplätze fehlen und deshalb die Menschen in Ballungszentren mit viel Industrie abwandern, sinken die Immobilienpreise.

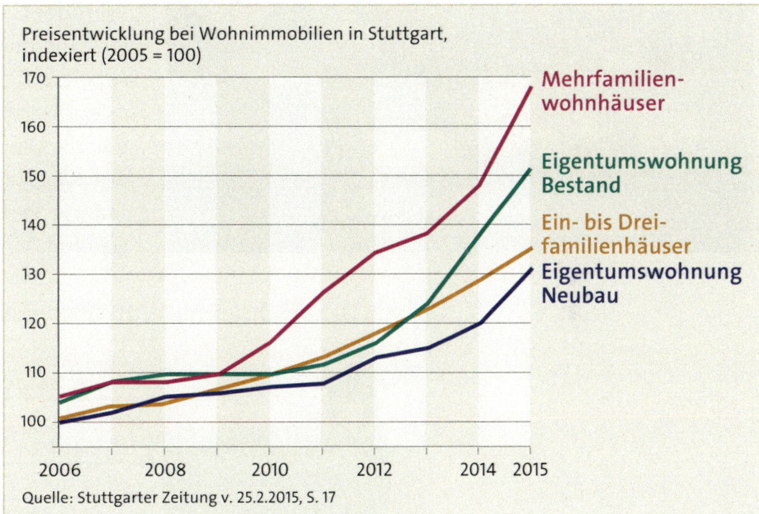

M 4 Immobilienpreise gehen nach oben

1 Beurteilt sowohl Chancen als auch Risiken eines Immobilienkaufs (**M 1**, Text).

2 Beschreibt jeweils die Veränderung der Zins- und der Tilgungsraten bei unterschiedlichen Tilgungsformen (**M 2**). Skizziert die Veränderungen von Zins und Tilgung in **M 3** in Form von zwei Kurven in einem Koordinatensystem. Tragt auf der x-Achse die Jahre 1 bis 4 auf.

3 Erklärt das Schaubild (**M 4**). Erörtert, ob sich die Preisentwicklung mit anderen Regionen vergleichen lässt.

4 Sucht aus einer Tageszeitung oder aus dem Internet ein Immobilienangebot eures Wohnorts heraus. 50 Prozent des Kaufpreises sollen durch ein Darlehen finanziert werden. Fertigt nach dem Beispiel von **M 3** eine Tabelle der Zins- und Tilgungszahlungen in den ersten 4 Jahren bei einem Zinssatz von 3 Prozent und einer Annuität von 20 000 Euro.

Der Wirtschaftskreislauf schafft Einsichten

M1 Lisa und David beim Einkaufen

Lisa und David gehen in den Supermarkt. Lisa kennt sich mit Wirtschaft etwas aus. „Siehst du", erklärt sie ihrem Freund, „hier erkennen wir, wie ein Wirtschaftskreislauf abläuft. In einer Volkswirtschaft gibt es viele private Haushalte und viele Unternehmen. Wir sprechen jeweils von Sektoren. Zwischen den beiden Sektoren ‚Haushalte' und ‚Unternehmen' fließen Güter- und Geldströme hin und her. Wir gehören zum Sektor Haushalte. Vom Supermarkt, der zum Sektor Unternehmen gehört, beziehen wir Waren, also Sachgüter. Um diese Sachgüter oder auch die Dienstleistungen, die z. B. Handwerker für uns erbringen, bezahlen zu können, müssen wir arbeiten, du als Mechatroniker, ich als Betriebswirtin bei einem Maschinenbauunternehmen. Wir erbringen dort Arbeitsleistungen für den Sektor Unternehmen. Sachgüter, Dienstleistungen, aber auch unsere Arbeitskraft sind Güterströme. Ihnen fließen Geldströme entgegen, deren Höhe dem Wert der Güterströme entspricht. Für unsere Arbeitsleistung bekommen wir aus dem Sektor Unternehmen Arbeitsentgelt, mit dem wir nun wieder Konsumgüter oder Dienstleistungen erwerben. Mit diesem Geld werden die Waren und auch die Entgelte der Beschäftigten des Supermarktes bezahlt. Die Eigentümer des Supermarktes bekommen für ihren Kapitaleinsatz einen Gewinn."

Der von Lisa beschriebene Wirtschaftskreislauf lässt sich auch grafisch darstellen:

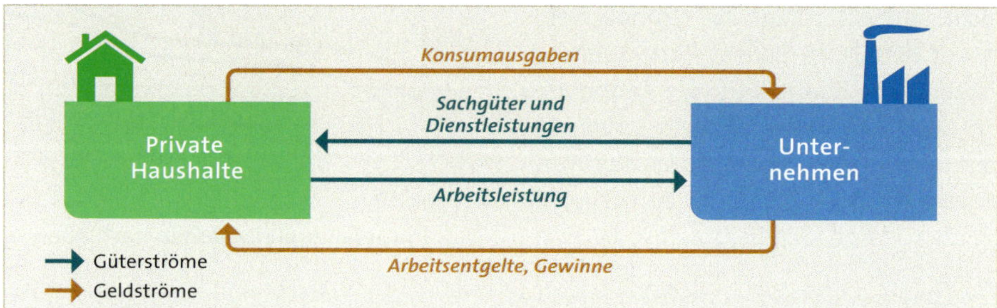

M2 Wirtschaftskreislauf mit zwei Sektoren: Für die von den Unternehmen in Anspruch genommene menschliche Arbeitskraft zahlen die Unternehmen Arbeitsentgelte (Löhne, Gehälter). Die Unternehmer selbst, z. B. die Handwerksmeister oder Einzelhändler, bekommen für ihre Arbeitsleistung keine Löhne oder Gehälter. Ihnen steht stattdessen der Gewinn aus ihrer unternehmerischen Tätigkeit zu. Diese Einkommen fließen als Geldströme in die privaten Haushalte. Mit ihrem Einkommen kaufen diese die in den Unternehmen produzierten Güter oder die von den Unternehmen erbrachten Dienstleistungen. Damit fließt auch wieder ein Geldstrom von den Haushalten zurück in die Unternehmen.

Da sich Güter- und Geldströme hinsichtlich ihres Werts entsprechen, genügt es, die Geldströme darzustellen:

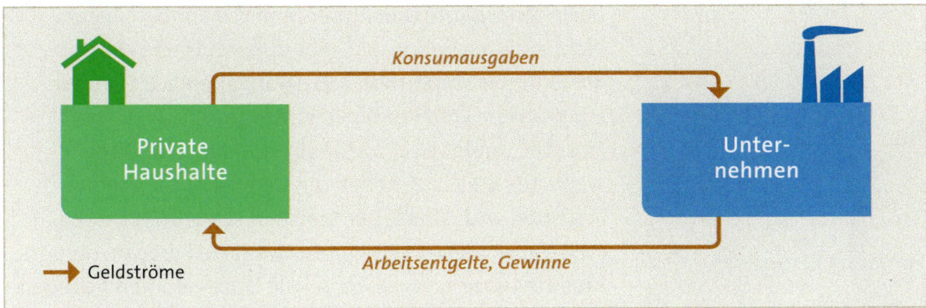

M 3 Geldströme eines Wirtschaftskreislaufs mit zwei Sektoren

Den Wirtschaftskreislauf analysieren

Wenn Lisa und David das Wirtschaftsgeschehen eines Landes, meist spricht man dabei von einer Volkswirtschaft, näher untersuchen, so stellen sie fest, dass die Menschen grundsätzlich in mehreren Funktionen als Marktteilnehmer tätig sind:

- Sie produzieren Güter, stellen z. B. Möbel, Autos, Fernsehgeräte, Zahnpasta her oder erbringen Dienstleistungen wie Konzerte, Haarschnitte oder Taxifahrten.
- Sie erwerben Einkommen und verwenden dies für ihre Konsumausgaben, z. B. für Lebensmittel, Kleidung, Reparatur ihres Autos, für Urlaubsreisen, Bücher oder Kinobesuche.
- Sie bilden Vermögen, d. h. sie geben ihr Einkommen nicht vollständig aus, sondern sparen, kaufen Aktien usw.

Da in einer Volkswirtschaft viele Millionen Menschen eine oder mehrere der genannten Tätigkeiten ausüben, ergibt sich für den Betrachter ein verwirrendes Bild von Tauschprozessen. Wenn Lisa und David diese Prozesse verstehen wollen, müssen sie sie ordnen, übersichtlich darstellen und auf das Wesentliche reduzieren.

Ökonomische Modelle

Lisa und David haben erkannt: Wirtschaftskreisläufe sind ökonomische Modelle*, bei denen wirtschaftliche Beziehungen zwischen einzelnen Wirtschaftssektoren in vereinfachter Form dargestellt sind. In **M 2** und **M 3** sind dies Beziehungen zwischen Unternehmen und privaten Haushalten. Andere Ströme wie Steuern, Sozialabgaben oder Ersparnisse fehlen. Bei dem dargestellten Kreislauf handelt es sich demnach um ein vereinfachtes Denkmodell, das nicht das ganze Wirtschaftsgeschehen abbildet. Denn es gibt in einer Volkswirtschaft noch andere Sektoren und Ströme. Lisa und David können aber auch an dem vereinfachten Modell sofort erkennen, welche Folgen es hätte, wenn einer von beiden arbeitslos werden würde und ihnen dadurch weniger Geld zur Verfügung stünde.

* **Ökonomisches Modell**
Dabei werden wirtschaftliche Zusammenhänge auf möglichst einfache Art und Weise dargestellt. Beispiele sind u. a. der Wirtschaftskreislauf oder die Preisbildung auf einem Markt. Es wird ein ausschließlich nach wirtschaftlichen Gesichtspunkten denkender und handelnder Mensch angenommen. Alle für die Entscheidung wichtigen Informationen, z. B. Preise oder Qualitäten, sind ihm bekannt (vollständige Markttransparenz). Rahmenbedingungen, wie etwa gutes oder schlechtes Wetter auf dem Wochenmarkt, bleiben bei der Modellbetrachtung unbeachtet.

1 Beschreibt mit eigenen Worten die Ströme der Geld- und der Güterströme (Text, **M 2**).
2 Lisa und David (**M 1**) kaufen im Supermarkt A Waren für 100 Euro ein. Von dem Geld gehen 60 Euro an den Großhändler B, von dem A die Waren einkauft, 30 Euro werden von A für Arbeitsentgelte benötigt, 10 Euro für Gewinne. Stellt die Kreislaufbeziehungen grafisch dar.
3 Erklärt, warum es sich bei Wirtschaftskreisläufen um „ökonomische Modelle" handelt.

Der erweiterte Wirtschaftskreislauf

M1 Lisa und David am Geldautomaten

Lisa und David gehen nach dem Einkauf im Supermarkt noch zum Geldautomaten. David fragt Lisa: „Wie passen denn die Banken und Sparkassen in den Wirtschaftskreislauf? Und überhaupt: Wir geben doch nicht unser ganzes Geld, das wir verdienen, gleich wieder aus. Sondern wir sparen für ein neues Auto und für unseren nächsten Urlaub. Und außerdem: Wir können ja gar nicht alles ausgeben, wir zahlen von unserem Bruttoeinkommen Steuern und Sozialabgaben, z. B. Beiträge zur Kranken- und Rentenversicherung."

„Richtig", meint Lisa, „deshalb brauchen wir ein erweitertes Kreislaufmodell mit den Sektoren ‚Kreditinstitute' und ‚Staat'. Der Kreislauf schließt sich auch hier. Das von den Haushalten Gesparte wird von den Kreditinstituten vor allem an die Unternehmen gegeben in Form von Darlehen. Dieses Geld verwenden die Unternehmen für Investitionen, also zum Bau neuer Fabrikhallen und zum Kauf neuer Maschinen. Ein Teil der Ersparnisse fließt natürlich an Haushalte zurück. Und auch der Staat nimmt Kredite auf, sogar sehr große. Diese beiden Ströme lassen wir in unserer vereinfachten Kreislaufdarstellung einfach weg. Aber der Staat braucht natürlich Steuern, die sowohl von Haushalten als auch von Unternehmen bezahlt werden. Dieses Geld gibt er für den ‚Staatskonsum' aus. Er baut Straßen, Schulen, bezahlt die Polizei und die Soldaten der Bundeswehr. Außerdem braucht er Geld für Sozialausgaben, z. B. von Hartz-IV-Leistungen, in erheblichem Umfang aber auch für Zuschüsse zur Rentenversicherung."

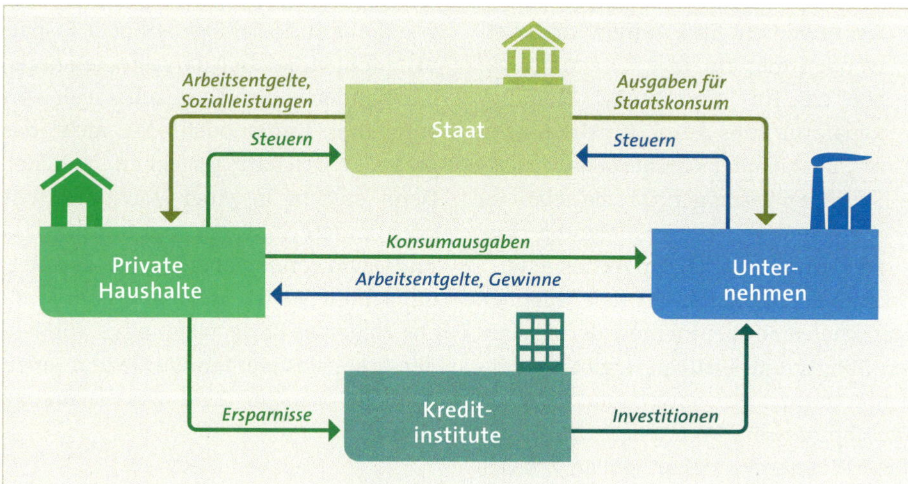

M2 Erweiterter Wirtschaftskreislauf mit vier Sektoren

Erweiterter Wirtschaftskreislauf

Da jedem Güterstrom ein gleich großer Geldstrom entgegenfließt, wird in **M2** auf die Darstellung der Güterströme verzichtet. Der Staat greift in vielfältiger Weise in das Wirtschaftsgeschehen ein. Unternehmen und private Haushalte müssen Steuern zahlen, denn der Staat (Bund, Länder und Gemeinden) braucht Geld z. B. für Straßen, Krankenhäuser und Schulen, den sogenannten Staatskonsum. Der Staat unterstützt Langzeitarbeitslose mit Arbeitslosengeld und zahlt einen Teil der Leistungen der Rentenversicherung. Haushalte geben meist nicht ihr ganzes Einkommen für den Konsum aus. Sie bilden auch Ersparnisse und legen dieses Geld bei Banken, Sparkassen oder Versicherungen an, um z.B. Rücklagen für größere Anschaffungen oder ihre Altersvorsorge zu treffen. Die Kreditinstitute verleihen dieses Geld häufig an Unternehmen, die damit Investitionen tätigen, d.h. Grundstücke, Gebäude und Maschinen erwerben.

Sektor Ausland

Oft wird in Wirtschaftskreisläufe auch noch ein Sektor „Ausland" aufgenommen. Unternehmen verkaufen ihre hergestellten Güter nicht nur in Deutschland, sondern in alle Welt. Und viele Unternehmen, z.B. Bauunternehmen, erbringen im Ausland auch Dienstleistungen. Wenn diese Güter in andere Länder verkauft werden, spricht man von Export. Umgekehrt wird nicht alles, was in Deutschland verkauft wird, auch hier hergestellt. Vieles wird eingeführt, also importiert. Oft sind es Rohstoffe, die in Deutschland weiterverarbeitet werden. Bei Exporten fließen Geldströme ins Inland, bei Importen ins Ausland. Im Ausland sind Löhne oft geringer, dadurch sind die Herstellkosten günstiger. Auch bei Urlaubsreisen fließt Geld ins Ausland.

1 Skizziert ein Kreislaufmodell mit drei Sektoren (Unternehmen, Private Haushalte, Kreditinstitute) einer sehr kleinen Volkswirtschaft. Tragt die Geldströme ein, wenn die Summe aller Haushaltseinkommen 10 Mio. Euro, die Konsumausgaben 8 Mio. Euro und demnach die Ersparnisse 2 Mio. Euro betragen.

2

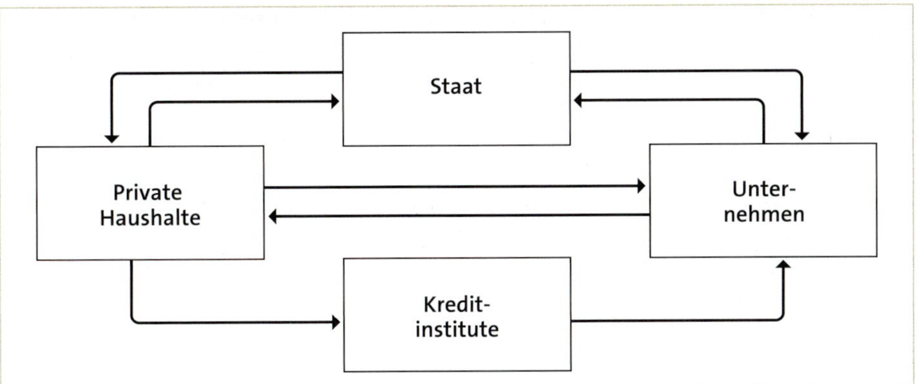

Übertragt diesen sich nur auf wenige Marktteilnehmer beziehenden Wirtschaftskreislauf in euer Heft. Ergänzt die Ströme. Beachtet, dass alle in einen Sektor fließenden Beträge so groß sein müssen wie die wegfließenden.

- Firma A zahlt einem Mitarbeiter 3000 Euro Arbeitsentgelt.
- Frau B bekommt 1000 Euro Rente.
- Herr C bringt 1500 Euro auf sein Sparkonto.
- Familie D kauft einen Teppich für 2000 Euro.
- Das Unternehmen E bekommt von seiner Hausbank einen Kredit über 1500 Euro.
- Der Betrieb F zahlt 2500 Euro Steuern an das Finanzamt.
- Die Stadtverwaltung G kauft Büromöbel für 2000 Euro.
- Familie H zahlt 500 Euro Einkommensteuer an das Finanzamt.

3 Skizziert die Geldströme eines Wirtschaftskreislaufs (M 2). Fügt den Sektor Ausland als fünften Sektor hinzu.

Auf Märkten begegnen sich Anbieter und Nachfrager

M1 Schaufensterpuppen werben für Sonderangebote

Marktteilnehmer

Anbieter (Verkäufer) bieten auf Märkten Sachgüter und Dienstleistungen an. Kunden (Käufer) fragen diese nach, um ihre Bedürfnisse zu befriedigen.

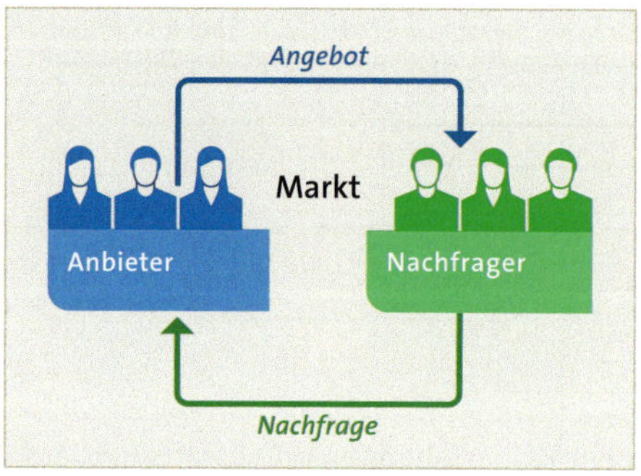

M2 Anbieter und Nachfrager

dukt erwerben wollen. Dieser Zusammenhang zwischen dem Preis und der davon abhängigen Nachfrage lässt sich als Nachfragekurve veranschaulichen:

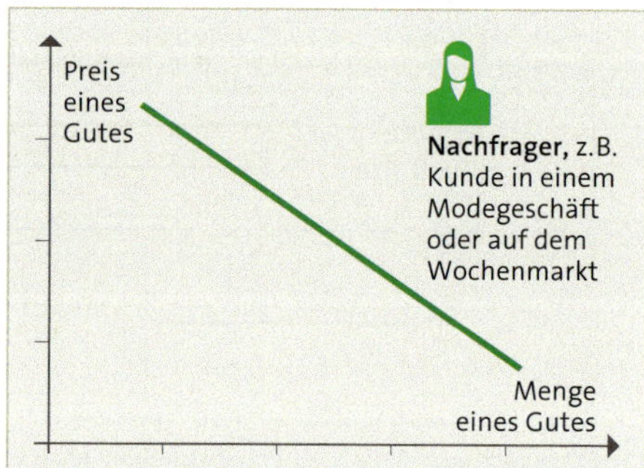

M3 Nachfragekurve: Mit sinkendem Preis steigt die Nachfrage

Die Nachfrage

Ihr wisst es alle: Die Gewährung von Rabatten (**M1**) ist eine beliebte Methode der Werbung. Sinkende Preise locken Kunden an, die Nachfrage nach preiswerten Produkten steigt. Ist der Preis hoch, so sind meist nur wenige Kunden bereit, ihren Bedarf zu decken. Die Nachfrage ist dann gering. Je niedriger der Preis wird, umso mehr Verbraucher werden das Produkt erwerben wollen.

Mit sinkendem Preis steigt also die Nachfrage, vor allem bei solchen Gütern, die man nicht dringend benötigt. Wer im Winter unbedingt Heizöl braucht, weil sein Tank leer ist, wird auch dann Heizöl kaufen, wenn der Preis hoch ist. Lebensnotwendige Güter werden unabhängig vom Preis nachgefragt. Dies gilt z.B. für Wohnraum, Strom oder Wasser.

Die Höhe der Nachfrage nach nicht lebensnotwendigen Gütern kann wesentlich durch Werbemaßnahmen beeinflusst werden. Hersteller und Händler versuchen den Kunden teure Markenprodukte zu verkaufen, die angeblich einen Ansehensgewinn des Nutzers bedeuteten, oder sie wecken Bedürfnisse, die zuvor gar nicht vorhanden waren. Ein typisches Beispiel sind Smartphones, bei denen die Stiftung Warentest im November 2016 Geräte für weniger als 300 Euro kaum schlechter bewertet hat als solche für 800 Euro (s. S. 56). Trotzdem kaufen auch manche Schülerinnen und Schüler die teuren Produkte, weil sie „in" sind. Das Verhalten der Peergroup* beeinflusst ihre Entscheidung.
Die Nachfrage ist auch von der Kaufkraft der Kunden abhängig. Wer ein hohes Einkommen hat, wird sich vielleicht eine größere Wohnung leisten.

Das Angebot

Unter dem Angebot versteht man die Menge von Gütern oder Dienstleistungen, die Unternehmern oder Händler verkaufen wollen. Ein Unternehmer möchte nicht nur seine Kosten decken, sondern darüber hinaus einen angemessenen Gewinn erzielen. Je höher der Preis für ein bestimmtes Gut steigt, desto lohnender, also gewinnbringender, wird es für ihn, dieses Gut anzubieten. Bei sinkenden Preisen wird sich ein Anbieter nach dem anderen aus dem Markt zurückziehen, weil kein Gewinn mehr zu erzielen ist oder nicht einmal die Kosten gedeckt werden können. Die Produktion wird eingeschränkt oder ganz eingestellt bzw. auf andere Güter verlagert, die noch Gewinne erwarten lassen. Dies lässt sich als Angebotskurve darstellen:

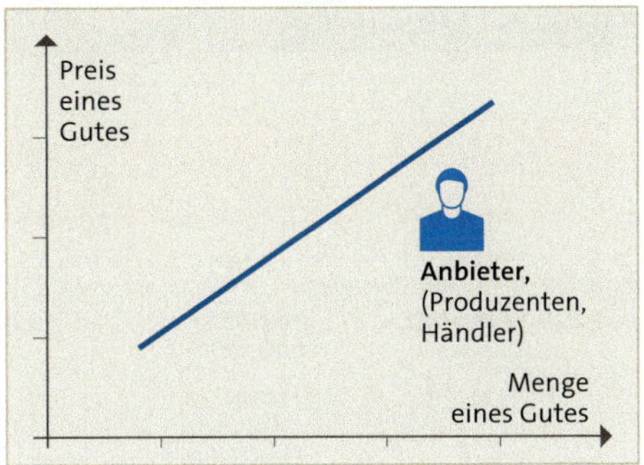

M4 Angebotskurve: Mit steigendem Preis steigt das Angebot

Nicht alle Anbieter können so flexibel reagieren. Ein Handwerker wird bei sinkenden Preisen versuchen, seine Kosten zu senken, ein Milch erzeugender Landwirt den Gewinnrückgang durch Erhöhungen der erzeugten Menge auszugleichen.

* **Peergroup**
Gruppe von gleichaltrigen Jugendlichen mit Verhaltensweisen, die sich oft von den Erwartungen der Erwachsenen unterscheiden. Die Mitglieder sind mit der Führungsrolle eines oder mehrerer Meinungsführer einverstanden, die das Verhalten der ganzen Gruppe beeinflussen. Die Zugehörigkeit zu Peergroups bestimmt auch entscheidend das Konsumverhalten von Jugendlichen, zum Beispiel den Kauf bestimmter teurer Markenkleidung.

1 Beurteilt die Ziele der Werbung (M1).
2 Erklärt die Abhängigkeiten von Angebot und Nachfrage.
3 Auf einem Wochenmarkt werden Kartoffeln verkauft. Marktbeobachter haben folgende Abhängigkeit für die Nachfrage festgestellt:

Preis je kg in €	Nachgefragte Menge in kg
0,2	1000
0,4	800
0,6	600
0,8	400
1,0	200

Zeichnet die Nachfragekurve. Ermittelt die erzielbaren Umsätze (Preis • Menge) in Euro bei den unterschiedlichen Preisen. Überprüft den Kurvenverlauf.

Viele unterschiedliche Märkte

M1 Wochenmarkt

Wie ihr auf den vorigen beiden Seiten gelesen habt, sind Märkte Orte, an denen Nachfrage und Angebot zusammentreffen. Das Angebot umfasst alle Güter, die verkauft werden sollen. Die Nachfrage ergibt sich aus den Bedürfnissen der Menschen und den für den Erwerb von Gütern verfügbaren (Geld-)Mitteln. Sie können nach der Art der dort gehandelten Sachgüter oder Dienstleistungen unterschieden werden (**M2**).

M2 Einteilung von Märkten nach der Art der dort gehandelten Güter

Angebot und Nachfrage

Die Interessen von Anbietern und Nachfragern sind gegenläufig. Die Nachfrager, also die Kunden, sind an niedrigen Preisen interessiert, da sie mit ihrem Einkommen auch viele andere Bedürfnisse befriedigen müssen. Die Anbieter, in **M1** also die Obstbauern, wollen hohe Preise erzielen, da sie ihre Kosten decken müssen und darüber hinaus einen Gewinn erwirtschaften wollen, der zumindest ihren eigenen Lebensunterhalt deckt.

Marktformen

Wenn auf einem Markt viele Anbieter und viele Nachfrager zusammentreffen, spricht man von einem Polypol*. Im Gegensatz dazu gibt es Angebotsmonopole* mit nur einem Anbieter und Angebotsoligopole* mit wenigen Anbietern. Dementsprechend gibt es auch Nachfragemonopole und Nachfrageoligopole. Wenn alle Marktteilnehmer in einem Polypol eine vollständige Marktübersicht (Markttransparenz) besitzen, spricht man von einem vollkommenen Markt*. Die Anbieter wissen, bei welchen Preisen und Mengen die Nachfrager die angebotenen Güter kaufen möchten, und die Nachfrager sind darüber informiert, zu welchen Preisen und Mengen die Anbieter ihre Güter verkaufen möchten.

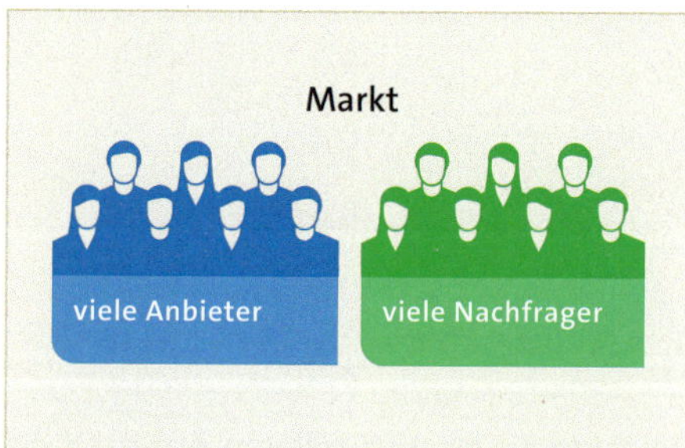

M3 Polypol

* **Polypol**
Auf einem Markt treffen sehr viele Anbieter und sehr viele Nachfrager zusammen.

* **Angebotsmonopol**
Ein Anbieter trifft auf viele Nachfrager, z. B. öffentliche Wasserversorgung, S-Bahn, Museum, Inhaber von Patenten z. B. für Medikamente

* **Angebotsoligopol**
Wenige Anbieter treffen auf viele Nachfrager, z. B. Fahrzeug-, Handy-, Benzin-, Mobilfunkanbieter

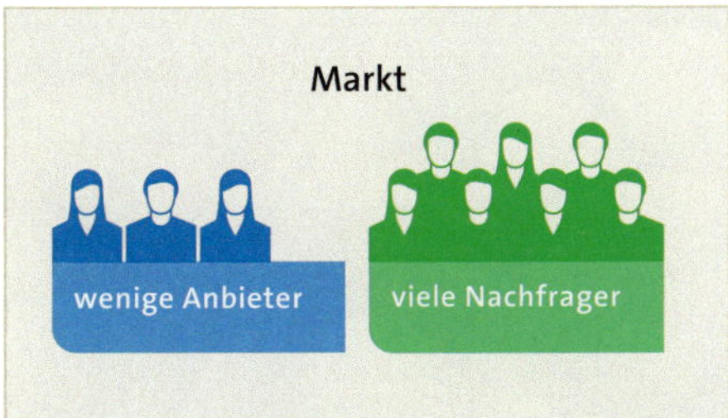

M4 Angebotsoligopol

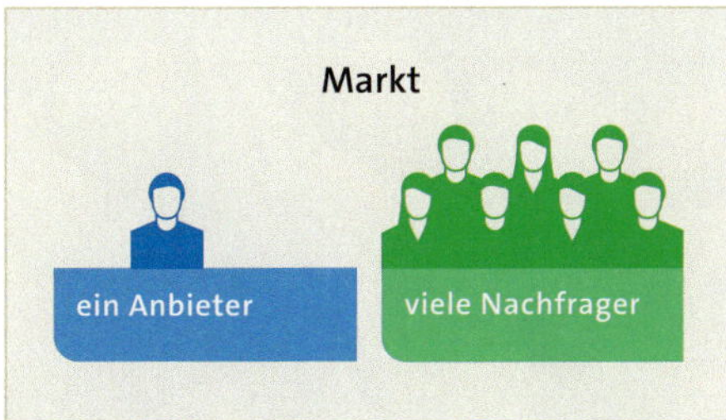

M5 Angebotsmonopol

Allerdings haben Nachfrager oft keine Zeit, um alle Angebote auf einem Wochenmarkt zu vergleichen, oder sie lassen sich bei ihren Kaufentscheidungen von ihren Gefühlen leiten. Sie kaufen z.B. nur Produkte bei einem besonders freundlichen Händler, auch wenn die Waren dort etwas teurer sind.

Die auf den Seiten 50/51 dargestellte „Preisbildung auf einem vollkommenen Markt" wird deshalb als ökonomisches Modell (s. S. 43) bezeichnet. In der Praxis kommt sie nur eingeschränkt vor.

Anders als beim Polypol herrscht beim Angebotsoligopol oft eine große Abhängigkeit unter den Oligopolisten. Dies sieht man zum Beispiel an den Tankstellen. Erhöht oder senkt ein Anbieter seine Preise, ziehen die anderen Oligopolisten sofort nach. Es kann aber auch ein scharfer Wettbewerb entstehen, mit dem Ziel, die Konkurrenten auszuschalten. Auf der anderen Seite besteht aber die Gefahr, dass die Anbieter sich absprechen und so den Wettbewerb ausschalten. Das Gesetz gegen Wettbewerbsbeschränkungen (GWB) verbietet solche Absprachen.

Bei einem Angebotsmonopol gibt es nur einen Anbieter auf dem Markt. Der Anbieter muss auf keinen Konkurrenten Rücksicht nehmen und kann seine Preise frei bestimmen. Auch Inhaber von Patenten haben ein Monopol auf ihre Produkte. Allerdings werden Konkurrenten schnell reagieren und Produkte mit ähnlichen Eigenschaften entwickeln, und sie auf den Markt bringen [z.B. Medikamente].

* **Vollkommener Markt**
Es müssen viele Anbieter und viele Nachfrager vorhanden sein (Polypol). Die gehandelten Güter dürfen sich nicht durch Qualität oder Geschmack unterscheiden. Es darf keine Bevorzugung eines bestimmten Anbieters durch die Nachfrager geben und umgekehrt. Darüber hinaus müssen alle Marktteilnehmer eine vollständige Marktübersicht (Markttransparenz) haben. In der Realität kommen vollkommene Märkte nur selten vor. Der Handel mit Wertpapieren an den Börsen kommt den Bedingungen des vollkommenen Marktes jedoch sehr nahe.

M6 Preisvergleich mit Handy

Gut jeder vierte Handynutzer in Deutschland vergleicht beim Einkaufen im Laden mit seinem Mobiltelefon die Preise. Fast genauso viele machen regelmäßig mit einem Handy Fotos von Produkten, die sie vielleicht kaufen möchten, oder fragen noch im Geschäft Freunde und Familienangehörige um Rat. Das ergab eine repräsentative Online-Studie, die das Marktforschungsunternehmen GfK in Nürnberg veröffentlichte. Demnach kaufen zwölf Prozent der Handynutzer regelmäßig vor den Regalen stehend per App online ein, acht Prozent bestellen die Wunschprodukte auf einer Webseite.

dpa: Handy, oft genutzt für Preisvergleich, Stuttgarter Zeitung v. 24.2.2015, S. 14

1 Die Kundinnen und Kunden auf dem Wochenmarkt (**M1**) haben offenbar viele Fragen an den Händler. Schreibt auf, was sie wohl wissen wollen.

2 Erklärt Gründe, warum manche Kunden oft bei bestimmten Händlern kaufen, auch wenn die Ware dort etwas teurer ist.

3 Nennt Beispiele für Angebotsoligopole und Angebotsmonopole.

4 Bewertet die Marktsituation gemäß **M6**. Beurteilt das in dem Zeitungsbericht dargestellte Verbraucherverhalten.

5 Es gibt auch Nachfrageoligopole und -monopole. Skizziert die Marktsituation entsprechend **M4** und **M5**. Sucht jeweils Beispiele.

Wie entstehen die Preise auf einem Wochenmarkt?

M 1 Äpfelverkauf auf einem Wochenmarkt. Viele Bauern bieten hier ihre Waren an

Äpfel auf dem Wochenmarkt

Der Anbau von Obst, vor allem von Äpfeln, spielt in Baden-Württemberg traditionell eine große Rolle. Zentren des Obstanbaus sind die klimatisch begünstigten Regionen am Bodensee und die Gebiete entlang der Flusstäler. Die am häufigsten vorkommende Apfelsorte heißt „Elstar“. Viele Obstbauern bieten auf Wochenmärkten „Elstar“-Äpfel an, und viele Kunden kaufen diese sehr würzigen Früchte.

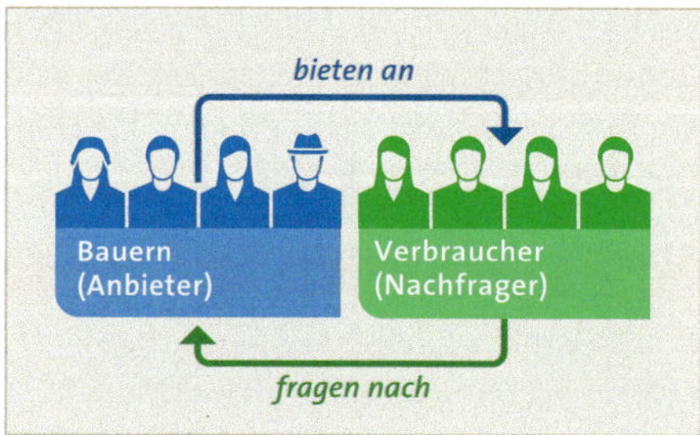

M 2 Marktteilnehmer

Angebot und Nachfrage

Bei einem niedrigen Preis sind die meisten Bauern nicht bereit, die Äpfel auf dem Wochenmarkt anzubieten. Mit niedrigen Preisen können sie keine Gewinne erzielen, vielleicht nicht einmal ihre Kosten vollständig decken. Sie bringen ihre Äpfel dann lieber in eine Obstkelterei, um daraus Apfelsaft pressen zu lassen. Aus 100 kg Äpfeln lassen sich immerhin 60 Liter Saft erzeugen. Steigt der Preis aber, so nützen viele Bauern die Chance, Gewinn zu erzielen, und bieten auf dem Wochenmarkt viele Äpfel an.

Bei zu hohen Preisen wollen die Kunden aber nicht kaufen. Die nachgefragte Menge ist dann nur sehr klein. Erst wenn der Preis für Äpfel der Sorte „Elstar“ sinkt, kaufen die Kunden. Je niedriger der Preis ist, desto größere Mengen kaufen sie. Die Nachfragekurve (s. S. 46) verläuft also von links oben nach rechts unten.

Die Preisbildung auf einem Wochenmarkt

Nehmt an, auf einem Wochenmarkt hätten sich folgende Abhängigkeiten zwischen Angebot, Nachfrage und Verkaufspreisen an Äpfeln der Sorte „Elstar“ ergeben:

Bei der Marktsituation von **M 3** werden z. B. bei einem Marktpreis von 2,20 € pro Kilogramm von den Anbietern 6500 kg Äpfel angeboten, jedoch nur 1000 kg nachgefragt. Es besteht ein Angebotsüberhang von 5500 kg Äpfeln. In dieser Situation sehen sich die Anbieter veranlasst, ihre Preise zu senken. Beim Marktpreis von 1,90 € und von 1,60 € sinkt der Angebotsüberhang auf 3500 kg bzw. 2000 kg.

Angebotsmenge und Nachfragemenge stimmen erst bei einem Preis von 1,30 € überein, der Gleichgewichtspreis ist erreicht. Bei diesem Preis wird die größte Gütermenge (3000 kg) umgesetzt. Der Markt ist geräumt, da weder ein zu großes Angebot noch eine zu große Nachfrage besteht.

M3 Angebot und Nachfrage von Äpfeln auf einem Wochenmarkt

Preis je kg in €	Angebot in kg	Nachfrage in kg	Differenz in kg	
0,40	400	7000	6600	Nachfrageüberhang
0,70	1500	6500	5000	
1,00	2000	5000	3000	
1,30	**3000**	**3000**	**0**	**Gleichgewichtspreis**
1,60	4000	2000	2000	Angebotsüberhang
1,90	5000	1500	3500	
2,20	6500	1000	5500	

Nur im Schnittpunkt von Angebotskurve und Nachfragekurve besteht das Marktgleichgewicht von Angebot und Nachfrage. Bei einem höheren Preis als dem Gleichgewichtspreis besteht ein Angebotsüberhang und bei einem niedrigeren Preis übersteigt die Nachfrage die angebotene Menge. Das beschriebene ökonomische Modell (s. S. 43) nach **M3** lässt sich auch grafisch darstellen (s. **M4**):

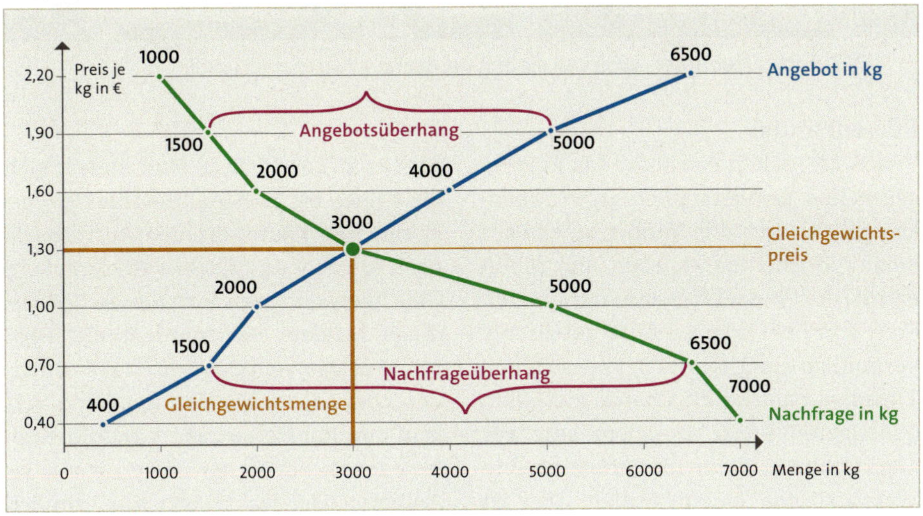

M4 Entstehen des Gleichgewichtspreises

1 Erklärt die Wirkung des Gleichgewichtspreises.

2 Ein Pizza-Händler in einer Kleinstadt hat aufgrund seiner langjährigen Erfahrungen für die Pizza Margherita die folgende tägliche Angebots- und Nachfrage ermittelt:

Preis €	Angebotene Menge Stück	Nachgefragte Menge Stück
2,50	30	130
3,00	50	110
3,50	80	80
4,00	100	70
4,50	110	50
5,00	120	40

Zeichnet mithilfe der Wertetabelle die Angebots- und die Nachfragekurve. Wie hoch ist der Gleichgewichtspreis? Erklärt die Folgen, wenn der tatsächliche Preis über bzw. unter dem Gleichgewichtspreis läge.

3 Vollkommene Märkte sind selten. Schildert eine Situation auf einem Wochenmarkt, bei der sich die Preise nicht allein nach Angebot und Nachfrage richten (Randspalte S. 49).

Auch die Börse ist ein Markt

M1 Die Stuttgarter Börse, eine von sieben deutschen Wertpapierbörsen

Börsenhandel

Vielen Menschen erscheint das Börsengeschehen unverständlich. In Wirklichkeit geht es dort aber ähnlich zu wie auf einem Wochenmarkt. Habt ihr schon einmal auf einem Wochenmarkt um den Preis von Obst oder Gemüse gefeilscht? Vermutlich nicht, es gibt ja Preisschilder. Trotzdem habt ihr die Chance auf einen günstigeren Preis, vor allem kurz vor Marktschluss, wenn die Anbieter ihre Verkaufstische leeren wollen. Das ist normales Marktgeschehen und ähnlich geht es an der Börse zu. Dort ändern sich die Preise oft in Minutenschnelle. Verkäufer und Käufer erteilen Aufträge. Je nach Angebot und Nachfrage kommt ein Gleichgewichtspreis zustande. Allerdings handeln Börsen nicht mit Obst und Gemüse, sondern mit Aktien, Anleihen oder sogar über den Kauf und Verkauf von Rohstoffen wie z.B. Gold, Kupfer oder Rohöl. An der Börse kann jeder Anbieter oder Nachfrager sein, ähnlich wie beim Internetmarktplatz eBay. Nur

M2 Handel an der Börse

In den Zeiten ohne Computer haben sich die Händler tatsächlich noch die Preise zugerufen oder mit Handzeichen verständigt. Dieses Verfahren gehört an vielen internationalen Börsen mittlerweile der Vergangenheit an. Im heutigen Computerzeitalter regeln Computersysteme diese Aufgaben: Die Marktteilnehmer geben ihre Kauf- oder Verkaufsaufträge („Orders") per Computer ein. Privatanleger müssen sich dazu immer eines Finanzdienstleisters bedienen. Die Orderaufgabe erfolgt hier entweder durch den zuständigen Bankberater, der im Auftrag der Kunden die Daten in das System einträgt, oder die Anleger erledigen das via Internet selbst. Das Handelssystem einer elektronischen Börse nimmt alle aufgegebenen Orders entgegen und unterstützt den folgenden Handelsprozess von der Orderweiterleitung über die Preisermittlung bis zur Geschäftsabwicklung.

Börse Stuttgart [Hg.]: Praxisratgeber Börse, Stuttgart 2014, S. 10f.

können Privatanleger nicht unmittelbar an der Börse handeln. Sie müssen stattdessen eine Bank oder Sparkasse beauftragen, für sie tätig zu werden. Das geht aber sehr schnell. Wer seinem Kreditinstitut einen Kauf- oder Verkaufsauftrag gibt – persönlich, telefonisch oder über das Internet–, wird in Sekundenschnelle mit dem Handelssystem der Börse verbunden.

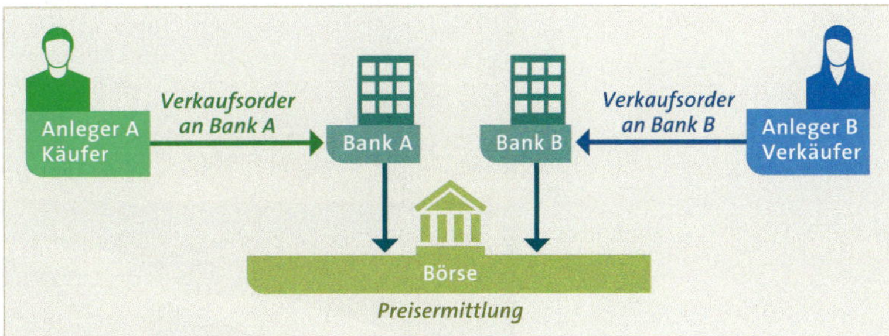

M 4 Weg einer Order

M 3 „Voll auf Kurs" – eine Börsenhändlerin berichtet

Auf dem Parkett der Stuttgarter Börse sitzen die Händler in langen Reihen, Tisch an Tisch. Unter ihnen Thamar Matewos. Die zierliche junge Frau in dunklen Jeans und leger gekrempelter Bluse hat vier große Bildschirme fest im Blick. Auf einem blinkt es unaufhörlich, weil sich Daten ändern. Auf den anderen sind Kurse, Charts und auch die neuesten Nachrichten abzulesen.
Belastet die Berufsanfängerin der Gedanke, dass der Computerhandel den Börsenhandel verdrängen könnte? „Nein", sagt die 26-Jährige, „weil die Börse Stuttgart niemals nur auf den Computerhandel setzen wird." Auf dem Stuttgarter Parkett sind die Börsenhändler Teil des Handelsmodells. [...]
In Stuttgart übernehmen Computer und Handelsprogramme immer mehr Aufgaben. Dennoch bleiben aus Stuttgarter Sicht die Börsenhändler unverzichtbar. Sie kontrollieren, ob die Kundenaufträge plausibel sind – ob sich die Stückzahl, die jemand kaufen möchte, im Rahmen des Üblichen bewegt oder gravierend abweicht. „Ich rufe dann die Depotbank an, die sich dann mit dem Kunden in Verbindung setzt und die Fragen klärt", sagt Matewos. Die gebürtige Pforzheimerin hat nach ihrem Studium ein sechsmonatiges Praktikum an der Stuttgarter Börse absolviert und die Börsenhändlerprüfung abgelegt.

Sabine Marquard: Voll auf Kurs, Sonntag Aktuell vom 21.9.2014, S. 4 [gekürzt]

Wie entsteht der Börsenkurs?

Das Marktgeschehen an der Börse kann man sich am besten beim sogenannten Parketthandel vorstellen, wie er vor der Einführung des Computerhandels stattfand. Damals notierten Kursmakler alle Kauf- und Verkaufsaufträge ihrer Kunden. Die nebenstehende Tabelle veranschaulicht, was ein Makler für eine bestimmte Aktie notiert haben könnte:

Preis	Kauforder	Verkaufsorder	Mögliche Umsätze
99,– €	360 Stk.	50 Stk.	50 Stk.
100,– €	290 Stk.	120 Stk.	120 Stk.
101,– €	210 Stk.	210 Stk.	210 Stk.
102,– €	110 Stk.	260 Stk.	110 Stk.
103,– €	40 Stk.	300 Stk.	40 Stk.

M5 Marktsituation beim Handel mit Aktien eines Unternehmens

1 Veranschaulicht die in **M 5** dargestellte Marktsituation in Form einer Angebots- und einer Nachfragekurve. Tragt den Gleichgewichtspreis ein.

2 Ermittelt aus dem Wirtschaftsteil einer Tageszeitung oder aus dem Internet die Börsenkurse der Aktien deutscher Pkw-Hersteller. Findet heraus, wie hoch jeweils die Dividende für das vorausgegangene Geschäftsjahr war.

3 Nennt wesentliche Aufgaben der Stuttgarter Börsenhändler (**M 3**, **M 4**).

„Externe Kosten“ fehlen bei vielen Marktpreisen

M 1 Die Lkw-Maut bringt jährlich viele Milliarden Euro in die Bundeskasse

Externe oder soziale Kosten

Wer kommt dafür auf, wenn Menschen, die neben einer Diskothek wohnen, durch den nächtlichen Lärm krank werden? Wer ist verantwortlich, wer zahlt die Arztkosten? Auch in manchen Industrie- und Handwerksbetrieben wird bei Produktionsprozessen Lärm erzeugt, oder es werden Schadstoffe in die Luft geblasen. In solchen Fällen übernehmen nicht die Verursacher die Kosten der Umweltschäden und die Heilbehandlung der geschädigten Anwohner. Diese werden vielmehr aus Steuermitteln oder aus Mitteln der Krankenversicherung bezahlt. Man spricht dann von externen oder sozialen Kosten. Dies sind also Kosten, die nicht diejenigen übernehmen, die sie verursacht haben.

Diese Situation ergibt sich u.a. bei Kraftfahrzeugen:

M 2 Durchschnittliche Fahrzeugkosten pro km eines VW Golf 1,2 Trendline mit jährlich 15 000 km Fahrleistung in Cent/km	
Fixkosten (Steuer, Versicherung u.a.)	8,1
Werkstattkosten	3,8
Betriebskosten (Benzin, Öl)	9,4
Wertverlust	23,8
Externe Kosten für Umweltschäden durch Feinstaub, Abgase, Lärm, Gewässerverschmutzung* u.a.	5,5
	50,6

*Externe Kosten für den Straßenbau und den dazu notwendigen Flächenverbrauch sind nicht berücksichtigt.
Quelle: ADAC, Umweltbundesamt

Den Smog der Fahrzeuge aus CO_2 und Feinstaub müssen andere Menschen einatmen. Die CO_2-Emissionen („Treibhausgase“) der Kraftfahrzeuge tragen außerdem zu einem erheblichen Teil zur Erderwärmung bei. Die Krankenhauskosten zahlen nicht die Autofahrer, sondern alle Beitragszahler der Krankenversicherungen. Die unerwünschten Nebenwirkungen des Verkehrs werden an Dritte abgewälzt. So entrichten z.B. für Lärmschutzwände entlang der Autobahnen die Steuerzahler die Kosten und nicht diejenigen Autofahrer mit einem besonders laut röhrenden Auspuff an ihrem Fahrzeug. Deutlich wird das Problem der externen Kosten auch bei den Rauchern. Zigarettenrauch kann auch bei Nichtrauchern, die ihn einatmen, schwere Krankheiten verursachen.

Marktversagen

Wenn die Preise für ein Gut nicht den Regeln von Angebot und Nachfrage entsprechen, z. B. weil ein Teil der Kosten der Allgemeinheit aufgebürdet wird, spricht man von einem Marktversagen*. Um dem entgegenzuwirken, fordert der Staat technische Standards ein, z. B. Katalysatoren für Dieselmotoren, Lärmschutzvorschriften für Diskotheken und Rauchverbote in Gaststätten. Ebenso wichtig ist die Kostenübernahme nach dem Verursacherprinzip. So werden z.B. Kraftfahrzeuge, die viel CO_2 ausstoßen, höher besteuert als Fahrzeuge mit schadstoffarmen Motoren. Die Lkw-Maut auf Autobahnen belastet vor allem die Vielfahrer. Auch die Tabaksteuer wurde in den letzten Jahren mehrfach angehoben.

Umweltfreundliche Erzeuger werden dagegen belohnt. Strom aus einer Solaranlage verursacht keine Abgase. Ohne staatliche Eingriffe, die den Schadstoffausstoß bei der Preisgestaltung berücksichtigen, wären Windkraft- oder Solaranlagen oft nicht konkurrenzfähig. Deshalb werden „erneuerbare Energien“ mithilfe einer „Ökostromzulage“ gefördert, die alle Stromverbraucher bezahlen müssen.

Nicht immer muss der Staat eingreifen. Unternehmen, die in Wirtschaftsverbänden organisiert sind, z. B. die Betreiber von Mobilfunkanlagen, vereinbaren häufig Selbstverpflichtungserklärungen* mit umweltpolitischen Zielen.

M 3 Die Lkw-Maut verringert externe Kosten

Die Lkw-Maut wird auf 12 800 km Autobahnen und auf 2400 Kilometer Bundesstraßen erhoben. Die deutsche Firma Toll Collect hat dafür ein weltweit einmaliges System entwickelt, das die Gebühren vollautomatisch per Satellitenortung und Mobilfunk berechnet. Mehr als 820 000 Lkw ab 7,5 Tonnen besitzen dafür ein Gerät zur Mautabrechnung. Die Höhe der Gebühr hängt von der gefahrenen Strecke, der Achsenzahl und dem Schadstoffausstoß ab. Damit gibt es Anreize für Spediteure, die Umwelt weniger zu belasten.

Thomas Wüpper: Das komplexe Mautsystem, Stuttgarter Zeitung v. 5.1.2015, S. 9

M 4 Coffee to go produziert viel Müll

Coffee-to-go-Becher sind ein wahrer Fluch für die Umwelt. In Deutschland werden pro Jahr 2,8 Milliarden von ihnen verbraucht. Für ihre Herstellung sind 64 000 Tonnen Holz, 1,5 Milliarden Liter Wasser, 11 000 Tonnen Kunststoff und eine Energiemenge notwendig, mit der sich eine Kleinstadt ein Jahr lang versorgen ließe.

In Berlin fallen jährlich 170 Millionen Coffee-to-go-Becher an, die für 2400 Tonnen Abfall verantwortlich sind. Besonders ärgerlich sind die vielen achtlos weggeworfenen Becher, die die Umwelt vermüllen.

Pressemitteilung der Deutschen Umwelthilfe vom 2.9.2015

* **Marktversagen**
Der Markt versagt, wenn Preise nicht alle bei der Produktion anfallenden Kosten enthalten, weil z. B. Umweltbelastungen bei der Preisbildung nicht berücksichtigt werden. Ein anderer Fall von Marktversagen liegt vor, wenn es um öffentliche Güter geht. Niemand kann von ihrer Nutzung ausgeschlossen werden, für ihre Nutzung gibt es keinen Marktpreis. Schließlich liegt Marktversagen auch dann vor, wenn es nur einen oder nur wenige Anbieter oder Nachfrager (Monopol, Oligopol) für ein bestimmtes Gut gibt.

* **Selbstverpflichtung**
Dabei handelt es sich um eine einseitige, rechtlich unverbindliche Erklärung eines Unternehmens oder Wirtschaftsverbandes, innerhalb einer bestimmten Zeit ein bestimmtes umweltpolitisches Ziel erreichen zu wollen. Dieses kann sowohl die Reduktion von Schadstoffemissionen als auch die Verringerung des Ressourcenverbrauchs zum Inhalt haben.

1 Vergleicht die Fahrtkosten einer Person von Stuttgart nach München mit der Bahn und mit dem VW Golf (**M 2**) unter Einbeziehung der externen Pkw-Kosten. Autobahnentfernung und Bahnpreis findet ihr im Internet.
2 Beschreibt, welche externen Kosten durch die Lkw-Maut vermieden werden (**M 3**).
3 Diskutiert darüber, ob Fußballvereine die Kosten für den Polizeieinsatz bei Bundesliga-Spielen übernehmen sollen.
4 Nennt externe Kosten des Verbrauchs von Kaffeebechern (**M 4**). Macht Vorschläge, wie die dadurch entstehende Umweltbelastung verringert werden kann.

Sich informieren und beraten lassen

M1 Lucas sucht nach einem preiswerten Handy

Lucas ist unsicher. Er will ein neues Smartphone kaufen. Einige seiner Freunde besitzen Handys für mehr als 400 Euro. So viel Geld will er nicht ausgeben. Er informiert sich und bekommt dabei einen Einblick in die Preisgestaltung der Anbieter, aber auch einen Überblick über die Souveränität der Verbraucher bei Kaufentscheidungen.

Bei einem aktuellen Handyvergleich der Stiftung Warentest* erkennt Lucas, dass es keineswegs die Topmodelle der großen Hersteller sein müssen. Wer keine 400 Euro für ein Smartphone zahlen will oder kann, findet bei den Test-Vergleichen auch weitaus günstigere Geräte. Wie bei vielen anderen Erzeugnissen gilt auch bei Handys: Teuer ist nicht automatisch gut. Oft bieten kostspielige Produkte nur einen geringen Mehrwert im Vergleich zu günstigeren Alternativen. In Relation von Preis und Leistung bekommt ihr bei günstigen Handys mehr fürs Geld. Viele Hersteller bieten leistungsstarke Smartphones für – vergleichsweise – kleines Geld an. Für 200 Euro bekommt ihr Geräte, die zu den Top 10 gehören, und selbst deutlich unter 200 Euro gibt es überdurchschnittlich gute Angebote. Da Handys auch mal runterfallen und dann oft das Display zerbricht oder zumindest verkratzt ist, ist es ohnehin nicht sinnvoll, allzu viel Geld dafür auszugeben. Reparaturleistungen sind teuer, da kommen schnell 150 Euro und mehr zusammen. Und im Übrigen nimmt sich Lucas vor, sich auch über „faire" und über „nachhaltige" Handys zu informieren. Mit so einem Gerät wäre er wirklich auf dem allerneuesten Stand der Technik.

Autorentext

* **Stiftung Warentest**
Sie wurde 1954 auf Beschluss des Deutschen Bundestags gegründet, um dem Verbraucher durch die vergleichenden Tests von Waren und Dienstleistungen eine unabhängige Unterstützung zu bieten. Die Stiftung gibt u. a. die Zeitschriften „test" und „Finanztest" heraus.

Preispolitik

Die Höhe des Preises ist für die meisten Kunden, so wie für Lucas, die wichtigste Grundlage ihrer Kaufentscheidung. Bei einem hohen Preis können Anbieter ihre Gewinne erhöhen. Sie verlieren aber Marktanteile, weil die Kunden bei der Konkurrenz billiger einkaufen. Nur wenn ein Hersteller als Alleinanbieter (Monopolist) am Markt auftritt, kann er den Preis selbst bestimmen. Das von dem amerikanischen Unternehmen Apple 2007 eingeführte iPhone hatte zunächst keine Konkurrenz, Apple war Monopolist. Das Unternehmen konnte deshalb hohe Preise verlangen. Ein Jahr später kamen auch die fernöstlichen Handyhersteller Samsung und LG mit Touchscreen-Telefonen auf den Markt. Aufgrund des gestiegenen Wettbewerbs sanken von nun an die Preise.

Stehen mehrere Anbieter im Wettbewerb, sind die Käufer in der vorteilhaften Lage, aus einem großen Angebot auswählen zu können.

Konsumfreiheit

Wenn ihr in euren Kleiderschrank schaut, gibt es vermutlich manches Kleidungsstück, das euch nicht mehr gefällt. Es entsprach im letzten Jahr noch dem Modetrend, jetzt ist es „out". Das ärgert euch, schließlich habt ihr euer Taschengeld für den damaligen Kauf ausgegeben. Aber viel schlimmer ist es für die Hersteller der Textilien und für die Händler, die jetzt auf ihren nicht mehr modischen Vorräten sitzen bleiben. Hersteller müssen nach Art, Umfang und Qualität immer diejenigen Konsumgüter produzieren, die die Verbraucher wünschen. Diese stark erscheinende Stellung der Verbraucher gegenüber den Herstellern und Händlern bezeichnet man als Konsumfreiheit oder auch Konsumentensouveränität*.

* **Konsumfreiheit (Konsumentensouveränität)**
Möglichkeit der Verbraucher (Konsumenten), ausschließlich an ihren persönlichen Vorstellungen und Wünschen ausgerichtete Kaufentscheidungen zu treffen. Die freien Kaufentscheidungen der Konsumenten wirken sich dabei auch auf die in einer Volkswirtschaft hergestellte Menge und die Art der Güter aus, da die Unternehmen gezwungen sind, solche Erzeugnisse ausreichend zu produzieren, die von den Verbrauchern auch gekauft werden.

Die Anbieter erforschen die Bedürfnisse der Verbraucher und setzen Instrumente der Werbung ein, um sie zu beeinflussen. Für Smartphones werden ständig neue Funktionen angeboten, die größtenteils überflüssig sind.
Vielfalt und rascher Wandel des Angebots erschweren die Marktübersicht der Verbraucher, die nicht nur über Qualität und Preis, sondern auch über die Nachhaltigkeit der Produkte informiert werden wollen.

Verbraucherpolitik

Staatliche Einrichtungen und unabhängige Verbraucherverbände bemühen sich, die Konsumentensouveränität zu stärken. Verbraucherzentralen, örtliche Mietervereine und die Stiftung Warentest helfen bei der Verbraucherberatung. Der Konsument soll geschützt und die Durchsetzung seiner Interessen erleichtert werden. Die Instrumente der Verbraucherpolitik umfassen dabei sowohl die Wettbewerbspolitik als auch Maßnahmen des Verbraucherschutzes und insbesondere der Aufklärung.

M2 Instrumente der Verbraucherpolitik

- Wettbewerbspolitik: Der Staat unterstützt Unternehmensgründungen, damit möglichst viele Anbieter miteinander konkurrieren. Wettbewerb zwingt die Anbieter, ihre Leistungen ständig zu verbessern und Neuheiten auf den Markt zu bringen. Es kann aber auch zu übersteigertem, unerwünschtem Wettbewerb kommen, wenn z. B. große Ladenketten den Einzelhandel verdrängen. Um die marktbeherrschende Stellung einzelner Unternehmen zu verhindern, kann das Bundeskartellamt Unternehmenszusammenschlüsse verbieten. Preisabsprachen sind grundsätzlich verboten.
- Verbraucherschutz: Dazu zählen der Schutz der Gesundheit und Sicherheit der Verbraucher ebenso wie gesetzliche Verbraucherrechte z. B. bei mangelhafter Lieferung (vgl. S. 23) gegenüber den Anbietern. Staatliche Stellen kontrollieren in regelmäßigen Abständen die in den Geschäften angebotenen Lebensmittel und überprüfen die Sauberkeit von Gaststätten und Lebensmittelbetrieben.
- Verbraucherinformation und -beratung bieten dem Verbraucher möglichst aktuelle Informationen über Preise und Qualität von Produkten an und helfen ihm dabei, seine Interessen gegenüber den Anbietern durchzusetzen. Die dafür zuständigen Verbraucherzentralen haben ein umfangreiches Netz von Beratungsstellen eingerichtet. Unterstützt wird ihre Arbeit durch die vergleichenden Produktbeurteilungen der Stiftung Warentest sowie durch besondere Kennzeichnungen von Waren (z. B. Umweltzeichen). Das Internet verbessert die Informationsmöglichkeiten und ermöglicht Preisvergleiche.

Autorentext

1 Zählt auf, mit welchen gesetzlichen Maßnahmen Verbraucher geschützt werden können (**M 2**).
2 Formuliert eine Antwort, wenn euch ein Klassenkamerad erzählt, er wolle sich das neueste Handy, Tablet oder das neueste Modell einer Digitalkamera anschaffen (**M 1**).
3 Smartphones werden euch oft für einen Euro angeboten, wenn eure Eltern einen Vertrag abschließen. Rechnet alle Kosten eines solchen Angebots während der gesamten Vertragslaufzeit zusammen. Präsentiert das Ergebnis vor der Klasse.
4 Erklärt die Redensart „Der Kunde ist König." unter Verwendung des Begriffs „Konsumentensouveränität" und findet ein geeignetes Beispiel.

Wichtiges zusammengefasst

1. Möglichkeiten des Zustandekommens eines Vertrags

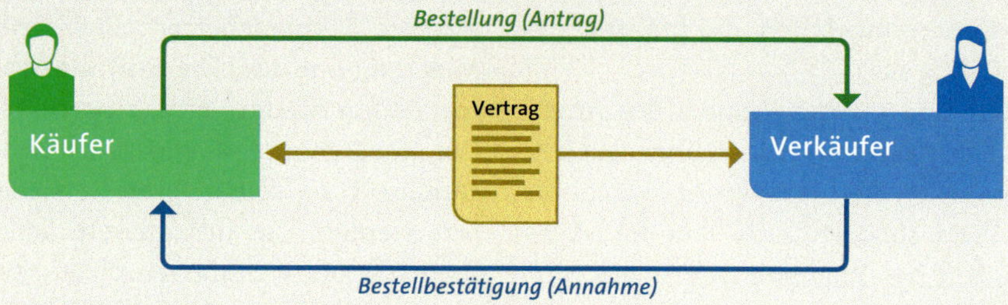

Fall 1: Der Käufer bestellt, der Verkäufer nimmt die Bestellung an.

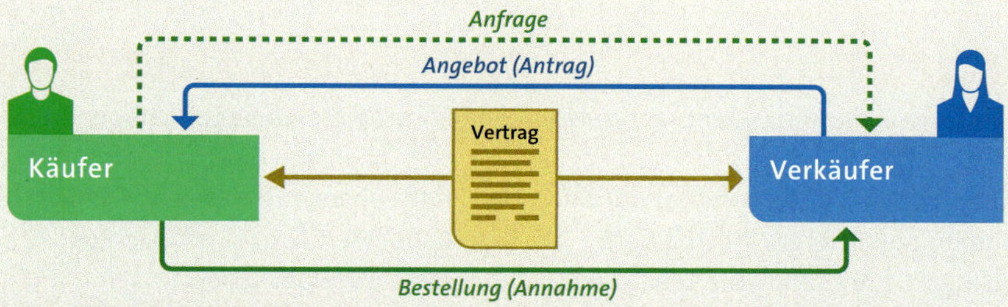

Fall 2: Der Kunde fragt an, der Verkäufer macht ein Angebot, der Käufer bestellt daraufhin.

2. Vertragsarten im Überblick

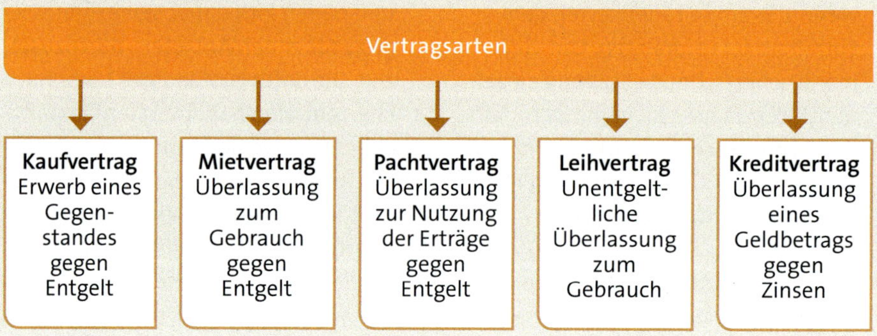

3. Preisbildung auf vollkommenem Markt

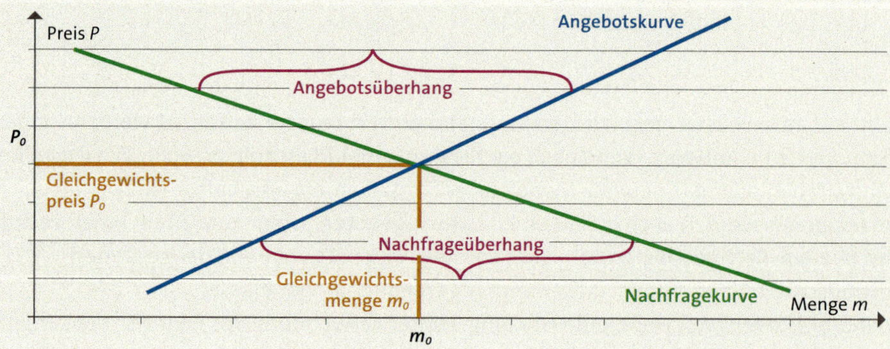

4. Aktien

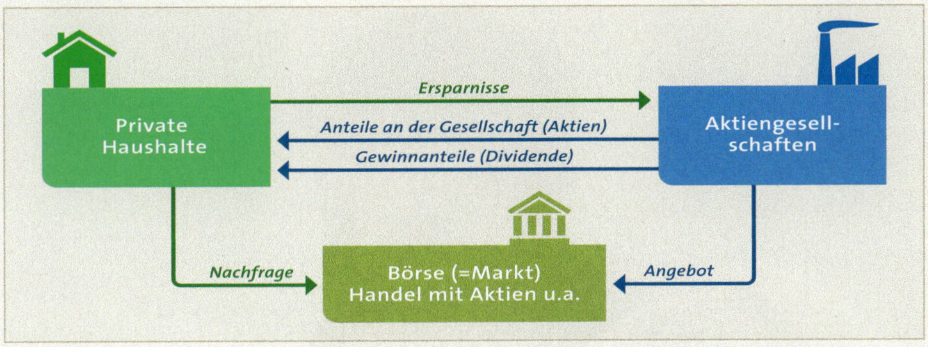

Wissens-Check

1 Beurteilt folgende Rechtsgeschäfte:
- Der 15-jährige Hans bekommt von seiner Tante 500 Euro geschenkt. Sein Vater verbietet ihm, für das Geld ein gebrauchtes Mofa zu kaufen.
- Die 14-jährige Carla unterschreibt einen Handyvertrag mit dem Inhalt, dass jeweils am Monatsende die entstandenen Gebühren von ihrem Girokonto abgebucht werden.

2 Kreditinstitute bieten auch Jugendlichen Girokonten an. Nennt Vorteile für die Jugendlichen und für das Kreditinstitut.

3 Herr und Frau Schulz wollen eine neue Wohnzimmereinrichtung für 14 000 Euro kaufen. Dafür fehlen ihnen noch 9000 Euro. Sie wollen für diesen Betrag einen Ratenkredit aufnehmen. Ihre Sparkasse macht ein Angebot mit 0,5 Prozent Zinsen pro Monat, bei einer gleichbleibenden Tilgung in 24 Monaten. Familie Schulz hat jeden Monat folgende Einnahmen und Ausgaben:

Einnahmen		Ausgaben	
Frau Schulz	1200 Euro	Miete + NK	900 Euro
Herr Schulz	1800 Euro	Kosten für Lebenshaltung	1200 Euro
Kindergeld	384 Euro	Sonstiges	780 Euro

Berechnet den Rückzahlungsbetrag und die monatlichen Zinsen und Tilgungsraten. Gebt Familie Schulz einen Rat, ob sie den Kredit aufnehmen soll.

4 Auf einem Wochenmarkt ergibt sich folgende Preissituation:

Preis *P*	Nachgefragte Menge *m*	Angebotene Menge *m*
8	2	30
7	8	28
6	20	20
5	35	4

Zeichnet die Angebots- und die Nachfragekurve in ein Schaubild. Ermittelt den Gleichgewichtspreis.

5 Nennt aus eurem Erfahrungsbereich Beispiele, in denen ein Konflikt zwischen wirtschaftlichen Anliegen und Umweltschutz besteht. Stellt einander gegenüber, was aus wirtschaftlicher Sicht und was aus Umweltgründen für und gegen die jeweilige Maßnahme spricht.

KAPITEL 2

Wahl eines geeigneten Berufs

Die Arbeitswelt verändert sich. Neue Berufe entstehen, ältere verlieren an Bedeutung. Eure Berufs- und Studienplatzwahl muss sich diesen Gegebenheiten anpassen. Habt ihr euch schon darüber Gedanken gemacht, welche Berufe zu euren Fähigkeiten und Neigungen passen könnten? Die Jugendlichen auf dem Foto haben diese Frage schon geklärt. Strebt ihr einen technischen, einen kaufmännischen oder einen sozialen Beruf an? Wollt ihr studieren oder ein Berufsausbildungsverhältnis eingehen? Ihr solltet euch bei dieser wichtigen Entscheidung nicht zu sehr von anderen beeinflussen lassen. Eure Familien haben bestimmt gut gemeinte Tipps und eure Freunde haben vielleicht interessante Berufswege eingeschlagen. Dennoch solltet ihr euren persönlichen Neigungen und Interessen folgen. Außenstehende wie die Berater der Berufsinformationszentren (BIZ) oder die Studienberater der Hochschulen können euch einen objektiven Blick auf eure Wunschausbildung geben. Ein Praktikum in einem Beruf, für den ihr euch interessiert, kann bei der Entscheidungsfindung helfen. Mancher hat schon während eines Ferienjobs seinen Traumberuf gefunden.

Dieses Kapitel hilft euch dabei, Fähigkeiten und Neigungen auf eure Berufswahl zu übertragen. Ihr informiert euch über unterschiedliche Berufswege und übt, wie eine aussagefähige Bewerbung für euren Traumberuf aussehen könnte. Ziele und Erwartungen an euren zukünftigen Beruf vergleicht ihr mit den Anforderungen der sich schnell verändernden Arbeitswelt.

Begabungen und Neigungen bestimmen die Berufswahl

Eigene Interessen

Wollt ihr euch jetzt schon Gedanken über euren späteren Beruf machen? Warum denn nicht? Am besten, ihr beginnt mit einigen Überlegungen: Was ist euch wichtig? Wofür steht ihr freiwillig morgens früh auf? Was macht ihr in eurer Freizeit? Was motiviert euch? Wenn ihr erst einmal sammelt, wofür ihr euch interessiert, dann ergibt sich daraus schon eine ganze Reihe von Möglichkeiten. Es ist ganz normal, dass ihr euch zunächst für verschiedene Berufe interessiert. Später müsst ihr euch entscheiden, welchen Weg ihr wählt.

Das Problem ist: Viele stellen sich diese Fragen gar nicht. Sie fangen nicht mit ihren Interessen, ihren Hobbys an, sondern mit dem, was ihnen naheliegend erscheint. Da spielen die Eltern eine große Rolle. Nach dem Motto: Mein Vater ist Steuerberater, also studiere ich auch Betriebswirtschaft. Doch auch wenn nicht jeder gleich den Beruf der Eltern ergreift, geben diese meistens zumindest die Antwort auf Fragen nach einer technischen, kaufmännischen oder sozialpflegerischen Ausbildung. Außerdem tragen die Eltern oft Erwartungen nach hohem Einkommen und Möglichkeiten des beruflichen Aufstiegs an euch heran. Daneben gibt es auch viele andere äußere Einflüsse auf eure Berufsentscheidung. So vermitteln „cool“ erscheinende Kommissarinnen und Kommissare in Fernsehkrimis ein geschöntes Bild der Polizeiarbeit und bewirken bei der Polizei recht viele Bewerbungen.

Lasst euch auch nicht von Aussagen beeinflussen, dass bestimmte Berufe in Zukunft besonders gefragt sein werden. Die Tatsache, dass es auf dem Arbeitsmarkt heute einen großen Mangel an bestimmten Fachkräften gibt, bedeutet nicht, dass das auch noch der Fall sein wird, wenn ihr eure Ausbildung oder euer Studium abgeschlossen habt. Das Wichtigste für eure Berufswahl sollten eure Fähigkeiten, Interessen und Ziele sein.

Ausbildung, Studium oder beides?

Nachdem ihr euch gefragt habt, in welche Richtung eure berufliche Orientierung geht, ergibt sich die Antwort darauf, was ihr unternehmen müsst, um dahin zu kommen. Eine Berufsausbildung in Handwerk, Handel, Industrie oder in sozialen Einrichtungen garantiert euch ein solides Einkommen und vielerlei Aufstiegsmöglichkeiten. Zu studieren ist eine Alternative, die die meisten Abiturienten ergreifen. Aber nicht jeder will noch einmal jahrelang über seinen Büchern sitzen ohne Garantie für einen erfolgreichen Studienabschluss und ein späteres zufriedenstellendes Einkommen.

M 1 Aus dem Deutschtest des Bundeskriminalamts für Abiturienten

a Kommt da ein Komma hin?

1. Kommst du auch oder hast du keine Zeit?
2. Kommst du, auch oder hast du keine Zeit?
3. Kommst du auch oder hast du, keine Zeit?
4. Kommst, du auch oder hast du keine Zeit?
5. keine Antwort richtig

b Erkennt die Fehler:

1. Kaffeernte	2. pedantig	3. Gallerie	4. Komissar	5. Kompromis
6. Quentchen	7. Industri	8. Standart	9. Reflechs	10. Backterium

c Sucht gegenteilige Begriffe:

hellwach, geordnet, vornehm, spitz, chaotisch, stumpf, todmüde, unkultiviert

Markus Brauer: Können Sie Kommissar?, Stuttgarter Zeitung v. 7.12.2016, S. 8

Begabungen analysieren

Als ihr euch für einen sprachlichen oder einen anderen Wahlpflichtbereich an eurer Schule entschieden habt, wart ihr euch sicherlich schon im Klaren darüber, wo eure größeren Fähigkeiten liegen. Damit ihr eure Stärken und Schwächen noch deutlicher erkennt, hilft euch eine Potenzialanalyse*. Potenzialanalysen beginnen meist damit, vorhandene Kompetenzen zu hinterfragen, z.B. das sprachliche (**M1**) oder das technische (**M2**) Verständnis. Einfache Aufgaben verdeutlichen euch, was damit gemeint ist. Ihr solltet die Aufgaben schnell lösen können.

Selbstverständlich können die wenigen Beispiele von **M1** und **M2** kein abschließendes Bild über eure Begabungsschwerpunkte liefern. Dazu benötigt ihr ausführlichere Tests, die z.B. die Berufsinformationszentren (BIZ) der Agenturen für Arbeit anbieten. Bis ihr euren Schulabschluss in der Tasche habt, kann sich ohnehin noch vieles in euren Begabungsschwerpunkten verändern. Wer in eurem Alter schlechte Noten in Mathematik hat, bekommt vielleicht in einigen Jahren Spaß an dem Fach und wird später im Studium ein Mathefreak.

Untersuchungsbereiche von Potenzialanalysen sind auch das Leistungsverhalten und der Arbeitsstil. Aber darüber wisst ihr ja Bescheid. Trödelt ihr bei den Hausaufgaben? Verschiebt ihr die Vorbereitung zu Klassenarbeit auf die letzte Minute? Aber auch das muss noch keine Vorentscheidung für euren späteren Berufsweg sein. Viele wenig motivierten Schülerinnen und Schüler ziehen später ihr Studium oder ihre Berufsausbildung zielbewusst und erfolgreich durch.

* **Potenzialanalyse**
Darunter versteht man die Untersuchung des Vorhandenseins bestimmter persönlicher Kompetenzen, die für zukünftige Studien und die Berufsorientierung nutzbar gemacht werden können. Die „Kompetenzanalyse Profil AC", die an vielen Schulen durchgeführt wird, ähnelt einer Potenzialanalyse.

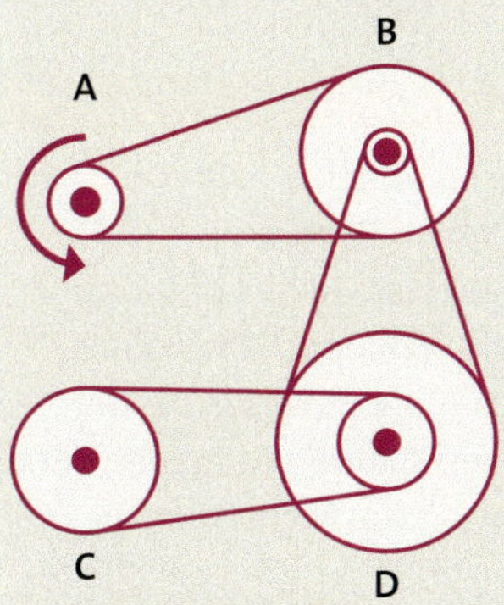

Nennt die Riemenscheibe, die sich am langsamsten dreht.

1 Scheibe A
2 Scheibe B
3 Alle Scheiben drehen gleich schnell
4 Scheibe C
5 Scheibe D

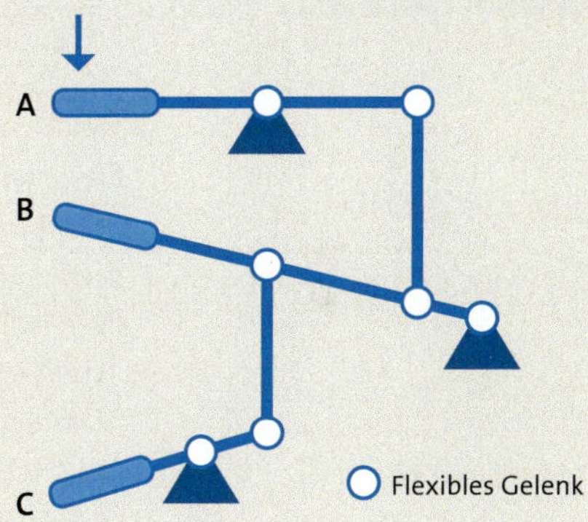

Gebt die Richtung an, in die sich die beiden Hebel B und C bewegen, wenn Hebel A nach unten gedrückt wird.

1 Hebel B und C bewegen sich nach oben
2 Hebel B und C bewegen sich nach unten
3 Hebel B bewegt sich nach oben, Hebel C nach unten
4 Hebel B bewegt sich nach unten, Hebel C nach oben
5 Hebel B und Hebel C bewegen sich gar nicht

M2 Technisches Verständnis

1 Führt die beiden Tests **M1** und **M2** durch. Beurteilt, ob die Ergebnisse eure Begabungen wirklich widerspiegeln.

2 Unter http://portal.berufe-universum.de findet ihr einen Test, in dem ihr feststellen könnt, wo der Schwerpunkt eurer beruflichen Interessen liegen könnte. Der Test eignet sich für Schülerinnen und Schüler aller Schularten. Wenn ihr euch schon jetzt sicher seid, dass ihr nach dem Abitur studieren wollt, kann der Test www.was-studiere-ich.de hilfreich sein. Führt einen der beiden Tests durch und berichtet vor der Klasse, welche neuen Erkenntnisse ihr gewonnen habt.

3 Zu euren Hobbys gehört das Mountainbike-Fahren? Dann sucht im Internet, z. B. über www.berufenet.de, Berufe, die zu diesem Hobby passen. Ähnlich könnt ihr mit anderen Hobbys verfahren, z.B. dem Fotografieren.

Ausbildungsberufe – eine Auswahl

M 1 Britta und Daniel

Britta und Daniel sind unsicher. Sie haben keine Ahnung, welcher Ausbildungsberuf zu ihnen passen könnte. Da entdeckt Britta in einer Tageszeitung, dass Ausbilder einige Berufe vorstellen. „Das lesen wir mal durch", meint Britta. „Vielleicht erkennen wir, in welche Richtung unsere Vorstellungen gehen."

M 2 Duales Studium Soziale Arbeit im Gesundheitswesen B.A.

Erwarteter Schulabschluss: Abitur, Ausbildungsdauer: 3 Jahre
Die 21-Jährige Heike Baltes hat nach dem Abitur das B.A.-Studium Soziale Arbeit im Gesundheitswesen bei der AOK begonnen. Zu ihren Aufgaben gehören die Beratung von Menschen, die im Erwerbsleben erkrankt sind, die Pflegeberatung, die Selbsthilfeförderung und die individuelle Versorgungsgestaltung. „Während des Studiums wird mir hier eine Praxisanleitung durch einen Mitarbeiter im Sozialen Dienst zur Seite gestellt. Dieser vermittelt mir fachliches Wissen und die praktische Anwendung von Methoden." Durch den dreimonatigen Wechsel zwischen der Theorie- und der Praxisphase ist das Studium sehr abwechslungsreich", sagt Heike Baltes. Nach dem Abschluss möchte sie als Sozialpädagogin im Sozialen Dienst der AOK arbeiten. Auch ein sich anschließendes Master-Studium z. B. zum Berufspädagogen wäre möglich.

M 3 Medienkauffrau/-mann Digital und Print

Erwarteter Schulabschluss: Abitur, Fachhochschulreife, Ausbildungsdauer: 3 Jahre
Medienkaufleute sind Allrounder im Verlag. Bei Bechtle Verlag Druck lernt Ina Schauwecker während ihrer Ausbildung deshalb das ganze Verlagswesen kennen – von der Verwaltung über die Anzeigenabteilung bis zur Herstellung von Zeitungen und anderen Printprodukten. „Wir wechseln alle vier bis acht Wochen die Abteilungen und erhalten damit Einblicke in die Aufgaben und Arbeitsabläufe vieler verschiedener Bereiche." Später können Medienkaufleute damit komplette Projekte von der Planung bis zur Produktion steuern. Im Verlagshaus Bechtle wird der Beruf Medienkauffrau/-mann mit der Zusatzqualifikation Medienwirtschaft im Verlagswesen angeboten. [...] Auch ein Studium, das auf der Ausbildung ausbaut, kann sich die 19-Jährige vorstellen. Schon während der Ausbildung lernen die Azubis anhand von Projekten Verantwortung zu übernehmen.

M 4 Kauffrau/-mann im Groß- und Außenhandel

Erwarteter Schulabschluss: Abitur, Mittlere Reife. Ausbildungsdauer: 3 Jahre
Ivana Lekic hat ihre Abschlussprüfungen bereits erfolgreich abgelegt und darf sich jetzt ganz offiziell „Kauffrau im Groß- und Außenhandel" nennen. Drei Jahre hat ihre Ausbildung gedauert und in dieser Zeit hat sie verschiedene Abteilungen

des Unternehmens durchlaufen. Zu ihren Aufgaben zählen Angebote bearbeiten, Aufträge eingeben, Kundendaten anlegen, Telefonate führen und Reklamationen bearbeiten. Dass sie von Anfang an selbstständig arbeiten durfte und Verantwortung für Teilaufgaben übertragen bekam, findet sie gut. „Man ist ein vollwertiges Mitglied des Teams.“ Eine Herausforderung sei es gewesen, den Schulstoff zu erlernen und sich in die Produktwelt des Unternehmens einzuarbeiten. „Ich möchte hier erst einmal Berufserfahrung sammeln, und dann steht alles offen, z. B. eine Weiterbildung zum Handelsfachwirt“, ergänzt Ivana Lekic.

M 5 Duales Studium Wirtschaftsinformatik

Erwarteter Schulabschluss: Abitur, Ausbildungsdauer: 3 Jahre
Betriebswirtschaftliche Probleme mit informationstechnischen Möglichkeiten zu lösen – das hat Isabelle Kaiser schon während ihrer Schulzeit auf dem Technischen Gymnasium interessiert. Jetzt, nach einem dreijährigen Studium an der Dualen Hochschule Baden-Württemberg macht sie genau das. Bei Eberspächer sammelt die 22-Jährige systematisch Daten, wertet diese mit geeigneten Systemen aus und visualisiert die Ergebnisse anschließend. Damit können dann Geschäftsprozesse optimiert werden. Der Studiengang Wirtschaftsinformatik hat Isabelle Kaiser darauf bestens vorbereitet. Er besteht zur einen Hälfte aus Betriebswirtschaftslehre und zur anderen aus Informationstechnik – diese Kombination hat die junge Frau ganz bewusst gewählt. Theoriephasen an der Hochschule und Praxisphasen im Betrieb wechseln sich während der Ausbildung circa alle drei Monate ab. Ein sich anschließendes Masterstudium an einer Universität oder Hochschule für Angewandte Wissenschaften ist möglich.

M 6 Mechatroniker/-in

Erwarteter Schulabschluss: Gute mittlere Reife. Ausbildungsdauer: 3,5 Jahre
Daniel Lutz und Daniele Sinesi haben ihre Ausbildung bei dem Hersteller von Robotern und Werkzeugmaschinen FANUC begonnen. Beide lernen den Beruf des Mechatronikers. „Die Ausbildung ist sehr abwechslungsreich, da in dem Beruf Elektronik, Mechanik und Pneumatik zusammenkommen“, erklärt Daniel Lutz. [...] Bei der Ausbildung wechseln Berufsschule und der praktische Einsatz im Betrieb. Die Auszubildenden lernen, aus mechanischen, elektrischen und elektronischen Bauteilen Systeme zu bauen. Sie stellen die einzelnen Komponenten her und montieren sie anhand von Schaltplänen und Konstruktionszeichnungen zu Systemen und Anlagen. Die fertigen Anlagen nehmen sie in Betrieb und programmieren sie. Daniel Lutz und Daniele Sinesi wollen später die Fachhochschulreife nachholen und anschließend Maschinenbau studieren.

M2–M6 nach: Let's work. Goodbye Schule. Sonderbeilage der Eßlinger Zeitung, Juli 2016

1 Erstellt in Gruppenarbeit eine Tabelle mit den Spaltenüberschriften „Ausbildungsberufe“, „Voraussetzungen“, „Ausbildungsinhalte“ und „Fortbildungsmöglichkeiten“ und senkrecht mit den Berufen **M 2** nach **M 6**. Ergänzt die Tabelle um die Informationen aus den Materialien. Analysiert, welche Tätigkeiten euren eigenen Interessen am ehesten entgegenkommen.

2 Sucht unter www.berufenet.arbeitsagentur.de weitere Informationen zu dem Beruf, der euren Vorstellungen am nächsten kommt. Sucht dort auch nach ähnlichen Berufsbildern.

Steigende berufliche Anforderungen

★ **Rationalisierung**
Alle Maßnahmen, die dazu dienen, eine bestimmte Leistung mit einem geringeren Kraft-, Zeit- und Kostenaufwand zu erzielen. Die durch Rationalisierungsmaßnahmen erzielten Kosteneinsparungen kann der Unternehmer zur Erhöhung seines Gewinns, zur Senkung der Warenverkaufspreise oder zur Erhöhung des Arbeitsentgelts verwenden.

★ **Automatisierung**
Während bei der Mechanisierung die menschliche Arbeitsleistung durch Maschinen unterstützt oder ersetzt wird, ist die Automatisierung darüber hinaus dadurch gekennzeichnet, dass auch der logische Ablauf der einzelnen Arbeitsschritte von den technischen Anlagen übernommen wird. Bei einem hohen Automatisierungsgrad laufen Produktionsprozesse vom Rohstoffeinsatz über die Erzeugung bis zur Verpackung des Produkts ohne menschliche Arbeit, d.h. automatisch ab. Die menschliche Arbeitsleistung wird dann nur noch zur Überwachung eingesetzt.

Von der Agrar- zur Dienstleistungsgesellschaft

In den letzten Jahrzehnten gab es gravierende Veränderungen im Beschäftigungssystem. Am augenfälligsten war der Wandel in der Landwirtschaft, dem sogenannten primären Sektor. Landwirtschaftliche Kleinbetriebe verschwanden nach und nach. Auf den verbleibenden mittleren und größeren Höfen revolutionierten Flurbereinigungen, landwirtschaftliche Maschinen, chemische Dünge- und Spritzmittel die Produktion.

Die Arbeitskräfte, die der Landwirtschaft den Rücken kehrten, gingen zunächst zu einem großen Teil in das produzierende Gewerbe, das für die Verarbeitung von Rohstoffen zuständig ist. Dazu zählen die Industrie, das Handwerk, die Energie- und Wasserversorgung. Die großen Gewinner dieser industriellen Expansionsphase waren der Maschinen-, der Automobilbau und die chemische Industrie. Zu den Verlierern gehörte u.a. der Kohlebergbau, da die Kohle immer häufiger durch Öl oder Erdgas als Brennstoff ersetzt wurde. Zusätzlich bewirkten Rationalisierung★ und Automatisierung★, dass im sekundären Sektor immer mehr Arbeitsplätze verloren gingen. Nicht mehr konkurrenzfähige Industriebereiche wie große Teile der Textilindustrie wurden ins Ausland verlagert. Immer mehr Menschen wechselten nun in den Dienstleistungsbereich, den sogenannten tertiären Sektor (öffentlicher Dienst, Banken, Versicherungen).

Anforderung an die Beschäftigten

Wie die Arbeitswelt einem fortlaufenden Wandel unterliegt, so ändern sich im Zeitablauf auch die Arbeitsbedingungen. Zur Zeit eurer Eltern und Großeltern war der Berufsweg oft schon vorgegeben. Viele Kinder erlernten den Beruf ihrer Eltern. Wer in einem Betrieb Fuß gefasst hatte, konnte sich seines Arbeitsplatzes in der Regel sicher sein. Heutige Lebensläufe sind viel häufiger von Brüchen und Sprüngen, aber auch von neuen Chancen geprägt: Praktika, Zeiten der Arbeitslosigkeit, befristete Beschäftigungsverhältnisse, Elternzeiten, Teilzeitarbeit, Arbeitsplatzwechsel, berufliche Neuorientierung und Projektarbeit kennzeichnen das Erwerbsleben.

In der modernen Dienstleistungs- und Informationsgesellschaft müssen Unternehmen schnell und flexibel auf die Wünsche und Bedürfnisse der Kunden reagieren. Klassische Hierarchien und strenge Arbeitsabläufe nehmen ab. Stattdessen werden Zuständigkeiten projektabhängig immer wieder neu verteilt, die Teams unterschiedlich zusammengesetzt und die einzelnen Teammitglieder mit speziellen Aufgaben beauftragt. Im Zuge der Projektarbeit müssen Berufseinsteiger vielfach auch eine Bereitschaft zur bedarfsorientierten Arbeitszeit mitbringen, denn klassische Beschäftigungsverhältnisse mit strikt geregelten Arbeitszeiten nehmen in der freien Wirtschaft ab.

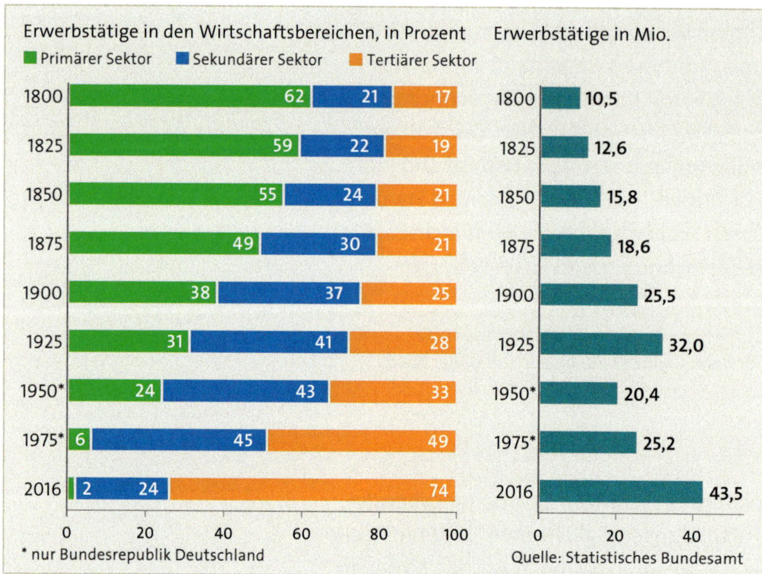

M1 Wandel der deutschen Wirtschaftsstruktur: *Primärer Sektor*: Landwirtschaft, Bergbau. *Sekundärer Sektor*: Industrie, Handwerk. *Tertiärer Sektor*: Dienstleistungen

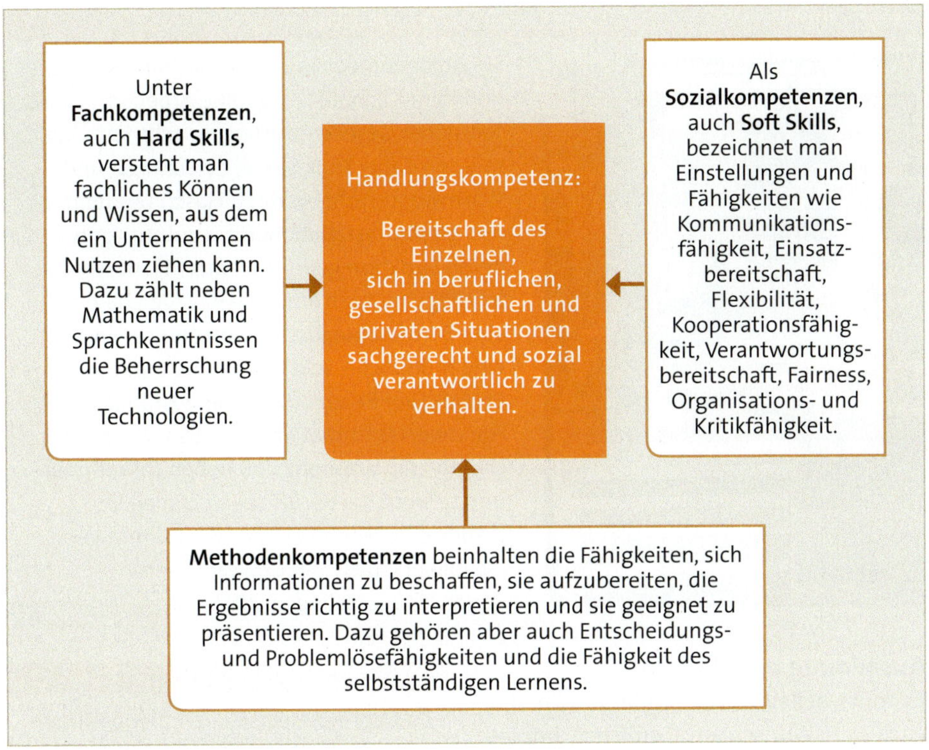

M 2 Einteilung von Kompetenzen

Hard Skills – Soft Skills

Neben den zwingend erforderlichen Fachkompetenzen („Hard Skills") kommen den überfachlichen Qualifikationen („Soft Skills") in Zukunft eine noch größere Bedeutung zu, als diese ohnehin schon haben. Ohne diese Schlüsselkompetenzen gerät der Erfolg der Teamarbeit in Gefahr. Kommunikationsfähigkeit ist dabei unverzichtbar, damit ein Informationsaustausch sowohl innerhalb der Unternehmen als auch zu den Kunden und Geschäftspartnern gewährleistet ist. Arbeitnehmer müssen in ihrem Beruf zudem flexibel sein. Zum einen, um wechselnde Aufgabenbereiche zu meistern, zum anderen aber auch im Hinblick auf berufliche Veränderungen.

Projekte managen

So arbeiten Ingenieure heute oft an Projekten, in denen keine Routine herrscht, aber der Stressfaktor hoch ist. Wer Projekte managt, ist selbstständig, eigenverantwortlich und kreativ. Auch arbeiten Ingenieure immer mehr als Externe in Unternehmen und decken dabei fast 70 Prozent kurzfristiger Auftragsspitzen ab. Viele Ingenieure wählen heute befristete Projektverträge, weil hier der Verdienst überdurchschnittlich gut und die Arbeit jeden Tag interessant und neu ist.
Viele Ingenieurbüros haben die Größe von rund 20 Personen – eine angenehme Größe, bei der es zumeist familiär zugeht.

1 Beschreibt mithilfe des Textes das Balkendiagramm (**M 1**). Welche Veränderungen beruflicher Anforderungen lassen sich daraus ableiten?
2 Nennt einige Vor- und auch Nachteile von Projektarbeit (Text).
3 Begründet, warum Arbeitnehmer nicht nur über „Hard Skills", sondern auch über „Soft Skills" verfügen müssen (**M 2**).

Ausbildung in Betrieb und Schule

M 1 Arbeitsprobe eines Anlagenmechanikers für Sanitär-, Heizungs- und Klimatechnik

Ein Anlagenmechaniker für Sanitär-, Heizungs- und Klimatechnik fertigt eine Arbeitsprobe als Teil seiner Gesellenprüfung. In acht Stunden müssen dabei Trinkwasser-, Heizungs- und Warmwasserrohre verlegt, Flaschnerarbeiten und Elektroinstallationen ausgeführt und deren Funktion geprüft werden. Handwerkslehrlinge müssen am Ende ihrer Ausbildung eine Berufsschulabschlussprüfung sowie eine mündliche, schriftliche und praktische Prüfung vor Beauftragten der zuständigen Handwerkskammer ablegen. Beauftragte der Handwerkskammern sind neben Lehrerinnen und Lehrern der Beruflichen Schulen Vorstandsmitglieder von Handwerksinnungen. (Schulwerkstätte der Gewerblichen Berufsschule Esslingen, 2015)

Ausbildung oder Studium?

Es muss beileibe kein Studium sein, das euch den Wunschberuf eröffnet. Infolge des Geburtenrückgangs in Deutschland bleiben immer häufiger schulische und betriebliche Ausbildungsplätze unbesetzt. Dagegen steigt die Zahl der Studentinnen und Studenten. Diese gegenläufige Entwicklung sehen viele Gewerbetreibende mit Besorgnis. Die Handwerkskammer Stuttgart reagiert mit Ironie (s. **M 2**).

Handwerksmeisterinnen oder Handwerksmeister haben die Möglichkeit, als Selbstständige ihre Fähigkeiten und Fertigkeiten zu beweisen. Sie haben zudem das Recht, Lehrlinge auszubilden. Die Meisterausbildung kann unmittelbar nach der Lehrzeit beginnen, im meist einjährigen Tages- oder im Abendunterricht.

M 2 „Mit Geld im Beutel"

Da strömen Heerscharen theorieunbegabter Schülerinnen und Schüler an Universitäten, um dort für Berufe ausgebildet zu werden, in denen sie nicht gebraucht werden. So wird nicht nur strukturelle Arbeitslosigkeit, sondern auch viel menschliches Unglück erzeugt. Die Hochschulen quellen über, im Handwerk fehlt es überall an Fach- und Führungskräften. Viele Hochschulabgänger sitzen später mit „weißen Kragen" kreuzunglücklich in einem Büro auf der hintersten Bank. Ihre gottgegebene Begabung zum praktischen Schaffen erproben sie allenfalls als Heimwerker. Als Handwerker wären sie andere Kerle geworden. Tatkräftig, zupackend, aufbauend, selbstbewusst – und mit Geld im Beutel!

Zit. nach: Jürgen Kochendörfer, Vom Gewerbeverein zur Kreishandwerkerschaft, Esslingen 2014, S. 69f.

Schulische Berufsausbildung

In den meisten Handwerksberufen werden die Auszubildenden (Lehrlinge) während des ersten Ausbildungsjahres an Einjährigen Berufsfachschulen, die an Gewerblichen Berufsschulen bestehen, in Berufstheorie und Berufspraxis unterwiesen. Die Auszubildenden schließen einen Vorvertrag mit den Handwerksbetrieben ab und bekommen eine Ausbildungsvergütung. Einige wenige gewerbliche Ausbildungsgänge finden auch vollkommen an Berufsschulen statt, z.B. an der Uhrmacherschule in Schwenningen. Solche Schulen verfügen nicht nur über Klassenzimmer, sondern auch über be-

rufsspezifische Werkstätten, wo die praktische Unterweisung stattfindet.
Bei Pflegeberufen wird die schulische Ausbildung durch Praktika an Krankenhäusern ergänzt. Ähnlich ist es bei der beliebten Ausbildung zur Erzieherin oder zum Erzieher. In Baden-Württemberg findet die vierjährige Ausbildung dazu meist an Fachschulen für Sozialpädagogik statt. Phasen schulischer Ausbildung wechseln dabei mit Praktikumsphasen.

Das „Duale System“

Der Beruf der Erzieherin oder des Erziehers kann aber auch in Form einer dualen* Ausbildung erlernt werden. Die duale Berufsausbildung findet an den Lernorten Betrieb und Schule statt. Grundlage für die Ausbildungsinhalte sind die Ausbildungsordnungen* des zu erlernenden Berufes. Die ca. 330 Ausbildungsordnungen für staatlich anerkannte Ausbildungsberufe werden in kurzen Zeitabständen dem technischen und wissenschaftlichen Fortschritt angepasst. Viele neue Berufe sind in den letzten Jahren entstanden, vor allem im Bereich der Informations- und Kommunikationstechnologien. Die meisten Ausbildungsverträge werden für eine Dauer von 3½ Jahren abgeschlossen. Bei Auszubildenden, die in Betrieb und Schule gute Leistungen erbringen, wird die Lehrzeit meist um ½ Jahr verkürzt. Die Betriebe bezahlen ihren Lehrlingen eine monatliche Ausbildungsvergütung.
Die Ausbildungsbetriebe allein können die notwendigen Kompetenzen nicht vermitteln. Zu jeder beruflichen Ausbildung gehört deshalb eine aktuelle theoretische Qualifizierung. Die gewerblichen, kaufmännischen und sozialpädagogischen Berufsschulen – als zweiter Lernort der dualen Berufsausbildung – verknüpfen die berufstheoretischen Inhalte mit betrieblichen Aufgabenstellungen. Auszubildende erwerben ihre berufliche Handlungsfähigkeit, indem die Berufsschule die betriebliche Praxis als Grundlage für den Theorieunterricht nimmt. Die Bildungspläne orientieren sich deshalb an den Vorgaben der Ausbildungsordnungen. Die Inhalte für den berufsbezogenen Unterricht sind in Form von Lernfeldern* aufgebaut. An einem bis zwei Tagen in der Woche gehen die Auszubildenden in die Berufsschule. In Baden-Württemberg besteht wöchentlich für 13 Schulstunden Schulpflicht. Alternativ wird auch Blockunterricht durchgeführt, vor allem bei Berufen mit wenigen Ausbildungsplätzen an einem Ort. So besuchen Klavierbauer – häufig Abiturienten – aus ganz Baden-Württemberg während ihrer Lehrzeit zweimal im Jahr jeweils sechs Wochen lang die Landesfachklasse für Klavier- und Cembalobauer an der Gewerblichen Berufsschule in Ludwigsburg. Während dieser Zeit wohnen sie in einem Internat.
Viele gewerbliche Lehrlinge bilden sich später zu Technikern oder Meistern, viele kaufmännische Auszubildende zu Fachwirten weiter. Diese Abschlüsse sind gesucht und meist gut bezahlt. Sie sind der Allgemeinen Hochschulreife gleichgestellt und berechtigen zum Fachhochschul- oder Hochschulstudium.

* **Duales System**
Zwei Partner teilen sich die Verantwortung für die Berufsausbildung: Ein Betrieb vermittelt die praktische Unterweisung, die Berufsschule die dazu notwendigen fachtheoretischen Kompetenzen und zusätzlich allgemeinbildende Inhalte.

* **Ausbildungsordnungen**
Sie legen für jeden Ausbildungsberuf die in dem Ausbildungsbetrieb und in der Berufsschule zu erwerbenden Fertigkeiten, Kenntnisse und Fähigkeiten fest einschließlich der Kompetenzen, die für das Bestehen der Abschlussprüfung erwartet werden.

* **Lernfelder**
Die meisten Unterrichtsinhalte der Berufsschule werden nicht nach Unterrichtsfächern, sondern in Form beruflicher Handlungszusammenhänge vermittelt.

1 Erklärt den Begriff „Duales System“ der Berufsausbildung (Randspalte, Text).
2 Vergleicht Vor- und Nachteile einer dualen Berufsausbildung mit einem Hochschulstudium.
3 Nehmt Stellung zu der Aussage von **M 2**, auch vor dem Hintergrund von nahezu 25 Prozent Studienabbrechern.

Das Berufsausbildungsverhältnis

M 1 Berufliches Schulzentrum Esslingen

Solche Schulzentren bieten vielerlei Schularten an. An der abgebildeten Schule sind es u.a. eine duale Berufsschule für die _ Berufsfelder Metalltechnik, Elektrotechnik und Körperpflege, eine Zweijährige Berufsfachschule, ein Technisches Gymnasium mit den Profilen „Mechatronik", „Technik und Management" sowie „Umwelttechnik", ein Biotechnologisches und ein Ernährungswissenschaftliches Gymnasium, außerdem eine Technikerschule mit den Profilen „Maschinentechnik" und „Gebäudesystemtechnik" sowie ein „Einjähriges Berufskolleg zum Erwerb der Fachhochschulreife".

Die Berufsausbildung

Das Ziel einer Berufsausbildung besteht für die Auszubildenden darin, die für eine qualifizierte berufliche Tätigkeit notwendigen Fertigkeiten, Kenntnisse und beruflichen Fähigkeiten zu erwerben. Die Ausbilder, oft sind es Handwerks- oder Industriemeister, haben zusammen mit den Lehrerinnen und Lehrern der Berufsschule die Aufgabe, die dazu notwendigen theoretischen und praktischen Grundlagen zu vermitteln. Die Berufsausbildung ist rechtlich im Berufsbildungsgesetz (BBiG)* geregelt. Beim BBiG stehen die Schutzrechte für Auszubildende im Vordergrund, unabhängig von deren Alter. Handelt es sich bei Auszubildenden um Minderjährige, muss zusätzlich das Jugendarbeitsschutzgesetz (JArbSchG)* beachtet werden.

Bei einer dualen Ausbildung wird der Ausbildungsvertrag vom Arbeitgeber, dem Auszubildenden und bei Minderjährigen zusätzlich von deren gesetzlichen Vertretern unterschrieben. Eine Ausfertigung des Ausbildungsvertrags wird an die „zuständige Stelle*" weitergeleitet. Jugendliche dürfen nur beschäftigt werden, wenn sie dem Arbeitgeber die Bescheinigung über eine ärztliche Untersuchung vorgelegt haben, die ihnen die körperliche Eignung für die Berufstätigkeit bescheinigt.

* **Jugendarbeitsschutzgesetz (JArbSchG)**
§ 8 Dauer der Arbeitszeit:
(1) Jugendliche dürfen nicht mehr als acht Stunden täglich [in Ausnahmefällen achteinhalb Stunden] und nicht mehr als 40 Stunden wöchentlich beschäftigt werden.

* **Berufsbildungsgesetz (BBiG)**
§ 10 Vertrag. (1) Wer andere Personen zur Berufsausbildung einstellt (Ausbildende), hat mit dem Auszubildenden einen Berufsausbildungsvertrag zu schließen. [...]
§ 11 Vertragsniederschrift.
(1) Ausbildende haben unverzüglich nach Abschluss des Berufsausbildungsvertrages, spätestens vor Beginn der Berufsausbildung, den wesentlichen Inhalt des Vertrags [...] schriftlich niederzulegen. [...]
§ 20 Probezeit. Das Berufsbildungsverhältnis beginnt mit der Probezeit. Sie dauert mindestens einen Monat und darf höchstens vier Monate betragen.
§ 22 Kündigung. (1) Während der Probezeit kann das Berufsausbildungsverhältnis jederzeit ohne Einhaltung einer Kündigungsfrist gekündigt werden.

M 2

Claudia hat keine Lust mehr auf Schule und verlässt das Gymnasium nach der 10. Klasse. Sie unterschreibt einen Berufsausbildungsvertrag als Malerin und Lackiererin. Von ihrem Ausbilder erfährt sie, dass sie jede Woche ein bis zwei Tage die Berufsschule besuchen und außerdem mehrfach jährlich an Lehrgängen einer überbetrieblichen Ausbildungswerkstätte teilnehmen muss. So hatte sich Claudia ihre Lehrzeit nicht vorgestellt. Weiterhin zur Schule zu gehen, weiterhin Hausaufgaben machen zu müssen, ist das wirklich notwendig?

Prüfungen

Am Ende seiner Ausbildung bekommt jeder Auszubildende ein Abschlusszeugnis der Berufsschule und zusätzlich ein Prüfungszeugnis von der für seine Ausbildung zuständigen Stelle. Bei den meisten dieser Kammerprüfungen müssen die Auszubildenden in einer „gestreckten Prüfung" nachweisen, dass sie die für ihren Beruf notwendigen Kompetenzen erworben haben. Bei der gestreckten Prüfung wird eine Teilprüfung nach der ersten Ausbildungshälfte abgenommen, der zweite Teil am Ende der Ausbildung. Das Ergebnis des ersten Teils geht meist mit 40 Prozent in die Gesamtnote ein. Im Handwerk heißt die Kammerprüfung traditionell „Gesellenprüfung", das Zeugnis darüber „Gesellenbrief".

Das Berufsschul- und das Kammerzeugnis sind wichtige Bewerbungsunterlagen für den späteren Berufsweg. Sollte die Prüfung nicht bestanden werden, so kann die zuständige Kammer auf Antrag des Auszubildenden die Ausbildung bis zum nächsten Wiederholungstermin verlängern.

Kündigung

Fast jeder vierte Ausbildungsvertrag wird vor der Prüfung gelöst. Gründe gibt es viele: Mal gibt es Stress mit dem Ausbilder, mal werden die Erwartungen an die Ausbildung enttäuscht. Rund die Hälfte der Abbrecher setzt die Lehre in einem anderen Ausbildungsberuf oder Unternehmen fort. Bei Problemen während der Ausbildung können Eltern, Lehrerinnen und Lehrer der Berufsschule, Mitglieder des Betriebsrats und besonders die Ausbildungsberater der zuständigen Stellen Hilfe leisten. Bei Schulproblemen vermitteln die Agenturen für Arbeit kostenlose ausbildungsbegleitende Hilfen. Dabei findet außerhalb der Ausbildungszeit Förderunterricht in kleinen Gruppen statt, während dem der Unterrichtsstoff der Berufsschule durchgearbeitet wird und die Auszubildenden gezielt auf Prüfungen vorbereitet werden.

Auszubildende können nach der Probezeit mit einer Frist von vier Wochen schriftlich unter Angabe des Kündigungsgrunds kündigen, wenn sie ihre Ausbildung ganz aufgeben oder sich einer anderen Ausbildung zuwenden wollen.

Der Arbeitgeber kann den Auszubildenden nach der Probezeit nur außerordentlich (also fristlos) kündigen. Gründe können mehrfaches unentschuldigtes Fehlen in Betrieb oder Schule, häufiges Zuspätkommen in Betrieb oder Schule, mehrfacher Verstoß gegen Unfallverhütungsvorschriften, Disziplinprobleme, aber auch so schlechte Leistungen sein, dass das Ausbildungsziel nicht erreicht werden kann.

* **Zuständige Stellen**
Sie überwachen die Berufsausbildung und führen ein Verzeichnis der Berufsausbildungsverhältnisse. Für Handwerksberufe sind es die Handwerkskammern (HWK), für Industrieberufe die Industrie- und Handelskammern (IHK).

M 3 Konflikte während der Ausbildung

1 Nennt Vertragspartner, die am Zustandekommen eines Ausbildungsvertrags beteiligt sind (Text).
2 Erklärt den Begriff „gestreckte Prüfungen" (Text).
3 Gebt Claudia (**M 2**) eine Antwort.
4 Charakterisiert die in **M 3** dargestellte Situation. Nennt Möglichkeiten, wie sich der Auszubildende verhalten kann.

M1 Berufe verändern sich (Glasfenster im Esslinger Rathaus)

Veränderte Berufe

Gibt es in 20 Jahren noch den Beruf des Tankwarts? Wahrscheinlich nur noch selten. Bis dahin haben Elektroantriebe die umweltschädlichen Benzin- und Dieselmotoren verdrängt. Damit ändert sich auch das Berufsbild der Kfz-Mechatroniker, die nun die veränderte Technik beherrschen müssen. Der rasante Wandel beruflicher Anforderungen stellt an die Betriebe und deren Mitarbeiterinnen und Mitarbeiter immer höhere Anforderungen. Vieles, was gestern noch höchsten Ansprüchen genügte, ist oftmals morgen schon nicht mehr wettbewerbsfähig. Schnelles und flexibles Reagieren auf die sich verändernde Technik ist notwendig. Deshalb ist ein ständiges „Mitwachsen der beruflichen Qualifikationen" unverzichtbar. Wer sich nicht weiterbildet, fällt zurück – auch mit seinem Einkommen.

Durch vielfältige Möglichkeiten der Fortbildung* und Weiterbildung* kann ein Ausbildungsberuf nach dem Abschluss erweitert werden. Für jeden Auszubildenden ist es daher sinnvoll, schon während der Lehrzeit seine berufliche Weiterentwicklung zu planen und sie nach der Gesellen- oder Abschlussprüfung auch bald in Angriff zu nehmen.

Fachkarrieren

Die berufliche Entwicklung muss dabei aber keineswegs auf eine Vorgesetztenposition gerichtet sein. Die Hierarchien in Betrieben werden immer flacher, sodass es immer weniger Vorgesetzte gibt. Stattdessen steigt die Verantwortung hochqualifizierter Fachkräfte innerhalb der einzelnen Arbeitsteams. Solche Fachkarrieren bieten die Chance auf eine verantwortungsvolle, zufriedenstellende und gutbezahlte berufliche Tätigkeit. Die

M2 Einkommensstufen

Entgelt-Gruppe	Monatsgrundentgelt
6	2920,50 €
7	3107,00 €
8	3324,50 €
9	3542,00 €
10	3775,00 €
11	4023,50 €

Bruttoeinkommen* von Beschäftigten der Metall- und Elektroindustrie in Baden-Württemberg mit abgeschlossener gewerblicher oder kaufmännischer Berufsausbildung 2017. Das Grundentgelt vermehrt sich noch um Zuschläge, vor allem um ein Leistungsentgelt von durchschnittlich 15 Prozent und um Urlaubsgeld. Industriemechaniker, Mechatroniker oder Industriekaufleute beginnen nach der Lehrzeit meist in Entgeltgruppe 7. Wenn sie später über zusätzliche Kompetenzen verfügen, die meist durch Fortbildungen erworben werden, kann ihr Einkommen bis zur Entgeltgruppe 10 ansteigen.

IG Metall: Tarifvertrag für Entgelte, Ausbildungsvergütungen und Urlaubsgeld der Metall- und Elektroindustrie Baden-Württemberg, 2017

* **Berufliche Fortbildung**
Maßnahmen, um seine Kenntnisse und Fertigkeiten im bereits ausgeübten Beruf dem technischen Fortschritt anzupassen und zu erweitern.

* **Berufliche Weiterbildung**
Erwerb einer zusätzlichen Qualifikation zu seinem Beruf mit einem dafür erworbenen zusätzlichen Abschluss, z. B. einer Prüfung als Meister oder Fachwirt.

* **Bruttoeinkommen**
Wenn ihr davon gesetzliche Abzüge wie Lohnsteuer, Arbeitnehmeranteil der Sozialversicherungsbeiträge und gegebenenfalls die Kirchensteuer abzieht, bekommt ihr das Nettoeinkommen, das an die Beschäftigten ausbezahlt wird.

Einkommensunterschiede innerhalb eines Berufes sind zwischen denjenigen, die sich ständig fortbilden, und anderen, die kaum über den fachlichen Stand während ihrer Berufsausbildung oder ihres Studiums hinauskommen, beträchtlich (**M 2**). Eine Fachkarriere anzustreben bedeutet für die Betroffenen, durch geeignete Fortbildungsmaßnahmen in ihrem Fachgebiet gefragte Experten zu werden, auf die sich Vorgesetzte und Mitarbeiter verlassen können.

Fort- und Weiterbildung

Manche Fort- und häufiger noch Weiterbildungsmaßnahmen werden abends und an Wochenenden angeboten. Handwerkskammern sowie Industrie- und Handelskammern bieten ein breites Spektrum an Angeboten. Diese wahrzunehmen erfordert ein hohes persönliches Engagement. Die Kosten müssen von den Fort- oder Weiterbildungsbildungswilligen meist selbst bezahlt werden. Da sie steuerlich absetzbar sind, werden die Belastungen etwas gemildert.

Oft fördern aber auch Betriebe geeignete Mitarbeiter, um ihre Fähigkeiten dem fortschreitenden Stand der Technik anzupassen und ihnen gleichzeitig den beruflichen Aufstieg zu einer Fach- oder auch Führungskarriere zu erleichtern. Derartige Fortbildungsmaßnahmen werden zum Teil während der Arbeitszeit durchgeführt. Weiterbildungsmaßnahmen außerhalb der Arbeitszeit werden von vielen Unternehmen finanziell gefördert. Um dabei berücksichtigt zu werden, bedarf es oft der eigenen Initiative, z.B. eines Gesprächs mit Vorgesetzten über die möglichen beruflichen Perspektiven. Meist wird es gern gesehen, wenn Mitarbeiter den Wunsch äußern, sich beruflich weiterzuentwickeln.

Auch die Arbeitgeber sind verpflichtet, sich um die Weiterbildung ihrer Mitarbeiter zu kümmern:

M 3 Betriebsverfassungsgesetz (BetrVG)

§ 81. Der Arbeitgeber hat den Arbeitnehmer über die aufgrund einer Planung von technischen Anlagen, von Arbeitsverfahren und Arbeitsabläufen oder der Arbeitsplätze vorgesehenen Maßnahmen und ihre Auswirkungen auf seinen Arbeitsplatz, die Arbeitsumgebung sowie auf Inhalt und Art seiner Tätigkeit zu unterrichten. Sobald feststeht, dass sich die Tätigkeit des Arbeitnehmers ändern wird und seine beruflichen Kenntnisse und Fähigkeiten zur Erfüllung seiner Aufgaben nicht ausreichen, hat der Arbeitgeber mit dem Arbeitnehmer zu erörtern, wie dessen berufliche Kenntnisse und Fähigkeiten im Rahmen der betrieblichen Möglichkeiten den künftigen Anforderungen angepasst werden können. [...]
§ 82. [...] Der Arbeitnehmer kann verlangen, [...] dass mit ihm die Beurteilung seiner Leistungen sowie die Möglichkeiten seiner beruflichen Entwicklung im Betrieb erörtert wird [...].

Grundsätzlich gilt aber, dass diejenigen, die sorgfältig und zuverlässig arbeiten und darüber hinaus auch soziales Engagement zeigen, von ihren Betrieben häufiger zu Fortbildungsveranstaltungen geschickt oder zu Weiterbildungen ermutigt werden, als andere, die nur Durchschnittsleistungen erbringen. In den meisten Betrieben werden Mitarbeiter, die sich nach dem Abschluss ihrer Lehrzeit oder ihres Studiums weiterbilden wollen, nicht entlassen, sondern beurlaubt.

1 Unterscheidet die Begriffe „Fachkarriere“ und „Führungskarriere“.
2 Nennt Rechte, die einem Arbeitnehmer zustehen, der sich weiterbilden möchte (Text, **M 3**).

Studieren in Baden-Württemberg

M 1 Studierende an baden-württembergischen Hochschulen im Wintersemester 2015/2016

Hochschulen	Insgesamt	Anteil in Prozent
Universitäten	179 797	50,0
Kunsthochschulen	4 680	1,3
Pädagogische Hochschulen	24 533	6,8
Duale Hochschule Baden-Württemberg	33 242	9,2
Hochschulen (HAW) für Angewandte Wissenschaften	111 822	31,0
HAW der Verwaltung	6 091	1,7
Hochschulen insgesamt	**360 165**	**100,0**

Quelle: Statistisches Landesamt Baden-Württemberg

Studieren – aber wo?

Mit dem Abitur in der Tasche oder einer gleichwertigen Bildung habt ihr die Qual der Wahl. Wollt ihr vor dem Studium nicht doch lieber eine Berufsausbildung absolvieren oder den direkten Berufseinstieg wagen? Auf welchem Weg könnt ihr euren Traumberuf erreichen? Entsprechen eure Noten den Anforderungen des Studiums, das ihr anstrebt? Wie schätzt ihr eure Chancen auf dem Arbeitsmarkt nach dem Abschluss von Ausbildung oder Studium ein? In Baden-Württemberg gibt es eine vielfältige Hochschullandschaft (s. S. 76/77). Hier einige grundlegende Unterscheidungen:

M 2 Studieren – aber wo?

- *Universitäten:* Für die neun Universitäten des Landes ist die theoriegeleitete wissenschaftliche Ausbildung und Nähe zur Forschung kennzeichnend. In Vorlesungen* und Seminaren* werden Fachkenntnisse und Methodenwissen vermittelt. Bei der Auswahl von Lehrveranstaltungen und der Gewichtung von fachlichen Schwerpunkten habt ihr an der Universität Gestaltungsmöglichkeiten entsprechend euren Neigungen. Dieser Freiraum erfordert ein hohes Maß an Selbstständigkeit und Disziplin bei der Studienplanung und der nachträglichen Vertiefung des Gelernten. Nach sechs bis acht Semestern wird mit dem Bachelor* ein erster berufsqualifizierender Abschluss erworben. Nach weiteren zwei bis vier Semestern kann ein weiterqualifizierender Abschluss zum Master* angestrebt werden. In einigen Studiengängen, wie der Medizin, steht am Ende des zehn- bis zwölfsemestrigen Studiums ein Staatsexamen.
- *Pädagogische Hochschulen:* Wenn ihr in Baden-Württemberg Lehrerin oder Lehrer an einer Grund-, Gemeinschafts- oder Realschule werden wollt, studiert ihr an einer der sechs Pädagogischen Hochschulen (PH). Das praxisnahe, insgesamt zehnsemestrige Studium gliedert sich in einen Bachelor- und einen darauf aufbauenden Masterstudiengang.
- *Hochschulen für angewandte Wissenschaften (Fachhochschulen):* Die 23 Fachhochschulen in Baden-Württemberg ermöglichen euch eine berufsnahe, wissenschaftlich basierte Ausbildung. Sie bieten schwerpunktmäßig eine Ausbildung in den Fächergruppen Technik, Wirtschaft, Soziales und

* **Vorlesungen**
Hochschullehrerinnen und -lehrer vermitteln einen Überblick über Inhalte des Studienfachs. Die Studierenden können sich auf das Zuhören und Mitschreiben konzentrieren. Zur Vertiefung der Vorlesungsinhalte und zur Einübung wissenschaftlicher Arbeitsmethoden finden, oft anhand praktischer Beispiele, im kleineren Kreis Übungen statt.

* **Seminare**
Lerninhalte werden von den Studierenden selbstständig erarbeitet, in Form von schriftlichen Hausarbeiten dargestellt oder als Referate vorgetragen.

* **Bachelor**
Das drei bis vier Jahre dauernde Studium vermittelt wissenschaftliche Grundlagen, Methodenkompetenzen und berufsfeldbezogene Qualifikationen.

* **Master**
Masterstudiengänge dienen der fachlichen und wissenschaftlichen Spezialisierung oder Vertiefung. Sie dauern ca. zwei Jahre und bauen auf dem Bachelorabschluss auf.

Gestaltung an. Das Fachhochschulstudium ist deutlicher nach vorgegebenen Stundenplänen strukturiert.

- *Duale Hochschule:* Ungefähr 9000 Betriebe und Sozialeinrichtungen stellen in Baden-Württemberg Ausbildungsplätze für ein duales Studium in den drei Bereichen Wirtschaft, Technik oder Sozialwesen zur Verfügung. Das Studium an neun Standorten geht über sechs Semester. Der dreimonatige Wechsel zwischen Theorie- und Praxisphase steht für einen abwechslungsreichen Hochschulalltag und Berufserfahrung schon während des Studiums. Ob Gesundheits- oder Pflegewissenschaften, ob Wirtschaftsinformatik oder Betriebswirtschaftslehre – die Studienrichtung Wirtschaft bietet für viele Interessenten den passenden Studiengang. In der Fachrichtung Technik stehen den Studierenden der Fächer Elektrotechnik, Mathematik, Wirtschaftsingenieurwesen und Maschinenbau modern eingerichtete Labors zur Verfügung. Studiengänge in den Bereichen Pflege und Rehabilitation, Jugend-, Familien- und Sozialhilfe sowie Gesundheitswesen werden an der Fakultät Sozialwesen angeboten.
- *Kunst- und Musikhochschulen:* Ihr möchtet Musiker, Schauspieler, Designer, bildender Künstler oder auch Musik- bzw. Kunstlehrer werden? Die acht Musik- und Kunsthochschulen des Landes vermitteln euch neben künstlerischen Fertigkeiten auch pädagogische und wissenschaftliche Kenntnisse.

Ministerium für Wissenschaft, Forschung und Kunst Baden-Württemberg: Studieren in Baden-Württemberg, Schuljahr 2015/16, S. 30 ff.

M 3 MINT-Berufe

Sie gelten als gefragte Berufsgruppe, die Fachkräfte aus Mathematik, Informatik, Naturwissenschaften und Technik (MINT). Laut der Arbeitsagentur gab es im vergangenen Jahr rund 7,3 Millionen versicherungspflichtige Beschäftigte in einem MINT-Beruf. Die meisten arbeiten demnach im Bereich Technik: 86 Prozent, also rund 6,3 Millionen Arbeitnehmer, sind dort tätig – Elektroniker, Heizungsbauer, Tischler oder Ingenieure zum Beispiel. Jeder elfte MINT-Beschäftigte arbeitet in der Informatik oder Softwareentwicklung, nur jeder 20. hat seinen beruflichen Schwerpunkt in Mathematik oder Naturwissenschaften. MINT impliziert auch nicht automatisch einen akademischen Bildungsweg: Gut 60 Prozent der MINT-Beschäftigten haben eine duale oder schulische Berufsausbildung. Jeder Vierte kann einen Meister-, Techniker- oder Bachelorabschluss vorweisen, nur rund 15 Prozent haben eine mindestens vierjährige Hochschulausbildung absolviert.

Michael Vogel: Die Statistik der Vielumworbenen, Stuttgarter Zeitung v. 12.4.2014, S. V 5.

1 Unterscheidet die Studienmöglichkeiten an den unterschiedlichen Hochschultypen (M 1, M 2).

2 Erklärt den Begriff „MINT-Berufe“ (M 3).

3 Wählt unter www.jobboerse.arbeitsagentur.de einen euch attraktiv erscheinenden Beruf aus, für den ein Studienabschluss erforderlich ist. Gebt dann euren Wohnort ein und vergleicht, wie viele Stellenangebote dafür vorhanden sind.

4 Recherchiert im Internet unter www.studieninfo-bw.de, wo sich in der Nähe eures Schulorts eine Duale Hochschule befindet und welche Studienfächer dort angeboten werden.

Hochschulstandorte in Baden-Württemberg 2014/15 nach Hochschularten

- Duale Hochschule Baden-Württemberg
- Hochschule für Angewandte Wissenschaften
- Hochschule für Angewandte Wissenschaften der Verwaltung
- Kunsthochschule
- Pädagogische Hochschule
- Universität und private wissenschaftliche Hochschule

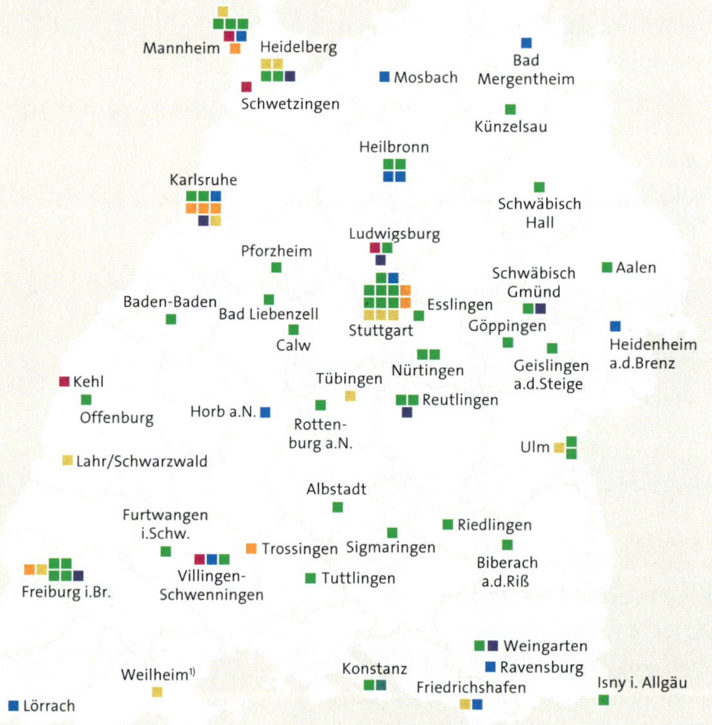

1) Ruhender Betrieb
Quelle: Statistisches Landesamt Baden-Württemberg, Stuttgart 2015, Stand: Wintersemester 2014/2015. Hochschule für Angewandte Wissenschaften: Ehemals „Fachhochschulen".

M1 Hochschulstandorte in Baden-Württemberg

Die Anforderungen sind hoch

Obwohl sich die Zahl der Studierenden in den letzten 20 Jahren mehr als verdoppelt hat, entscheiden sich drei Viertel aller Abiturienten in Baden-Württemberg weiterhin für ein Studium nach dem Abitur. Der Anstieg hat volle Hörsäle und in immer mehr Studienfächern einen Numerus clausus* zur Folge. Die Berufsaussichten für Hochschulabsolventen sind dennoch weiterhin gut, die Arbeitslosigkeit von Bachelorn und Mastern verhältnismäßig gering.

Das Staatsexamen gibt es noch in den Studiengängen Jura, Medizin und Pharmazie. Frühere Studierende anderer Fachrichtungen erreichten die Abschlüsse Magister und Diplom. Die heutigen Bachelor- und Master-Studiengänge sind straffer strukturiert: In Modulhandbüchern ist ausführlich beschrieben, was in den Veranstaltungen gelehrt wird, wie aufwendig sie sind und welche Leistung zum Bestehen verlangt wird. Früher gab der Dozent solche Kriterien meist in der ersten Sitzung seiner Veranstaltung bekannt. Das hat sich geändert. Die Zahl der Klausuren und mündlichen Prüfungen hat deutlich zugenommen. Das heutige System hat den Vorteil, dass Studierende mit dem Bachelor oft schon nach sechs

* **Numerus Clausus**
Zulassungsbeschränkung bzw. Einschränkungen der Zulassung an Schulen, Hochschulen und Universitäten.

M2 Studierende an Universitäten und Hochschulen für Angewandte Wissenschaften (HAW) in Baden-Württemberg im Wintersemester 2015/2016 nach Fächergruppen

Fächergruppe	Universität	HAW
Sprach- und Kulturwissenschaften	32 179	1 206
Sport	2 182	–
Rechts-, Wirtschafts- und Sozialwissenschaften	47 966	49 943
Mathematik, Naturwissenschaften	30 896	2 367
Humanmedizin/Gesundheitswissenschaften	15 567	2 801
Agrar-, Forst- und Ernährungswissenschaften	5 149	1 486
Ingenieurwissenschaften	40 481	55 561
Kunst, Kunstwissenschaften	1 952	3 281
Andere	1 307	156
Insgesamt	177 679	116 796

Quelle: Statistisches Landesamt Baden-Württemberg

Semestern einen berufsqualifizierenden Abschluss in der Tasche haben. Allerdings verlässt nur jeder Vierte die Hochschule nach dem Bachelor-Abschluss. Auch an den Hochschulen für Angewandte Wissenschaften studieren die meisten weiter – vor allem mit dem Motiv, ihre Berufschancen zu verbessern. Einige von ihnen wechseln für den Master-Abschluss an die Uni.

Die meisten Studentinnen und Studenten ziehen das Studium engagiert und zügig durch. Das ist nicht einfach, viele haben einen Nebenjob, um trotz BAföG* und Unterstützung der Eltern die Kosten aufbringen zu können.

* Das **Bundesausbildungsförderungsgesetz (kurz: BAföG)** regelt die staatliche Unterstützung für die Ausbildung von Schülern und Studenten in Deutschland.

M 3 Ohne Job geht es für viele nicht

Die Architekturstudentin Anna Schwarzkopf arbeitet seit vier Monaten in einem Sushi-Laden in Stuttgart im Service.
450 Euro im Monat verdient sie sich dazu, ihre Eltern bezahlen nur noch die Miete. „Meine Freunde jobben fast alle", erzählt sie, viele davon als Werkstudenten, weil sich das mehr lohne. Aber die 25-Jährige, die gerade ihre Bachelorarbeit abgegeben hat, zieht ihren Job vor. Sich bei der Arbeit mit etwas völlig anderem zu beschäftigen tut ihr gut. „Ich kann abschalten, es ist eine leichte Arbeit, und ich habe viele Leute kennengelernt."
Rebecca Beiter, die an der Hochschule für Medien studiert, ist es dagegen wichtig, dass der Studentenjob ihr auch etwas für die Karriere bringt. Gerade ist die 20-Jährige im Praxissemester, aber davor hat sie zum einen als Werkstudentin in der Onlineredaktion des SWR gearbeitet und zum anderen als Hiwi (wissenschaftliche Hilfskraft) einen Leitfaden zum Recherchieren für Studienanfänger erstellt. „Es macht sich gut im Lebenslauf, und ich habe wahnsinnig viel gelernt", sagt Rebecca Beiter. Dass sie durch ihren eigenen Verdienst ihren Eltern weniger auf der Tasche liegt, sei natürlich auch von Vorteil.
Wie Anna Schwarzkopf und Rebecca Beiter jobbt die Mehrheit der Studierenden, um das eigene Budget aufzubessern. Die 20. Sozialerhebung des Deutschen Studentenwerks hat ergeben, dass 63 Prozent für ihren Lebensunterhalt jobben. Der typische Student hat laut der Studentenwerk-Studie im Schnitt 864 Euro im Monat zur Verfügung. Der Elternanteil macht 476 Euro aus.

Viola Volland: Ohne Job geht es für viele nicht, Stuttgarter Zeitung online, 9.10.2015

1 Sucht im Internet, welche natur-, geistes- und gesellschaftswissenschaftlichen Studiengänge es an der Hochschule gibt, die eurem Schulort am nächsten liegt.

2 Studentenwohnungen sind meist teuer. Sucht auf der Karte (**M 1**) nach Studienorten, die ihr mit öffentlichen Verkehrsmitteln erreichen könnt.

3 Unter www.abi.de findet ihr eine große Zahl von Informationen der Bundesagentur für Arbeit über Studienbereiche und -fächer. Unter Studium/was studieren/Bachelor findet ihr u. a. Informationen zu:
- Agrar- und Forstwirtschaften,
- Gesellschafts- und Sozialwissenschaften,
- Mathematik und Naturwissenschaften,
- Ingenieurwissenschaften,
- Rechts- und Wirtschaftswissenschaften.

Teilt euch in Gruppen auf, informiert euch über wesentliche Studieninhalte einzelner Bereiche und tragt die Ergebnisse in eurer Klasse vor.

Eine Betriebsbesichtigung vorbereiten und durchführen

M1 Betriebsbesichtigung

Vorbereitung einer Betriebsbesichtigung

Wollt ihr wissen, welche Aufgaben einzelne Mitarbeiter in einem Betrieb oder einer Sozialeinrichtung zu bewältigen haben? Diesen und weiteren Fragen könnt ihr während einer Betriebsbesichtigung nachgehen. Solche Besichtigungen haben dann einen besonders großen Informationswert, wenn ihr nicht nur durch einzelne Abteilungen oder Werkstätten geführt werdet, sondern anschließend mit einem oder mehreren Mitarbeitern Gespräche führt.

Eure Eltern können dabei helfen, Kontakte zu Einrichtungen herzustellen, in denen sie vielleicht sogar selbst beschäftigt sind. Die Besichtigungen führt ihr in Gruppen durch. Jeweils vier bis sechs Schülerinnen und Schüler können einen Industrie- oder Handwerksbetrieb, aber auch eine Sparkasse oder ein Krankenhaus besuchen. Eine Besichtigung einschließlich eines Gesprächs mit fachkundigen Mitarbeitern, vielleicht aus der Personalabteilung, kann zwei bis drei Stunden dauern. Vielleicht dürft ihr auch fotografieren, und sicherlich bekommt ihr schriftliche Unterlagen zur Verfügung gestellt, z.B. über die hergestellten Waren oder zu erbringenden Dienstleistungen.

Die Auswertung eurer Eindrücke während der Besichtigung und die Ergebnisse eurer Gespräche könnt ihr anschließend in Form einer Wandzeitung dokumentieren und der Klasse arbeitsteilig präsentieren (s. **M2**).

Analysieren

1. *Internetrecherche:* Bevor ihr einen Betrieb oder eine andere Einrichtung erkundet, solltet ihr euch im Internet schlau machen, damit ihr schon einmal in groben Zügen Bescheid wisst und gezielt Fragen vorbereiten könnt. Im Internet findet ihr oft Angaben über Waren oder Dienstleistungen, die der Betrieb oder die Sozialeinrichtung anbietet, über die Zahl der Mitarbeiter und über die Rechtsform.
2. *Eindrücke während der Besichtigung:* Sitzende oder stehende Tätigkeit, schwere körperliche Belastung der Mitarbeiter, abwechslungsreiche oder monotone Arbeit, Teamarbeit, Lärm, Staub, Hitze.
3. *Fragen im Anschluss an die Besichtigung:* Stellt einem leitenden Mitarbeiter Fragen, die ihr vorbereitet habt. Die Fragen könnt ihr themenorientiert strukturieren. Jeweils ein Mitglied eurer Gruppe befasst sich mit einem Thema und notiert die Ergebnisse.

M2 Anfertigung einer Wandzeitung

Wozu eine Wandzeitung?
Wandzeitungen dienen vor allem dazu, Informationen zu einem gewählten Thema den Mitschülerinnen und -schülern zu präsentieren, aber auch um Ideen oder Meinungen auszudrücken. Wenn ihr eine Wandzeitung erstellt, müsst ihr zunächst einmal das Thema formulieren. Überlegt euch, was ihr genau mit der Wandzeitung erreichen möchtet. Soll die Zeitung informieren, Meinungen gegenüberstellen oder einen Projektverlauf darstellen? Ist das Thema gefunden, so heißt es, informatives Material zusammenzutragen. Dies können beispielsweise Zeitungsartikel, Fotos, Schaubilder oder selbst verfasste Texte sein. Die grobe Struktur der Wandzeitung könnt ihr auf einem DIN-A4-Blatt vorzeichnen, damit ihr einen Überblick bekommt, ob die Zeitung in sich schlüssig gegliedert ist und ob sie für einen Außenstehenden übersichtlich und gut verständlich zu lesen ist. Die Grundlage der Zeitung bilden Plakate oder Pinnwände, die ihr auch in der Aula der Schule aufstellen könnt.

- Soziale Gesichtspunkte: Beginn und Ende der Arbeitszeit, Urlaub, Pausen, Betriebskantine, Akkordarbeit, Schichtarbeit, Berufskleidung, betriebliche Mitbestimmung.
- Wirtschaftliche Gesichtspunkte: Art der herzustellenden Erzeugnisse oder zu erbringenden Dienstleistungen, Einblicke in die Verwaltungsarbeit, Auftragslage, Internetpräsenz, Konkurrenzsituation.
- Ökologische Gesichtspunkte: Recycling von Rohstoffen, Umgang mit Abfällen, Solarzellen auf Betriebsgebäuden.
- Technologische Gesichtspunkte: Fertigungsabläufe, Bearbeitungsverfahren, Möglichkeiten und Grenzen der Rationalisierung, verarbeitete Werkstoffe, Aspekte der Standortwahl.
- Berufe: Struktur der Beschäftigten (Akademiker, Fachkräfte, Hilfskräfte), Ausbildungsberufe, Art der Ausbildung, Lehrwerkstatt, Möglichkeiten der beruflichen Fortbildung, Art der Eignungsprüfung bei Bewerbern.

Anwenden

1. *Anfertigen von Wandzeitungen für jeden besuchten Betrieb:* Fertigt selbstverfasste Texte und ergänzt sie durch bereits vorhandene Materialien. Macht Fotos, zumindest von außen. Im Inneren des Betriebs ist Fotografieren oft nicht erlaubt. Fertigt Übersichten über die Erzeugnisse oder die Dienstleistungen des Betriebs, über die Umsatzentwicklung u.a. Es empfiehlt sich, das Material in mehrere Merkmale zu gliedern. Jedes Gruppenmitglied fertigt eine Zusammenfassung der Ergebnisse seiner Eindrücke und seiner Thematik bei dem Mitarbeitergespräch.
2. *Erläuterung der Wandzeitung vor der Klasse:* Jedes Gruppenmitglied stellt die zusammengefassten Ergebnisse des Thementeils vor, mit dem es sich vorwiegend beschäftigt hat.
3. *Bewertung:* Erörtert, ob die Besichtigung einschließlich der dabei geführten Gespräche mit Mitarbeitern euch neue Einsichten gebracht hat. Was hättet ihr anders machen sollen, welche Fragen sind offengeblieben?

M 1 Lebenslauf – Muster

Lebenslauf

Angaben zur Person	Tel.: 01234 56789 E-Mail: melanie.musterfrau@e_mail.de	Passbild
Name:	**Melanie Musterfrau**	
Geburtstag:	01.01.2001	
Eltern:	Max Musterfrau Maria Musterfrau	
Praktische Erfahrung		Nenne deine Erfahrungen mit der Arbeitswelt
Seit 01.02.2016	Mitarbeit bei der Schülerzeitung	
15.04.2017 – 29.04.2017	Praktikum als Mediengestalterin, Firma Beispielagentur, Musterstadt	
Schulbildung		
Grundschule	01.09.2007–31.07.2011	
Seit 15.09.2011	Schiller-Gymnasium, Musterstadt	
Schulabschluss	Abitur voraussichtlich Sommer 2019	
Persönliche Fähigkeiten und Kompetenzen		
Fremdsprachenkenntnisse:	Englisch fließend Französisch sehr gute Kenntnisse	Stelle deine Stärken heraus
Computerkenntnisse:	MS Office, Photoshop	
Persönliche Stärken:	Kommunikationsfähigkeit, Organisationstalent, Zielstrebigkeit	
Hobbys	Zeichnen, Schwimmen, Tanzen	Hobbys sagen etwas über deine Persönlichkeit aus

Musterstadt, 22. Juni 2018

Melanie Musterfrau

Schriftliche Bewerbung

Eine erfolgreiche Präsentation eurer Person gelingt umso besser, je sorgfältiger ihr euch darauf vorbereitet.

Wenn ihr wissen möchtet, welche Ausbildungs- oder Arbeitsplätze angeboten werden, seid ihr bei den Berufsinformationszentren der Agenturen für Arbeit an der richtigen Adresse. Denn dort melden die meisten Betriebe ihr Ausbildungs- oder Arbeitsplatzangebot zur Vermittlung an. Außerdem erfahrt ihr dort etwas über die Anforderungen, die an Bewerber gestellt werden. Stellenangebote gibt es auch in Tageszeitungen, im Internet (Jobboerse.arbeitsagentur.de) und bei örtlichen Jobbörsen, die u.a. von Industrie- und Handelskammern organisiert werden. Die meisten Unternehmen erwarten entweder eine schriftliche Bewerbung auf dem Postweg oder eine Online-Bewerbung. Dazu gehören jeweils ein Anschreiben, ein Lebenslauf, ein Bewerbungsfoto, Zeugnisse und Bescheinigungen z.B. über Ferienjobs. Wenn ihr eine ehrenamtliche Tätigkeit ausübt, z.B. als Schülersprecher oder Jugendtrainer in einem Sportverein, solltet ihr das in eurem Lebenslauf vermerken. Das Anschreiben umfasst eine DIN-A4-Seite. Dort begründet ihr, warum ihr euch für diese Stelle bewerbt und warum ihr glaubt, dafür geeignet zu sein. Die Bewerbung muss übersichtlich gegliedert sein. Wenn beim Lebenslauf die Stationen wegen einer schlechten Gliederung durcheinander erscheinen, vermittelt das sofort den Eindruck von Unordnung. Das Foto klebt ihr

M 2 Prägnantes Anschreiben

Der Einstieg: Habt Mut zu einem emotionalen Einstieg: Beschreibt, dass ihr von dem Betrieb fasziniert seid, was euch an der angebotenen Stelle begeistert, oder hebt eure Motivation hervor. Möglich ist auch ein klassischer Einstieg, indem ihr darauf eingeht, wo ihr die Stellenausschreibung entdeckt habt.

Der mittlere Teil: Jetzt ist es an der Zeit, von euch persönlich zu schreiben. Erklärt, warum ihr euch gerade für diesen Betrieb bewerben wollt und was euch persönlich damit verbindet. Sucht Punkte aus eurem alltäglichen Leben – das kann die Schule oder euer Umfeld sein – oder Kompetenzen, mit denen ihr an das Aufgabenfeld in eurem gewünschten Betrieb anknüpfen könnt. Ihr solltet auch erwähnen, wann genau ihr die Schule abschließt bzw. in welcher momentanen Situation ihr euch befindet. So kann der Leser gleich einschätzen, ab wann er mit euch rechnen kann.

Der Schluss: Im letzten Absatz habt ihr nochmals die Gelegenheit, darauf einzugehen, warum ihr euch gerade bei diesem Betrieb bewerbt und warum ihr mit euren Fähigkeiten und Interessen perfekt auf die Stelle passt. Achtet darauf, noch einmal den Namen des Betriebs zu erwähnen. Der letzte Satz sollte freundlich klingen. Etwa so: „Ich freue mich sehr auf die Einladung zu einem persönlichen Gespräch. Mit freundlichen Grüßen...“.

www.abi.de/bewerbung.htm; Link: Bausteine des Anschreibens.

rechts oben auf den Lebenslauf oder auf ein Deckblatt der Bewerbungsmappe.

Online-Bewerbung

Ihr müsst eure Bewerbung nicht per Post schicken, viele Arbeitgeber sind mit einer Online-Übermittlung einverstanden. Manchmal stellen die Unternehmen sogar Vordrucke ins Netz, die nur ergänzt und mit Anlagen versehen werden müssen.

M 3 Anschreiben – Muster

.
.
.
.
Melanie Musterfrau
Musterstr. 2
12345 Musterstadt
Tel.: 01234 56789
E-Mail: melanie.mustermann@e_mail.de

Musterstadt, 22.Juni 2018

Ort und Datum rechtsbündig in erste Schriftzeile

.
.
.
.
.

sieben Zeilen bis zur Anschrift des Empfängers

Beispiel Landschaftsbau
Bernd Beispiel
Beispielstr. 20
12345 Beispielstadt
.
.
.
.

Linker Rand ca. 24 mm

Bewerbung um einen Ausbildungsplatz als Gärtner
- Garten- und Landschaftsbau
.
.
Sehr geehrter Herr Beispiel,

persönliche Anrede

.
mit großem Interesse habe ich Ihre Anzeige in der JOBBÖRSE der Agentur für Arbeit gelesen. Auf Ihrer Homepage habe ich mich über Ihren Betrieb und Ihr Ausbildungskonzept informiert. Dies hat mich davon überzeugt, mich bei Ihnen zu bewerben.

Grund des Anschreibens, Begründung der Wahl des Ausbildungsbetriebes

.
Während meines einwöchigen Praktikums in der Gärtnerei Blum konnte ich erste Einblicke in den beruflichen Alltag eines Gärtners gewinnen. Dabei gefielen mir besonders die Bepflanzung und die Pflege von Hausgärten. Ich arbeite sehr gern an der frischen Luft und bin körperlich belastbar. Da mir diese Arbeit viel Spaß macht, habe ich mich für den Beruf des Landschaftsgärtners entschieden.

Interesse, Motivation, Eignung begründen

.
Zurzeit besuche ich das Margareten-Gymnasium in der 11. Klasse. Im nächsten Jahr werde ich die Abiturprüfung ablegen.

Zeitpunkt des Schulabschlusses

.
Gerne biete ich Ihnen an, ein Praktikum bei Ihnen zu absolvieren, damit Sie sich ein Bild von mir machen und sich von meinen Fähigkeiten überzeugen können.
.
Auf eine Einladung zu einem persönlichen Gespräch freue ich mich sehr.
.
Freundliche Grüße
.
..
Melanie Musterfrau
.
Anlagen
Lebenslauf
Foto
Letztes Schulzeugnis
Praktikumsbescheinigung

1 Sucht unter www.jobboerse.arbeitsagentur.de einen Ausbildungsplatz in der Nähe eures Wohnorts in einem Beruf, den ihr euch vorstellen könnt. Informiert euch im Internet über den Arbeitgeber und unter www.berufenet.arbeitsagentur.de über die Anforderungen an den Beruf. Formuliert ein Anschreiben entsprechend der Gliederung von **M 2** und **M 3**.

2 Sucht im Internet nach Informationen zum Thema „Online-Bewerbungen". Fasst die Ergebnisse zusammen und tragt sie in der Klasse vor.

Die Bewerberauswahl

M1 Assessment-Center*

* **Assessment-Center** (assessment = engl. Beurteilung) Gemeint ist ein Gremium, das ein Personalauswahlverfahren durchführt. Mitarbeiter der Personalabteilung des Unternehmens oder einer Beratungsfirma wählen unter mehreren, meist gleichzeitig anwesenden Bewerbern solche aus, die den Anforderungen der zu besetzenden Stelle am ehesten entsprechen. Die Bewerber werden bei dem Verfahren vor Probleme gestellt, die sie praxisnah zu lösen haben.

Eignungstest

Wenn ihr euch nach dem Ende eurer Schulzeit, eurer Berufsausbildung oder eures Studiums um eine attraktive Stelle bewerben wollt, müsst ihr euch gründlich auf das Bewerberverfahren vorbereiten.

Größere Betriebe führen für Stellenbewerber oft einen Einstellungstest durch. Schulnoten oder Studienabschlüsse geben den Personalchefs nicht genügend Informationen über euer Leistungsvermögen. Zeugnisse von verschiedenen Schultypen oder Hochschulen sind zudem nicht immer vergleichbar. Dazu kommt, dass Berufsarbeit auch Voraussetzungen fordert, über die Noten nichts aussagen, z.B. räumliches Vorstellungsvermögen, IT-Kenntnisse oder soziale Kompetenzen wie Kommunikationsfähigkeit. Bei dem beliebten Arbeitgeber Polizei gliedert sich der computergestützte Einstellungstest in ein Lückendiktat (Rechtschreibetest), einen Sprachverständnistest im Multiple-Choice-Verfahren und einen computergestützten Intelligenztest mit verschiedenen Aufgabenbereichen. Zu den Schwerpunkten zählen unter anderem Sprache (s. **M1**, S. 62), Mathematik und Logik. Die nötige Fitness weisen Polizeibewerber in Baden-Württemberg durch die Vorlage eines Sportabzeichens nach. Anschließend folgt ein ausführliches Bewerbungsgespräch.

Vorstellungsgespräch

Die Auswahl der Bewerber bei den Unternehmen beginnt mit der Vorauswahl derjenigen, die in die engere Wahl gekommen sind. Dazu werden zunächst die Bewerbungsunterlagen verglichen. Die Arbeitgeber laden nur die aussichtsreichsten Bewerber zu einem Vorstellungsgespräch ein. In diesem Gespräch werden meist noch ergänzende Fragen zu den eingereichten schriftlichen Unterlagen gestellt, z.B. zu Einzelheiten des bisherigen schulischen oder beruflichen Werdegangs, zu beruflichen Qualifikationen und Erwartungen der Bewerber an die neue Stelle.

Eine gründliche Vorbereitung ist Grundlage für eine gute Präsentation eurer Person und erhöht die Einstellungschancen. Informiert euch also vor dem Gespräch über das Unternehmen und über die Anforderungen der angestrebten Berufstätigkeit (www.berufenet.arbeitsagentur.de). Während des Vorstellungsgesprächs gibt euch der Arbeitgeber Hinweise über die Ansprüche an den zu besetzenden Arbeitsplatz und oft auch über berufliche Perspektiven. Ihr müsst als Bewerber unter Beweis stellen, dass ihr für die angebotene Stelle wirklich geeignet seid.

Der Arbeitgeber muss alle Informationen aus dem Bewerbungsverfahren vertraulich behandeln und die Bewerbungsunterlagen nach einer erfolglosen Bewerbung zurückgeben. Er ist verpflichtet, Kosten für Fahrt und Verpflegung zu ersetzen, wenn er euch zur Vorstellung aufgefordert hat. Dies gilt unabhängig davon, ob er mit euch einen Arbeitsvertrag abschließt oder nicht. Bei einem Vorstellungsgespräch darf der Arbeitgeber nur berechtigte Fragen stellen:

Fragen des Arbeitgebers

zulässig
- nach fachlichen Kompetenzen
- nach Zeugnissen
- nach Unklarheiten im schriftlichen Lebenslauf
- nach dauerhaften Erkrankungen

unzulässig
- nach einer Schwangerschaft
- nach einer Gewerkschafts-, Partei- oder Religionszugehörigkeit
- nach den Vermögensverhältnissen

M 2 Fragen beim Vorstellungsgespräch

Noch vor dem Vorstellungsgespräch vereinbaren manche Unternehmen nach einer eingegangenen Bewerbung ein Telefongespräch, bei dem sich Mitarbeiter der Personalabteilung einen ersten Eindruck über eure Person machen wollen. Größere Unternehmen lassen die Personalauswahl vor allem von Führungskräften von einem Assessment-Center (s. **M 1**) treffen.

M 3 Antworten von Personalchefs auf die Frage: „Was ist Ihnen bei einer Bewerbung besonders wichtig?"

HARIBO: Die Bewerbung vermittelt den ersten Eindruck über eine/n Bewerber/in. Daher sollte man schon hier zeigen, was in einem steckt. [...] Besonders wichtig ist der individuelle Bezug zu Haribo – die Leidenschaft für das Unternehmen muss bereits in einer Bewerbung vermittelt werden. Achten Sie außerdem auf Vollständigkeit der Unterlagen.
CLAAS-Landmaschinen: Ihre Bewerbung bei uns ist Ihre Eintrittskarte – heben Sie sich mit Ihren Stärken ab und zeigen Sie uns, warum Sie zu uns passen. Wenn Sie Interesse an Hightechmaschinen und einem internationalen Arbeitsumfeld haben, überzeugen Sie uns.
Deloitte Wirtschaftsprüfung: Sorgfältiges Arbeiten ist äußerst wichtig für unseren Erfolg, deshalb freuen wir uns über Bewerber, die uns bereits anhand ihrer Unterlagen zeigen, dass auch ihnen dieser Punkt ein Anliegen ist.
FERRERO: Bei Bewerbungen sind uns ein klares Profil und ein roter Faden wichtig. Zudem muss die Begeisterung für Ferrero und seine Markenvielfalt mit 26 starken Marken, wie „Ferrero-Küsschen", „Kinder-Riegel" oder „Nutella" zu spüren sein. Eine Bewerbung lebt aber auch von der persönlichen Note.
Die Zeit, Campus Ratgeber 1/2015, S. 118ff.

1 Erklärt, warum viele Betriebe bei der Einstellung Assessment-Center durchführen (M 1).
2 Im Internet findet ihr Fragen, die bei Bewerbungsgesprächen häufig gestellt werden. Bereitet in Partnerarbeit ein Rollenspiel zwischen einem Personalchef und einem Bewerber z. B. um die Stelle eines Bankkaufmanns/einer Bankkauffrau oder eines Modedesigners/einer Modedesignerin vor. Simuliert das Rollenspiel vor der Klasse.
3 Fasst zusammen, welche Anforderungen Personalchefs an schriftliche Bewerbungen stellen (M 3).

„Go“ und „No-Go“ bei Bewerbungen

M1 Beim Vorstellungsgespräch

<table>
<tr><th colspan="2">Wie die Bewerbung sein soll</th></tr>
<tr><th>Anschreiben</th><th>Lebenslauf</th></tr>
<tr><td>

- Ihr habt Adresse, Anrede und Datum korrekt angegeben.
- Eure Unterschrift ist eigenhändig.
- Das Anschreiben ist nicht allgemein, sondern auf den Betrieb bezogen formuliert.
- Zur besseren Lesbarkeit habt ihr Absätze eingefügt.
- Das Anschreiben ist nicht länger als eine Seite.

</td><td>

- Es gibt keine größeren zeitlichen Lücken.
- Eure Angaben über Schulausbildung und eventuelle Praktika sind vollständig.
- Unter der angegebenen Telefon- oder Handynummer seid ihr zu bestimmten Zeiten erreichbar.

</td></tr>
<tr><th>Anlagen</th><th>Formales</th></tr>
<tr><td>

- Ein professionelles Foto von euch ist aufgeklebt.
- Euer letztes Schulzeugnis ist beigefügt, ebenso Bescheinigungen über ehrenamtliche Tätigkeiten und über Praktika.
- Die Dokumente liegen in der richtigen Reihenfolge in der Bewerbermappe.

</td><td>

- Vermeidet Rechtschreib- und Grammatikfehler. Verlasst euch nicht nur auf das Korrekturprogramm eurer Software, sondern lasst die Bewerbung von einer anderen Person prüfen.

</td></tr>
</table>

<table>
<tr><th colspan="2">Richtiges Vorstellungsgespräch</th></tr>
<tr><th>Zuverlässigkeit</th><th>Erscheinung Jungen</th></tr>
<tr><td>

- Kommt lieber etwas zu früh als zu spät zum Gespräch, wenn trotzdem etwas schiefgeht, sagt sofort dem Ansprechpartner Bescheid und erklärt die Situation.
- Den Namen des Ansprechpartners müsst ihr für die bevorstehende Begrüßung im Kopf haben.

</td><td>

- Lasst vorher eure Haare schneiden, duscht, falls nötig, rasiert euch sorgfältig.
- Entfernt Piercings, bedeckt eventuelle Tattoos mit Kleidung.
- Eure Kleidung ist sauber, die Schuhe sind geputzt.
- Die Art der Kleidung entspricht der Tätigkeit, für die ihr euch bewerbt.

</td></tr>
<tr><th>Persönliche Wirkung</th><th>Erscheinung Mädchen</th></tr>
<tr><td>

- Gebt euer Bestes, zeigt Interesse.

</td><td>

- Verwendet kein oder nur dezentes Make-up, die Nägel sind kurz geschnitten.

</td></tr>
</table>

- Macht euch schon vor dem Gespräch Gedanken über mögliche Fragen und wie sie zu beantworten sind.
- Legt euch Fragen zurecht, die ihr selbst stellen wollt, z. B. über berufliche Entwicklungsmöglichkeiten.
- Eure Kleidung ist gebügelt, die Schuhe sind geputzt, die Absätze nicht zu hoch.
- Piercings, Tattoos, große Ohrringe sind bei einer Friseurin möglich, bei einer Bankkauffrau aber unpassend.

Was in der Bewerbung nicht sein darf

Anschreiben

- Ihr habt eine fehlerhafte Adresse oder Anrede verwendet.
- Das Anschreiben ist ein allgemein gehaltenes „Massenschreiben", das eure Persönlichkeit nicht erkennen lässt.
- Ihr habt kariertes, liniertes, farbiges Papier oder Papier in einem nicht üblichen Format verwendet.
- Eure Bewerbung ist knittrig, fleckig oder riecht nach kaltem Rauch.

Lebenslauf

- Ihr habt zeitliche Lücken gelassen oder gelogen.
- Ihr verwendet eine unseriöse E-Mail-Adresse z. B. hasi73@gmx.de.
- Als Bewerbungsfoto habt ihr einen Selfie-Schnappschuss aus dem letzten Urlaub ausgewählt.
- Ihr wisst nichts zu schreiben über euch, z. B. über Hobbys oder ehrenamtliche Tätigkeiten.

Anlagen

- Euer Lebenslauf liegt nur als Fotokopie vor, die Unterschrift ist nicht von Hand.
- Ihr habt überflüssige Unterlagen beigefügt, zum Beispiel Zeugnisse der Grundschule.
- Die Dokumente liegen ungeordnet in einer Plastikhülle anstatt in einer Bewerbungsmappe.

Formales

- Eure Bewerbung enthält Rechtschreib- und Grammatikfehler.
- Ihr habt das Kuvert unzureichend frankiert oder als Einschreiben mit Rückschein geschickt.
- Die Daten im Lebenslauf stimmen mit denen in den Zeugnissen nicht überein.

Fehler beim Vorstellungsgespräch

Zuverlässigkeit

- Ihr kommt zum Bewerbungsgespräch oder zum Einstellungstest zu spät.
- Ihr habt euch nur unzureichend über das Unternehmen informiert.
- Ihr seid übermüdet und unkonzentriert.
- Bei der Begrüßung gebt ihr einen laschen Händedruck.

Erscheinung Jungen

- Ihr kommt mit ungewaschenen oder mit viel Gel gestylten Haaren, ihr kaut Kaugummi.
- Ausgewaschene Designerjeans mit Löchern und Flipflops sind unpassend.
- Körpergeruch oder starker Geruch von Deos schrecken ab.
- Vermeidet sichtbare Tattoos, Piercings.

Persönliche Wirkung

- Ihr habt ein schrilles Outfit, das besser für einen Discobesuch passt.
- Ihr verwendet eine flapsige Jugendsprache.
- Während des Gesprächs klingelt euer Handy.
- Auf Fragen seid ihr nicht vorbereitet.

Erscheinung Mädchen

- Schuhe mit hohen Absätzen oder das Zeigen von viel Haut wirkt unseriös.
- Stark geschminkt oder parfümiert – das geht für die meisten Berufe nicht.
- Vermeidet sichtbare Tattoos, Piercings oder auffälligen Schmuck.
- Schmuddelige, zu enge oder zu schrille Kleidung ist unpassend.

BOGY– manchmal genügt eine Online-Bewerbung

Einblick in die Arbeitswelt

Die meist einwöchige „Berufsorientierung" soll euch helfen, einen Einblick in die Arbeitswelt zu bekommen. Ein Kurzpraktikum kann Weichen für euren späteren Berufsweg stellen – und manchmal auch für einen Arbeitsplatz. Vielleicht findet ihr in dem Betrieb, in dem ihr das Praktikum leistet, später eine Lehrstelle oder nach dem Abitur einen Ausbildungsplatz an der Dualen Hochschule. Seid ihr pünktlich, zuverlässig und den erwarteten Anforderungen gewachsen? Am Ende des Praktikums bekommt ihr eine Bescheinigung, die ihr für spätere Bewerbungen verwenden könnt.

Bewerbung

Bei größeren Unternehmen reicht oft eine Online-Bewerbung. Bei kleineren und mittelgroßen Betrieben wird aber fast immer eine schriftliche Bewerbung mit Lebenslauf und Zeugniskopien verlangt. Einstellungsgespräche gibt es nur selten. Die meisten Anbieter von Schülerpraktika möchten aber, wie ihr auch in **M3** seht, wissen, was euch dazu veranlasst hat, in dem gewählten Berufsfeld* tätig zu werden. Da müsst ihr euch etwas einfallen lassen. Ein aussagefähiges Bewerbungsschreiben ist für die meisten Anbieter von Schülerpraktika viel wichtiger als Schulnoten.

* **Berufsfelder**
- Bau, Architektur, Vermessung
- Dienstleistung
- Elektro
- Gesundheit
- IT, Computer
- Kunst, Kultur, Gestaltung
- Landwirtschaft, Natur, Umwelt
- Medien
- Metall, Maschinenbau
- Naturwissenschaften
- Produktion, Fertigung
- Soziales, Pädagogik
- Technik, Technologiefelder
- Verkehr, Logistik
- Wirtschaft, Verwaltung

M1 Warum dieses eine Praktikum? – Auszüge aus Bewerbungen

Mediengestaltung: Da ich glaube, musikalisch und sprachlich begabt zu sein, und auch glaube, die anderen für den Beruf benötigten Eigenschaften wie gestalterisches und organisatorisches Talent sowie eine gute Teamfähigkeit zu besitzen, habe ich mich für ein Praktikum in dieser Branche entschieden. Ich hoffe, bei diesem Praktikum einen breiten Einblick in das Berufsfeld eines Tonstudios und besonders in die Arbeit eines Mediengestalters Bild und Ton bekommen zu können. Toll wäre es, wenn ich möglichst viel selbst ausprobieren dürfte, um mir so sicher werden zu können, dass dieser Beruf, falls ich ihn später wirklich ausüben werde, zu mir passt.
IT-Dienstleistung: Da ich mich für die Computertechnik interessiere und auch gerne sowohl an meinem eigenen als auch an Computern Bekannter Probleme behebe, entschied ich mich dafür, meine Praktikumswoche in einer EDV-Abteilung durchzuführen.
Informationstechnik: Ich entwerfe und baue eigene Schaltungen für mich selbst und für andere. Für mich ist es wichtig, herauszufinden, ob meine aktuelle Vorstellung über das Berufsfeld auch zutrifft.
Biologie/Chemie: Mir ist die Umwelt schon immer sehr wichtig gewesen, deshalb möchte ich in meinem späteren Beruf helfen, ihre fortschreitende Zerstörung zu stoppen. Meiner Meinung nach geht Umweltschutz nur über Forschung, über die Entwicklung und Verbesserung von Luft-, Wasser- und Bodenreinigungsmaßnahmen und über die Optimierung von Verfahren zur Energieeinsparung. Hierfür ist man als Bio- und Chemieingenieur besonders kompetent. Ich möchte das Praktikum dafür nutzen, den Berufsalltag des Forschers und Bio-/Chemieingenieurs mitzuerleben.
Erziehung: Ich möchte in dem Schülerhort, in dem ich selbst so viele Jahre war, mein Praktikum absolvieren. Ich finde es spannend, das Prinzip der Ganztagsbetreuung auch von der anderen Seite aus zu betrachten. Die Erzieher sind sehr wichtig in unserer Gesellschaft, da die Eltern, die zunehmend ganztags arbeiten, die Erziehung ihrer Kinder ein Stück weit an die Betreuer weitergeben (s. **M3**).

Autorentext nach Praktikumsberichten im Internet

M 2 Bewerbungsschreiben in einem Internetforum für ein Kurzpraktikum

Hallo, wie ist das untenstehende Bewerbungsanschreiben an eine Sparkasse? Bitte ehrliche Beurteilungen!

Sehr geehrte Damen und Herren,
hiermit möchte ich mich um einen Praktikumsplatz bei Ihnen bewerben. Mein Name ist Max Mustermann. Ich bin 16 Jahre alt, wohne in ... und besuche derzeit das Gymnasium in ... Ich gehe in die 9. Klasse und muss wie jeder andere Schüler ein Praktikum absolvieren.
Die Berufsorientierung an Gymnasien (BOGY) ist ein Pflichtpraktikum und dauert eine Woche. In dieser Zeit können wir ein Berufsfeld unserer Wahl kennenlernen. Das Praktikum geht vom 15. Oktober bis zum 19. Oktober dieses Jahres.
Ich habe großes Interesse an Finanzthemen. Deshalb möchte ich Ihr Unternehmen unterstützen, aber auch selber praktische Erfahrungen und Kenntnisse sammeln. Interessiert bin ich vor allem am Umgang mit Menschen. Dies liegt auch daran, dass mein Vater selbstständiger Obst- und Gemüsehändler ist und viel mit Menschen zu tun hat. Ich habe ihm schon geholfen und dabei festgestellt, dass ich gut mit Menschen umgehen kann.
Ich hoffe, bei Ihnen bald mein Praktikum absolvieren zu können. Über eine schnelle Rückmeldung würde ich mich freuen.
Mit freundlichen Grüßen
Max Mustermann

Autorentext nach einem Chat im Internet

Bewerbung für ein Schülerpraktikum

Angaben zur Person

Anrede: ☐ Herr ☐ Frau
Nachname:
Vorname:
Straße/Nr.:
PLZ/Ort:
Geburtsdatum:
email-Adresse:
Telefon:

1. Warum interessieren Sie sich für diesen Beruf?
2. Was erwarten Sie sich von diesem Praktikum?

M 3 Eingabemaske für Online-Bewerbungen bei der Daimler AG, Standort Mannheim (Auszug)

M 4 Mögliches Berufsziel: Erzieher

1 Berufsorientierung – Abwechslung vom Schulalltag oder mehr? Charakterisiert die Ziele des Schülerpraktikums (Text).

2 Wie würdet ihr dem Ratsuchenden (**M 2**) antworten? Zieht **M 2** auf S. 80 hinzu.

3 „Was erwarten Sie sich von diesem Praktikum“? wird in der Online-Bewerbungsmaske der Daimler AG gefragt. Begründet in drei bis vier Sätzen, warum ihr euch für ein technisch oder kaufmännisch orientiertes Praktikum bei dem Automobilhersteller interessiert.

4 Jungen in Mädchenberufen (**M 4**)? Diskutiert darüber.

M1 Produktion der Daimler-S-Klasse in Sindelfingen

★ **Schlanke Produktion („Lean Production")**
Vielseitig ausgebildete Arbeitskräfte wirken in Gruppen zusammen, um Bauteile herzustellen („Job Enlargement") oder diese zu Fertigerzeugnissen zusammenzubauen. Die Gruppen teilen anfallende Arbeiten untereinander auf („Job Rotation"). Durch die schlanke Produktion erhalten die Mitarbeiter mehr Entscheidungsbefugnisse und mehr Verantwortung, ihre Motivation nimmt zu.

★ **Taylorismus**
Von dem US-Amerikaner Frederick W. Taylor (1856–1915) begründetes Prinzip der Steuerung von Arbeitsabläufen. Sie führt im Bereich der Massenfertigung zu einer kostengünstigen Produktion, die größtenteils mit angelernten Arbeitskräften durchgeführt werden kann. Die Teilung der Arbeit in kleinste Einheiten, die aufgrund des geringen Arbeitsinhalts schnell zu wiederholen sind, geschah erstmals bei Henry Ford, der 1909 bei seinem Modell „Ford T" („Tin Lizzy") die Fließbandproduktion einführte.

★ **Produktivität**
Verhältnis der Produktionsmenge zu den dazu eingesetzten Werkstoffen, Maschinen oder Arbeitskräften. So berechnet sich z. B. die Arbeitsproduktivität aus der in einem bestimmten Zeitraum erzeugten Produktionsmenge im Verhältnis zu den dazu eingesetzten Arbeitsstunden.

„Schlanke Produktion" in der Automobilindustrie

Während heute deutsche und japanische Unternehmen weltweit ungefähr gleich viele Pkw herstellen, waren im letzten Viertel des 20. Jahrhunderts die Europäer und Amerikaner der starken japanischen Konkurrenz immer weniger gewachsen: 1992 exportierte Japan 5,7 Millionen Personenkraftwagen, Deutschland als zweitgrößter Fahrzeughersteller 2,7 Millionen. Die japanische Automobilindustrie hatte damals eine neue Produktionskonzeption eingeführt, eine „schlanke Produktion★" („Lean Production"). Sie konnte damit beachtliche Produktivitätsfortschritte erzielen, nicht nur im Fahrzeugbau.

Während in Deutschland und anderen westlichen Industriestaaten überwiegend der Taylorismus★ mit seiner kleinschrittigen Arbeitsteilung und traditionellen, auf große Stückzahlen ausgelegte Fließfertigung praktiziert wurde, konnten die Japaner mit ihrer „schlanken Produktion" in immer schnellerer Folge neue Fahrzeugtypen auf den Markt bringen und jedes einzelne Fahrzeug individuell entsprechend den Kundenwünschen ausstatten. Die Produktivität★ der japanischen Fahrzeughersteller war dennoch doppelt so hoch wie die der europäischen Konkurrenz, die Fertigungstiefe dagegen wesentlich geringer. Bei japanischen Autobauern wurde nur das produziert, was andere, also die Zulieferer, nicht besser, schneller und preisgünstiger anbieten konnten.

In Japan, wo fast 70 Prozent der Beschäftigten in Arbeitsgruppen organisiert waren, kamen Montagefehler wesentlich seltener vor als in europäischen oder amerikanischen Betrieben. Bei der Gruppenarbeit ist das Arbeitsteam für seinen Bereich verantwortlich, vor allem für die Qualitätskontrolle und -sicherung. Da den Arbeitsgruppen ein großes Maß an Selbstständigkeit und Eigenverantwortung zukommt, können Meister, Vorarbeiter und Kontrolleure weitgehend eingespart werden. Der Personalbedarf wird deutlich geringer. Zur schlanken Produktionsstrategie, die sich mittlerweile in allen Industriestaaten durchgesetzt hat, gehört auch, dass der Maschinenpark durch eine flexible Automatisierungstechnik gekennzeichnet ist, der schnelle Modellwechsel zulässt. Ungelernte Hilfskräfte werden bei solchen Fertigungssystemen kaum mehr gebraucht, zumal die meisten körperlich schweren und sich monoton wiederholenden Arbeitsschritte durch Maschinen oder Roboter erledigt werden.

2016 verkauften VW 10,3 Mio., die Toyotagruppe 10,2 Mio. und General Motors knapp 10 Mio. Autos.

M 2 Rationalisierung im 18. Jahrhundert

Ein Arbeiter, der noch niemals Stecknadeln gemacht hat und auch nicht dazu angelernt ist [...], könnte, selbst wenn er sehr fleißig ist, täglich höchstens eine, sicherlich aber keine zwanzig Nadeln herstellen. Aber so, wie die Herstellung von Stecknadeln heute betrieben wird, ist sie nicht nur als Ganzes ein selbstständiges Gewerbe. Sie zerfällt vielmehr in eine Reihe getrennter Arbeitsgänge, die zumeist zur fachlichen Spezialisierung geführt haben. Der eine Arbeiter zieht den Draht, der andere streckt ihn, ein dritter schneidet ihn, ein vierter spitzt ihn zu, ein fünfter schleift das obere Ende, damit der Kopf aufgesetzt werden kann. Auch die Herstellung des Kopfes erfordert zwei oder drei getrennte Arbeitsgänge. Das Ansetzen des Kopfes ist eine eigene Tätigkeit, ebenso das Weißglühen der Nadel, ja, selbst das Verpacken der Nadeln ist eine Arbeit für sich. Um eine Stecknadel anzufertigen, sind somit etwa 18 verschiedene Arbeitsgänge notwendig, die in einigen Fabriken jeweils verschiedene Arbeiter besorgen, während in anderen ein einzelner zwei oder drei davon ausführt. Ich selbst habe eine kleine Manufaktur dieser Art gesehen, in der nur zehn Leute beschäftigt waren, sodass einige von ihnen zwei oder drei solcher Arbeiten übernehmen mussten. Obwohl sie nun sehr arm und nur recht und schlecht mit dem nötigen Werkzeug ausgerüstet waren, konnten sie zusammen am Tage doch etwa 12 Pfund Stecknadeln anfertigen, wenn sie sich einigermaßen anstrengten. Rechnet man für ein Pfund über 4000 Stecknadeln mittlerer Größe, so waren die zehn Arbeiter imstande, täglich etwa 48 000 Nadeln herzustellen, jeder also ungefähr 4800 Stück. Hätten sie indes alle einzeln und unabhängig voneinander gearbeitet, noch dazu ohne besondere Ausbildung, so hätte der Einzelne gewiss nicht einmal 20, vielleicht sogar keine einzige Nadel am Tag zustande gebracht. Mit anderen Worten, sie hätten mit Sicherheit nicht den zweihundertvierzigsten, vielleicht nicht einmal den viertausendachthundertsten Teil von dem produziert, was sie nunmehr infolge einer sinnvollen Teilung und Verknüpfung der einzelnen Arbeitsgänge zu erzeugen imstande waren.

Adam Smith: Der Wohlstand der Nationen (1776), München (dtv) 1978, S. 11f. Übersetzung: Horst C. Recktenwald

1 Unterscheidet die Arbeitsabläufe nach dem System des „Taylorismus“ und der„Lean Produktion“ (Text, Randspalte).

2 Beurteilt das Werksfoto der Daimler AG (**M 1**).

3 Fasst die Aussagen Von Adam Smith in **M 2** zusammen. Definitionen der Begriffe „Rationalisierung“ und „Automatisierung“ findet ihr auf S. 66.

Roboter verändern die Arbeitswelt

M1 Eine vollautomatisierte Rohbauhalle im Mercedes-Benz-Werk Rastatt

★ **Flexible Fertigungssysteme**
Sie bestehen aus mehreren verschiedenen, sich ergänzenden, rechnergesteuerten Maschinen oder Bearbeitungszentren und einem vollautomatischen Materialflusssystem. Dadurch kann die Durchlaufzeit der zu bearbeitenden Werkstücke stark verringert werden. Der computergesteuerte Werkzeugwechsel ermöglicht eine schnelle Umrüstung der Maschinen auf unterschiedlich herzustellende Produkte.

★ **Ergonomie**
Anpassung der Arbeit an den Menschen durch körpergerechte Gestaltung von Arbeitsabläufen.

Auf dem Weg zur „Industrie 4.0"

Heute werden immer flexiblere Fertigungssysteme★ benötigt, Maschinen müssen immer schneller auf veränderte Produkte umgerüstet werden. Der Einsatz von Robotern spielt dabei eine immer größere Rolle. Die Ziffer 4.0 verweist auf eine vierte Industrielle Revolution. Die erste Industrielle Revolution begann Ende des 18. Jahrhunderts. Sie war geprägt vom Einsatz technischer Errungenschaften wie der Dampfmaschine. Lokomotiven und Schiffe mit Dampfantrieben erhöhten die Transportgeschwindigkeiten. Die zweite Industrielle Revolution stand im Zeichen der elektrischen Energie und begann Anfang des 20. Jahrhunderts. Fließbänder erhöhten die Arbeitsgeschwindigkeit. Die dritte Industrielle Revolution war geprägt von der Automatisierung und begann etwa Mitte der 1970er-Jahre. Dominiert von Elektrotechnik und Informatik konnten Arbeitsabläufe geplant und gesteuert werden. Maschinenbau, Elektrotechnik und zunehmend auch die Informatik griffen ineinander und sorgten für extrem leistungsstarke Produktionsstätten. Roboter ersetzten viele Arbeitsschritte, die zuvor durch menschliche Handgriffe durchgeführt werden mussten (s. **M1**). Produktionsprogramme konnten auf Datenträgern gespeichert werden. Die vierte Industrielle Revolution – die Industrie 4.0 – hat bereits in Ansätzen seit Beginn des 21. Jahrhunderts begonnen, wird voraussichtlich jedoch erst in den nächsten zwei Jahrzehnten ihre volle Ausprägung erreichen. Wandlungsfähige, effiziente und ergonomische★ Produktionsprozesse sind das Ziel von Industrie 4.0★. Bis zu 10 000 Einzelteile sind heute in einem Auto verbaut. Die Toleranzen zugelieferter Teile müssen durch digitale Vernetzung weltweit aufeinander abgestimmt werden. Schwere körperliche Arbeiten werden zunehmend von Robotern geleistet.

M 2 VW-Arbeitsdirektor Horst Neumann

Erstens muss Volkswagen für einen Roboter heute nur ungefähr fünf Euro pro Stunde aufbringen – alle Faktoren eingerechnet. Ein Beschäftigter kostet das Unternehmen hingegen mindestens 40 Euro. Diese Kostenvorteile muss man sich – gerade im Wettbewerb mit China und Osteuropa – zunutze machen. Zweitens sollte unmenschliche Arbeit abgeschafft und den Robotern überlassen werden. Gemeint sind ergonomisch belastende Routinetätigkeiten wie die Überkopf-Montage im Innenraum eines Fahrzeugs oder die stundenlange Versorgung von Nockenwellen mit sechs mal acht Tropfen Öl – dies im Minutentakt.

Matthias Schiermeyer: Seit an Seit mit dem Kollegen Roboter, Stuttgarter Zeitung v. 3.1.2015, S. 12

M 3 Zeitungsinterview mit dem Leiter des Stuttgarter Fraunhofer-Instituts für Arbeitswirtschaft und Organisation

Herr Bauer, können Sie sich noch daran erinnern, wie es sich anfühlte, ohne Computer und Internet zu arbeiten?
Ja, nehmen wir das Ende der 1970er-Jahre. [...]
Was die wissenschaftlichen Mitarbeiter von Hand schrieben, wurde von Schreibkräften, meist Frauen, getippt. Seitdem hat vor allem das Internet unsere Arbeit drastisch verändert. Wenn die Leitung einmal nicht funktioniert, geht nichts mehr. Keine Mails, keine Zugriffe auf unsere Daten, auch keine Internetsuche.
Wie verändert das Internet selbst traditionelle Berufe in der Industrie?
Wir vernetzen nicht nur die Menschen über das Internet, sondern auch die Gegenstände und Maschinen. Künftig werden die Menschen ausschließlich mit digitalen Medien arbeiten. Auch der Fabrikarbeiter nimmt mit Smartphone oder Tablet Aufträge an und steuert die Maschinen. Der Arbeitsauftrag des Meisters auf Papier ist passé.
Was bleibt für den Industriearbeiter überhaupt noch zu tun?
Er muss konzeptionell und kreativ denken – Sacharbeit ist immer seltener gefragt. Stattdessen kümmert er sich zunehmend um die Koordination und Steuerung der Produktion.
Und arbeitet mit Robotern zusammen.
Künftig wird es immer mehr Leichtbauroboter geben, die auch diffizile, aber monotone und gesundheitsschädliche Montagetätigkeiten übernehmen. Die Roboter sind mit Sensoren bestückt, intelligent, haben große Displays und arbeiten menschenähnlicher. Der Fabrikarbeiter steuert und überwacht sie. Sollte es zu einem unvorhergesehenen Zusammenprall kommen, sind sie so konstruiert, dass sie den Arbeiter nicht verletzen.
Was ist von allem schon Realität?
Wir sind mittendrin. Moderne, große Unternehmen haben schon Bausteine davon eingeführt, wie Daimler mit seinem Werk in Sindelfingen. Die total vernetzte Fabrik wird in 15 bis 20 Jahren Standard sein.
Nun die Gretchenfrage: Werden durch die Digitalisierung mehr Arbeitsplätze geschaffen oder vernichtet?
Wenn wir vorne dranbleiben, bin ich optimistisch, dass unter dem Strich in Deutschland mehr Arbeitsplätze geschaffen werden.

Daniel Gräfe: Kein Beruf ist unantastbar, Stuttgarter Zeitung v. 1.2.2015 , S. 4 [Text gekürzt]

* **Industrie 4.0**
Produktionsprozesse werden mit modernster Informations- und Kommunikationstechnik verzahnt. In digital vernetzten Systemen kooperieren Menschen, Maschinen, Anlagen und Produkte direkt miteinander. Produktionsprozesse können betriebsübergreifend gesteuert werden. Die Wirtschaftlichkeit der Produktion kann gesteigert, die Wettbewerbsfähigkeit gestärkt und die Flexibilität der Produktion erhöht werden.

1 Unterscheidet die im Text genannten vier Industriellen Revolutionen.
2 Fasst die Vorteile von „Industrie 4.0" für Unternehmer und für Beschäftigte zusammen (Randspalte, **M 1**, **M 3**).
3 Nennt Probleme, die als Folge des technischen Fortschritts entstehen könnten (**M 3**). Erörtert, wer die Gewinner und wer die Verlierer des technischen Wandels sein könnten.

Der technische Wandel verändert die Berufsausbildung

M1 Industrielle Berufsausbildung 1920: Lehrlinge und Meister bei der Daimler-Motoren-Gesellschaft

M2 Gewerblicher Unterricht an Fortbildungsschulen, den früheren Berufsschulen. Der Unterricht fand abends nach einem meist zehnstündigen Arbeitstag statt. Die Lehrzeit begann mit 14, oft schon mit 13 Jahren (Ansichtskarte, um 1910)

Berufsausbildung im Wandel

Durch die digitalisierte Arbeitswelt steht das Berufsbildungssystem vor großen Herausforderungen. Die Berufsausbildung der früheren Jahrhunderte, bei der ein Meister oder Bürovorsteher einen Tätigkeitsschritt so lange vormachte, bis ihn der gewerbliche oder kaufmännische Lehrling selbstständig nachvollziehen konnte, genügt für die heutige Berufsausbildung längst nicht mehr. Nicht allein Fertigkeiten werden heute erwartet, sondern Kompetenzen (s. S. 67). Deren Vermittlung während der Berufsausbildung vollzieht sich vor dem Hintergrund von Prozessen, die einen Kundennutzen erzeugen.

Prozesse in einem gewerblich-technischen Handwerksberuf beginnen meist mit der Annahme eines Auftrags von einem Kunden, setzen sich mit der Planung, Durchführung und Kontrolle der Arbeitsaufgabe fort, machen eine Kostenberechnung notwendig, erfordern den sparsamen Umgang mit Rohstoffen und Energie sowie die umweltgerechte Beseitigung von Abfällen und enden mit der Übergabe des erfüllten Auftrags an den Kunden. Technische, kaufmännische und ökologische Aufgaben sind während des Prozesses zu bewältigen. Ähnliche Abläufe gelten für kaufmännische Ausbildungsberufe.

Die Ausbildung in gewerblichen, kaufmännischen und sozialen Berufen darf dem technischen Fortschritt nicht hinterherhinken. Gründliche Kenntnisse von Informations- und Kommunikationstechnologien, kostenbewusstes und umweltverträgliches Handeln und die Fähigkeit zur Teamarbeit werden in nahezu allen Berufen schon während der Ausbildungszeit erwartet und geübt. Ausbildungsordnungen werden deshalb in kurzen Zeitabständen aktualisiert. Mit der Neuordnung der zunehmend anspruchsvolleren Inhalte geht oft auch eine Umbenennung der Berufe einher. Aus den früheren Kfz-Mechanikern wurden „Kfz-Mechatroniker“, aus Bürokaufleuten „Kaufleute für Büromanagement“ und aus Arzthelferinnen und Arzthelfern „Medizinische Fachangestellte“.

Den Ausbildungsbetrieben geht es auch darum, mit der Ausbildung an Universitäten und der Dualen Hochschule Schritt zu halten. Bei vielen vor allem kaufmännischen Tätigkeiten konkurrieren Beschäftigte, die eine duale Berufsausbildung absolviert haben, mit Bachelors, die ihren Abschluss an einer Hochschule erwarben

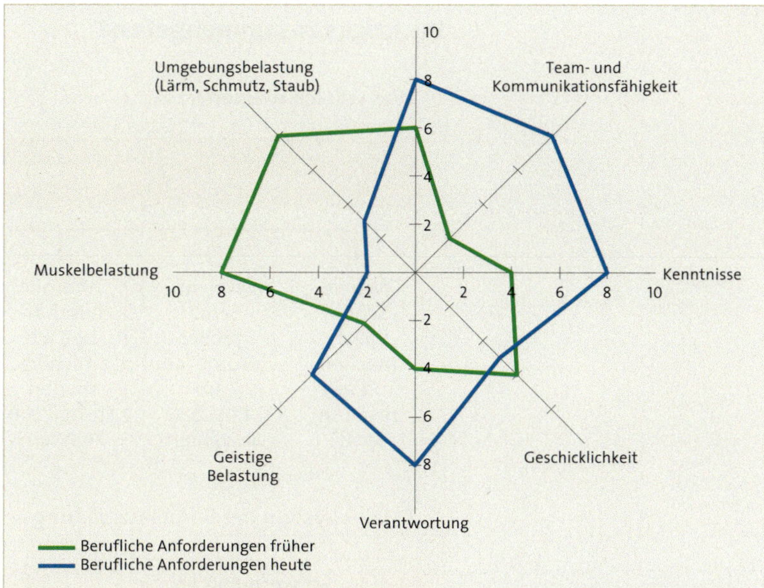

M3 Qualifikationswandel bei industriellen Arbeitsverhältnissen während der letzten 20 Jahre

M4 Industrie 4.0 in der Ausbildung

Siegfried Czock glaubt nicht, dass die zunehmende Vernetzung und Digitalisierung in der Produktion zum Wegfall von Berufsbildern und ganzen Ausbildungsgängen führen wird. „Wir werden auch in zehn Jahren noch Industriemechaniker brauchen, nur mit mehr Kompetenzen im IT-Bereich als bisher“, sagte der Leiter Aus- und Weiterbildung bei Bosch. Der Technologiekonzern will das Thema Industrie 4.0 künftig noch stärker als bisher in seine Ausbildung einbinden. IT-Know-How sei dabei eine der Schlüsselkompetenzen.

Die bisherige Ausbildung bietet Czock zufolge genügend Raum, um Kompetenzen wie die Bedienung von Anlagen via Tablet oder Smartphone sowie Basiskenntnisse über Netzwerke und Funktechnologien zu vermitteln.

Thomas Thieme: Bosch rüstet Azubis für digitale Zukunft, Stuttgarter Zeitung v. 5.8.2015, S. 11

1 Beschreibt **M 1** und **M 2**. Verdeutlicht die Unterschiede, die sich für die gewerblichen Berufsausbildung ergeben.

2 Erklärt, auch mithilfe des Textes und von **M 3**, wie sich die Berufsausbildung in den letzten Jahrzehnten verändert hat.

3 Gebt die Aussagen von **M 4** in eigenen Worten wieder.

Wichtiges zusammengefasst

1. Was will ich werden?

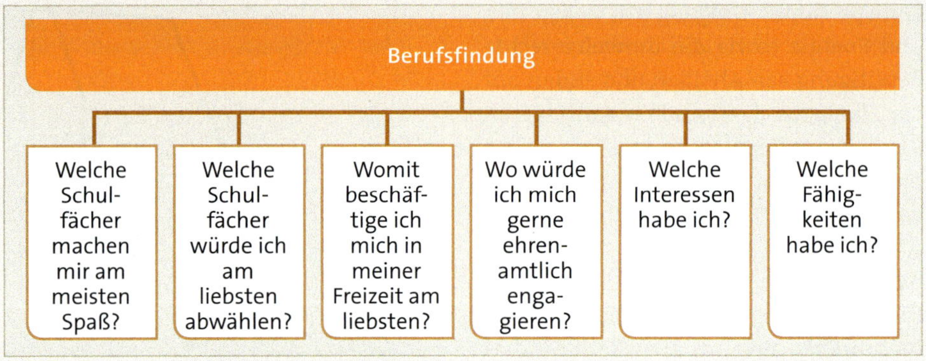

2. Duales System der Berufsausbildung

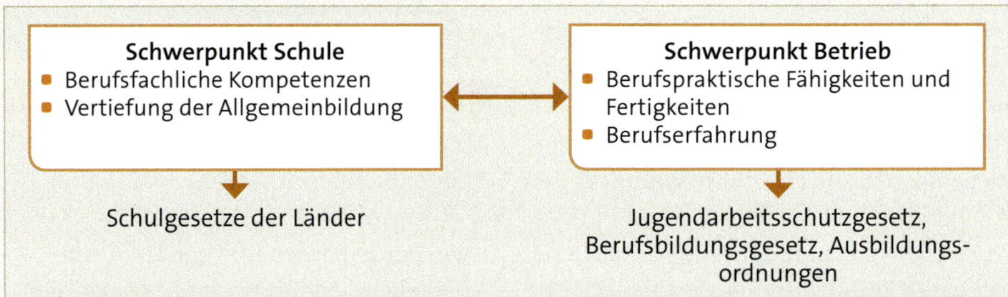

3. Ausbildungsmöglichkeiten, um später eine Gärtnerei zu leiten und Lehrlinge auszubilden

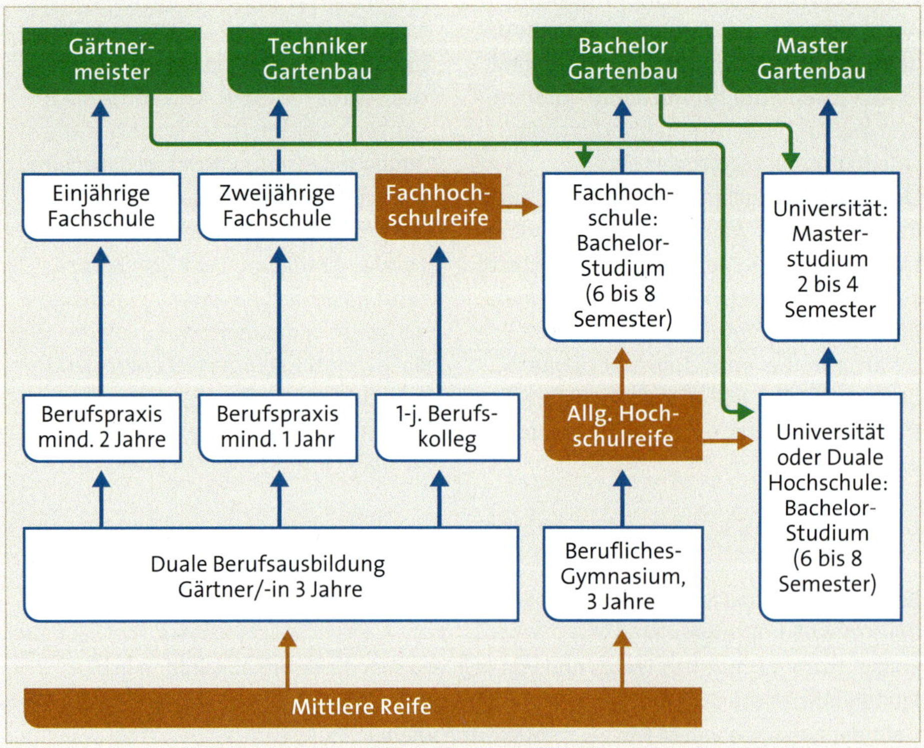

4. Wandel der industriellen Arbeitsabläufe seit den 1990er-Jahren

Taylorismus

- Teilung der Arbeit in kleinste Einheiten
- monotone, sich ständig wiederholende Arbeitsschritte
- hierarchische Unternehmensstrukturen
- genaue Kompetenzabgrenzung
- meist angelernte Arbeitskräfte
- auf große Stückzahlen ausgelegt

Lean Production

- größere anspruchsvollere Arbeitsinhalte („Jobenrichment")
- flexible Fertigungssysteme
- Organisation in Arbeitsgruppen
- Arbeitsteams sind auch für die Qualitätskontrolle verantwortlich
- Abbau von Hierarchien
- geringerer Personalbedarf
- höhere Qualifikation der Beschäftigten

Ursachen des Wandels

- zu geringe Produktivität
- Verlust von Marktanteilen bei zunehmender Globalisierung
- mangelnde Qualität
- steigende Arbeitslosigkeit in Deutschland nach 1990

Wissens-Check

1 Stellt die Berufsausbildung im Dualen System dar.

2 Nennt Unterschiede zwischen dem Studium an einer Universität, einer Pädagogischen Hochschule, der Dualen Hochschule und einer Hochschule für Angewandte Wissenschaften.

3 In einem Online-Forum für Studierende findet sich die folgende Frage. Gebt eine passende Antwort.

> Ich bin fast 21 Jahre und habe bis jetzt außer meinem Abitur nichts erreicht. Ich habe 2 Studiengänge versucht und diese sausen lassen. (Nun ja, beim 2. bin ich noch beurlaubt). Ich habe nie einen Traumberuf gehabt, weil mich einfach nie etwas interessiert hat. Als kleines Kind hatte ich mal den Wunsch, Medizin zu studieren, weil ich gerne anderen Menschen helfe. Je älter ich wurde, desto klarer war es für mich, dass es in Deutschland fast unmöglich geworden ist, Medizin zu studieren. Mich regt einfach so vieles auf. Egal, was ich mache, es kommt immer zu einem Punkt, wo ich mir denke: Was soll ich damit? Ich beneide Menschen, die etwas leidenschaftlich tun, oder allgemein Menschen, die etwas zu Ende bringen. Mich ödet es einfach nur so an. Die meisten meiner Freunde sind schon mit einer Lehre oder fast mit ihrem Bachelor-Studium fertig und ich habe nichts, einfach nichts außer einem abgebrochenen Lehramts-Studium und einem Semester Pharmazie, wo ich zurzeit beurlaubt bin. Habt ihr einen Rat?

Autorentext nach einem Internetchat

4 Gestaltet ein (aus höchstens fünf Sätzen bestehendes) Anschreiben einer Bewerbung für ein Betriebspraktikum bei einem Kreditinstitut.

5 Analysiert das folgende Bewerbungsschreiben um einen Ausbildungsplatz:

> Liebe Frau Müller,
> ich schreibe Ihnen, um mich als Auszubildende zur „Kauffrau für Büromanagement" zu bewerben. Ich werde die beste Auszubildende sein, die Sie sich vorstellen können. Ich bin ehrgeizig, klug, aufgeschlossen, dynamisch, flexibel, mobil und kommunikativ. Ich würde gern 1600 Euro im Monat verdienen, bin aber auch mit weniger einverstanden, wenn Sie mir stattdessen einen Firmenwagen zur Verfügung stellen. Alle Informationen über meinen schulischen Werdegang und meine persönlichen Interessen können Sie in den Anlagen finden. Ich würde mich sehr freuen, wenn wir uns bei einem persönlichen Gespräch näher kennenlernen könnten.
> Herzliche Grüße
> Petra Schulze

6 Beurteilt den zunehmenden Einsatz von Robotern in der Arbeitswelt.

7 Erklärt den Begriff „Industrie 4.0". Nehmt auch das Internet zuhilfe.

KAPITEL 3

Arbeitnehmer im Betrieb

Ihr wollt später eine kaufmännische Tätigkeit in einem Unternehmen ausüben? Das könnte im Einkauf, im Vertrieb, im Rechnungswesen oder in der Personalabteilung sein. Gewerbliche Tätigkeiten unterschiedlicher Art gibt es dagegen vor allem in den Bereichen der Produktion oder der handwerklichen Dienstleistungen. Reizt euch ein sozialer Beruf? Den könnt ihr u. a. in Krankenhäusern, Schulen oder Kindergärten ausüben. Bei jeder beruflichen Tätigkeit interessieren euch natürlich auch die Höhe der erreichbaren Arbeitsentgelte, das Betriebsklima, die Möglichkeiten der betrieblichen Mitbestimmung, und schließlich auch die Abläufe des gewerkschaftlichen Handelns bei der Durchsetzung von Entgeltforderungen. Wahrscheinlich geht es auch bei der abgebildeten Betriebsversammlung um solche Themen.

Im folgenden Kapitel erfahrt ihr, wie ein Betrieb organisiert ist, wie Interessenkonflikten zwischen Arbeitgebern und Arbeitnehmern begegnet werden kann und wer euch hilft, eure Rechte als spätere Auszubildende oder Berufseinsteiger nach einem Studium durchzusetzen und eure Interessen zu vertreten.

Arbeiten – warum und wofür?

Wozu müssen wir arbeiten?

Der älteste Zweck von Arbeit ist es, das eigene Überleben zu sichern. Menschen müssen essen, trinken, wohnen, wollen aber auch darüber hinausgehende Bedürfnisse stillen. Beschäftigte verbringen wöchentlich ungefähr 40 Stunden mit Arbeit, oft noch viel mehr. Manchmal sind sie länger am Arbeitsplatz mit ihren Arbeitskollegen zusammen als zu Hause mit der eigenen Familie.

Für die meisten Arbeitnehmer dient die Berufstätigkeit nicht allein der Existenzsicherung, sondern auch der Selbstverwirklichung. Darunter versteht man die weitgehende Realisierung der eigenen Wünsche und Sehnsüchte am Arbeitsplatz. Damit verbunden ist eine möglichst umfassende Ausschöpfung der eigenen Fähigkeiten und Fertigkeiten.

Prekäre Beschäftigung

Ein sicherer Arbeitsplatz schafft die materielle Grundlage, die man für ein zufriedenes Leben braucht. Arbeitslosigkeit mit Einkommenseinbußen (s. S. 30) oder prekäre Arbeitsverhältnisse beeinflussen das Selbstbewusstsein und manchmal sogar das Ansehen im Freundeskreis. Prekäre Arbeitsverhältnisse liegen vor, wenn Arbeitnehmer keine Arbeitsplatzsicherheit haben, also nicht vor Arbeitslosigkeit geschützt sind und das Einkommen kaum oder gar nicht zur Existenzsicherung und zum Aufbau einer angemessenen Altersvorsorge ausreicht. Die betroffenen Menschen leiden unter der Unsicherheit. Ihre Lebensverhältnisse sind schwierig, und sie sind vom sozialen Abstieg bedroht.

Befristete Arbeitsverhältnisse*, die nicht auf Dauer angelegt sind, oder Leiharbeit* gehen mit einem Verlust an Planungssicherheit und der Zufriedenheit am Arbeitsplatz einher. Manche Beschäftigte verdienen so wenig, dass sie außer ihrer Haupttätigkeit zusätzlich noch einen Minijob* ausüben, z.B. als Zeitungsausträger in den frühen Morgenstunden.

* **Befristete Arbeitsverhältnisse**
Das Arbeitsverhältnis endet nach einer vereinbarten Frist. Vor allem bei Arbeitsverträgen unmittelbar nach einer Berufsausbildung oder einem Studium werden Arbeitsverträge oft auf ein bis zwei Jahre befristet, um damit die gesetzliche Probezeit von höchstens sechs Monaten zu umgehen.

* **Leiharbeit (Zeitarbeit)**
Unternehmen leihen sich von Zeitarbeitsfirmen Arbeitnehmerinnen und Arbeitnehmer für eine bestimmte Zeit aus. Durch diese Arbeitnehmerüberlassung können personelle Engpässe (zum Beispiel bei Auftragsspitzen) ausgeglichen, Urlaubs- und Krankheitszeiten überbrückt oder Mitarbeiterinnen im Mutterschutz vertreten werden.

* **Minijob (450-Euro-Job)**
Bei einem Haupt- oder Nebeneinkommen bis zu 450 Euro pro Monat zahlt allein der Arbeitgeber Steuern und Sozialversicherungsbeiträge. Beschäftigte sind aber, wenn sie keine weitere Tätigkeit ausüben, weder krankennoch arbeitslosenversichert.

M 1 Berufung oder Broterwerb? Interview mit einem Arbeitspsychologen

ZEIT ONLINE: Viele junge Menschen wissen nicht, was sie mit ihrem Leben anfangen und welchen Beruf sie ergreifen sollen.

Hagemann: Junge Menschen können heute unter vielfältigen Lebensentwürfen wählen. Blicken wir mal auf die 1950er-Jahre zurück: Nach dem Weltkrieg hatten die Menschen ein großes Bedürfnis nach Sicherheit. Entsprechend waren bürgerliche Berufe hoch angesehen, die ein sicheres Auskommen und ein angepasstes Leben versprachen. Dann kamen die 1968er, die nach Selbstverwirklichung strebten. In den Siebzigerjahren entstanden neue kreative und soziale Berufsbilder. Ob Werbung und Medien, Sozialpädagogik – auf einmal ging es um ideelle Selbstverwirklichung. Parallel dazu sorgte die Emanzipation für neue Lebensentwürfe. Frauen mussten sich nicht mehr mit der Rolle als Hausfrau und Mutter begnügen. Mit den Wahlmöglichkeiten stieg jedoch die Erwartungshaltung, etwas aus dem eigenen Leben zu machen. Es ging nicht mehr nur darum, einen Beruf zu ergreifen, sondern etwas Sinnvolles zu tun und gleichzeitig materiell abgesichert zu sein. [...]

ZEIT ONLINE: Nun ist der Sinn des Lebens ja nicht allein vom Job abhängig.

Hagemann: Der Beruf hat einen hohen Stellenwert. Er ist prägend für die eigene Identität und weist auch unsere gesellschaftliche Stellung zu. Wenn man jemanden neu kennenlernt, ist eine derersten Fragen: Was machen Sie beruflich?

Tina Groll: Nicht jeder Mensch ist für Arbeit geboren, Zeit online, 21.6.2011, in: www.zeit.de (Zugriff: 10.2.2016)

M 2 Wozu arbeiten wir? Aus einem Internetforum

Frage: Der normale Lebensweg ist: Wir gehen in die Schule, studieren, und schon sind die ersten 25 Lebensjahre weg. Dann arbeiten wir, und am Ende können wir uns mit 50 etwas leisten. Dann wird es aber mit der Gesundheit schwierig. Gibt es noch einen anderen Weg als diesen?

Kommentare:

- Klar, als Aussteiger. Geh nach Jamaica, oder in ein nigerianisches Dorf, wo du aber Nahrung finden musst, um zu überleben. Krankenversicherung und Internet gibt's dort aber auch nicht.
- Falscher Ansatz. Es ist doch nicht schlecht, zu lernen und zu studieren. Du lernst und arbeitest doch, weil es Spaß macht, Neues zu lernen. Den meisten macht das Spaß.
- Es ist doch nicht so, dass wir nur arbeiten, sondern wir haben auch Freizeit. Was machst du überhaupt, wenn du den ganzen Tag nichts tust? Würden wir alle so pessimistisch denken wie du, säßen wir wie Urmenschen in Höhlen und hätten nichts von unserer heutigen Welt.
- Wenn keiner arbeiten würde, wo bekommst du deine ganzen Sachen her? Essen, Wasser, Strom etc.?
- Das Problem ist, dass wir zwar für uns arbeiten, damit es uns besser geht, aber letztlich noch mehr für die „Oberen". Deshalb solltest du dich aber auch fragen, wer das Geldsystem entworfen hat und warum alles so geregelt ist, dass der normale Bürger nie wirklich Geld hat.
- Wie willst du denn sonst die 87 Jahre (statistische Lebenserwartung) ausfüllen? Ich wüsste nichts, als mich weiterzubilden und zu arbeiten.
- Ich sehe das anders. In der Schule wurde mir gesagt, die Schulzeit sei die schönste Zeit. Ich sehe das heute zwar etwas anders, aber schön war damals, dass ich oft schon mittags zu Hause war und nach den Hausaufgaben frei hatte. Und die Ferien: Von so langen Ferien träume ich heute noch. Heute bin ich erwachsen, habe oft einen 10-Stunden-Arbeitstag, dazu Familie, Haus und Garten. Doch auch heute habe ich noch genug Zeit, das Leben zu genießen und Spaß zu haben.

Autorentext nach einem Internetforum

M 3 Arbeit – wie im Hamsterrad?

1 Erklärt die Begriffe:
- Leiharbeit
- befristetes Arbeitsverhältnis
- prekäres Arbeitsverhältnis

2 Deutet die die Darstellung (M 3). Wie könnt ihr verhindern, dass es euch so geht?

3 Fasst die Ansichten des Arbeitspsychologen Hagemann (M 1) hinsichtlich der Arbeitszufriedenheit zusammen.

4 Vergleicht die Stellungnahmen von M 2. Welche Meinung wird aus den meisten Kommentaren deutlich? Formuliert eine eigene Antwort auf die in dem Forum gestellte Frage.

Arbeitnehmer und Unternehmer – Partner oder Gegner?

M 1 Partnerschaft?

* **Gewinn**
Darunter versteht man den Umsatz (Preis • Menge) abzüglich der Kosten eines Betriebs. Sind die Kosten höher als die Umsätze, entstehen Verluste. Gewinne stehen den Eigentümern oder Gesellschaftern als Einkommen oder als Erhöhung ihres Betriebsvermögens zu.

Unternehmer brauchen Gewinne

Um langfristig bestehen zu können, müssen Unternehmer wirtschaftlich handeln und Gewinne* erzielen. Gewinne sind der Antrieb für ihr unternehmerisches Handeln, sie sind die Belohnung für die Inkaufnahme ihrer Risiken und sie bilden die Zinsen für das von den Unternehmern eingesetzte Eigenkapital. Darüber hinaus sind Gewinne die Voraussetzung für Investitionen. Unternehmer müssen ihre Produktion jederzeit dem technischen Fortschritt und den Bedürfnissen der Kunden anpassen und dafür neue Maschinen und Werkzeuge beschaffen. Und schließlich müssen die Unternehmer mit den Gewinnen auch ihren Lebensunterhalt bestreiten. Anders als ihre Mitarbeiter bekommen zumindest die Einzelunternehmer kein Arbeitsentgelt in Form von Löhnen oder Gehältern.

Arbeitnehmer und Arbeitgeber

Wie sollte das Verhältnis zwischen Arbeitgebern und Arbeitnehmern aussehen, wie zwischen Vorgesetzten und Mitarbeitern? In der heutigen Arbeitswelt gibt es viele verschiedene Verhaltensweisen. Da gibt es noch vereinzelt die veraltete Arbeitgebereinstellung: „Ich habe für einen Job gesorgt, und wir haben uns auf die Vergütung geeinigt. Was verlangt ihr denn noch? Ihr seid hier, um das zu tun, was ich euch auftrage." Und dazu gibt es die entsprechenden Arbeitnehmereinstellung: „Ich werde das tun, was mir aufgetragen wird, aber mein Chef kann nicht mehr als das verlangen. Es ist nur ein Job, nicht mein Leben."
Es gibt aber immer mehr Arbeitgeber, die die Fürsorgepflicht für ihre Mitarbeiter sehr ernst nehmen. Neben ihrem Interesse, Gewinne zu erzielen, ist es ihr Wunsch, die Mitarbeiter zu fördern, deren Fähigkeiten zu erhöhen, ihre Gaben und Talente zu entdecken und ihnen Gelegenheit zu geben, ihr Können voll auszuschöpfen. Sie behandeln ihre Mitarbeiter mit großem Respekt und lassen sie wissen, dass sie Wert auf sie legen. Arbeitnehmer, die spüren, dass sie geschätzt werden, reagieren mit Fleiß und Einsatzbereitschaft. Sie wissen, dass der Erfolg des Unternehmens auch ihre Arbeitsplätze und ihren beruflichen Aufstieg sichert.

M 2 Was Arbeitnehmer wollen. Erfahrungen eines Unternehmensberaters

Deutsche Arbeitnehmer suchen vielfach Erfüllung in ihrer Tätigkeit. Gleichzeitig soll Arbeit die wirtschaftliche Existenz sichern. Tatsächlich spielt der Umgang mit den Kollegen eine große Rolle. Ein gutes Betriebsklima macht die Arbeitsatmosphäre angenehm. Deutsche Rentner berichten vielfach von nur einem Arbeitgeber in ihrem Leben. Wo sie ihre Ausbildung begonnen hatten, gingen sie auch in Rente. Die Bindung an das Unternehmen war entsprechend groß. Loyalität war also keine Frage. Das Unternehmen gehörte praktisch mit zur Familie. Heute ist die Arbeitswelt aber weltweit im Umbruch. Die Menschen erweisen sich als immer flexibler bei der Suche nach einen Arbeitsplatz, um persönlich bessere

Bedingungen wie einen beruflichen Aufstieg zu erlangen. Arbeitnehmer suchen ihre Erfüllung nicht nur im Beruf, sondern auch in ihrer Freizeit. Diese versucht so mancher Arbeitnehmer durch kürzere Tarifarbeitszeiten zu erreichen. Besonders Frauen nutzen die Möglichkeit flexibler Arbeitszeitgestaltung, um Arbeit und Familie miteinander in Einklang zu bringen.

Welche Erwartungen haben Arbeitnehmer an Arbeitgeber?, www.saatkorn.com (Zugriff: 20.1.2015)

M 3 Was Arbeitgeber wollen

Die Top-Kompetenzen, die die Unternehmen von Hochschulabsolventen erwarten, sind Einsatzbereitschaft, Verantwortungsbewusstsein, selbstständiges Arbeiten, Kommunikationsfähigkeit und Teamfähigkeit. Das Fachwissen ist zwar ebenfalls sehr wichtig, es wird aber nach Abschluss eines Fachstudiums als selbstverständlich vorausgesetzt.

Entgegen der öffentlichen Wahrnehmung spielen Auslandserfahrungen und das Einhalten der Regelstudienzeit nicht die entscheidende Rolle für die Mehrheit der Unternehmen. Stattdessen werfen die Unternehmen einen wesentlich detaillierteren Blick auf die Absolventen und schätzen vor allem soziale und persönliche Kompetenzen.

Kevin Heidenreich: Erwartungen der Wirtschaft an Hochschulabsolventen, Deutscher Industrie- und Handelskammertag, 2011, in: www.ihk-lahndill.de (Zugriff: 10.2.2016)

Die Pflichten von Arbeitgebern und Arbeitnehmern im Betrieb ergeben sich aus einer Vielzahl von Bestimmungen des Arbeitsrechts:

Arbeitgeber

- Zahlung der vereinbarten Vergütung (Vergütungspflicht) und der Sozialversicherungsbeiträge
- Pflicht, Sicherheitsvorschriften zu beachten, Ruhepausen, Urlaubsregelungen sowie Rauch- oder Alkoholverbote einzuhalten (Fürsorgepflicht)
- Ausstellen eines Zeugnisses spätestens am Ende des Arbeitsverhältnisses (Zeugnispflicht)
- Schutz des Arbeitnehmers vor Mobbing, sexueller Belästigung oder Ausländerfeindlichkeit
- Pflicht zur Entgeltfortzahlung im Krankheitsfall bis zur Dauer von sechs Wochen (Ausnahme: grobes Verschulden, z. B. alkoholbedingter Unfall)

Arbeitnehmer

- Pflicht, die vereinbarte Arbeitsleistung persönlich zu erbringen (Arbeitspflicht) und Weisungen des Arbeitgebers zu befolgen (Gehorsamspflicht)
- Pflicht zur Beachtung von Regelungen hinsichtlich des Verhaltens und der Ordnung im Betrieb, der Verschwiegenheit über Betriebsgeheimnisse und die Anzeige- und Nachweispflicht bei Krankheit (Treuepflicht)
- Pflicht, Maschinen und Werkzeuge pfleglich zu behandeln (Sorgfaltspflicht)
- Verbot von Nebentätigkeiten, die dem Arbeitgeber Konkurrenz machen (Wettbewerbsverbot) oder unter denen die Arbeitskraft des Arbeitnehmers leidet

M 4 Rechte und Pflichten aus dem Arbeitsverhältnis

1 Begründet, warum Unternehmen Gewinne erzielen müssen.
2 Erörtert die Darstellung (M 1).
3 Fasst mit eigenen Worten zusammen, welche Rechte und Pflichten sich aus einem Arbeitsverhältnis ergeben (M 4).
4 Formuliert gemeinsame und gegenläufige Interessen von Arbeitnehmern und Arbeitgebern (Text).
5 Stellt die Forderungen und Wünsche von Arbeitgebern und von Arbeitnehmern einander gegenüber (M 2, M 3)

M1 Beispiel eines Arbeitsvertrags

Arbeitsvertrag

Zwischen der Maschinenbaugesellschaft Karlsruhe, Fabrikstraße 5–9 (Arbeitgeber) und Herrn Tahib Ylmaz, Goethestraße 3 (Arbeitnehmer) wird folgender Vertrag geschlossen:

1. **Beginn des Arbeitsverhältnisses:** Das Arbeitsverhältnis beginnt am 1. September 2017.
2. **Tätigkeit:** Der Arbeitnehmer wird als Industriekaufmann eingestellt und besonders mit folgenden Arbeiten beschäftigt: Entgegennahme von Aufträgen, Führen von Verkaufsgesprächen, Erstellen von Rechnungen, Planung von Werbemaßnahmen, Zuarbeiten für Buchführung und Kostenrechnung.
3. **Ort:** Arbeitsort ist die Fabrikstraße. Eine zeitweise Beschäftigung im Zweigwerk Freiburg der Maschinenbaugesellschaft ist möglich.
4. **Probezeit:** Das Arbeitsverhältnis wird auf unbestimmte Zeit geschlossen. Die ersten drei Monate gelten als Probezeit. Während der Probezeit kann das Arbeitsverhältnis von beiden Seiten mit einer Frist von zwei Wochen gekündigt werden.
5. **Arbeitszeit:** Die tarifvertraglich festgelegte regelmäßige wöchentliche Arbeitszeit beträgt 38 Stunden. Bei erheblichem Arbeitsanfall ist der Arbeitnehmer verpflichtet, wöchentlich bis zu drei Überstunden zu leisten.
6. **Urlaub:** Der Urlaubsanspruch beträgt 30 Arbeitstage im Kalenderjahr. Die rechtliche Behandlung des Urlaubs richtet sich im Übrigen nach den Bestimmungen des Manteltarifvertrags.
7. **Vergütung:** Der Arbeitnehmer erhält eine Bruttovergütung von 2 600,- EUR pro Monat. Im Übrigen richtet sich die Vergütung nach den tariflichen Vorgaben. Dies gilt auch für die Vergütung von Überstunden.
8. **Krankheit:** Ist der Arbeitnehmer infolge unverschuldeter Krankheit arbeitsunfähig, so besteht Anspruch auf Fortzahlung der Arbeitsvergütung bis zur Dauer von sechs Wochen. Die Arbeitsverhinderung ist dem Arbeitgeber unverzüglich mitzuteilen. Außerdem ist vor Ablauf des 3. Kalendertags nach Beginn der Erkrankung eine ärztliche Bescheinigung über die Arbeitsunfähigkeit und deren voraussichtliche Dauer vorzulegen.
9. **Verschwiegenheitspflicht:** Der Arbeitnehmer verpflichtet sich, während der Dauer des Arbeitsverhältnisses und auch nach dem Ausscheiden, über alle Betriebs- und Geschäftsgeheimnisse Stillschweigen zu bewahren.
10. **Nebentätigkeit:** Jede entgeltliche oder das Arbeitsverhältnis beeinträchtigende Nebentätigkeit ist nur mit Zustimmung des Arbeitgebers zulässig.
11. **Kündigung:** Nach Ablauf der Probezeit richtet sich die Kündigungsfrist nach den gesetzlichen Vorschriften. Die Kündigung bedarf der Schriftform.

Karlsruhe, 15. August 2018
Ort, Datum

i. A. Peter Müller
Unterschrift Arbeitgeber

Tahib Ylmaz
Unterschrift Arbeitnehmer

Der Einzelarbeitsvertrag

Arbeitsverträge sind grundsätzlich formfrei. Das bedeutet, dass sie auch mündlich abgeschlossen werden können. Aus Beweisgründen schließen aber die meisten Unternehmen schriftliche Vereinbarungen mit ihren Arbeitnehmern ab, z.B. über deren Arbeitszeit*, Urlaub* und das Arbeitsentgelt. In den Arbeitsverträgen kann auch auf tarifvertragliche Regelungen Bezug genommen werden. Diese gelten auch dann, wenn Arbeitnehmer nicht Mitglied einer Gewerkschaft* sind. Zwischen Arbeitgeber und Arbeitnehmer kann im Arbeitsvertrag vereinbart werden, dass das Arbeitsverhältnis mit einer Probezeit beginnt. Die Dauer der Probezeit soll sechs Monate nicht überschreiten. Während dieser Zeit kann das Arbeitsverhältnis mit einer gesetzlichen Frist von zwei Wochen gekündigt werden. Normalerweise gilt ein Arbeitsvertrag für unbestimmte Zeit. Unter bestimmten Voraussetzungen können auch befristete Verträge (Arbeitsverträge auf Zeit) abgeschlossen werden.

Wurde kein schriftlicher Arbeitsvertrag abgeschlossen, ist der Arbeitgeber verpflichtet, spätestens einen Monat nach

* **Arbeitszeit**
Gemäß dem Arbeitszeitgesetz (ArbZG) darf die tägliche Arbeitszeit acht Stunden nicht überschreiten. Sie kann auf bis zu zehn Stunden verlängert werden, wenn innerhalb eines halben Jahres im Durchschnitt acht Stunden nicht überschritten werden. Die Arbeit ist durch Ruhepausen von mindestens 30 Minuten bei einer Arbeitszeit von mehr als sechs Stunden zu unterbrechen.

* **Urlaub**
Entsprechend dem Bundesurlaubsgesetz (BUrlG) stehen jedem Arbeitnehmer jährlich mindestens vier Wochen Erholungsurlaub zu. In den meisten Arbeitsverträgen wird ein längerer Urlaub vereinbart, oft sind es sechs Wochen.

* **Gewerkschaft**
Vereinigung von Arbeitnehmern zur Vertretung ihrer wirtschaftlichen Interessen.

dem vereinbarten Beginn des Arbeitsverhältnisses dem Arbeitnehmer eine Niederschrift über die wesentlichen Arbeitsbedingungen auszuhändigen.

Erfüllung des Arbeitsvertrags

Der Arbeitgeber hat die Arbeitnehmer über deren Aufgaben und Verantwortung im Betrieb sowie über die Art ihrer Tätigkeit zu unterrichten. Er muss ihnen auf Verlangen die Berechnung und Zusammensetzung ihres Arbeitsentgelts erläutern, ihnen die Möglichkeit zu Gesprächen über betriebliche Angelegenheiten geben und dabei mit ihnen auch ihre mögliche berufliche Entwicklung im Betrieb erörtern. Arbeitnehmer haben das Recht, Einsicht in ihre Personalakte zu nehmen und sich bei ihren Vorgesetzten zu beschweren, wenn sie sich von Vorgesetzten oder Kollegen benachteiligt oder ungerecht behandelt fühlen.

Im Arbeitsrecht sind u.a. Urlaub, Ruhepausen und Höchstgrenzen für die Arbeitszeiten geregelt. Ein Arbeitnehmer, dessen Arbeitsverhältnis länger als sechs Monate bestanden hat, kann verlangen, dass seine Arbeitszeit verringert wird, dass er also eine Teilzeitarbeit bekommt. Der Arbeitgeber muss gemäß den Bestimmungen des Teilzeit- und Befristungsgesetzes (TzBfG) diesem Wunsch zustimmen, soweit betriebliche Gründe nicht entgegenstehen.

Gleichbehandlung

Nach Art. 3 Abs. 2 des Grundgesetzes (GG) sind Männer und Frauen gleichberechtigt und nach Abs. 3 darf niemand wegen seines Geschlechts, seiner Abstammung, Nationalität, Sprache, Heimat und Herkunft oder seiner religiösen, politischen und gewerkschaftlichen Einstellung benachteiligt oder bevorzugt werden. Diese Grundsätze gelten auch für das Arbeitsleben. Im Allgemeinen Gleichbehandlungsgesetz (AGG) ist zusätzlich dargelegt, dass niemand wegen Behinderung, des Alters oder der sexuellen Ausrichtung benachteiligt werden darf. Dies gilt auch für die Bewerberinnen und Bewerber für ein Beschäftigungsverhältnis.

M 2 Ein Arbeitsrechtler erklärt Besonderheiten des Arbeitsvertrags

Aufgaben: Die Aufgaben sollten so detailliert wie möglich aufgelistet sein. Häufig gibt es in diesem Zusammenhang eine Formulierung wie „diese und gleichwertige Aufgaben“. Damit es später keinen Ärger gibt, sollte man im Vorfeld klären, was der Chef darunter versteht.

Ort: „Der Arbeitnehmer wird derzeit am Betriebsort X eingesetzt. Der Arbeitgeber behält sich vor, ihn auch am Betriebsort Y zu beschäftigen.“ Solche Klauseln sind durchaus üblich. Am besten man fragt nach, welche Standorte gemeint sind und wann so ein Wechsel vorkommen kann.

Arbeitszeit: Die genaue Wochenarbeitszeit sollte auf jeden Fall im Arbeitsvertrag stehen. Vorsicht ist beim Verweis auf Überstunden geboten. Viele Firmen halten im Vertrag fest, dass die Arbeitnehmer verpflichtet sind, Überstunden zu leisten. Oftmals steht dabei, dass die Überstunden – jedenfalls bis zu einem bestimmten Umfang – mit dem Monatsgehalt abgegolten sind. Das heißt dann: Es gibt keinen Zuschlag.

Alfred Borsch: Worauf muss ich beim Vertrag achten? Zeit Campus Ratgeber 1/2015, S. 68

1 Fasst mit eigenen Worten wesentliche Inhalte von Arbeitsverträgen zusammen (**M 1**, Text).

2 Nennt Inhalte des „Allgemeinen Gleichbehandlungsgesetzes“ (AGG).

3 Beurteilt, ob im Arbeitsvertrag (**M 1**) den gesetzlichen Vorgaben des ArbZG und des BUrlG entsprochen wurde. Inwieweit sind die Forderungen nach **M 2** berücksichtigt?

Gesetzestexte erschließen – Arbeitnehmerrechte

M1 Resturlaub. Zeichnung: Roger Schmidt

Gesetzessammlungen

Möchtet ihr wissen, wie hoch euer gesetzlich garantierter Urlaubsanspruch ist oder in welchen Fällen euer Arbeitgeber kündigen darf? Als spätere Auszubildende und Arbeitnehmer solltet ihr in der Lage sein, euch darüber selbst zu informieren. Wenn ihr eine berufliche Selbstständigkeit anstrebt, müsst ihr solche Fragen aus der Arbeitgebersicht präzise beantworten können. Das bedeutet, dass ihr in der Lage sein müsst, die entsprechenden Rechtsvorschriften zu finden und zu verstehen.

Beispiele aus dem Arbeitsrecht

Wie ist es mit dem gesetzlichen Urlaubsanspruch? Da werdet ihr gleich zweimal fündig, im Jugendarbeitsschutzgesetz für Jugendliche und im Bundesurlaubsgesetz für Erwachsene (**M2** und **M3**). Schwieriger ist es mit dem Kündigungsschutz. Die entsprechenden Rechtsvorschriften müsst ihr schon ganz genau lesen, um zu sehen, welche Rechte und Pflichten der Gesetzgeber den Arbeitnehmern einräumt (**M4**).

M2 Jugendarbeitsschutzgesetz (JArbSchG)

§ 19 Urlaub. (1) Der Arbeitgeber hat Jugendlichen für jedes Kalenderjahr einen bezahlten Erholungsurlaub zu gewähren.
(2) Der Urlaub beträgt jährlich
1. mindestens 30 Werktage, wenn der Jugendliche zu Beginn des Kalenderjahrs noch nicht 16 Jahre alt ist,
2. mindestens 27 Werktage, wenn der Jugendliche zu Beginn des Kalenderjahrs noch nicht 17 Jahre alt ist,
3. mindestens 25 Werktage, wenn der Jugendliche zu Beginn des Kalenderjahrs noch nicht 18 Jahre alt ist. [...]

M3 Bundesurlaubsgesetz (BUrlG)

§ 3 Dauer des Urlaubs. (1) Der Urlaub beträgt jährlich mindestens 24 Werktage.
(2) Als Werktage gelten alle Kalendertage, die nicht Sonn- oder gesetzliche Feiertage sind.

M4 Kündigungsschutzgesetz (KSchG)

§ 1 Sozial ungerechtfertigte Kündigungen.
(1) Die Kündigung des Arbeitsverhältnisses gegenüber einem Arbeitnehmer, dessen Arbeitsverhältnis in demselben Betrieb oder Unternehmen ohne Unterbrechung länger als sechs Monate bestanden hat, ist rechtsunwirksam, wenn sie sozial ungerechtfertigt ist.
(2) Sozial ungerechtfertigt ist die Kündigung, wenn sie nicht durch Gründe, die

METHODE

in der Person oder in dem Verhalten des Arbeitnehmers liegen, oder durch dringende betriebliche Erfordernisse, die einer Weiterbeschäftigung des Arbeitnehmers in diesem Betrieb entgegenstehen, bedingt ist. [...]
(3) Ist einem Arbeitnehmer aus dringenden betrieblichen Erfordernissen [...] gekündigt worden, so ist die Kündigung trotzdem sozial ungerechtfertigt, wenn der Arbeitgeber bei der Auswahl des Arbeitnehmers [Sozialauswahl] die Dauer der Betriebszugehörigkeit, das Lebensalter, die Unterhaltspflichten und die Schwerbehinderung des Arbeitnehmers nicht oder nicht ausreichend berücksichtigt hat. [...]
§ 23 Geltungsbereich. (1) [...] Die Vorschriften gelten nicht für Betriebe [...], in denen in der Regel [zehn] oder weniger Arbeitnehmer [...] beschäftigt werden. [...]

Analysieren

Wie ihr in **M 2** und **M 3** seht, werden beim Urlaubsanspruch Werktage genannt. Werktage beziehen sich auf eine Sechstagewoche. Ein Urlaubsanspruch von 30 Werktagen entspricht demnach 5 Wochen, bei 24 Werktagen sind es 4 Wochen. In §1 des Kündigungsschutzgesetzes in Absatz 1 erkennt ihr, dass „sozial ungerechtfertigte" Kündigungen nach einer Betriebszugehörigkeit von 6 Monaten unwirksam sind. In Abs. 2 wird aber deutlich, dass Kündigungen nicht sozial ungerechtfertigt und damit zulässig sind, wenn sie personenbedingt, verhaltensbedingt oder betriebsbedingt erfolgen. Was heißt das jeweils? Personenbedingte Kündigungen sind z. B. dann zulässig, wenn Arbeitnehmer so häufig krank sind, dass die Fortsetzung des Arbeitsverhältnisses dem Arbeitgeber nicht zugemutet werden kann. Auch wenn ein Beschäftigter nicht hinreichend qualifiziert ist und nicht willens oder fähig ist, sich fortzubilden oder sich in neue Technologien einzuarbeiten, besteht Grund für eine personenbedingte Kündigung. Verhaltensbedingte Kündigungen sind möglich bei häufig schlechten Arbeitsleistungen, Störungen des Betriebsfriedens, wiederholter Unpünktlichkeit, Verstößen gegen die Verschwiegenheitspflicht oder Schwarzarbeit. Allerdings muss in diesen Fällen der Kündigung eine Abmahnung vorausgehen. Betriebsbedingte Kündigungsgründe sind u. a. bei Auftragsmangel, Rationalisierungsmaßnahmen oder Schließung von Betriebsteilen möglich. Der Arbeitgeber muss den Gekündigten eine Abfindung bezahlen. Die Sozialauswahl richtet sich u. a. nach der Dauer der Betriebszugehörigkeit.
Wie ihr in § 23 KSchG seht, bezieht sich der Kündigungsschutz nur auf Betriebe mit mehr als zehn Beschäftigten. Aber auch für Kleinbetriebe gibt es Regeln. Beispielsweise ist die Kündigung eines 50-jährigen Familienvaters, der schon über 20 Jahre im Unternehmen arbeitet, vor der Kündigung eines 30-jährigen Ledigen ohne ein berechtigtes Interesse (z. B. deutlich bessere Ausbildung und höherer Wissensstand des 30-Jährigen) nicht zulässig.

Anwenden

Gesetzessammlungen mit den wichtigsten Rechtsnormen aus dem bürgerlichen, dem Arbeits- und dem Sozialrecht sind für beruflich Selbstständige ebenso wie für Beschäftigte in Handwerk und Industrie unverzichtbare Informationsquellen über gesetzliche Vorschriften aus dem Alltagsbereich und der Berufstätigkeit. Gesetzessammlungen, z.B. für gewerbliche oder für kaufmännische Berufe, findet ihr in jeder Buchhandlung. Selbstverständlich könnt ihr Gesetze auch im Internet recherchieren, am aktuellsten unter www.gesetze-im-internet.de. Aber es ist schwer, sich dort zurechtzufinden, die Übersichtlichkeit fehlt.

Die Bedeutung von Tarifverträgen

M 1 Rede eines Gewerkschaftssekretärs vor der Belegschaft eines Maschinenbaubetriebs

Liebe Kolleginnen und Kollegen,
von euch wird immer mehr verlangt. Die Ansprüche an die Qualität eurer Arbeit werden von Jahr zu Jahr größer. Das Arbeitstempo wächst, eure Verantwortung und Belastung bei der Bedienung immer komplexerer Fertigungssysteme wird immer höher. Ihr müsst euch ständig fortbilden. Diese Leistungen müssen anerkannt werden.
Aber das ist noch nicht alles. Die Lebenshaltungskosten sind gestiegen. Mieten und Energiekosten werden immer höher. Und weil die gesetzlichen Renten weiter sinken, müsst ihr immer mehr für eure private Altersvorsorge bezahlen. Wir wollen dafür einen Ausgleich und zusätzlich eine Entgelterhöhung für die gestiegene Leistung, die ihr erbringt. Es wird auch höchste Zeit, dass eure wöchentliche Arbeitszeit verringert wird, der immer größere Stress ist sonst einfach nicht mehr zu ertragen. Schließlich habt ihr auch noch ein Privatleben. Die Unternehmer haben im letzten Jahr gut verdient. Die Exporte sind gestiegen. Ohne die hohe Qualität eurer Arbeitsleistung wäre das nicht möglich gewesen. So geht das nicht weiter. Wir verlangen Änderungen der Tarifverträge, darunter eine Entgelterhöhung von 5 Prozent und die Verkürzung der wöchentlichen Arbeitszeit um zwei Stunden.

Autorentext

M 2 Rede eines Arbeitgebervertreters an die Belegschaft

Liebe Mitarbeiterinnen und Mitarbeiter,
wir wissen sehr wohl, dass ihr gute Arbeit erbringt. Und wir schätzen eure Bereitschaft, euch immer wieder in neue Technologien einzuarbeiten. Aber das tun auch andere. Maschinenbaubetriebe in China und Südkorea werden eine immer größere Konkurrenz für uns. Dort sind die Arbeitsentgelte wesentlich geringer. Mit den Verkaufspreisen für Werkzeugmaschinen aus diesen Ländern können wir nur mithalten, wenn wir die Automatisierung und die Digitalisierung der Produktion vorantreiben. Das kostet sehr viel Geld. Mehr Arbeitsentgelt, das wissen wir alle, bedeutet weniger Gewinn. Wir brauchen aber Gewinne, um unsere Investitionen bezahlen zu können.
Und im Übrigen: In den letzten 10 Jahren sind die Arbeitsentgelte in der Metall- und Elektroindustrie Jahr für Jahr stärker gestiegen als die Inflationsraten. Unsere Beschäftigten verdienen gut. Noch mehr geht nicht. Die von den Gewerkschaften geforderte Einkommenserhöhung von 5 Prozent und zusätzlich auch noch eine Verringerung der Arbeitszeit können wir nicht erbringen. Wir sind schon jetzt gezwungen, einen Teil unserer Produktion ins Ausland, vor allem nach Osteuropa zu verlagern. Jede Entgelterhöhung im Inland beschleunigt diesen Prozess.

Autorentext

Wozu Tarifverträge?

Tarifverträge sind das Ergebnis von Verhandlungen zwischen Vertragspartnern mit unterschiedlichen Interessen. Tarifvertragsparteien sind Gewerkschaften, einzelne Arbeitgeber oder Vereinigungen von Arbeitgebern. Das Recht, Arbeitgeberverbände und Gewerkschaften zu bilden (Koalitionsrecht*), ist im Grundgesetz garantiert. Könnten Arbeitgeber nicht auf Tarifverträge zurückgreifen, müssten sie bei jeder Einstellung alle Arbeitsbedingungen, vom Arbeitsentgelt über die Arbeitszeit und den Urlaub, mit dem neuen Beschäftigten verhandeln. Der Aufwand wäre groß. Jeder Arbeitsvertrag enthielte andere Verhandlungsergebnisse. Innerhalb eines Unternehmens und erst recht zwischen Unterneh-

* **Vereinigungsfreiheit (Koalitionsrecht)**
Art. 9 Grundgesetz. (1) Alle Deutschen haben das Recht, Vereine und Gesellschaften zu bilden. [...]
(3) Das Recht, zur Wahrung und Förderung der Arbeits- und Wirtschaftsbedingungen Vereinigungen zu bilden, ist für jedermann und für alle Berufe gewährleistet. [...]

men derselben Branche gäbe es erhebliche Einkommensunterschiede für gleichwertige Tätigkeiten. In Zeiten der Hochkonjunktur könnten Bewerber für einen Arbeitsplatz hohe Entgelte durchsetzen, bei schlechter Konjunkturlage müssten sie sich mit dem gesetzlichen Mindestlohn zufriedengeben.
Bei Tarifverhandlungen müssen bei Interessenkonflikten Kompromisse gefunden werden, die die Arbeitsbedingungen verbessern, ohne die Zukunft der Unternehmen zu gefährden. Mit Tarifverträgen wird der „soziale Frieden" hergestellt. Das bedeutet, dass für die Dauer, für die ein Tarifvertrag abgeschlossen wird, Friedenspflicht besteht, dass demnach keine Partei eine Bestimmung einseitig verändern kann. Tarifparteien werden aufgrund ihrer gemeinsamen Verantwortung für das Wohl von Wirtschaft und Beschäftigten auch als „Tarifpartner"* oder als „Sozialpartner" bezeichnet.

M4 Tarifverträge sind wichtig

M3 Tarifverträge aus Gewerkschaftssicht

Stell dir vor, du erbst nichts, du nennst keine Häuser dein Eigen, hortest kein Vermögen und bist nicht Firmenchef. Also musst du vom Lohn deiner Arbeit leben. Stell dir vor, du müsstest diesen Lohn selbst mit deinem Chef aushandeln. Du rechnest ihm vor, was deine Arbeit wert ist, wie er deine besondere Qualifikation vergüten und die Belastungen der Schichtarbeit ausgleichen sollte. Klar, das grenzt an Bettelei. Damit es dazu nicht kommt, gibt es Tarifverträge. Die werden zwischen Arbeitgebern und Gewerkschaften ausgehandelt und geschlossen. Ein schriftlicher Vertrag, rechtlich abgesichert und einklagbar. Damit der Chef nicht plötzlich auf die Idee kommt, weniger zu zahlen oder Urlaubstage zu streichen. Im Tarifvertrag sind neben Lohn und Gehalt auch die Arbeitsbedingungen geregelt, etwa die Dauer der Arbeitszeit oder des Urlaubs.
[...]
Ob es der Gewerkschaft gelingt, eine Tariferhöhung oder bessere Arbeitsbedingungen mit dem Arbeitgeberverband aushandeln, hat nicht allein mit Verhandlungsgeschick zu tun, sondern damit, ob genügend Druck gemacht wird. Das können Protestaktionen und Kundgebungen sein, doch am wirkungsvollsten ist die Arbeitsniederlegung. Der Streik ist das wichtigste Mittel im Arbeitskampf, um den Druck auf die Arbeitgeber so zu erhöhen, dass sie am Verhandlungstisch einlenken. Der Druck ist umso mächtiger, je mehr Beschäftigte die Arbeit niederlegen.

Tarifverträge fallen nicht vom Himmel, o. J., in: www.verdi.de (Zugriff: 30.12.2015)

* **Tarifpartner**
Bezeichnung für die Verhandlungspartner, die für einen bestimmten Zeitraum Höhe des Arbeitsentgelts, Urlaubsanspruch, betriebliche Altersvorsorge u.a. für die Beschäftigten in ihrer Branche aushandeln und in Tarifverträgen festschreiben.

1 Stellt die in **M1** und **M2** genannten Argumente, die für und die gegen eine Entgelterhöhung und Arbeitszeitverkürzung sprechen, einander gegenüber.
2 Erklärt den Begriff „Koalitionsrecht" (Randspalte).
3 Nennt Gründe für die Notwendigkeit von Tarifverträgen (**M3**, Text).
4 Beschreibt die Karikatur (**M4**).

Tarifverträge ergänzen den Arbeitsvertrag

M1 Flugblatt der Dienstleistungsgewerkschaft ver.di, 2015

Tarifautonomie

In Arbeitsverträgen wird fast immer auf Tarifverträge verwiesen, die zwischen dem Arbeitgeber oder einer Arbeitgebervereinigung und einer Gewerkschaft (s. S. 106) abgeschlossen wurden. Wenn eine Gewerkschaft mit einem einzelnen Arbeitgeber einen Tarifvertrag abschließt, spricht man von einem Haustarifvertrag. Von einem Flächentarifvertrag spricht man, wenn sie in einem Tarifgebiet, z.B. in Nordwürttemberg/Nordbaden, mit einem Arbeitgeberverband einen Tarifvertrag abschließt, dem viele Unternehmen derselben Branche angehören, z.B. der Metall- und Elektroindustrie.

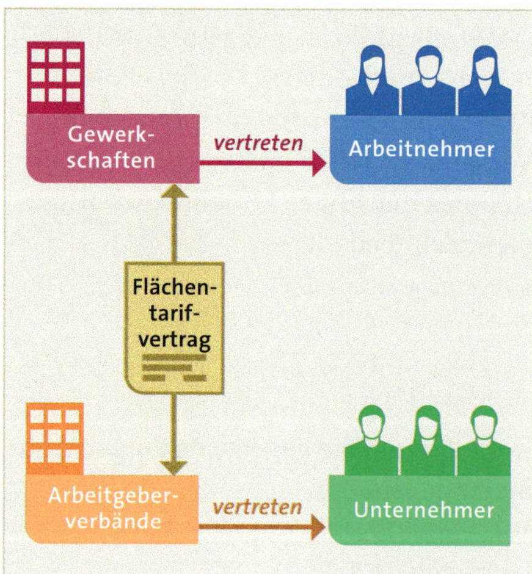

M2 Tarifverträge

Die Tarifparteien schließen Verträge u.a. über Entgelterhöhungen und wöchentliche Arbeitszeiten. Sie handeln dabei selbstständig, also autonom. Staatliche Stellen wie Regierung und Parlament mischen sich nicht ein. Man spricht deshalb von der „Tarifautonomie" der Arbeitgeber und Gewerkschaften.

Vertragsarten

In Manteltarifverträgen* mit meist langer Laufzeit werden grundlegende Arbeitsbedingungen geregelt wie Urlaub, Arbeitszeiten, sofern sie von den gesetzlichen Bestimmungen abweichen, und – immer häufiger – auch flexible Arbeitszeiten. Dabei müssen bei großem Arbeitsanfall mehr Stunden pro Woche gearbeitet werden, eventuell auch an Wochenenden. Überstunden werden nicht vergütet, sondern bei geringerem Arbeitsanfall durch Freizeit ausgeglichen. Ziel ist eine bessere Reaktionsfähigkeit der Betriebe auf die Auftragslage.
In Rahmentarifverträgen* werden Entgeltgruppen festgelegt, die nach einem Punktesystem bewertet sind. Die Eingruppierung in eine bestimmte Entgeltgruppe hängt u.a. von der Ausbildung, der Verantwortung, der Kommunikationsfähigkeit und dem Führungsstil ab.

* **Manteltarifverträge**
Sie legen die Arbeitsbedingungen fest. Dazu gehören u.a. Arbeitszeit, Urlaub, Kündigungsfristen und Überstundenzuschläge. Die Vereinbarungen sind für die Beschäftigten meist günstiger als die gesetzlichen Regelungen.

* **Rahmentarifverträge**
Sie regeln die Festlegung von Entgeltgruppen und die Zuordnung bestimmter Tätigkeiten und Merkmale dieser Gruppen. Eine Küchenhilfe wird meist in Entgeltgruppe 4 eingestuft, ein Industriemechaniker in Gruppe 7 oder 8.

M3 Entgelt-Rahmentarifvertrag der Metall- und Elektroindustrie in Baden-Württemberg

Ausbildung	Punkte
▪ Abgeschlossene, in der Regel mindestens dreijährige Berufsausbildung	13
▪ Abgeschlossene Berufsausbildung und eine darauf aufbauende Fachausbildung (z. B. staatlich geprüfter Techniker)	19
▪ Abgeschlossenes Hochschulstudium	29
Berufserfahrung	**Punkte**
▪ bis zu einem Jahr	1
▪ mehr als 5 Jahre	10
Denken	**Punkte**
▪ Aufgaben mit festgelegten Lösungswegen	3
▪ Neuartige Problemstellungen, die es erfordern, neue Lösungswege zu entwickeln	16
Verantwortung	**Punkte**
▪ Die Arbeitsdurchführung erfolgt nach Anweisung	1
▪ Die Arbeitsdurchführung für eine komplizierte Aufgabe ist selbstständig zu planen	14
Kommunikation	**Punkte**
▪ Festgelegte Abstimmung in Einzelfragen	3
▪ Verhandlungen mit Beschäftigten auch aus anderen Abteilungen	13

(Maximal können 64 Punkte erreicht werden. Daraus entstehen 17 Entgeltgruppen.)
ERA-Tarifvertrag Baden-Württemberg (vereinfachter Auszug)

Die tarifliche Eingruppierung richtet sich nach dem Anspruchsniveau der Arbeitsaufgabe. Wenn ein Techniker ähnliche Aufgaben erbringen kann wie ein Hochschulabsolvent, bekommt er die gleiche Bezahlung – und umgekehrt.
Entgelttarifverträge* (früher hießen sie Lohn- oder Gehaltstarifverträge) mit meist kurzen Laufzeiten regeln die Höhe der Vergütung in den einzelnen Entgeltgruppen.
Für Beschäftigte, die Mitglied in einer Gewerkschaft sind, gelten die in den Tarifverträgen vereinbarten Regelungen. Die meisten Arbeitgeber wenden aber die tariflichen Vereinbarungen auch für Arbeitnehmer an, die keiner Gewerkschaft angehören. Der Bundesarbeitsminister hat zudem die Möglichkeit, Tarifverträge für allgemeinverbindlich zu erklären. Dann sind sie auch für solche Unternehmen verbindlich, die keinen Tarifvertrag abgeschlossen haben.

* **Entgelttarifverträge**
Sie enthalten Arbeitsentgelte, die für Arbeitnehmer in den jeweiligen Entgeltgruppen zu zahlen sind. Zwischen Löhnen und Gehältern wird in den meisten Tarifverträgen nicht mehr unterschieden.

M 4 „Mahle will Stellen streichen“

Rund 800 Mahle-Beschäftigte haben vor der Hauptverwaltung des Stuttgarter Automobilzulieferers für höhere Tarifgehälter im Metallbereich und gegen Personaleinsparungen bei Mahle selbst demonstriert. „Hände weg von unserem Tarifvertrag“, stand auf den Transparenten. „Zukunft statt Abzocke“, riefen Demonstranten. Bei Mahle geht es nicht nur um die laufende Metall-Tarifrunde. Das Stiftungsunternehmen strebt auch Einsparungen an. Die Personalkosten sollen um 15 Prozent gesenkt werden, etwa über längere Arbeitszeiten. [...]
Mahle begründet die Einsparpläne mit dem „verschärften Wettbewerb mit Standorten in Osteuropa und anderen Weltregionen“, teilte das Unternehmen mit. Wegen des Preisdrucks werde es immer schwieriger, Aufträge in diesen Regionen zu akquirieren.

Inge Nowak: Mahle will Stellen streichen, Stuttgarter Zeitung v. 20.2.2015, S. 9

1 Erklärt die Fachbegriffe: Tarifpartner, Tarifautonomie, Manteltarifvertrag, Entgelttarifvertag, flexible Arbeitszeit.
2 Erläutert anhand von **M 4**, warum die Möglichkeiten der Gewerkschaften, Entgelterhöhungen durchzusetzen, begrenzt sein können.
3 Beschreibt, wie die Entgelthöhe eines tariflich bezahlten Arbeitnehmers aus der Metall- und Elektroindustrie ermittelt wird (**M 3**).
4 Beurteilt den Inhalt des Flugblatts (**M 1**).

Wie können Arbeitsverträge gekündigt werden?

M1 Vortäuschen von Arbeitsunfähigkeit

Sicherheit am Arbeitsplatz

Ungefähr elf Jahre verbringen deutsche Arbeitnehmer im Durchschnitt beim selben Arbeitgeber. Den ersten Job nach der Ausbildung oder dem Studium verlassen sie oft nach wenigen Jahren. An ihrem zweiten Arbeitsplatz bleiben sie dann meistens bis zum Renteneintritt. Sie gründen eine Familie, erwerben eine Immobilie und möchten an ihrem Wohnort bleiben.

Die Sicherheit am Arbeitsplatz ist in Deutschland vor allem eine Folge der sehr strengen Kündigungsschutzbestimmungen, die Arbeitnehmer vor ungerechtfertigten Entlassungen schützen. Dies gilt nicht bei groben Verletzungen des Arbeitsvertrags, die eine fristlose Kündigung rechtfertigen.

Bei einer Kündigung erklärt ein Partner des Arbeitsvertrags einseitig die Auflösung des Arbeitsverhältnisses. Die Kündigung muss schriftlich erfolgen. Sie wird erst wirksam, wenn sie dem Gekündigten zugeht. Man unterscheidet zwischen außerordentlichen und ordentlichen Kündigungen.

M 2 Berufliche Sicherheit

Ausbildung, Betrieb, erste feste Stelle, Weiterbildung, vielleicht sogar ein vom Betrieb unterstütztes Studium, schließlich Aufstieg und Führungsverantwortung. Genau so ist es bei Bernhard Schwab gelaufen: 1967 begann er als Werkzeugmacher beim Wälzlagerhersteller Ina, der zur Schaeffler-Gruppe gehört. [...] Inzwischen ist Schwab Ausbildungsleiter seines Konzerns, seit 43 Jahren im Unternehmen – und hört von seinen jungen Kollegen oft genug, dass sie sich eine ähnlich lange Betriebszugehörigkeit wünschen. Untersuchungen wie die Shell-Jugendstudie, Befragungen der Gewerkschaften und Erhebungen im Auftrag von Unternehmen liefern ähnliche Resultate. Die Sicherheit ihres Arbeitsplatzes hat für die meisten jungen Leute demnach einen wachsenden Stellenwert.

Philipp Krohn: Bis dass die Rente euch scheidet, FAZ online, 15.12.2010, www.faz.net (Zugriff: 10.2.2016)

Außerordentliche Kündigung

Außerordentliche, d. h. fristlose Kündigungen sind nur zulässig, wenn für den Kündigenden die Fortsetzung des Arbeitsverhältnisses unzumutbar erscheint. Dazu ist ein wichtiger Grund erforderlich.

M3 Kündigungsgründe für Arbeitgeber

Personenbedingte Kündigungen sind z. B. möglich, wenn Arbeitnehmer nicht bereit sind, sich fortzubilden oder sich in neue Technologien einzuarbeiten. Auch Alkoholabhängigkeit oder andere Suchtkrankheiten können eine personenbedingte Kündigung rechtfertigen.
Verhaltensbedingte Kündigungen sind u. a. bei häufig schlechter Arbeitsleistung, wiederholter Unpünktlichkeit, Schwarzarbeit oder auch bei Vortäuschen einer Arbeitsunfähigkeit (**M 1**) möglich.
Betriebsbedingte Kündigungen sind zulässig, wenn dringende betriebliche Erfordernisse, z. B. Auftragsrückgang oder Betriebsschließungen, den Wegfall von Arbeitsplätzen rechtfertigen. Wird einem Teil der Belegschaft betriebsbedingt gekündigt, hat eine Sozialauswahl unter den in Betracht kommenden Mitarbeitern stattzufinden. Der Arbeitgeber hat in diesem Fall abzuwägen, welche Arbeitnehmer am wenigsten hart betroffen sind. Bei betriebsbedingten Kündigungen bekommen die entlassenen Arbeitnehmer eine Abfindung, deren Höhe sich nach ihrer Betriebszugehörigkeit richtet.

Autorentext

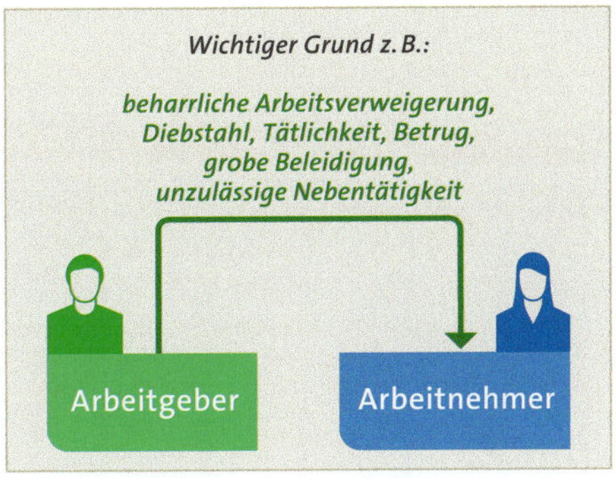

M 4 Fristlose Kündigung durch Arbeitgeber

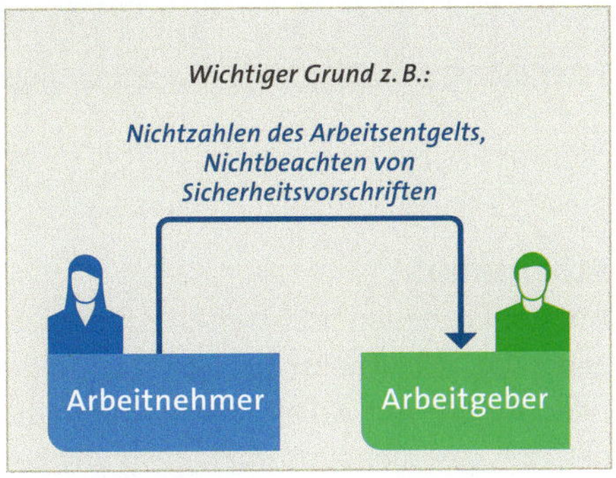

M 5 Fristlose Kündigung durch Arbeitnehmer

Ordentliche Kündigung

Wenn der Arbeitsvertrag keine längere Frist vorsieht, können Arbeitnehmer mit einer Frist von vier Wochen zum Fünfzehnten oder zum Ende eines Kalendermonats kündigen (§ 622 BGB). Bei Kündigungen durch den Arbeitgeber verlängert sich diese Frist mit der Dauer der Betriebszugehörigkeit. Vor allem in Betrieben mit mehr als zehn Mitarbeitern genießen Beschäftigte besondere Schutzrechte. Diese sind vor allem im Kündigungsschutzgesetz* (KSchG) geregelt.

* **Kündigungsschutzgesetz (KSchG)**
§ 1 Sozial ungerechtfertigte Kündigungen.
(1) Die Kündigung eines Arbeitsverhältnisses gegenüber einem Arbeitnehmer, dessen Arbeitsverhältnis in demselben Betrieb oder Unternehmen länger als sechs Monate bestanden hat, ist rechtsunwirksam, wenn sie sozial ungerechtfertigt ist.
(2) Sozial ungerechtfertigt ist die Kündigung, wenn sie nicht durch Gründe, die in der Person oder im Verhalten des Arbeitnehmers liegen, oder durch dringende betriebliche Erfordernisse, die einer Weiterbeschäftigung des Arbeitnehmers in diesem Betrieb entgegenstehen, bedingt ist. […]
(3) Ist einem Arbeitnehmer aus dringenden betrieblichen Erfordernissen […] gekündigt worden, so ist die Kündigung trotzdem sozial ungerechtfertigt, wenn der Arbeitgeber bei der Auswahl des Arbeitnehmers die Dauer der Betriebszugehörigkeit, das Lebensalter, die Unterhaltspflichten und die Schwerbehinderung des Arbeitnehmers [= Sozialauswahl] nicht oder nicht ausreichend berücksichtigt hat.
§ 23 Geltungsbereich
(1) Die Vorschriften [des § 1] gelten nicht für Betriebe, in denen in der Regel zehn oder weniger Arbeitnehmer […] beschäftigt werden.

1 Recherchiert im Internet (§ 622 BGB), wie lang die gesetzliche Kündigungsfrist eines 28-jährigen Arbeitnehmers durch den Arbeitgeber in einem Kleinbetrieb nach fünf Beschäftigungsjahren ist. Aktuelle Gesetzestexte findet ihr im Internet unter dem Stichwort „Bundesrecht. Juris".

2 Erörtert den Wunsch vieler Beschäftigter, möglichst lang im selben Betrieb zu arbeiten (**M 2**, Text).

3 Fasst zusammen, in welchen Fällen ein Arbeitgeber eines Betriebs mit mehr als zehn Beschäftigten kündigen darf (**M 3**).

4 Übertragt den schwer verständlichen Gesetzestext (Randspalte) des KschG schriftlich in eure Umgangssprache. Auf S. 105 findet ihr Hilfe.

Angebot und Nachfrage auf dem Arbeitsmarkt

M1 Angebot und Nachfrage nach Arbeit in einem Jobcenter der Agentur für Arbeit

Arbeitsmarkt

Auf dem Arbeitsmarkt treffen Arbeitsangebot von Arbeitnehmern und Nachfrage nach Arbeit von Arbeitgebern aufeinander. Dies geschieht natürlich nicht wie bei Äpfeln und Birnen auf einem Wochenmarkt. Arbeitsnachfrage findet sich in Zeitungsanzeigen, im Internet oder bei der Agentur für Arbeit. Wer Arbeit sucht, kann sich ebenfalls bei örtlichen Arbeitsagenturen melden oder seine Arbeitskraft in entsprechenden Internetforen anbieten.

Angebot an Arbeit

Wie viel Arbeitsleistung für eine bestimmte Tätigkeit von Arbeitssuchenden angeboten wird, hängt von der Bevölkerungsentwicklung, dem zu erwartenden Arbeitsentgelt und der Art der Tätigkeit ab. Die Zahl der Erwerbspersonen insgesamt kann z.B. durch den Eintritt geburtenstarker Jahrgänge ins Erwerbsleben, durch Zuwanderung oder durch die Bereitschaft von Beschäftigten abhängen, nach dem Erreichen des Rentenalters noch einige Jahre berufstätig zu bleiben. Dort wo es genügend Kindertagesstätten und Ganztagesschulen gibt, fällt es auch Müttern leichter, erwerbstätig zu sein.
Die Menge der angebotenen Arbeit in Abhängigkeit des zu erwartenden Entgelts lässt sich als Angebotskurve darstellen (**M2**).

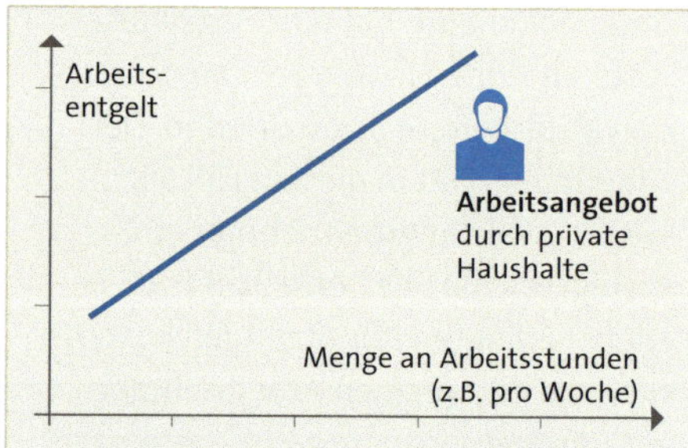

M2 Angebotskurve: Mit steigendem Arbeitsentgelt (Lohn, Gehalt) steigt das Angebot an Arbeit.

Nachfrage nach Arbeit

Die Nachfrage nach Arbeitskräften von Arbeitgebern für bestimmte Tätigkeiten hängt vom Auftragsvolumen der Unternehmen und ebenfalls vom Arbeitsentgelt ab. Sind die geforderten Löhne zu hoch, versuchen die Unternehmen durch Rationalisierung und Automatisierung ihrer Produktionsanlagen die Zahl der Arbeitskräfte zu verringern, oder sie verlagern arbeitsintensive Tätigkeiten in Länder mit geringeren Lohnkosten.
Die Menge der nachgefragten Arbeit in Abhängigkeit zum Arbeitsentgelt lässt sich als Nachfragekurve darstellen (**M3**).

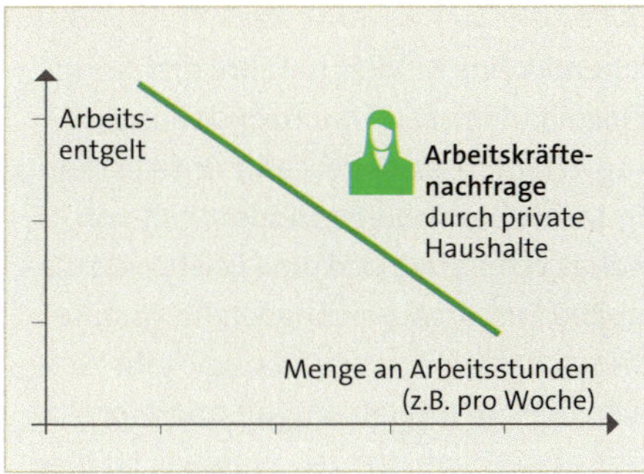

M3 Nachfragekurve: Mit sinkendem Arbeitsentgelt sinkt die Nachfrage nach Arbeit.

Anders als es die ökonomischen Modelle der Angebots- und der Nachfragekurve bei Sachgütern veranschaulichen, nimmt der Arbeitsmarkt bei der Preisbildung eine Sonderstellung ein. Die Höhe des Entgelts für die Arbeitsleistung bildet sich in den meisten Berufen nicht frei nach Angebot und Nachfrage, sondern wird von Tarifvertragsparteien (Gewerkschaften und Arbeitgebervereinigungen) in Verhandlungen festgesetzt. Allerdings sind tarifliche Entgelte für Tätigkeiten, die gesucht sind, meist höher als für Berufe mit vielen Bewerbern. So sind Erzieherinnen und Erzieher tariflich in höheren Entgeltgruppen eingestuft als andere Beschäftigte mit einer vergleichbaren Ausbildung. Nach unten sind alle Entgelte durch den gesetzlich festgelegten Mindestlohn* begrenzt.

* **Mindestlohn**
Gesetzliche Mindestlöhne gibt es in den meisten europäischen Staaten und in Nordamerika. Sie werden in der Regel vom Staat durch ein Gesetz festgelegt, wobei die genaue Höhe regelmäßig an die Preisentwicklung angepasst wird. In Deutschland beträgt der Mindestlohn seit 2017 8,84 Euro pro Stunde. Ziel der Mindestlöhne ist es, angemessene Einkommensniveaus festzusetzen und einen Unterbietungswettbewerb zu vermeiden. „Armut trotz Arbeit" soll verhindert werden.

M4 Karl Marx über den „Wert der Arbeitskraft" (1865)

Wie der jeder andern Ware ist der Wert [der Arbeitskraft] bestimmt durch das zu ihrer Produktion notwendige Arbeitsquantum. Die Arbeitskraft eines Menschen existiert nur in seiner lebendigen Leiblichkeit. Eine gewisse Menge Lebensmittel muss ein Mensch konsumieren, um aufzuwachsen und sich am Leben zu erhalten. Der Mensch unterliegt jedoch, wie die Maschine, der Abnutzung und muss durch einen andern Menschen ersetzt werden. Außer der zu seiner eigenen Erhaltung erheischten [= notwendigen] Lebensmittel bedarf er einer andern Lebensmittelmenge, um eine gewisse Zahl Kinder aufzuziehen, die ihn auf dem Arbeitsmarkt zu ersetzen und das Geschlecht der Arbeiter zu verewigen haben. [...]

Karl Marx: Lohn, Preis und Profit (1865). In: Marx-Engels-Werke, Bd. 16, Berlin (Dietz) 1962, S. 131f.

1 Der Zulieferer für die Autozulieferindustrie, die XY GmbH in Mannheim, bekommt mehrere neue Aufträge. Die Geschäftsleitung überlegt sich, welche der neuen Zulieferteile sie günstiger in ausländischen Zweigwerken herstellen kann. Die XY GmbH macht ihre Entscheidung über den Produktionsstandort für die Zulieferteile von der Höhe des Stundenentgelts abhängig, das sie in Mannheim für neu einzustellende Beschäftigte zahlen muss. Ein Marktforschungsinstitut ermittelt folgende Marktsituation:

Arbeitsentgelt pro Stunde	Nachgefragte Menge an Arbeitsstunden pro Woche durch die XY GmbH	Angebotene Menge an Arbeitsstunden pro Woche durch Mannheimer Haushalte
14 €	600	360
16 €	540	420
18 €	420	540
21 €	360	600

Zeichnet die Angebots- und die Nachfragekurve in ein Schaubild. Ermittelt das Gleichgewichtsentgelt. Beurteilt, ob das zu zahlende Arbeitsentgelt auf diese Weise zustande kommt.

2 Gebt den Text (M4) in eigenen Worten wieder. Informiert euch im Internet über Karl Marx und über die Fabrikarbeit im 19. Jahrhundert.

Arbeitsentgelt – was bleibt übrig?

M 1 Lukas und Nadine

Nadine (alleinstehend, ohne Kinder) hat ihre dreijährige Ausbildung als Einzelhandelskauffrau beendet und einen Arbeitsvertrag in einem Modegeschäft unterschrieben. Es wurde ein tarifliches Arbeitsgrundentgelt von 2300 Euro pro Monat vereinbart und eine Leistungszulage von monatlich 200 Euro in Aussicht gestellt. Nadine freut sich über diesen Betrag. Ihr Freund Lukas gibt zu bedenken, dass von diesem Monatsentgelt aber noch bestimmte Beträge abgezogen werden. Nun will Nadine wissen, wie hoch ihre Abzüge sind und wie sie ihre Steuerschuld mindern kann.

M 2 Jahreslohnsteuer eines Alleinstehenden ohne Kinder (abhängig vom Einkommen) 2018

Jahreseinkommen	Lohnsteuer	Soli'zuschlag * 5,5% der Lohnsteuer	Kirchensteuer 8% der Lohnsteuer	Steuersumme	Steuern in % des Einkommens
25000 €	2442,00 €	134,31 €	195,36 €	2771,67 €	11,09 %
30000 €	3594,00 €	197,67 €	287,52 €	4079,19 €	13,60 %
35000 €	4823,00 €	265,26 €	385,84 €	5474,10 €	15,64 %
40000 €	6129,00 €	337,09 €	490,32 €	6956,41 €	17,39 %
45000 €	7513,00 €	413,00 €	601,04 €	8527,04 €	18,95 %

★ **Lohnsteuer, Einkommensteuer**
Der Arbeitgeber ist verpflichtet, die Lohnsteuer einzubehalten und an das zuständige Finanzamt weiterzuleiten. Wer neben dem Arbeitsentgelt noch weitere Einkünfte bezieht, z. B. aus Landwirtschaft oder aus Mieteinnahmen, unterliegt der Einkommensteuerpflicht. Einkommensteuerpflichtige müssen jedes Jahr beim Finanzamt eine Einkommensteuererklärung einreichen.

★ **Solizuschlag (Solidaritätszuschlag)**
Der Solidaritätszuschlag (auch „Soli") wurde 1991 eingeführt, vor allem, um die Kosten für die Wiedervereinigung und den Aufbau der neuen Bundesländer zu bewältigen. Der Soli ist eine Steuer und wird in ganz Deutschland in Ergänzung zur Einkommen-, Kapitalertrag- und Körperschaftsteuer erhoben. Höhe und Umsetzung des Soli regelt das Solidaritätszuschlagsgesetz.

Wer muss Steuern zahlen?

Wie ihr der Tabelle **M 2** entnehmen könnt, wird der prozentuale Anteil der zu zahlenden Lohn- oder Einkommensteuer* mit steigenden Einkommen größer. Wer viel verdient, muss demnach auch prozentual mehr Steuern bezahlen. Wer nach Abzug der Sozialversicherungsbeiträge weniger als 9000 Euro im Jahr verdient (Stand 2018) muss überhaupt keine Lohnsteuer bezahlen. Dies gilt z.B. für viele Auszubildende. Weitere Freibeträge gibt es u. a. für Alleinerziehende. Aber Steuern sind nicht die einzigen Abzüge vom Arbeitsentgelt (s. **M 3**).

M 3 Vom Brutto zum Netto.
Vom Bruttoarbeitsentgelt werden abgezogen: Steuern, Sozialversicherungsbeiträge, vermögenswirksame Leistungen, Werbungskosten (Aufwendungen zur Erwerbung, Sicherung und Erhaltung der Einnahmen). Das Nettoarbeitsentgelt ist damit deutlich niedriger als das Bruttoarbeitsentgelt. Steuern müssen erst ab 9000 Euro (Stand 2018) im Jahr gezahlt werden (Grundfreibetrag). Dieser Betrag steigt jedes Jahr.

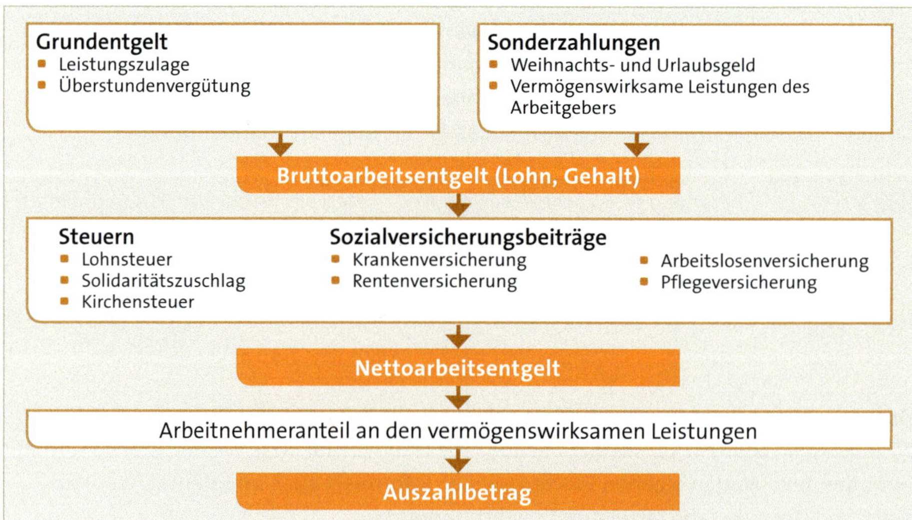

Die Entgeltabrechnung

Arbeitgeber sind verpflichtet, jeden Monat für ihre Beschäftigten Entgeltabrechnungen zu erstellen. Für die Berechnung der steuerlichen Abzüge ist die Höhe des Bruttoarbeitsentgelts und die persönliche Lebenssituation des Arbeitnehmers (Familienstand, Anzahl der Kinder) maßgebend. Für Arbeitnehmer mit Kindern werden die Steuern um Freibeträge gemindert, auch Ehepaare zahlen meist weniger Steuern als Alleinstehende. Nach Ablauf des Kalenderjahres erhalten Arbeitnehmer eine Lohnsteuerbescheinigung vom Arbeitgeber. Der Arbeitgeber übermittelt diese Daten elektronisch an das zuständige Finanzamt.

Auch für die Ermittlung des Solidaritätszuschlags, der zur Unterstützung der neuen Bundesländer nach der deutschen Wiedervereinigung 1990 eingeführt wurde, dient die Lohnsteuer als Berechnungsgrundlage. Der Solidaritätszuschlagssatz beträgt 5,5 Prozent der Einkommenssteuer.

Kirchensteuer müssen nur Arbeitnehmer bezahlen, die einer Religionsgemeinschaft angehören, die eine entsprechende Steuer erhebt. Der Kirchensteuersatz beträgt in Baden-Württemberg 8 Prozent der Lohnsteuer.

Für die Berechnung der Sozialversicherungsbeiträge wird das Bruttoarbeitsentgelt herangezogen. Arbeitnehmer und Arbeitgeber teilen sich die Sozialversicherungsbeiträge bis auf die Kosten der Unfallversicherung. Diese trägt der Arbeitgeber allein.

Die vermögenswirksame Leistung ist eine meist durch einen Tarifvertrag vereinbarte Geldleistung von bis zu 40 Euro monatlich. Der Betrag wird direkt vom Arbeitgeber auf das vom Arbeitnehmer benannte Anlagekonto überwiesen. Zu den beliebtesten Anlageformen für vermögenswirksame Leistungen gehören Bausparverträge. Bei geringen Einkommen, bei Ledigen bis maximal 17 900 Euro pro Jahr, werden vermögenswirksame Bausparleistungen vom Staat mit einem Zuschuss von 9 Prozent gefördert. Viele Auszubildende beantragen diesen Zuschuss.

Steuerersparnisse

Wer Lohnsteuern sparen will, muss nach dem Ablauf eines Kalenderjahres eine Steuerklärung abgeben. Bei der Berechnung des zu versteuernden Einkommens dürfen zum Beispiel bei den Arbeitseinkommen die Werbungskosten abgezogen werden. Das sind die Aufwendungen, die zur Sicherung oder Erhaltung des Einkommens dienen. Neben den Fahrtkosten zur Arbeitsstätte sind dies Arbeitsmittel (z. B. Fachbücher), Berufskleidung, Fortbildungskosten und Gewerkschaftsbeiträge. Wenn keine darüber hinausgehenden Werbungskosten nachgewiesen werden, zieht das Finanzamt einen Arbeitnehmerpauschalbetrag von 1000 Euro vom zu versteuernden Einkommen ab.

Eine weitere Möglichkeit, seine Einkommensteuerschuld zu mindern, ist der Abzug von Sonderausgaben in der Lohnsteuererklärung. Beispiele für abzugsfähige Sonderausgaben sind Kirchensteuer, Spenden z. B. für wohltätige Zwecke und vor allem Vorsorgeaufwendungen.

1 Erklärt die Begriffe „Werbungskosten" und „Sonderausgaben".
2 Unterscheidet die Lohn- von der Einkommensteuer (Randspalte).
3 Berechnet die jährlichen Abzüge vom Bruttoentgelt von Nadine (M 1), wenn die Arbeitnehmerbeiträge zur Rentenversicherung 9,3 Prozent, zur Pflegeversicherung 1,2 Prozent, zur Krankenversicherung 7,5 Prozent und zur Arbeitslosenversicherung 1,5 Prozent betragen. Nadine bezahlt keine vermögenswirksamen Leistungen. Wie hoch ist ihr Nettoentgelt?
4 Erklärt Nadine (M 1), was man unter dem Begriff „zu versteuerndes Einkommen" versteht.

Betriebsräte vertreten die Belegschaft

M1 Betriebsräte helfen bei der Urlaubsplanung

Mitbestimmung in der Schule ...

In eurer Klasse wählt ihr jedes Jahr Klassensprecher, die eure Interessen gegenüber den Lehrerinnen, Lehrern und manchmal auch gegenüber der Schulleitung vertreten. Der Schülerrat, dem alle Klassensprecherinnen und -sprecher angehören, und die Schulkonferenz aus Eltern, Lehrern und Schülervertretern sind weitere Einrichtungen der Mitwirkung.

... und am Arbeitsplatz

Noch umfangreichere Mitbestimmungsmöglichkeiten gibt es in den Betrieben. Um Mitarbeiter bei der Gestaltung von Arbeitsbedingungen einzubeziehen, hat der Gesetzgeber im Betriebsverfassungsgesetz (BetrVG) die Wahl eines aus Arbeitnehmern bestehenden Betriebsrats für jeden Betrieb vorgesehen.

In den letzten Jahrzehnten hat sich die Rolle der meisten Beschäftigten gewandelt: von abhängigen Weisungsempfängern durch Vorgesetzte hin zu selbstständigen Teammitarbeitern. Damit hat sich auch die Rolle der Betriebsratsmitglieder verändert: Waren sie früher ausschließlich die Vertreter der Beschäftigten, kommt ihnen heute oft die Rolle von Moderatoren, also von Vermittlern zwischen den Interessen von Arbeitgebern und von selbstbewussten Arbeitnehmern zu.

Die Anzahl der Mitglieder eines Betriebsrates hängt von der Beschäftigtenzahl ab. Betriebsräte werden auf vier Jahre in unmittelbarer und geheimer Wahl* gewählt. Wahlberechtigt sind alle Beschäftigten eines Betriebs über 18 Jahre, wählbar alle Arbeitnehmer über 18 Jahre, die mindestens sechs Monate dem Betrieb angehören. Für Auszubildende bis 25 Jahre und Beschäftigte unter 18 Jahren gibt es zusätzlich eine Jugend- und Auszubildendenvertretung. Damit Betriebsräte unabhängig arbeiten können, sind sie gesetzlich besonders abgesichert: Während ihrer Amtszeit und ein Jahr danach darf ihnen nicht gekündigt werden – es sei denn, sie begehen schwere Verfehlungen.

Der Arbeitgeber ist verpflichtet, Betriebsratsmitglieder so weit von der Arbeit zu befreien, wie es für die Aufgaben des Amtes erforderlich ist. In Betrieben mit mehr als 200 Mitarbeitern wird ein Betriebs-

* **Betriebsratswahl**
Die Wahl ist geheim, wenn die Stimmabgabe unbeobachtet in einer Wahlkabine stattfindet, unmittelbar, wenn es keine Wahlmänner gibt.

ratsmitglied vollkommen von der betrieblichen Arbeit freigestellt. Die Zahl der freigestellten Betriebsratsmitglieder wächst mit der Betriebsgröße.

Aufgaben des Betriebsrats

Mitglieder eines Betriebsrats, also die Betriebsräte, wirken bei vielerlei wichtigen Fragen mit – ob es um die Parkplatzvergabe, um Rauchverbote, die Einrichtung eines Betriebskindergartens oder die Urlaubsplanung geht. Sie achten darauf, dass alle Mitarbeiter gleich behandelt werden. Häufig schließen Arbeitgeber und Betriebsräte Betriebsvereinbarungen* ab, z.B. über den Beginn und das Ende der täglichen Arbeitszeit und der Ruhepausen. Der Betriebsrat beruft einmal in jedem Kalendervierteljahr eine Betriebsversammlung ein, an der alle Arbeitnehmer des Betriebs teilnehmen können. Jeder Mitarbeiter kann sich dort zu Wort melden. Der Arbeitgeber muss dazu eingeladen werden und hat das Recht, eine Rede zu halten.

M2 Einige Aufgaben des Betriebsrats

- Er sorgt für gerechte Eingruppierung.
- Er bestimmt mit über Arbeitsbedingungen: z.B. über Arbeitsbeginn und -ende, Pausenzeiten, Überstunden.
- Er ist vor jeder Kündigung anzuhören.
- Er setzt sich für die Rechte der Auszubildenden ein.
- Er achtet darauf, dass alle Beschäftigten Weiterbildungsangebote erhalten.
- Er sorgt für den Arbeits- und Gesundheitsschutz.

Autorentext

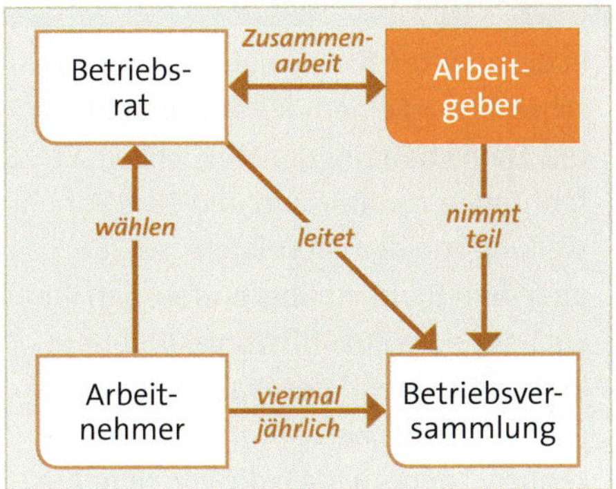

M3 Mitbestimmung im Betrieb

Mitbestimmung in der Unternehmensleitung

In Deutschland können Arbeitnehmer auch bei wirtschaftlichen Entscheidungen größerer Unternehmen mitbestimmen. Bei Aktiengesellschaften (AG) und bei Gesellschaften mit beschränkter Haftung (GmbH) mit mehr als 500 Beschäftigten wählen sie ein Drittel, bei Gesellschaften mit mehr als 2000 Beschäftigten die Hälfte der Aufsichtsratsmitglieder. Aufsichtsräte* sind für wichtige unternehmerische Entscheidungen mitverantwortlich. Sie wählen auch die Mitglieder der Vorstände, also die Direktoren der Unternehmen.

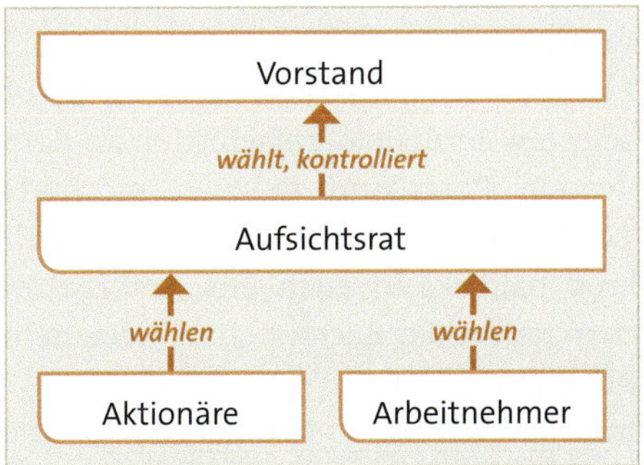

M4 Entscheidungsorgane einer Aktiengesellschaft

* **Betriebsvereinbarung**
Schriftliche Vereinbarung zwischen Betriebsrat und Arbeitgeber über Regelungen betrieblicher Angelegenheiten z.B. von Sonn- und Feiertagsarbeit bei hohem Auftragsvolumen oder über die Flexibilisierung der Arbeitszeit.

* **Aufsichtsrat**
Gesetzlich vorgeschriebenes Kontrollorgan u.a. bei Aktiengesellschaften (AG) und bei Gesellschaften mit beschränkter Haftung (GmbH) mit mehr als 500 Beschäftigten. Der Aufsichtsrat hat den Vorstand bzw. die Geschäftsführung zu berufen, zu beraten und zu überwachen.

1 Beschreibt M1. Macht Vorschläge, wie sich das Problem lösen lässt.
2 Fasst zusammen, welche Aufgaben Betriebsräte wahrnehmen (Text, M2).
3 Beurteilt, ob es sinnvoll ist, dass in größeren Unternehmen auch Arbeitnehmervertreter in den Aufsichtsräten mitwirken.

M 1 Betriebspraktikum – wie muss ich mich vorbereiten, wie verhalten?

In der zehnten Klasse nehmt ihr wahrscheinlich an einem Betriebspraktikum teil. Dabei habt ihr die Möglichkeit, Erfahrungen zu sammeln und eure Vorstellung von dem Berufsfeld (s. S. 86) oder dem Beruf zu überprüfen, den ihr euch für eure Zukunft vorgestellt habt. Ihr lernt während des Praktikums nicht nur die beruflichen Anforderungen kennen, sondern auch die von dem Ausbildungsbetrieb von euch erwarteten Kompetenzen. Ihr könnt erfahren, ob eure persönlichen Neigungen, Interessen und Stärken zu dem ausgewählten Beruf passen und ob ihr den Anforderungen an den von euch gewählten Beruf gewachsen seid. Vor dem Praktikum müsst ihr euch einige Fragen stellen:

- In welchem Berufsfeld oder Beruf möchtet ihr ein Praktikum machen?
- Was müsst ihr in eurem Wunschberuf besonders gut können?
- Woher bekommt ihr Informationen über die Ausbildung?
- Woher könnt ihr schon vor dem Praktikum Informationen über den Betrieb bekommen?
- Welche Erwartungen hat der Betrieb an euch?

Bei eurem Betriebspraktikum geht es um das Kennenlernen des jeweiligen Betriebs und um das Sammeln von Eindrücken und praktischen Erfahrungen. Ihr sollt Betriebe als Orte der Leistungserstellung und der praktischen Umsetzung neuer Technologien erfahren. Ihr könnt zudem eure in der Schule erlernten Kenntnisse in der Praxis überprüfen und gegebenenfalls anschließend erweitern. Zusätzlich müsst ihr euch als Praktikanten in das betriebliche Sozialgebilde einfügen und eure Kommunikations- und Teamfähigkeit beweisen.

Euer Betriebspraktikum wird vor allem dann zum Erfolg, wenn ihr es gut vor- und anschließend auch nachbereitet. Nach dem Betriebspraktikum solltet ihr eure Eindrücke und Erfahrungen in Form eines Praktikumsberichts zusammenfassen, der eure Erfahrungen auswertet und die gesetzten Ziele überprüft. Eure Mitschüler wollen an euren Erfahrungen teilhaben und eventuell ihre eigenen Entscheidungen hinterfragen.

Autorentext

Analysieren

1. Habt ihr euch schon für einen Beruf oder ein Berufsfeld entschieden, in dem ihr ein Praktikum machen möchtet? Wenn ihr noch keine konkrete Vorstellung habt, kann euch eine Internetrecherche bei der Suche helfen. Geeignete Adressen sind u. a.:
https://www.planet-beruf.de
https://www.ihk-lehrstellenboerse.de
Wenn ihr einen auf diesen Seiten angebotenen Test durchgeführt habt, solltet ihr eine Idee haben, welcher Beruf zu euch passen könnte.

2. Nun ist es wichtig, dass ihr euch eingehend über den Beruf informiert, um euch sicher zu sein, dass ihr in diesem Beruf wirklich ein Praktikum machen möchtet. Dabei können euch u. a. folgende Internetadressen helfen:
https://berufenet.arbeitsagentur.de
https://www.beroobi.de/berufe
Wisst ihr nun, welche Tätigkeiten in dem von euch gewählten Beruf anfallen? Kennt ihr die Fähigkeiten und Kenntnisse, die ihr für diesen Beruf braucht?

Anwenden

1. Wenn ihr den richtigen Beruf gefunden habt, müsst ihr einen geeigneten Betrieb auswählen, in dem ihr euer Praktikum ableisten könnt. Der einfachste Weg ist natürlich, wen ihr euch erst einmal bei Eltern, Verwandten und Freunden umhört.

Vielleicht kennt jemand ein Unternehmen, in dem im entsprechenden Beruf ausgebildet wird. Auch ein Anruf beim Ausbildungsbeauftragten einer Handwerkskammer (HwK) oder Industrie- und Handelskammer (IHK) hilft oft weiter.
In Ausbildungsplatzbörsen könnt ihr ebenfalls fündig werden, u. a. bei:
https://www.ihk-lehrstellenboerse.de
https://handwerkskammer.de/
https://jobboerse.arbeitsagentur.de
2. Nun müsst ihr mit den Unternehmen in Kontakt treten. Das geht entweder online oder telefonisch. Fragt am Telefon, ob der Betrieb Praktikumsplätze anbietet, vor allem während des Zeitraums, den eure Schule hierfür vorsieht.
Vor einem Telefonat solltet ihr euch über das Unternehmen informiert haben. Es könnte durchaus sein, dass ihr mit dem Leiter der Ausbildungsabteilung verbunden werdet, der euch zum Beispiel fragt, ob ihr wisst, was in dem Unternehmen hergestellt wird, ob ihr euch schon über die Ausbildungsberufe informiert habt und warum ihr euch gerade für dieses Praktikum interessiert. Wenn ein Praktikum möglich ist, müsst ihr euch während des Gesprächs einige Notizen machen, z.B. welche Bewerbungsunterlagen erwartet werden und wer der Ansprechpartner für eure Bewerbung ist.
3. Nun geht es an die Bewerbung (s. S. 86/87) für einen Praktikumsplatz. Die Anforderungen der Unternehmen sind sehr unterschiedlich. Bei einigen reicht ein Telefonat für die Zusage, bei manchen eine Onlinebewerbung. Größere Unternehmen wollen aber oft eine vollständige schriftliche Bewerbung mit Lebenslauf und Zeugniskopien (s. S. 80/81). Hilfestellung für eine Bewerbung findet ihr auch bei https://www.planet-beruf.de
4. Während ihr das Praktikum leistet, müsst ihr unbedingt einige Verhaltensregeln beachten:
- Pünktliches Erscheinen ist selbstverständlich. Die Ausbilder nehmen es übel, wenn jemand zu spät kommt.

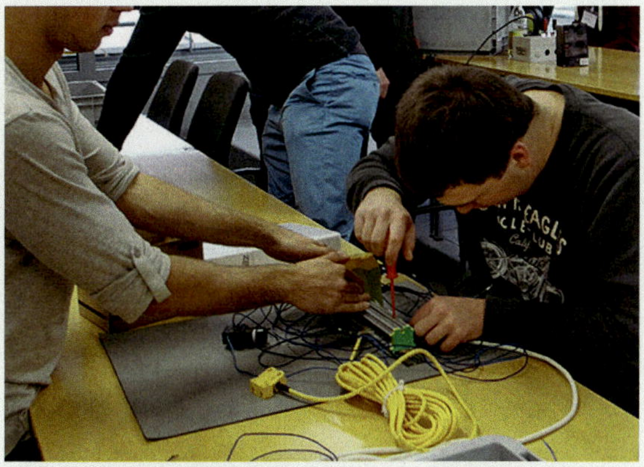

M2 Bei einem Betriebspraktikum

- Löchrige Jeans, unsaubere Kleidung, sichtbare Tattoos, Piercings oder größere Ohrringe sind unmöglich.
- Lasst euch die Abläufe im Unternehmen erklären. Hört gut zu und vermittelt nicht das Gefühl, bereits alles zu wissen. Bei Unsicherheiten fragt lieber noch einmal nach. Zeigt Eigeninitiative, schaut, wo ihr euch nützlich machen könnt. Seid euch für nichts zu schade.
- Wenn ihr Kolleginnen oder Kollegen begegnet, grüßt freundlich und stellt euch kurz vor. Wer sich zurückzieht, wirkt interesselos.
- Als Praktikant habt ihr euren Arbeitsplatz nur für wenige Tage. Haltet diesen immer sauber und ordentlich. Unordnung macht unbeliebt.

5. Verabschiedet euch am Ende des Praktikums freundlich von allen Kollegen. Ein „Ausstand", also eine kleine Goodbye-Feier, wird von euch nicht erwartet, er könnte sogar peinlich wirken.
6. Schreibt abends genau auf, was ihr am jeweiligen Tag gearbeitet habt. Das erleichtert euch später das Abfassen des Praktikumsberichts. Vorlagen für Praktikumsberichte bekommt ihr vermutlich von eurer Schule. Wenn ihr im Internet in die Suchmaschine BOGY- oder BORS-Praktikumsbericht eingebt, findet ihr eine Fülle von Beispielen.
7. Und wenn ihr einen guten Eindruck während eures Praktikums hinterlassen habt, winkt vielleicht ein Lehrvertrag oder später sogar eine Ausbildung an der Dualen Hochschule.

Tarifkonflikt – ein Beispiel

M 1 Forderungen der IG Metall

M 2 Verband Südwestmetall: „Entgeltsteigerungen sind zu hoch"

Wir müssen uns fragen, was wir uns noch leisten können, um die Betriebe in Deutschland zu halten. Die Gewinne werden überproportional im Ausland erwirtschaftet. Es kann nicht auf Dauer funktionieren, dass die ausländischen Standorte die Lohnerhöhungen im Inland subventionieren. [...]
Natürlich haben die Unternehmen in der Summe zufriedenstellende Gewinne erwirtschaftet – bei vielen ist das aber auch nicht so. Zudem haben wir noch enorme Währungsgewinne durch den Export in den Dollarraum, niedrige Rohstoffpreise und ein sehr niedriges Zinsniveau. Wenn der Euro hochgehen sollte, brechen die Exporte ein. Auch der Ölpreis wird mal wieder hochgehen. Da schlummern enorme Risiken. Wir rechnen uns nicht arm, sondern bringen Fakten auf den Tisch – die Rückgänge der Produktionskapazitäten in Deutschland etwa. Mich stört, dass die IG Metall das komplett ausblendet. [...] Ich kann mich nicht erinnern, dass wir mal eine solche Vielschichtigkeit an wirtschaftlichen Problemfeldern in Europa und weltweit hatten. Das führt zu einer steigenden Unsicherheit und geringeren Investitionen. Da müssten wir mal ein Zeichen setzen, dass wir in unsicheren Zeiten in der Lage sind, über einen sehr moderaten Tarifabschluss Arbeitsplätze zu erhalten. [...]

Matthias Schiermeyer: Die IG Metall blendet alle Fakten aus, Stuttgarter Zeitung v. 29.2.2015, S. 7

M 3 Interview mit IG-Metall-Bezirkschef Roman Zizelsberger

Die hohen Durchschnittsverdienste in der Metall- und Elektroindustrie sind Fakt?
Die sind unbedingt Fakt und stabilisieren das gesamtwirtschaftliche Wachstum, das es ohne diese Kaufkraft nicht gegeben hätte. Damit überziehen wir die Leistungsfähigkeit der Unternehmen definitiv nicht.
Beschränkt sich die IG Metall zu sehr auf wenige Unternehmen mit hohen Erträgen?
Wir schauen auf alle, nicht nur auf die Dax-Unternehmen. Und wir sitzen in vielen betrieblichen Gremien – da braucht uns keiner ein X für ein U vormachen. In mehr als drei Viertel der Betriebe läuft es stabil bis sehr gut. Unbestritten ist aber auch, dass es einen Bodensatz zwischen 15 und 25 Prozent der Unternehmen gibt, wo es nicht optimal läuft. Grund sind strukturelle Probleme: Wer zu wenig investiert hat und zu wenig innovativ ist, hängt hintendran.

Matthias Schiermeyer: „Ich will einen Abschluss vor Pfingsten", Stuttgarter Zeitung v. 7./8.5.2016, S. 14

M4 Angebot der Arbeitgeber

Im Tarifkonflikt der Metall- und Elektroindustrie hat der Präsident des Arbeitgeberverbandes Gesamtmetall den Stopp der nach seinen Worten „völlig überzogenen“ Warnstreiks gefordert. Das Angebot der Arbeitgeber von insgesamt 2,1 Prozent Lohnplus über die Laufzeit von zwei Jahren und einer Einmalzulage von 0,3 Prozent sei „alles andere als knausrig“. Es gehe für viele Betriebe bereits an die Schmerzgrenze. Die Stimmung bei den Arbeitgebern sei gereizt.

AEP/dpa: Metall-Arbeitgeber fordern Stopp der Warnstreiks, Stuttgarter Zeitung v. 6.5.2016 (Text gekürzt), S. 11

M5 Ergebnis

Der Tarifabschluss wird die Durchschnittsverdienste der baden-württembergischen Metallarbeiter von 61 000 Euro im Jahr noch einmal um 3000 Euro anheben. Konkret wurde ein Lohnplus von 4,8 Prozent vereinbart. Zunächst ist nach zwei sogenannten Leermonaten eine Einmalzahlung in Höhe von 150 Euro für den kommenden Juni vorgesehen (Auszubildende 65 Euro). Ab 1. Juli sollen die Entgelte in einer ersten Stufe mit 2,8 Prozent steigen. Die zweite Stufe folgt dann ab April 2017 mit einer Erhöhung von 2,0 Prozent. Berechnet auf die gesamte 21-monatige Laufzeit beträgt die jährliche Gesamtmehrbelastung 2,45 Prozent. Der Tarifvertrag gilt rückwirkend zum 1. April und endet am 31. Dezember 2017.

Matthias Schiermeyer: 4,8 Prozent mehr Lohn für 21 Monate, Stuttgarter Zeitung v. 14.5.2016 [Text gekürzt], S. 15

M6 Monatliche Ausbildungsvergütungen 2017 in der Metall- und Elektroindustrie

1. Ausbildungsjahr. . . . . 994,00 EUR
2. Ausbildungsjahr. . . . . . .1056,50 EUR
3. Ausbildungsjahr. . . . . . .1149,50 EUR
4. Ausbildungsjahr. . . . . . .1211,50 EUR

Das Urlaubsgeld beträgt 50 Prozent der monatlichen Ausbildungsvergütung. Bei 30 Tagen Urlaub entspricht dies etwa 70 Prozent eines Monatseinkommens.

IG Metall Bezirk Baden-Württemberg, Tarifvertrag über Entgelte und Ausbildungsvergütungen 2016–2017

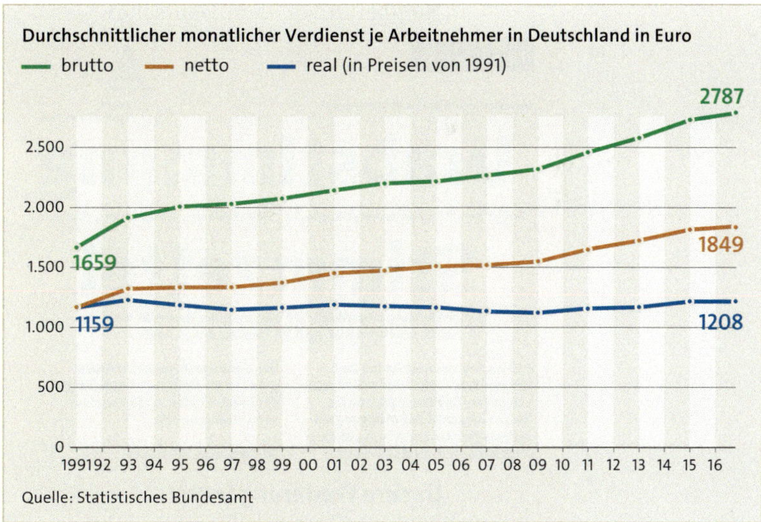

M7 Brutto- und Realeinkommen

1 Stellt dar, wie die IG Metall die Forderung nach einer Entgelterhöhung von 5 Prozent begründet (**M1**, **M3**). Beachtet dabei auch die Aussagen des Schaubilds (**M7**).

2 Fasst die Gegenargumente der Arbeitgeber zusammen (**M2**, **M4**).

3 Ermittelt die Höhe der Ausbildungsvergütung (**M6**) im ersten Ausbildungsjahr für das Jahr 2015, wenn sie bis 2017 um 4,8 Prozent gestiegen ist.

4 Beurteilt das Verhandlungsergebnis (**M4**, **M5**). Erklärt die sich öffnende Schere zwischen Brutto- und Nettoeinkommen (**M7**).

Tarifvertragsparteien

Gemäß Art. 9 des Grundgesetzes (GG) über das Koalitionsrecht haben sowohl Arbeitgeber als auch Arbeitnehmer das Recht, Vereinigungen zu gründen, die ihre jeweiligen Interessen vertreten. Gewerkschaften nehmen die Interessen von Arbeitnehmern, Arbeitgeberverbände die von Unternehmern wahr.

Flächentarifverträge, die Arbeitgeberverbände und Gewerkschaften abschließen, stellen sicher, dass in den Betrieben einer Branche in einem bestimmten Gebiet gleiche Mindestarbeitsbedingungen vorhanden sind. Die Verträge gelten für die Unternehmen, die Mitglied im Arbeitgeberverband sind, und für Arbeitnehmer, die einer Gewerkschaft angehören. In der Praxis werden die Tarifbedingungen allerdings meist auch für die nicht gewerkschaftlich organisierten Mitglieder übernommen.

Die meisten Gewerkschaften haben sich zu einer Spitzenorganisation zusammengefunden, dem Deutschen Gewerkschaftsbund (DGB). Dieser vertritt mehr als sechs Millionen Mitglieder. Größte Einzelgewerkschaft im DGB ist die Industriegewerkschaft (IG) Metall mit 2,3 Millionen Mitgliedern. Sie ist für die Beschäftigten der Metall- und Elektroindustrie zuständig. In der Regel vertreten Gewerkschaften alle Berufsgruppen innerhalb einer Branche. Es gibt aber auch Berufsgewerkschaften wie die Vereinigung Cockpit, die nur für Piloten zuständig ist, oder die Gewerkschaft Deutscher Lokomotivführer (GDL).

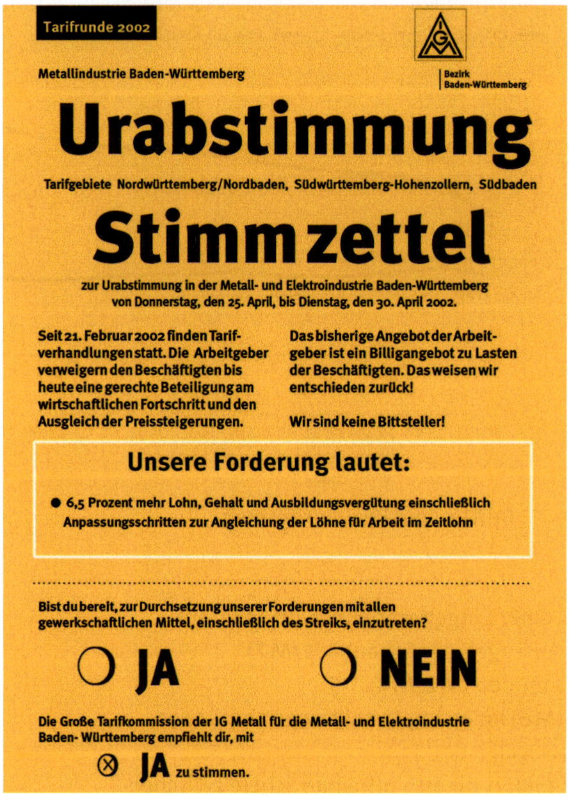

Tarifrunde 2002

Metallindustrie Baden-Württemberg

Bezirk Baden-Württemberg

Urabstimmung

Tarifgebiete Nordwürttemberg/Nordbaden, Südwürttemberg-Hohenzollern, Südbaden

Stimmzettel

zur Urabstimmung in der Metall- und Elektroindustrie Baden-Württemberg von Donnerstag, den 25. April, bis Dienstag, den 30. April 2002.

Seit 21. Februar 2002 finden Tarifverhandlungen statt. Die Arbeitgeber verweigern den Beschäftigten bis heute eine gerechte Beteiligung am wirtschaftlichen Fortschritt und den Ausgleich der Preissteigerungen.

Das bisherige Angebot der Arbeitgeber ist ein Billigangebot zu Lasten der Beschäftigten. Das weisen wir entschieden zurück!

Wir sind keine Bittsteller!

Unsere Forderung lautet:

- 6,5 Prozent mehr Lohn, Gehalt und Ausbildungsvergütung einschließlich Anpassungsschritten zur Angleichung der Löhne für Arbeit im Zeitlohn

Bist du bereit, zur Durchsetzung unserer Forderungen mit allen gewerkschaftlichen Mittel, einschließlich des Streiks, einzutreten?

○ JA ○ NEIN

Die Große Tarifkommission der IG Metall für die Metall- und Elektroindustrie Baden- Württemberg empfiehlt dir, mit

⊗ JA zu stimmen.

M1 Urabstimmungszettel

Die meisten Arbeitgeber haben sich zu Arbeitgeberverbänden zusammengeschlossen. Spitzenverband ist hier die Bundesvereinigung der Deutschen Arbeitgeberverbände (BDA).

Arbeitnehmer können, müssen aber nicht Mitglied einer Gewerkschaft sein. Für Mitgliedsbeiträge fällt bei den meisten Gewerkschaften 1 Prozent des Bruttoarbeitsentgelts oder der Ausbildungsvergütung an. Dafür bekommen Arbeitnehmer aber auch Rechtsberatung und bei einem Streik Streikgeld. Auch Arbeitgeber müssen keinem Arbeitgeberverband angehören. Sie schließen dann mit den Gewerkschaften Haustarifverträge ab.

Arbeitskampfmaßnahmen

Gewerkschaften und Arbeitgeberverbände sind Tarifvertragsparteien. Werden sie sich bei Tarifverhandlungen nicht einig, können die Gewerkschaften zum Streik aufrufen und versuchen, so ihre Forderungen durchzusetzen. Die Arbeitgeber können auf einen Streik mit Aussperrungen reagieren. Das heißt, alle Arbeitnehmer, auch diejenigen von Abteilungen, die zuvor nicht gestreikt haben, werden ohne Einkommen von der Arbeit ausgeschlossen. Aussperrungen kommen in Deutschland nur sehr selten vor. Solche Maßnahmen belasten zu sehr den Arbeitsfrieden. „Wer aussperrt, gehört eingesperrt“, hieß es auf Gewerkschaftsplakaten der 1980er-Jahre.

Bei Streiks beschränken sich die Gewerkschaften meist auf sogenannte Schwerpunktstreiks. Es sind dann nur wenige Betriebe in einem Tarifbezirk betroffen. Bei einem Flächenstreik wären die Kosten der Gewerkschaften für die finanzielle Unterstützung ihrer streikenden Mitglieder zu hoch.

Wer darf streiken?

Streiks und Aussperrungen dürfen nur von Tarifvertragsparteien durchgeführt werden. Nur Gewerkschaften können also zum Streik aufrufen. Während des Streiks wird der Arbeitsvertrag nicht gelöst, er ruht und lebt automatisch nach Beendigung der Maßnahme wieder auf. Streiken allerdings einzelne oder Gruppen von Arbeitnehmern „spontan" oder „wild", entspricht dies einer Arbeitsverweigerung, die mit einer fristlosen Kündigung durch den Arbeitgeber beantwortet werden kann. Arbeitskämpfe dürfen nur zur Durchsetzung tarifvertraglicher Ziele durchgeführt werden. Politische Streiks gegen Beschlüsse der Regierung oder des Parlaments sind in Deutschland nicht zulässig.

„Insider" und „Outsider"

Wenn Gewerkschaften zu hohe Lohnabschlüsse durchsetzen, besteht die Gefahr, dass die Unternehmen durch Rationalisierung der Arbeitsabläufe und durch Automatisierung der Produktion Arbeitsplätze abbauen. Die Unternehmen wollen trotz der gestiegenen Entgelte die Summe der Personalkosten nicht erhöhen. „Insider", also Beschäftigte, bekommen dann zwar mehr Geld. „Outsider", also Arbeitslose oder Berufseinsteiger finden aber keine Arbeit, weil Unternehmen frei werdende Arbeitsplätze nicht neu besetzen.

M 2 Die „Insider-Outsider"-These

Der zentrale Gedanke dieser These ist, dass gewerkschaftlich organisierte Arbeitnehmer – die „Insider" – Macht besitzen und damit auf Kosten der arbeitslosen „Outsider" egoistische Ziele durchsetzen. Die Insider besitzen Macht, weil es für das Unternehmen kostspielig ist, sie zu ersetzen. Abfindungszahlungen sind direkte Kosten der Entlassung. Aber indirekt entstehen weitere Kosten bei der Einstellung neuer Mitarbeiter: Diese [...] müssen über längere Zeit trainiert und geschult werden und belasten dabei alte, erfahrene Mitarbeiter, die bei ihren eigentlichen Aufgaben fehlen. Die Kosten [...] schrecken die Firma davon ab, eingesessene Insider zu entlassen. Dadurch geben sie den Insidern einen gewissen Spielraum bei der Lohndurchsetzung, den diese so weit wie möglich ausnutzen. Sie werden den Lohn gerade so hoch ansetzen, dass sich ihre Entlassung für die Firma nicht lohnt. Damit wird es für die Firma zu teuer, neue Mitarbeiter einzustellen, was den Insidern nicht ungelegen kommt. [...] Jeder neue Gast am Tisch bedeutet ein kleineres Kuchenstück für alle.

Nach: Hans Schmid u. a.: Ökonomik des Arbeitsmarktes. Bern (Haupt) u. a. ²1996, S. 157 f.

1 2002 fand der letzte große Streik der Metall- und Elektroindustrie in Baden-Württemberg statt. Nennt Forderungen (M 1).

2 Erklärt die Begriffe „Berufsgewerkschaft", „wilder Streik", „Schwerpunktstreik" (Text).

3 Erläutert, warum in Betrieben „Insider" gegenüber „Outsidern" bevorzugt beschäftigt sind (M 2). Wie wirkt sich die Bevorzugung bei Tarifverhandlungen aus?

Ablauf eines Arbeitskampfes als Flussdiagramm

M1 Tarifverhandlungen

Ablauf eines Tarifkonflikts

Wenn nach Ablauf oder Kündigung eines Tarifvertrags die zuständige Gewerkschaft eine höhere Bezahlung und bessere Arbeitsbedingungen für ihre Mitglieder fordert, kommt es zu Tarifverhandlungen. Einigen sich die Tarifpartner, wird ein neuer Tarifvertrag unterzeichnet. Manchmal gelingt aber kein Kompromiss. In den meisten Branchen gibt es für solche Fälle tarifliche Vereinbarungen über die Einsetzung einer Schlichtungskommission. Dabei versucht ein kleiner Kreis von Arbeitgeber- und Gewerkschaftsvertretern, eine Lösung für den Konflikt zu finden. Möglich ist aber auch die Hinzuziehung eines neutralen Schlichters, der nach eingehenden Beratungen einen Schieds-

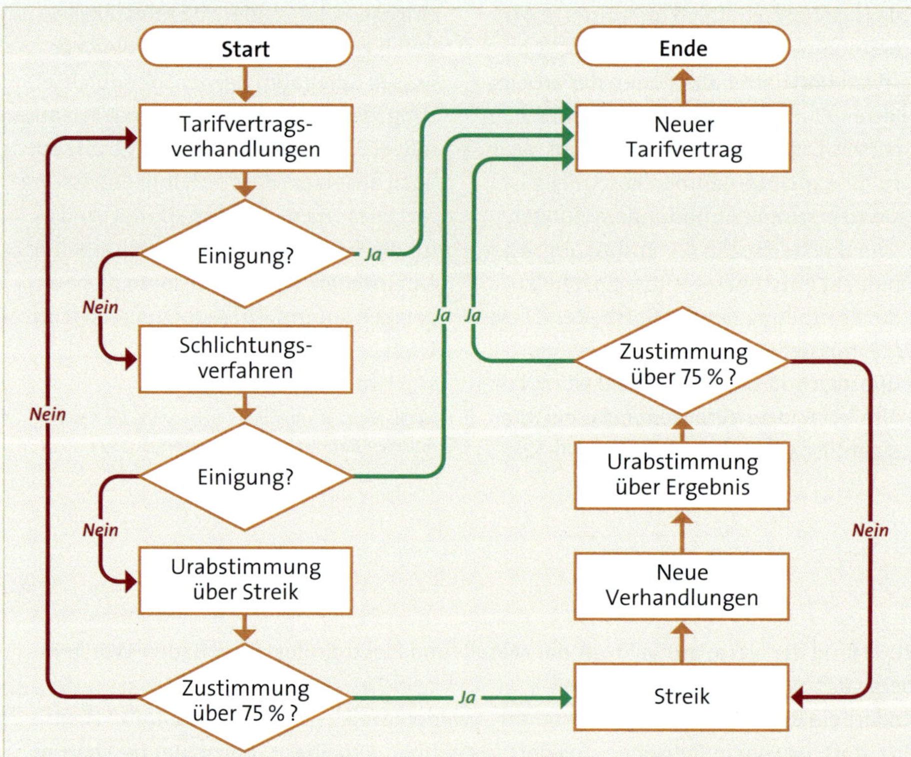

M2 Flussdiagramm: Tarifkonflikt

spruch fällt. Der Spruch des Schlichters kann von den Tarifparteien angenommen oder abgelehnt werden. Scheitert die Schlichtung, kommt es zu einem Arbeitskampf. Vor jedem Streik müssen die Gewerkschaften eine Urabstimmung durchführen. Gemäß den Satzungen der meisten Gewerkschaften dürfen Betriebe nur bestreikt werden, wenn mindestens 75 Prozent der Gewerkschaftsmitglieder für einen Streik stimmen. Wenn die Verhandlungsparteien der Gewerkschaften und der Arbeitgeber einen neuen Tarifvertrag beschlossen haben, müssen sich mindestens 25 Prozent der Stimmberechtigten für den neuen Tarifvertrag entscheiden, damit er dann tatsächlich angenommen wird. Während der Dauer eines Tarifvertrages und noch während der Verhandlungen gilt die Friedenspflicht, es darf also nicht gestreikt werden. Kurze Warnstreiks sind aber zulässig (Flussdiagramm Tarifkonflikt s. **M 2**).

Flussdiagramme

Flussdiagramme sind grafische Darstellungen technischer oder kaufmännischer Abläufe. Sie stellen die notwendigen Prozesse zur Lösung von Aufgaben dar. Zur Darstellung werden genormte Symbole verwendet (s. **M 3**).

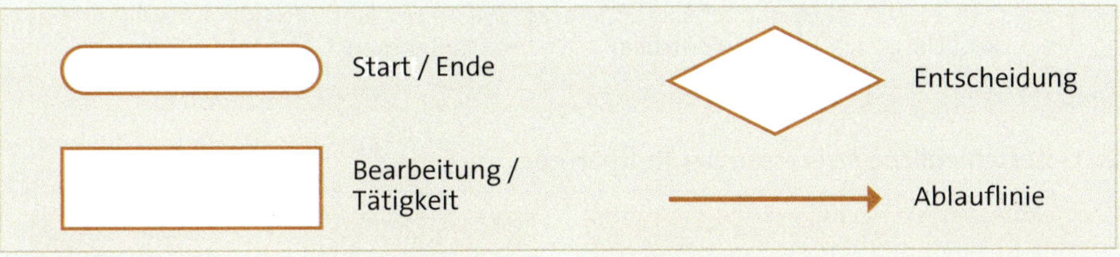

M 3 Symbole von Flussdiagrammen

Analysieren

An einem einfachen Beispiel, dem Telefonieren im Festnetz, könnt ihr sehen, wie ein Flussdiagramm modelliert ist (s. **M 4**): Nach dem Start-Symbol, einem Symbol mit gerundeten Ecken, wird in einem rechteckigen Symbol eine Tätigkeit genannt, also „Hörer abnehmen und wählen“. Es folgt eine Verzweigung in Form einer Raute mit einer Frage, die zwei Entscheidungen zulässt, z.B. „Meldet sich Teilnehmer?“. Die Ablauflinien an den Ausgängen der Raute sind mit Ja oder Nein gekennzeichnet. Sie münden wieder in Tätigkeiten. Am Schluss des Prozesses steht das Ende-Symbol.

Anwenden

Nun könnt ihr mithilfe des Eingangstextes auch die verschiedenen Möglichkeiten des Ablaufs eines Tarifkonfliktes (**M 1**) vom Start bis zum Ende beschreiben. Beginnt am besten mit der Situation, die in **M 4** dargestellt ist. Geht dann den mit Ja oder Nein gekennzeichneten Ablauflinien nach und beschreibt die möglichen Entscheidungen.

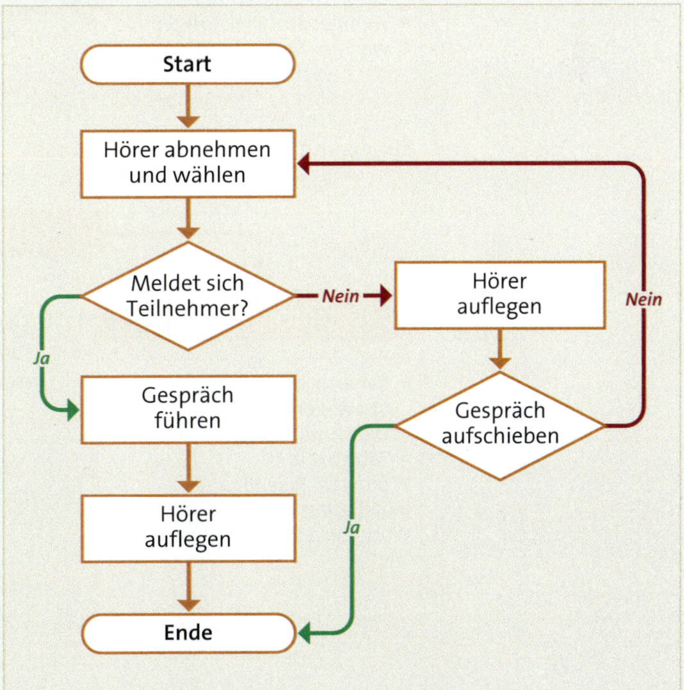

M 4 Flussdiagramm: Telefonieren im Festnetz

Das kann ich …

Wichtiges zusammengefasst

1 Aufbauorganisation eines Betriebs (Organigramm)

Geschäftsführung – Rechtsabteilung

Werkstoffe	Produktion	Vertrieb	Verwaltung
Einkauf	Planung	Werbung	Buchhaltung
Lager	Steuerung	Fuhrpark	Kostenrechnung
Recycling	Kontrolle	Außendienst	Personal

2. Unterschiedliche Interessen der Tarifpartner

Arbeitgeberverbände

- niedrigere Arbeitsentgelte
- weniger Urlaub
- längere Arbeitszeiten
- weniger Sozialleistungen
- weniger Mitbestimmung

Einigung bei Tarifverhandlungen

Gewerkschaften

- höhere Arbeitsentgelte
- mehr Urlaub
- kürzere Arbeitszeiten
- mehr Sozialleistungen
- mehr Mitbestimmung

3. Kündigung eines Arbeitsverhältnisses

Kündigung

Betriebsrat muss zustimmen

außerordentlich (fristlos)

- beharrliche Arbeitsverweigerung
- Diebstahl, Betrug
- Tätlichkeit
- schwere Beleidigung

(Kündigung innerhalb von zwei Wochen nach Bekanntwerden)

ordentlich (fristgerecht)

- Kündigungsfrist mindestens vier Wochen, je nach Betriebszugehörigkeit
- Kündigungsschutz bei Betrieben mit mehr als 10 Mitarbeitern

Ausnahmen: personenbedingt, erhaltensbedingt, betriebsbedingt

Besonderer Schutz: Auszubildende, Schwangere, Schwerbehinderte, Betriebsräte

4. Kündigungsgründe von Arbeitsverträgen durch den Arbeitgeber

personenbedingt	verhaltensbedingt	betriebsbedingt
▪ mangelnde körperliche oder geistige Eignung ▪ mangelnde Qualifikation ▪ häufige Krankheit ▪ fehlender Wille, sich fortzubilden oder sich in neue Technologien einzuarbeiten	schuldhafte Vertragsverletzungen z. B. ▪ schlechte Leistungen ▪ häufiges Zuspätkommen ▪ Störung des Betriebsfriedens ▪ Schwarzarbeit (vorherige Abmahnung erforderlich)	▪ Auftragsmangel ▪ Schließung einzelner Betriebsteile ▪ Rationalisierungsmaßnahmen (Berücksichtigung sozialer Gesichtspunkte der Beschäftigten: „Sozialauswahl")

Wissens-Check

1 Zählt Mindestinhalte eines schriftlichen Arbeitsvertrags auf.
2 Nennt wesentliche Pflichten des Arbeitgebers aus dem Arbeitsvertrag.
3 Unterscheidet die Arten von Tarifverträgen.
4 Unterscheidet das Brutto- vom Nettoarbeitsentgelt. Welche Abgaben werden vom Bruttoentgelt abgezogen?
5 Beschreibt den möglichen Ablauf eines Arbeitskampfes.
6 Erklärt die Folgen eines „wilden Streiks".
7 Flussdiagramme erleichtern das Verständnis auch für rechtliche Vorgänge. Beschreibt anhand des nebenstehenden Diagramms die Vorgehensweise eines Verbrauchers, der feststellt, dass ein vor wenigen Monaten gekauftes Elektrogerät defekt ist.

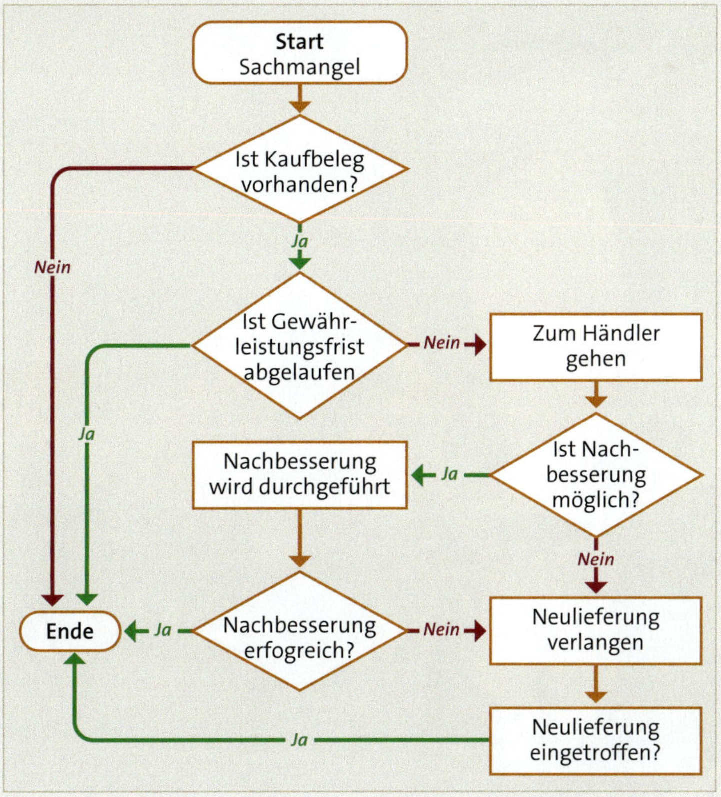

KAPITEL 4

Sich selbstständig machen?

Jeder zehnte erwerbstätige Deutsche sichert seine Existenz durch eine selbstständige Tätigkeit. Dazu gehören Handwerksmeister und Einzelhändler, aber auch Ärzte, Steuerberater, Künstler und Landwirte. Selbstständige müssen über die notwendigen Kompetenzen verfügen, die ihnen bei der Ausführung ihrer Tätigkeit behilflich sind. Dies ist bei dem Gärtner auf dem Foto sicher der Fall. Dazu gehören fast immer fundierte kaufmännische Grundkenntnisse. Selbstständige Unternehmer kombinieren aus Eigeninitiative Produktionsfaktoren, um Güter zu erzeugen oder Dienstleistungen zu erbringen, die sie mit Gewinn auf nationalen und manchmal auch globalen Märkten anbieten. Die Unternehmer tragen dabei das volle Risiko für sich und für ihre Familien, aber auch die Verantwortung für ihre Mitarbeiter.

In diesem Kapitel setzt ihr euch mit den Wegen zur Selbstständigkeit, ebenso mit Chancen und Risiken unternehmerischer Tätigkeit und Verantwortung auseinander, erkennt die volkswirtschaftliche Bedeutung von Unternehmensgründungen, beurteilt Zielkonflikte zwischen Unternehmern und Anspruchsgruppen rund um das Unternehmen. Zudem analysiert ihr die Möglichkeiten staatlicher Einflussnahme.

Der Weg zum eigenen Unternehmen

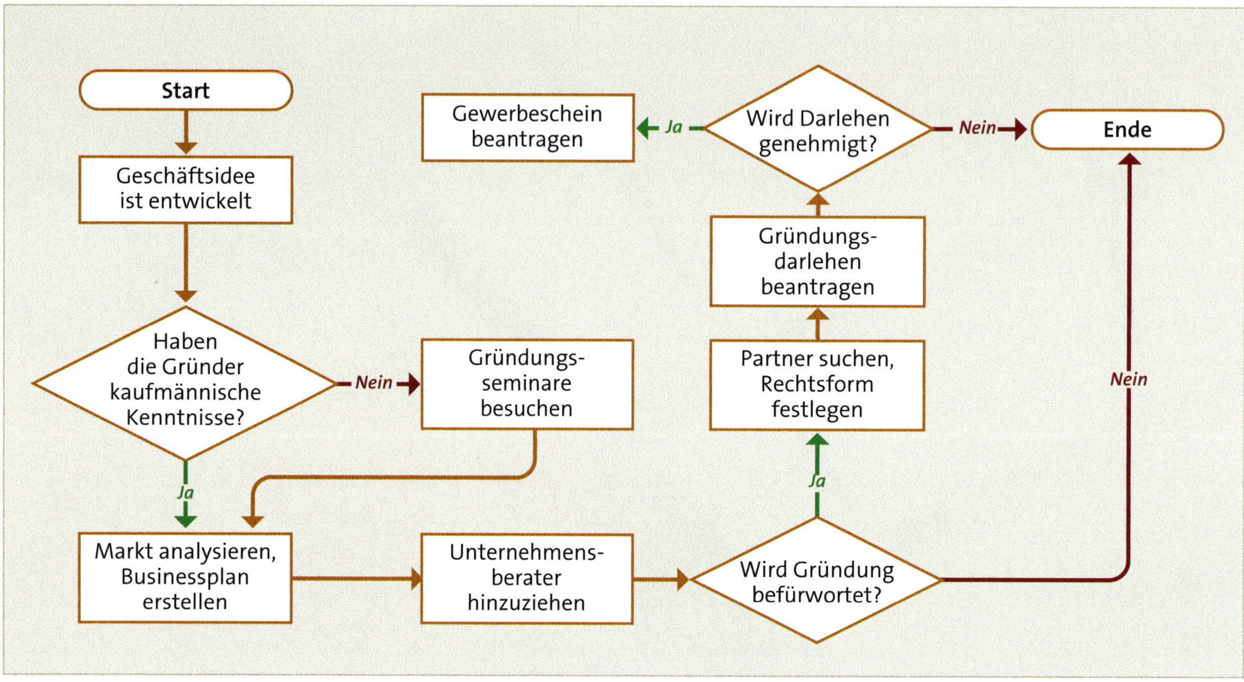

M1 Der Weg zum eigenen Unternehmen

★ **Start-up**
Darunter versteht man ein junges Unternehmen mit einer neuartigen Geschäftsidee. Die meisten schnell wachsenden Start-ups kommen aus dem Technologiebereich, z. B. der Biotechnologie oder der Entwicklung von Software. Die bekanntesten Beispiele von Unternehmen, die als Start-up gegründet wurden, sind Internet-Dienste wie Google, Facebook und Twitter.

Motive für die Selbstständigkeit

Habt ihr keine Lust mehr auf einen Chef über euch? Wollt ihr eine vielversprechende Geschäftsidee zu einem Start-up★ verwirklichen? Möchtet ihr eure Arbeitszeit frei einteilen? Wollt ihr die Chance haben, viel Geld zu verdienen? Klar ist das reizvoll.

Ablauf der Gründung

Wenn ihr euch selbstständig machen wollt, steht ihr vor vielen Hürden, habt aber auch viel zu gewinnen. Am Anfang geht es um das Entwickeln einer Geschäftsidee. Mancher von euch hat schon in der Hobbywerkstatt einen zündenden Einfall gehabt. Aber das reicht nicht. Ihr müsst euch auch Gedanken darüber machen, ob sich euer Produkt verkaufen lässt. Wenn ihr für das geplante Unternehmen einen Bankkredit oder Zuschüsse aus einem staatlichen Förderprogramm beantragen wollt, müsst ihr einen Geschäfts- bzw. Businessplan erarbeiten. Dort müsst ihr nicht nur nachweisen, dass ihr die notwendige Qualifikation für das Gründungsvorhaben besitzt, sondern auch, wie hoch der Kapitalbedarf für das geplante Unternehmen ist und welche Perspektiven das Produkt am Markt hat. Oft hilft eine meist kostenlose Gründerberatung z. B. bei einer Industrie- und Handelskammer (IHK) oder einer Handwerkskammer (HwK) weiter. Die Kammern bieten auch regelmäßig Existenzgründerseminare und Buchführungslehrgänge an. Wenn ihr zusammen mit anderen gründen wollt, braucht ihr einen Gesellschaftsvertrag.

Ganz ohne eigene Ersparnisse geht es meist nicht. Zusätzlich braucht ihr vermutlich Kredite. Die Banken oder Sparkassen verlangen dafür Sicherheiten. Oft helfen günstige staatliche Gründerkredite, für die weniger Sicherheiten verlangt werden. Der Gründungsvorgang ist abgeschlossen, wenn ihr ein Gewerbe beim Gewerbe- oder Ordnungsamt angemeldet und einen Gewerbeschein erhalten habt. Das Ordnungsamt informiert u. a. das Finanzamt. Freiberufler, also z. B. Ärzte oder Architekten, brauchen keinen Gewerbeschein.

M 2 Unternehmensgründung im Nebenerwerb – die IHK informiert

Regelmäßig übersteigt die Anzahl der Nebenerwerbsgründungen die der Gründungen im Vollerwerb. Die Vorteile liegen auf der Hand: weniger Risiko, geringerer Kapitalaufwand, langsameres Herantasten an die Selbstständigkeit. [...]
Eine Anzeige beim Arbeitgeber ist nur dann zwingend erforderlich, wenn Sie ein konkurrierendes Vorhaben planen. [...] Darüber hinaus sollten Sie darauf achten, ob Ihr Arbeitsvertrag eine Nebentätigkeitsklausel enthält. [...]
Grundsätzlich ist es jedoch empfehlenswert, mit dem Arbeitgeber über die selbstständige nebenberufliche Tätigkeit zu sprechen und eine schriftliche Vereinbarung zu treffen. So ist sichergestellt, dass der Arbeitsplatz nicht gefährdet wird. [...] Eine nebenberufliche selbstständige Tätigkeit hat [...] keinen Einfluss auf den Beitrag der Krankenversicherung. Übersteigt die Nebentätigkeit im Gewinn und Zeitaufwand jedoch die hauptberufliche Tätigkeit oder wird in der Selbstständigkeit mit Angestellten gearbeitet, führt dies üblicherweise dazu, dass sich der Selbstständige in der gesetzlichen Kranken- und Pflegeversicherung freiwillig versichern muss.

IHK Kassel-Marburg: Unternehmensgründung im Nebenerwerb, Kassel o. J., www.ihk.kassel.de (Zugriff: 14.7.2016)

M 3 Eine Idee, im Biergarten geboren

Patrick Luik und Fabian Hieber lernten sich kennen, als sie beide die 8. Klasse der Realschule in Esslingen wiederholen mussten: „Wir hatten nur Fußball im Kopf", grinst Luik. Fußball war auch ein Thema, als die beiden letzten Sommer im Biergarten saßen. Sie mussten ewig auf die Bedienung warten, denn die war vom plötzlichen Prachtwetter und dem daraus resultierenden Ansturm restlos überfordert. „Es wäre doch toll, wenn man selber bestellen könnte", dachten sich die jungen Männer, die beide nach der Schule eine Ausbildung zum Fachinformatiker gemacht hatten, Hieber mit der Fachrichtung Anwendungsentwicklung, Luik für Systemintegration. Das schöne Wetter war plötzlich egal. Im holzgetäfelten Keller von Luiks Großeltern tüftelten sie an der Idee und kamen so schnell voran, dass sie sich bereits im Juli entschieden, die Code2order GbR zu gründen. Tabletgestützte Systeme, die so etwas erlauben, gibt es zwar schon, „wir sind aber die ersten, wo es nach dem BYOD-Prinzip läuft", erzählt Luik. BYOD heißt „Bring your own device" und bedeutet, dass die Kunden ihre eigenen Geräte [zum Bestellen] einsetzen. Der Vorteil liegt auf der Hand: Sie müssen sich nicht auf fremde Geräte einlassen und der Gastronom spart die Anschaffung der teuren Geräte. Stattdessen muss er nur einen Reiter mit einem entsprechenden QR-Code auf den Tisch stellen. Ein erster Kunde ist schon gefunden: Das Esslinger Hotel am Schillerpark war von der zweimonatigen Testphase so angetan, dass es das System nun in allen Zimmern anbietet.

Annja Maga: Herr Ober geht online, Magazin Wirtschaft 1/2016, S. 31 [Text gekürzt]

1 Beschreibt den Verlauf des Flussdiagramms (**M 1**).

2 Fasst die Vorteile einer Gründung im Nebenerwerb zusammen (**M 2**). Bewertet eine derartige Gründung in Bezug zu euren eigenen Berufsvorstellungen.

3 Erörtert Vor- und Nachteile der Verwirklichung der Geschäftsidee nach **M 3**.

4 Habt ihr eine Geschäftsidee? Diskutiert sie in eurer Klasse. Welche Berufswahl bietet sich an, um der Verwirklichung näherzukommen?

Ziele unternehmerischer Tätigkeit

Wirtschaftliche Ziele

- **Marktziele**: Marktführerschaft bei Preis, Qualität und Technologie
- **Ertragsziele**: hohe Produktivität*, Rentabilität*, Umsatzentwicklung
- **Finanzziele**: solide Finanzen, keine Überschuldung

Soziale Ziele

- Arbeitszufriedenheit, Arbeitsplatzsicherheit, Mitspracherechte, Einhaltung der Arbeits- und Sozialgesetze, Vereinbarkeit von Beruf und Familie

Ökologische Ziele

- Umweltverträglichkeit von Produktion und Produkten, Recycling von Rohstoffen

M1 Ziele von Entscheidungsträgern

* **Produktivität**
Verhältnis der Produktionsmenge zu den dazu eingesetzten Werkstoffen, Maschinen oder Arbeitskräften. So berechnet sich z. B. die Arbeitsproduktivität aus der in einem bestimmten Zeitraum erzeugten Produktionsmenge im Verhältnis zu den dazu eingesetzten Arbeitsstunden.

* **Rentabilität**
Jeder Unternehmer erwartet, dass sein eingesetztes Kapital angemessen verzinst wird. Die Kennzahl der Kapitalrentabilität gibt darüber Auskunft.

$$\text{Rentabilität} = \frac{\text{Gewinn} \cdot 100\,\%}{\text{Eingesetztes Kapital}}$$

* **Unternehmerische Verantwortung**
Jedes Unternehmen hat durch seine Geschäftstätigkeit Einfluss auf die Lebens- und Arbeitsbedingungen seiner Mitarbeiterinnen und Mitarbeiter, auf Kunden, die Umwelt und das wirtschaftliche Umfeld. Die Frage nach der Verantwortung, die daraus resultiert, ist heute ein wichtiger Aspekt der modernen Unternehmenspolitik.

Leitbilder

Immer öfter wird in der Öffentlichkeit mehr Verantwortung von wirtschaftlichen Entscheidungsträgern gefordert. Die meisten Unternehmen sind sich dieser Verantwortung bewusst. Ihre Unternehmensleitbilder vermitteln Wertvorstellungen und Verhaltensregeln der am Unternehmensprozess beteiligten Menschen. Fast alle größeren Unternehmen haben sich derartige Leitbilder gegeben, die ihre Unternehmerische Verantwortung* beschreiben.

M2 Unternehmensleitbild der Robert-Bosch-GmbH Stuttgart

Das Leitbild „We are Bosch" hat fünf Ebenen, die konsequent aufeinander aufbauen. Ganz oben steht unser Auftrag, die Zukunft von Bosch zu sichern und unser Unternehmen kraftvoll weiterzuentwickeln – ganz im Sinne unseres Unternehmensgründers Robert Bosch. Die nächste Ebene beschreibt, was uns konkret antreibt, nämlich Technik fürs Leben: Unsere Produkte begeistern Menschen, verbessern ihre Lebensqualität und tragen zur Schonung der natürlichen Ressourcen bei. Auf der dritten Ebene finden sich unsere strategischen Schwerpunkte, nämlich Kundenfokus, Wandel und Spitzenleistung. Sie beschreiben die übergeordneten Herausforderungen, denen wir begegnen und an denen wir arbeiten müssen.
Dabei können wir auf unsere Stärken vertrauen: unsere Bosch-Kultur, unsere Innovationskraft, unsere Qualität und unsere globale Aufstellung. Diese Elemente bilden die vierte Ebene. Fundament des Leitbilds – die fünfte Ebene – sind unsere Werte, nämlich Zukunfts- und Ertragsorientierung, Verantwortung und Nachhaltigkeit, Initiative und Konsequenz, Offenheit und Vertrauen, Fairness, Zuverlässigkeit, Glaubwürdigkeit, Legalität sowie Vielfalt.

www.weareboschn.com, 23.11.2016

Unternehmensziele

Viele Unternehmensziele ergeben sich aus den Leitbildern. Oberstes Ziel privater Unternehmen ist es aber, einen möglichst hohen Gewinn zu erzielen. Der Unternehmensgewinn ist die Risikoprämie für das Wagnis des Kapitaleinsatzes und das Entgelt für die Tätigkeit des Unternehmers. Unterstützt wird dieses Ziel, indem sich das Unternehmen weitere wirtschaftliche Ziele setzt. Dabei kann zum Beispiel die Erhöhung des Marktanteils helfen. Ziele, die sich in Zahlen ausdrücken lassen, sind Ertragsziele, wie zum Beispiel die Produktivität, die Rentabilität des Eigenkapitals oder die Umsatzentwicklung. Zu guter Letzt gibt es noch Finanzziele, die den Bestand des Unternehmens sichern sollen.

Ökologische Unternehmensziele

Ökologische Herstellprozesse erfordern

neueste Technologien, um Umweltbelastungen wie Lärm, Abgase und andere Schadstoffe zu minimieren. Mit dem Einsatz neuer Technologien verbessert sich zwangsläufig die Wettbewerbsfähigkeit eines Unternehmens. Ökologische Produktionsweisen und Produkte dienen auch als Argument für die Produktwerbung.

Soziale Unternehmensziele

Unter sozialen Unternehmenszielen sind Leistungen zu verstehen, die für die Arbeitnehmer gelten: zum Beispiel Urlaubs- und Weihnachtsgeld, die Schaffung von Weiterbildungsmöglichkeiten, betriebliche Kindertagesstätten oder parallel zur gesetzlichen Rentenversicherung zusätzliche Altersvorsorgeprogramme.

Zielharmonie und Zielkonflikte

Zielharmonie ist zum Beispiel dann gegeben, wenn ein Unternehmen durch eine gesunde Ernährung in der Betriebskantine nicht nur die Arbeitszufriedenheit, sondern dadurch auch die Leistungsfähigkeit erhöht. Ein Zielkonflikt ergibt sich, wenn ein Unternehmen durch Preissenkungen den Umsatz steigert, aber dadurch nicht mehr in der Lage ist, seine Umweltemissionen zu senken.

M 4 Soziale Ziele: „Mit dem schweren Hänger kommen wir nicht über den Berg“.
Zeichnung: Schwalme

M 3 Unternehmerpersönlichkeit

Ein Unternehmer muss über die Fähigkeit verfügen, seine Arbeit zu planen. Er muss unterschiedliche Aufgaben bewältigen und verschiedene Menschen koordinieren, damit er den Qualitätskriterien Pünktlichkeit und Zuverlässigkeit gerecht wird. Grundsätzlich weisen Unternehmer eine höhere Leistungsmotivation auf als abhängig Beschäftigte. Leistung als Motiv bedeutet, sich willentlich anspruchsvolle Aufgaben zu suchen, die eine Herausforderung an die eigenen Fähigkeiten und Kompetenzen darstellen. Allein durch die bestmögliche Bearbeitung dieser Aufgaben und dem Tätigkeitsinhalt wird eine innere Befriedigung erreicht. Dies erklärt zum Teil, warum Unternehmer trotz einer Arbeitsbelastung von 60 bis 80 Stunden in der Woche, hohem finanziellem Erfolgsdruck, viel Verantwortung und einer finanziell ungesicherten Position eine größere Arbeitszufriedenheit empfinden als abhängig Beschäftigte.

www.gruendungsfahrplan.de/Grundlagen/unternehmer.html (Zugriff 22.5.2017, Text gekürzt)

1 Sucht soziale und ökologische Aussagen (M 1), die im Unternehmensleitbild der Robert-Bosch-GmbH genannt sind (M 2).

2 Ein Unternehmen mit einem Eigenkapital von 1 Mio. Euro erwirtschaftet einen Unternehmensgewinn von 75 000 Euro. Im folgenden Jahr steigt der Gewinn auf 95 000 Euro. Ermittelt jeweils die Kapitalrentabilität (Randspalte).

3 Erläutert, warum zwischen sozialen oder ökologischen und wirtschaftlichen Unternehmenszielen in den meisten Fällen Zielharmonie besteht. Wie sieht das der Karikaturist in M 4?

4 Fasst die in M 3 genannten Merkmale von Unternehmerpersönlichkeiten zusammen. Nennt weitere wünschenswerte Merkmale.

Ein Patent als Gründungsidee

* **Patent**
Es schützt neue technische Erfindungen. Dies können Erzeugnisse oder Verfahren sein. Es verleiht seinem Inhaber bis zu 20 Jahre lang das Recht, die patentierte Erfindung allein zu nutzen. Die Patenterteilung wird veröffentlicht und kann im Internet recherchiert werden. Patentanmeldungen sind kostenpflichtig. Die Kosten richten sich vor allem danach, in wie vielen Ländern und wie lang das Schutzrecht gelten soll.

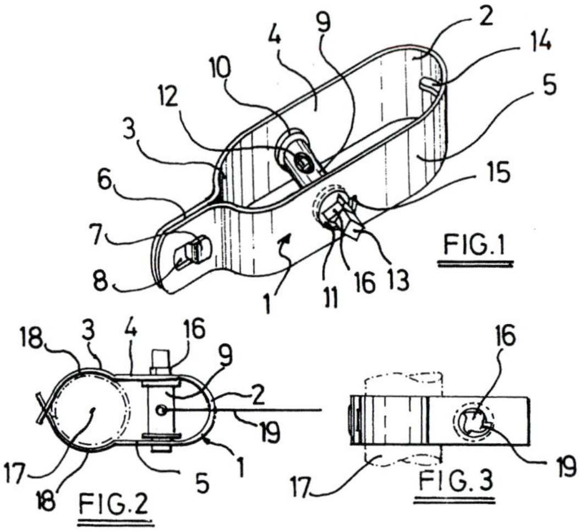

M1 Patent* für einen Drahtspanner

Grundlagen des gewerblichen Rechtsschutzes

Die kuwaitischen Behörden waren vor ca. 50 Jahren in Not. Ein Frachter war im Hafen von Kuwait-Stadt gesunken und drohte während der Bergung auseinanderzubrechen. Die dänische Versicherungsgesellschaft des Schiffs bat den dänischen Erfinder Karl Krøyer um Hilfe. Diesem gelang es, das Schiff zu heben, indem er Polystyrolkugeln mit 20 cm Durchmesser in den Rumpf des gesunkenen Schiffs pumpte, die das Wasser verdrängten. Die Methode war erfolgreich, das Wrack kam an die Oberfläche. Als aber Krøyer 1964 seine erfolgreiche Bergungs-Methode in Dänemark zum Patent anmelden wollte, scheiterte er. Der Grund war verblüffend: In einem Donald-Duck-Comic mit dem Titel „The Sunken Yacht" war diese Idee bereits 1949 veröffentlicht worden. Der Zeichner hatte die Comic-Figuren Tick, Trick und Track Tischtennisbälle in den Rumpf einer gesunkenen Yacht drücken lassen. Auch wenn es so, wie es **M2** zeigt, wohl nicht gegangen wäre, war das von Krøyer angewandte Verfahren nicht mehr grundsätzlich neu, es konnte nicht patentiert werden. In Deutschland und England konnte Krøyer dagegen sein Patent anmelden. Wirtschaftlichen Erfolg hatte er damit aber nicht, die Bergungsmethode erwies sich als zu teuer.

M2 Tischtennisbälle werden in das Schiffswrack befördert

Patente

Den in **M1** abgebildeten Drahtspanner mit einer Sperrklinke habt ihr sicher schon gesehen – an Gartenzäunen oder auch in Weinbergen. Ein Schweizer Erfinder bekam 1967 dafür ein Patent. Später wurden auch Verbesserungen der ursprünglichen Erfindung als Patente geschützt. Die Schutzfrist von maximal 20 Jahren ist inzwischen abgelaufen. Jeder darf die Drahtspanner nachbauen und verkaufen. Es gibt noch andere patentierte Ausführungen davon, die in Gartenmärkten angeboten werden.

Alle beim Europäischen Patentamt registrierten Erfindungen könnt ihr im Internet recherchieren. Dann seht ihr gleich, ob die Idee, die euch vielleicht in eurer Hobbywerkstatt eingefallen ist, schon andere vor euch hatten. Über die eventuelle Schutzwürdigkeit in Form einer Patentanmeldung werdet ihr u. a. im Patentinformationszentrum Stuttgart kostenlos beraten.

M 3 Patenterteilung

Ein Patent wird für eine technische Erfindung erteilt, die neu ist, auf einer erfinderischen Tätigkeit beruht und gewerblich anwendbar ist. Eine Erfindung gilt als neu, wenn sie nicht zum Stand der Technik gehört. Als Stand der Technik gelten alle Arbeitnehmererfindungen und Kenntnisse, die der Öffentlichkeit vor dem Anmeldetag schriftlich oder mündlich irgendwo in der Welt zugänglich gemacht wurden. [...] Es reicht nicht aus, dass eine Erfindung neu ist. Sie muss auch auf einer erfinderischen Tätigkeit beruhen, das heißt, sie darf nicht in naheliegender Weise aus dem Stand der Technik hervorgehen. Durch dieses Kriterium wird sichergestellt, dass nicht jede Neuerung, die noch so geringfügig ist, schon zu einem Schutzrecht führt. [...] Die gewerbliche Anwendbarkeit wird von allen Erfindungen erfüllt, die auf irgendeinem gewerblichen Gebiet herstell- oder benutzbar sind.

Deutsches Patent- und Markenamt [Hg.]: Patente, München 2013, S. 8 f. [Text gekürzt]

Arbeitnehmererfindungen

Viele Unternehmensgründer haben den Wunsch, eigene Erfindungen auf den Markt zu bringen. Allerdings müsst ihr nicht selbstständig sein, um zum erfolgreichen Erfinder zu werden. Die meisten Erfindungen entstehen am Arbeitsplatz. Erfinder sind dort keineswegs nur Ingenieure, die mit Entwicklungsarbeiten beauftragt sind, sondern Beschäftigte aus allen Berufsgruppen. Arbeitnehmer müssen Erfindungen, die mit ihrem Beruf zu tun haben, ihrem Arbeitgeber melden. Nach dem arbeitsrechtlichen Grundsatz vom Recht am Arbeitsergebnis steht die Erfindung dann dem Arbeitgeber zu. Als Ausgleich hat der Arbeitnehmer, der die Erfindung gemeldet hat, einen Anspruch auf eine angemessene Vergütung. Die meisten Unternehmen ermutigen ihre Beschäftigten, Erfindungen und Verbesserungsvorschläge vorzulegen, und zahlen dafür angemessene Prämien. Übrigens: Wer ein oder mehrere Patente vorweisen kann, hat bei Bewerbungen einen deutlichen Vorsprung.

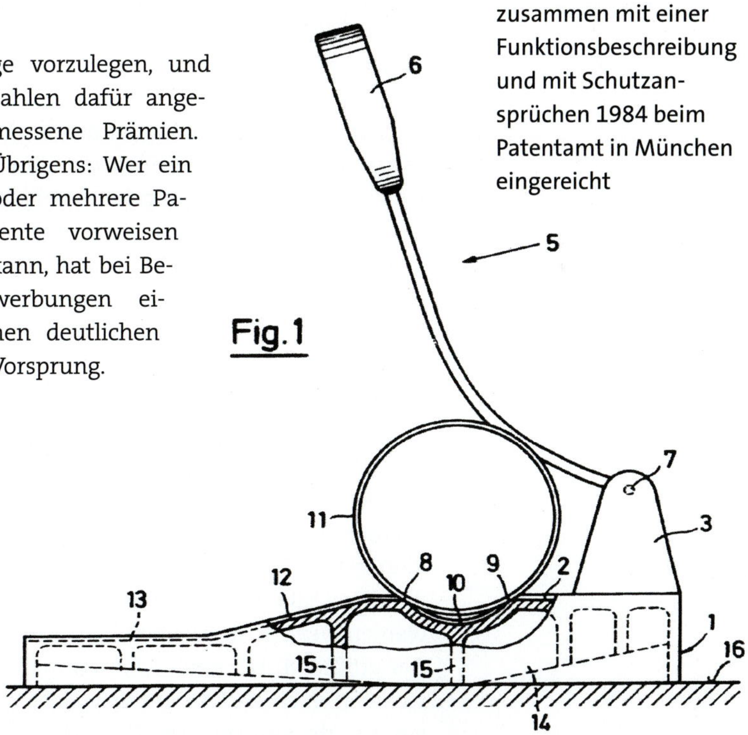

M 4 Dosenpresse zur Volumenminderung von Getränkedosen. Die Zeichnung der Dosenpresse wurde von einem Erfinder zusammen mit einer Funktionsbeschreibung und mit Schutzansprüchen 1984 beim Patentamt in München eingereicht

1 Beschreibt die Funktion des Drahtspanners (M 1). Worin besteht dabei die besondere für eine Erfindung notwendige Idee?

2 Beurteilt, ob die Erfindung (M 4) den Anforderungen von M 3 genügt. Erörtert, ob es eine gute Geschäftsidee eines Unternehmensgründers wäre, solche Pressen in größeren Stückzahlen herzustellen.

Selbstständig durch eine Betriebsübernahme

Etablierte Apotheke mit enormem Potenzial sucht Nachfolger

Standort: Regierungsbezirk Tübingen

Unternehmenskonzept: Neben dem versierten Verkauf von Arzneimitteln zeichnet sich die Apotheke auch durch umfangreiche Beratungsleistungen aus und bietet zudem verschiedene Serviceleistungen wie beispielsweise Blutdruckmessen an.
Auf Grund ihrer langjährigen Beständigkeit verfügt die Apotheke über eine große Anzahl an Stammkunden und spricht durch ihren zentralen Standort Touristen und Neukunden an.
Historie: Die Apotheke wird bereits seit 1974 erfolgreich von dem jetzigen Inhaber geführt.
Besonderheiten: Die Kunden schätzen die guten Parkmöglichkeiten und den behindertengerechten Eingang der Apotheke. Zudem profitiert das Unternehmen neben der zentralen Lage auch von dem hohen Bekanntheitsgrad in der Region. Zur Weiterführung des Unternehmens ist eine Qualifizierung als Apotheker erforderlich.
Kunden: Die treuen Stammkunden vertrauen seit Jahren auf den kundenorientierten Service und nehmen den kostenlosen Lieferdienst für Arzneimittel gerne in Anspruch.
Unternehmenszahlen: Mit einem qualifizierten und kompetenten Team, bestehend aus 4 Mitarbeitern (2 PTA und 2 PKA), sowie mit den beiden jetzigen Inhabern wurde im letzten Jahr ein Umsatz von über 1,2 Mio. Euro erwirtschaftet.

Verkaufsgrund: Der Verkauf erfolgt aus Altersgründen
Verkaufskonditionen: Der Verkauf inklusive Immobilie erfolgt gegen Gebot.

M1 Verkaufsangebot in einer Betriebsbörse im Internet

Firmenkauf

Wenn ihr eure Berufsausbildung oder euer Studium abgeschlossen habt, könnt ihr ein bereits bestehendes Unternehmen erwerben. Die Banken und staatliche Fördermittel helfen euch bei der Finanzierung. Viele ältere Unternehmer wollen in den Ruhestand gehen, geeignete Nachfolger aus dem Kreis der eigenen Familie gibt es aber nicht immer. Einzelhändler, Handwerker, Angehörige freier Berufe wie Steuerberater, Architekten und Ärzte suchen deshalb geeignete Nachfolger (**M1**). Oft sind die bisherigen Eigentümer bereit, ihren Betrieb oder ihre Geschäfts- oder Praxisräume zu verpachten. Pacht bedeutet, dass der Verpächter Eigentümer bleibt und euch die Räume und Einrichtungen zur Nutzung überlässt. Fahrzeuge und das Warenlager werden meist an den Pächter verkauft.

Der größte Vorteil einer Übernahme besteht für euch als Käufer darin, dass ihr ein bereits eingeführtes Unternehmen einschließlich des Kundenstamms des bisherigen Eigentümers erwerbt. Im Idealfall übernehmt ihr ein eingespieltes Mitarbeiter-Team, die Räumlichkeiten und Kontakte des bisherigen Eigentümers zu Banken und Geschäftspartnern.

Nachteile einer Betriebsübernahme

Aber ihr müsst fachlich geeignet sein und euch durchsetzen können. Das Unternehmen war vermutlich über Jahre auf den alten Chef ausgerichtet. Auch die Angestellten hatten womöglich ein enges Verhältnis zu ihm. Das kann den Einstieg für euch erschweren, zumal sich nicht jeder etwas von einem vielleicht jüngeren Chef sagen lassen möchte. Ferner könnt ihr nicht sicher sein, ob ihr auch bei den Kunden volle Akzeptanz genießt.

Wovon ihr euch unbedingt ein Bild machen müsst, ist der Zustand der Betriebs-, Laden-, Büro- oder Praxiseinrichtung. Hat der alte Eigner mit der Technik und den Kommunikationsmitteln Schritt gehalten oder hat er im Wissen um seinen nahenden Ruhestand irgendwann Investitionen gescheut? Wenn das der Fall sein sollte, fallen hohe zusätzliche Kosten an, die über den Kauf bzw. die Pacht hinausgehen. Handwerkskammern oder Industrie- und Handelskammern erstellen, meist kostenlos, Gutachten über den Kaufpreis von Betrieben, die zur Übergabe anstehen.

Außerdem müsst ihr euch im Klaren sein, dass ihr die bisherigen Beschäftigten in

den meisten Fällen übernehmen müsst. Und schließlich müsst ihr auch damit rechnen, dass ihr bei der Übernahme z.B. eines Handwerksbetriebs Altlasten eures Vorgängers, wie Verbindlichkeiten oder Gewährleistungsansprüche, mit übernehmt. Daher müsst ihr vor der Übernahme möglichst viele Informationen über den Betrieb, die Marktlage und die Qualifikation der Beschäftigten einholen. Kunden und Lieferanten können euch sicherlich am besten Auskunft erteilen.
Wer eigene Vorstellungen hat und diese auch durchbringen möchte, sollte von einer Übernahme absehen und stattdessen selbst gründen. Um ein Scheitern* zu verhindern, ist eine gründliche Vorbereitung notwendig.

M 3 Apotheke mit älterem Inhaber

* **Gründe für das Scheitern**
- Hilfen für Existenzgründer, z. B. von IHK und HwK, werden nicht wahrgenommen.
- Der Finanzbedarf wird falsch eingeschätzt.
- Keine ausreichende Marktanalyse vor der Gründung.
- Selbstüberschätzung der Gründer, mangelnde Berufserfahrung.
- Keine oder unzureichende kaufmännischen Kenntnisse.
- Stress und Arbeitsbelastung werden unterschätzt.
- Die Familie steht nicht hinter dem Gründer.

M 2 Erfolgreiche Betriebsübernahme – Ratschläge einer Handwerkskammer

Noch nie waren die Chancen so gut, einen Handwerksbetrieb zu übernehmen, denn etwa 250 000 Handwerksbetriebe suchen bundesweit in den nächsten Jahren einen Nachfolger. Jungen Handwerksmeisterinnen und -meistern bieten sich deshalb gute Gelegenheiten, durch die Übernahme eines Betriebes eine eigene Existenz aufbauen zu können.
Wer allerdings glaubt, dass er sich in ein „gemachtes Nest" setzen und mit geringem Aufwand und Risiko das fortführen kann, was der Vorgänger aufgebaut hat, täuscht sich oft gewaltig. [...]
Der selbstständige Betrieb eines Handwerks setzt die Eintragung in die Handwerksrolle voraus. Dies ist in einem zulassungspflichtigen Handwerk jedoch nur dann möglich, wenn Sie die notwendige fachliche Qualifikation nachweisen können. Haben Sie die Meisterprüfung in dem zulassungspflichtigen Handwerk, das Sie auf eigenen Namen und eigene Rechnung betreiben wollen, erfolgreich abgelegt, so steht dem Eintrag in die Handwerksrolle Ihrer Handwerkskammer nichts entgegen. Gleichwertig können Sie auch als Diplom-Ingenieur oder Techniker in die Handwerksrolle eingetragen werden. [...]
Nicht allein handwerkliches Geschick und Fachwissen zählen. Kaufmännische Kenntnisse, die Fähigkeit zur Mitarbeiterführung, Erfahrungen in Führungsfunktionen, Organisationstalent, Ehrgeiz und starker persönlicher Einsatz sind Eigenschaften, die heute von jedem Existenzgründer verlangt werden.

Handwerkskammern Baden-Württemberg (Hg.): Betriebsübernahme im Handwerk, Stuttgart [4]2010, S. 7 f.

1 Wertet **M 1** aus. Welche Angaben wären noch hilfreich, um eine Entscheidung über einen Kauf treffen zu können?
2 Wägt Vor- und Nachteile einer Betriebsübernahme gegeneinander ab (Text).
3 Nennt wesentliche Voraussetzungen für die Übernahme eines Handwerksbetriebs (**M 2**, **M 3**).

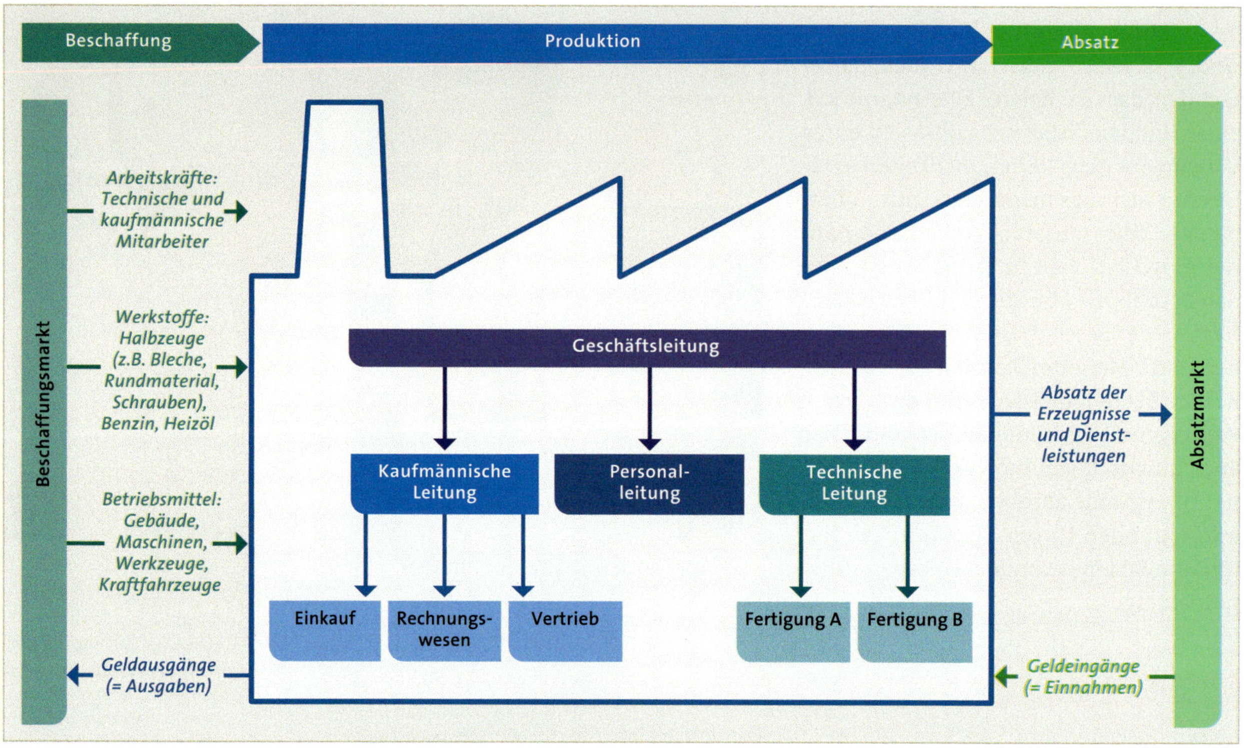

M1 Der betriebliche Leistungsprozess

Firma, Betrieb, Unternehmen

Die Begriffe „Firma", „Betrieb" und „Unternehmen" werden im allgemeinen Sprachgebrauch oft gleichgesetzt. Rechtlich gesehen ist die „Firma" aber der Namen eines Unternehmens, unter dem die Geschäfte getätigt werden. Gebraucht man den Begriff „Betrieb", so meint man einen Ort, an dem Güter erzeugt oder Dienstleistungen erbracht werden. Betriebe sind also Fabrikgebäude, Werkstätten oder Fuhrparks, wo Arbeitskräfte Erzeugnisse herstellen oder Dienstleistungen wie den Verkauf von Waren oder den Transport von Gütern erbringen.

Unabhängig von der Art der Betriebe ist ihnen gemeinsam, dass sie Kundenwünsche erfüllen. Zur Herstellung, Instandhaltung oder Wartung von fertigen Erzeugnissen (Produktion) müssen rechtzeitig sowohl Werkstoffe und Zulieferteile beschafft als auch Arbeitskräfte, Maschinen und Betriebsräume bereitgestellt werden (Beschaffung). Die hergestellten Erzeugnisse werden dann an die Kunden verkauft (Absatz).

Anders ist es bei „Unternehmen". Man meint damit die wirtschaftliche und rechtliche Einheit. Dazu gehört die Frage der Rechtsform oder auch der Eigentümer und Geldgeber. Zu einem Unternehmen können mehrere Betriebe gehören

Ablauf der Fertigung – ein Beispiel

Bei Rohrschellen zum Befestigen von Fahrradklingeln am Lenker, wie ihr sie alle kennt, werden im Abstand von mehreren Wochen einige hundert oder auch tausend dieser Befestigungsteile hergestellt.

M2 Rohrschelle

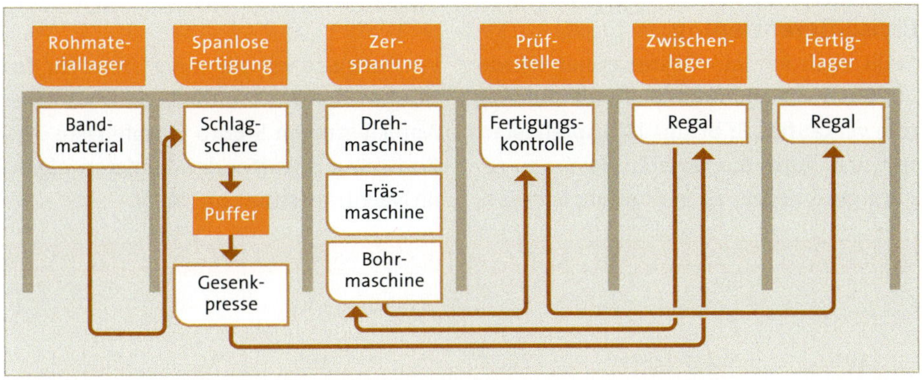

M3 Werkstättenfertigung einer Rohrschelle

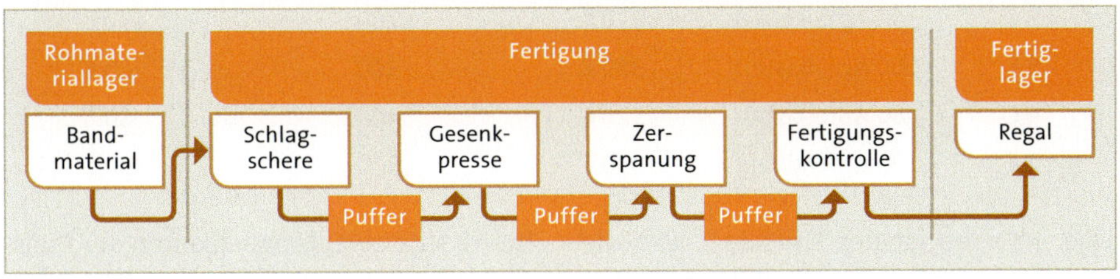

M4 Reihenfertigung einer Rohrschelle

Zur Herstellung der Rohrschellen sind mehrere Arbeitsschritte notwendig: Die Einzelteile müssen von Stangen- oder Bandmaterial mit einer Schlagschere abgetrennt, anschließend in eine Form gepresst und schließlich mit Bohrungen versehen werden.

Ablauf der Fertigung

Bei der Werkstättenfertigung werden Betriebsmittel (Maschinen und Werkzeuge) mit gleichen Fertigungsverfahren in einer Halle oder Werkstatt zusammengefasst: Alle Drehmaschinen stehen z.B. in der Dreherei. Die Werkstücke wandern entsprechend den notwendigen Arbeitsschritten von Werkstatt zu Werkstatt. Da dort wechselnde Arbeitsaufträge in unterschiedlichen Stückzahlen ausgeführt werden, kann es sein, dass eine Serie halbfertiger Erzeugnisse zeitweise in einem Zwischenlager abgelegt werden muss, bis die nächste Maschine zur Verfügung steht.

Bei der Reihenfertigung wird die Herstellung eines Produktes in aufeinanderfolgende Arbeitsschritte aufgeteilt. Die Betriebsmittel werden so angeordnet, wie es der Abfolge des Arbeitsprozesses entspricht. Häufig ist die Bearbeitungsdauer an den Maschinen aber unterschiedlich lang. Deshalb stehen zwischen den einzelnen Arbeitsprozessen sogenannte Puffer, also Paletten, Regale, Behälter.

Bei der Fließbandfertigung gibt es keine Puffer. Die Fertigungsabläufe sind zeitlich aneinandergebunden, die Bearbeitung erfolgt in vorgegebenen Taktzeiten. Das bekannteste Beispiel für die Fließbandfertigung sind die Montagebänder im Automobilbau.

1 Unterscheidet die Begriffe „Firma", „Betrieb" und „Unternehmen" (Text).

2 Erläutert den Unterschied zwischen der Werkstätten-, der Reihen- und der Fließbandfertigung (Text, **M1**, **M3**, **M4**).

3 Ordnet die nachfolgenden Produkte den Fertigungsabläufen zu, in denen sie vermutlich hergestellt werden: Sondermaschine, Herrenhemden, Schrauben M 10, Kraftfahrzeuge.

4 Beschreibt den betrieblichen Leistungsprozess (**M1**). Unterscheidet dabei zwischen Geld- und Güterströmen.

Umsatz und Gewinn

Preisdifferenzierung

Stellt euch vor, ein Obsterzeuger würde auf einem Wochenmarkt Kisten mit Äpfeln verkaufen. Er bringt 100 Apfelkisten mit und hofft, die meisten davon zu einem guten Preis zu verkaufen. Die Kosten, hier also vor allem die Löhne für das Pflegen der Bäume und das Ernten der Äpfel, betragen 5 Euro je Apfelkiste. Aus Erfahrung erwartet der Anbieter folgende Nachfragesituation (**M 1**):

M 1 Umsatz und Gewinn beim Verkauf von Apfelkisten auf einem Wochenmarkt

Preis *P*	Nachgefragte Menge *m*	Umsatz *U* = *P* • *m*	Lohnkosten (5 €/Apfelkiste) • *m*	Gewinn/Verlust
10 €	20 Apfelkisten	200 €	100	100 €
8 €	40 Apfelkisten	320 €	200	120 €
6 €	60 Apfelkisten	360 €	300	60 €
4 €	80 Apfelkisten	320 €	400	-80 €
2 €	100 Apfelkisten	200 €	500	-300 €

Wie ihr seht, ist der Umsatz★, also die verkaufte Menge von Apfelkisten, die mit dem jeweils erzielten Preis multipliziert wird, bei 60 verkauften Kisten am größten. Das bedeutet aber nicht, dass der Gewinn★ beim maximalen Umsatz am größten sein muss. Bei der Ermittlung des Gewinns müssen die Kosten★ berücksichtigt werden.

In **M 2** sind zwei Möglichkeiten der Preisgestaltung und des dann jeweils anfallenden Gewinns grafisch dargestellt. Der Obsterzeuger skizziert jeweils die Nachfragekurve, die ihm anzeigt, wie hoch der vermutete Absatz bei einem von ihm festgelegten Preis ist. Deshalb wird für die Nachfragekurve oft auch die Bezeichnung „Preis-Absatz-Kurve“★ verwendet:

★ **Umsatz (Erlös)**
Wert der an Kunden abgegebenen Sachgüter und Dienstleistungen. Er ergibt sich als Produkt aus der Menge der Sachgüter und Dienstleistungen und dem Verkaufspreis.

★ **Gewinn**
Differenz zwischen Erlösen (Umsätzen) und Kosten. Verwendung des Gewinns s. S. 100.

★ **Kosten**
Ausgaben für Sachgüter und Dienstleistungen, die zur Herstellung eines Produkts oder der Erbringung einer Dienstleistung notwendig sind.

★ **Preis-Absatz-Kurve**
Mit sinkendem Preis steigt die Nachfrage (= Nachfragekurve).

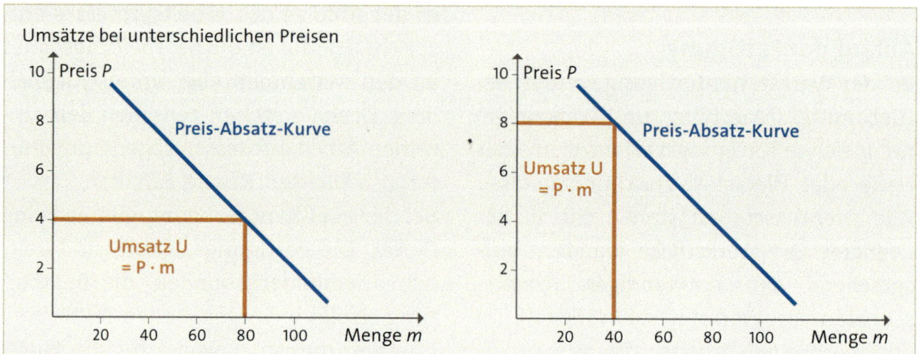

M 2 Umsätze bei unterschiedlichen Preisen

Einnahmen-Überschuss-Rechnung

Viele Gründungen erfolgen im Nebenerwerb parallel zu einer Vollbeschäftigung. Wenn bei Gewerbebetrieben ein Gewinn von mehr als 60 000 Euro erzielt wird, besteht Buchführungspflicht. Bei einem im Nebenerwerb gegründeten Kleinunternehmen werden diese Grenzen nur selten erreicht. In diesem Fall können die Gewinne vereinfacht in Form einer Einnahmen-Überschuss-Rechnung ermittelt werden. Unter Gewinn versteht man dann den Saldo zwischen den gesamten Umsätzen eines Geschäftsjahres und den Kosten.

Umsatzsteuer

Als Umsatz oder Erlös wird die Höhe der Geldeinnahme für verkaufte Waren und Dienstleistungen bezeichnet.

Der in Deutschland meist verwendete Fachbegriff „Mehrwertsteuer“ für die Umsatzsteuer ergibt sich daraus, dass der Unterschied zwischen dem Umsatz aus einer Dienstleistung oder einer gelieferten Ware und den dafür nötigen Vorleistungen besteuert wird. Wenn also ein Unternehmen Waren einkauft, diese weiterverarbeitet und für einen höheren Preis an Endverbraucher verkauft, wird die Vorsteuer für den Kauf der Waren vom Finanzamt von der zu zahlenden Mehrwertsteuer abgezogen. Für den Endverbraucher fällt dagegen die Mehrwertsteuer in der vollen Höhe an. Der Normal-Mehrwert-Steuersatz beträgt 19 Prozent. Für bestimmte Erzeugnisse wie Nahrungsmittel und Bücher gilt ein ermäßigter Steuersatz von 7 Prozent.

M 3 Einnahmen-Überschuss-Rechnung eines im Nebenerwerb betriebenen PC-Service

Umsätze (Erlöse)				
Datum	**Beleg Nr.**	**Text**	**Netto**	**Mehrwertsteuer 19 %**
04.01.	E1	Browser installieren	41,25 €	7,84 €
08.01.	E2	PC-Reparatur	86,40 €	16,42 €
09.01.	E3	Homepage einrichten	440,00 €	83,60 €
12.01.	E4	Netzwerk einrichten	41,25 €	7,84 €
18.01.	E5	Datenrettung	82,50 €	15,68 €
22.01.	E6	Router programmieren	27,50 €	5,23 €
23.01.	E7	Internet einrichten	41,25 €	7,84 €
26.01.	E8	PC-Schulung	82,50 €	15,68 €
Summe:			**842,65 €**	**160,13 €**
Kosten				
02.01.	K1	Kauf von Software	115,00 €	21,85 €
05.01.	K2	Werkstattmiete	120,00 €	22,80 €
09.01.	K3	Kfz-Kosten, Benzin	67,20 €	12,77 €
17.01.	K4	PC-Zeitschrift, Abo	13,50 €	0,95 € (7 %)
18.01.	K5	Telefon Jan	60,30 €	11,46 €
25.01.	K6	Kauf von Werkzeugen	40,00 €	7,60 €
Summe:			**416,00 €**	**77,43 €**
Betrag an das Finanzamt (MwSt-Einnahmen abz. Vorsteuer)				**82,70 €**
Gewinn=Erlöse (netto) abz. Kosten (netto)				**426,65 €**

1 Berechnet jeweils Umsatz und Gewinn bzw. Verlust, wenn der Obsterzeuger auf dem Wochenmarkt seine Äpfel für 5 Euro/Kiste oder für 9 Euro/Kiste angeboten hätte (**M 1**, **M 2**).

2 Zeichnet die Kosten- und Erlöskurve zu **M 1**. Tragt auf der y-Achse die Kosten bzw. Erlöse und auf der x- Achse die nachgefragte Menge m auf. Beschreibt die Kurven. Ergänzt die Kostenkurve.

3 Skizziert die Situation von **M 1**, die entstünde, wenn der Anbieter statt Äpfel leicht verderbliche Zwetschgen auf dem Markt für 6 Euro/Kiste verkaufen würde und deshalb gegen Ende des Markttages die restlichen 40 Kisten für 2 Euro pro Stück anböte. Wie hoch wäre dann der Gewinn bzw. Verlust?

4 Unterscheidet die Begriffe „Vorsteuer“ und „Mehrwertsteuer“ (Text, **M 3**). Wie hoch ist die Mehrwertsteuer bei einem Endbetrag von 550,00 Euro?

5 Fasst zusammen, welche Tätigkeiten in einem „PC-Service“ (**M 3**) anfallen. Welche beruflichen Voraussetzungen und zusätzlichen Fortbildungen sind für diese Selbstständigkeit wohl wünschenswert?

6 Ein Kleinunternehmer erzielt in einem Monat Nettoerlöse von 3282,00 Euro und hat Kosten von 756,00 Euro. Der Mehrwertsteuersatz beträgt jeweils 19 %. Ermittelt den Betrag, den er an das Finanzamt abführen muss (**M 3**).

Zusammensetzung von Kosten

Bei der Herstellung von Sachgütern und der Erbringung von Dienstleistungen werden Arbeitskräfte, Gebäude, Maschinen, Erzeugnisse von Zulieferern und Fertigungsmaterial eingesetzt. Den Geldbetrag, der hierfür aufgewendet wird, bezeichnet man als Kosten. Diese Kosten muss jeder Unternehmer kennen, weil sie die Grundlage für den Unternehmenserfolg bilden. Ist die Kostenstruktur bekannt, lassen sich Preise für die angebotenen Waren und Dienstleistungen berechnen. Nur wenn diese Preise am Markt durchsetzbar und höher als die Kosten sind, kann das Unternehmen Gewinne erzielen (s. S. 140). Unterbreitet ein Unternehmer einem Interessenten ein Angebot, befindet er sich deshalb immer in einem Spannungsfeld zwischen dem Preis, den er aufgrund seiner Gewinnplanung verlangen müsste, und dem Preis, den der Kunde bereit ist zu zahlen.

Liegt ein Auftrag vor, ist es selbstverständlich, dass der Kunde die Kosten, die sein Auftrag verursacht, auch tragen muss. Diese Kosten nennt man Einzelkosten*. Dagegen lassen sich Gemeinkosten* nicht genau der erbrachten Leistung zuordnen.

019 **Kunststoff-Nebeneingangstür RB-Average 70 AD, 1 flg. DL**

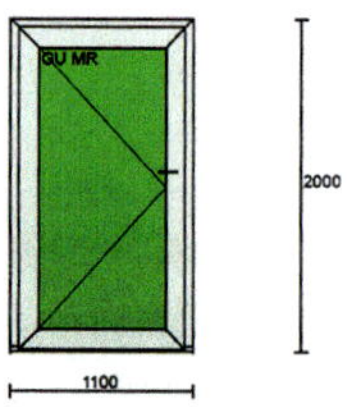

* Glas: ***8 mm VSG / 16 / 4 mm Mattglas***
* Blendrahmen: ***78 mit Schwelle 20 mm***
* Flugel: ***nach Innen öffnend***
* Beschlag: ***GU Massivriegel mit einem Riegel und 2 Zungen***
* HT-Bänder: ***Dr Hahn Farbe Weiss***
* Garnitur Innen: ***Drücker Innen Hoppe Weiss***
* Garnitur Aussen: ***Knauf Aussen Hoppe Weiss***
* PZ-Zylinder: ***PZ-Zylinder Klasse "B" (3 Schlussel)***

1,00	**Stück**	110,0 x 200,0 cm [BxH]	933,11 EUR	**933,11** EUR
1,00	Stück	Montageleistungen	368,60 EUR	**368,60** EUR

020 **Kunststoff-Fenster RB-Average 70 AD, 2 flg. DKL/DR**

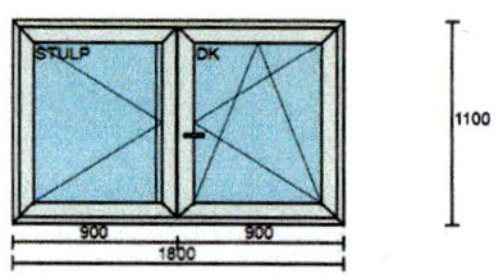

Uw = 1.26

1,00	**Stück**	180,0 x 110,0 cm [BxH] *Keller*	293,14 EUR	**293,14** EUR
1,00	Stück	Montageleistungen	194,27 EUR	**194,27** EUR

M 1 Auszug aus dem Angebot eines Handwerksmeisters (ohne MwSt)

M 2 Kostenarten

Einzelkosten (EK)	Gemeinkosten (GK)
Fertigungsmaterial einschließlich Zulieferteilen	Kosten der Verwaltung
Arbeitsentgelte bei der Produktion	Miete/Pacht
Lohnnebenkosten*	Heizung, Strom
	Werbung
	Instandhaltung
	Versicherungen
	Abschreibungen*
	Kosten des Materiallagers (Lagerkosten*)
	Kfz-Kosten

* **Einzelkosten**
Kosten, die einer betrieblichen Leistung direkt zugeordnet werden können, z. B. Materialkosten und Arbeitsentgelte.

* **Gemeinkosten**
Kosten, die der erbrachten Leistung nicht direkt zurechenbar sind. Sie werden den Kunden anteilmäßig in Rechnung gestellt.

Gemeinkostenzuschläge

Da nur die Material- und Fertigungseinzelkosten genau ermittelt werden können, schlägt man die Gemeinkosten in Form von Gemeinkostenzuschlagssätzen* prozentual den Material- und den Fertigungseinzelkosten hinzu. Die Zuschlagssätze werden vor allem mithilfe der Vorjahreswerte ermittelt:

$$\text{Materialgemeinkostenzuschlag} = \frac{\text{Materialgemeinkosten} \cdot 100\,\%}{\text{Materialeinzelkosten}}$$

$$\text{Fertigungsgemeinkostenzuschlag} = \frac{\text{Fertigungsgemeinkosten} \cdot 100\,\%}{\text{Fertigungseinzelkosten}}$$

M 3 Beispiel einer Preiskalkulation

Für einen Kundenauftrag wird Fertigungsmaterial im Wert von 800,00 Euro benötigt. Die Herstellung erfordert 5 Arbeitsstunden bei einem Stundenentgelt von 16,00 €/Stunde. Der Zuschlagssatz für die Materialgemeinkosten beträgt 10 Prozent der Materialeinzelkosten, der Zuschlagssatz für Fertigungsgemeinkosten 140 Prozent der Fertigungseinzelkosten, also der Fertigungsentgelte (Löhne und Gehälter). Der Handwerker erwartet einen Gewinn von 5 Prozent der Herstellkosten.

Materialeinzelkosten (MEK)	800,00 €
+ Materialgemeinkosten (MGK)	80,00 €
Materialkosten (MK)	880,00 €
Fertigungseinzelkosten (FEK)	80,00 €
+ Fertigungsgemeinkosten (FGK)	112,00 €
Fertigungskosten (FK)	192,00 €
Herstellkosten (HK= MK + FK)	1072,00 €
Gewinn 5% der HK	53,60 €
Angebotspreis (ohne MwSt.)	1125,60 €

Kleine Handwerksbetriebe fertigen überwiegend arbeitsintensiv. Das heißt, die Fertigungsentgelte der Mitarbeiter verursachen die meisten Kosten. Deshalb werden bei der Berechnung des sogenannten Stundenverrechnungssatzes alle Gemeinkosten den Fertigungseinzelkosten zugeschlagen.

M 4 Wie viel kostet eine Handwerkerstunde?

Wenn Kunden einen Auftrag erteilen, möchten sie wissen, was sie dafür bezahlen müssen. Eine Handwerkerstunde kostet durchschnittlich zwischen 40 und 50 Euro. Dieser Stundenverrechnungssatz bedeutet aber nicht, dass der Betrieb auch so viel verdient. Es handelt sich nicht um den Stundenverdienst! Beim Kunden stößt die Rechnung oft auf Unverständnis. Denn er weiß häufig nicht, wie sich die Kosten für den Handwerker zusammensetzen. [...] Der auf der Rechnung ausgewiesene Preis für die Arbeitsstunde enthält außer dem Stundenlohn die Lohnnebenkosten, die Gemeinkosten und den Gewinn. Hinzu kommt noch die gesetzliche Mehrwertsteuer von 19 Prozent. Beispiel:

14,00 Euro	Bruttostundenlohn
11,90 Euro	Lohnnebenkosten
17,40 Euro	Betriebliche Gemeinkosten
2,20 Euro	Gewinn
45,50 Euro	Stundenverrechnungssatz netto
8,65 Euro	19 Prozent Mehrwertsteuer
54,15 Euro	Stundenverrechnungssatz brutto

Nach: HWK Stuttgart 2013

1 Nennt bei dem Angebot (**M 1**) mögliche Gemeinkosten (**M 2**) bei den Zulieferteilen und beim Einbau der Fenster.

2 Die Anschaffungskosten einer Maschine betragen 50 000 Euro. Ermittelt die jährliche Abschreibung bei einer geplanten Nutzungsdauer von 8 Jahren, wenn davon ausgegangen wird, dass die Maschine gleichmäßig an Wert verliert und sie nach Ablauf der Nutzungsdauer noch für 2000 Euro weiterverkauft werden kann.

3 Für die Reparatur eines Kraftfahrzeugs werden Zulieferteile im Wert von 650 Euro benötigt. Der Kfz-Mechatroniker benötigt für den Einbau 2,5 Arbeitsstunden. Sein Bruttoentgelt je Stunde beträgt 21,00 Euro. Ermittelt die Herstellkosten, wenn der Materialgemeinkostenzuschlag 20 Prozent und der Fertigungsgemeinkostenzuschlag 300 Prozent beträgt (**M 3**). Welchen Rechnungsbetrag muss der Kunde bezahlen, wenn ein Gewinnzuschlag von 10 Prozent hinzugerechnet und bei sofortiger Zahlung ein Skonto (Preisnachlass) von 3 Prozent eingeräumt werden?

4 Stellt die Anteile des Stundenverrechnungssatzes in **M 4** in Form eines Kreisdiagramms dar.

★ **Lohnnebenkosten**
Arbeitgeberbeiträge zur Sozialversicherung (Renten-, Kranken-, Arbeitslosen-, Pflege- und Unfallversicherung), bezahlte Urlaubs- und Feiertage, Entgeltfortzahlung im Krankheitsfall, Urlaubs- und Weihnachtsgeld.

★ **Abschreibungen**
Durch die Herstellung von Sachgütern und die Erbringung von Dienstleistungen verlieren Gebäude, Maschinen und Einrichtungsgegenstände an Wert, sie nutzen sich ab. Die geschätzten Kosten für diesen Wertverlust werden als Abschreibungen bezeichnet.

★ **Lagerkosten**
Dazu gehören u. a. die Personalkosten des Lagers, die Abschreibungen der Lagereinrichtung, die Instandhaltungskosten, Heizung, Strom, Reinigung, Versicherungsgebühren, vor allem aber die Verzinsung des in den Lagerbeständen investierten Kapitals.

★ **Gemeinkostenzuschlagssätze**
Den Materialgemeinkostenzuschlag erhält man, wenn man die Materialgemeinkosten durch die Materialeinzelkosten teilt, den Fertigungsgemeinkostenzuschlag, wenn man die Fertigungsgemeinkosten durch die Fertigungseinzelkosten teilt.

Fixe und variable Kosten

Kosten

Wenn ihr die Anzahl der in einem Betrieb produzierten Güter mit den Kosten der Herstellung multipliziert, erhaltet ihr die Gesamtkosten der Produktion. Wenn ihr nun die Gesamtkosten näher untersucht, fällt euch sicherlich auf, dass es Kosten gibt, die unabhängig von der Zahl der hergestellten Güter sind, und andere, die mit der hergestellten Stückzahl steigen.

Fixe Kosten (K_f)

Die fixen oder festen Kosten sind immer gleich hoch, unabhängig von der Produktionsmenge. Beispiele: Miete für Gebäude, Abschreibungen, Zinsen für Kredite, Arbeitsentgelte der Geschäftsleitung und der Verwaltung. Fixe Kosten sind immer Gemeinkosten (s. **M 1**)

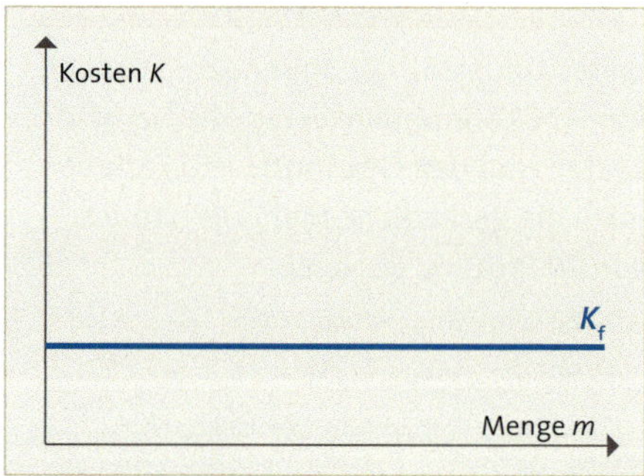

M 1 Fixe Kosten

Variable Kosten (K_v)

Die variablen oder veränderlichen Kosten sind abhängig von der Menge der produzierten Güter. Sie steigen mit der Produktionsmenge. Bei größerer Produktion steigen die Arbeitsentgelte für die Produktion, die Kosten für Fertigungsmaterial und für Zulieferteile sowie die Energiekosten. Beispielsweise werden bei der Produktion von Smartphones u. a. Display, Sim-Schacht, Prozessor, Arbeitsspeicher, Kamera, Akku und Abdeckung benötigt. Soll die Produktion verdoppelt werden, verdoppelt sich auch der Bedarf an diesen Teilen. Variable Kosten sind meist Einzelkosten (s. **M 2**).

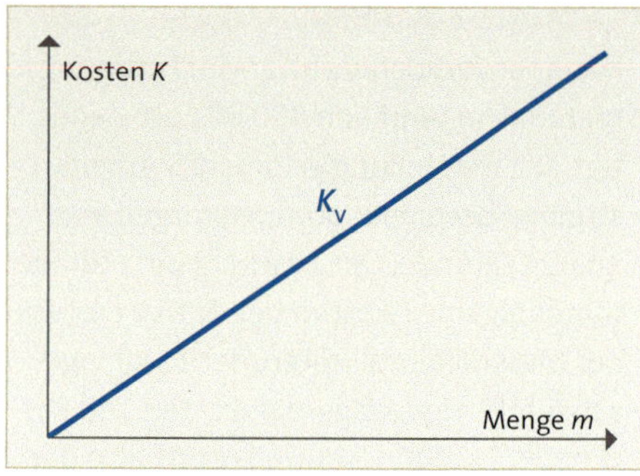

M 2 Variable Kosten

Gesamtkosten (K)

Die Gesamtkosten der Produktion bekommt ihr, wenn ihr die fixen und die variablen Kosten addiert (s. **M 3**).

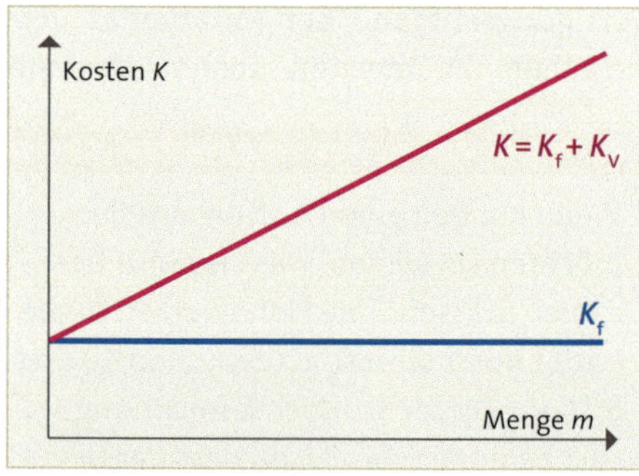

M 3 Gesamtkosten

Stückkosten (k)

Wenn ihr die Anzahl der produzierten Güter durch die Gesamtkosten dividiert, stellt ihr fest, dass mit zunehmender Produktionsmenge die Kosten pro Stück sinken. Das ist leicht erklärbar. Die variablen Kosten pro Stück bleiben auch bei erhöhter Produktion unverändert. Die Fixkosten pro Stück verringern sich aber stetig, wenn mehr produziert wird (s. **M 4**).

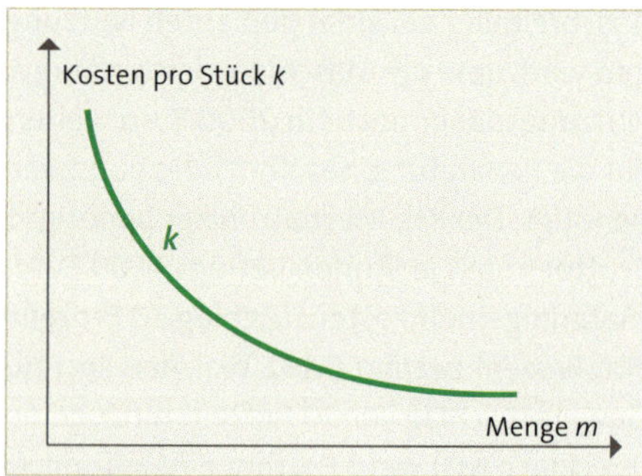

M 4 Stückkosten

Dieser Zusammenhang wird als „Gesetz der Massenproduktion“ bezeichnet. Das Beispiel **M 5** zeigt mit den Gesamtkosten (k) die Entwicklung der Stückkosten (k), wenn die Fixkosten (K_f) 50 000 Euro und die variablen Kosten pro Stück (K_v) 10 € betragen.

m (Stück)	K_f (€)	K_v (€)	*K* (€)	*k* (€)
0	5000	–	5000	–
100	5000	1000	6000	60,00
200	5000	2000	7000	35,00
300	5000	3000	8000	26,67

M 5 Gesetz der Massenproduktion

M 7 Goldschmied.
Die fixen Kosten, die auf ein Schmuckstück in Einzelfertigung entfallen (Miete, Abnutzung der Werkzeuge, Strom) sind gering. Die variablen Kosten (Gold, Edelsteine, viele Stunden Arbeitszeit) dagegen hoch

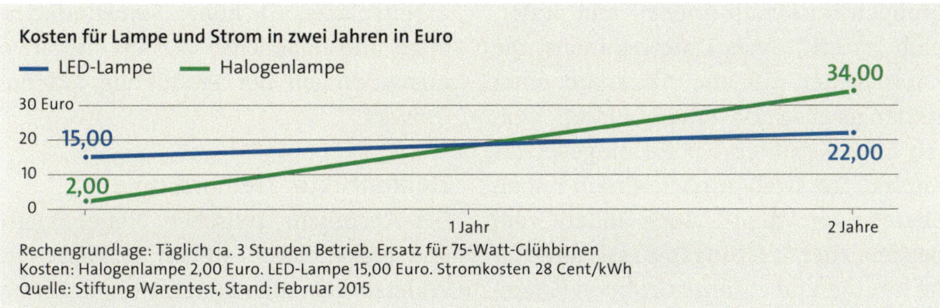

M 6 Kostenvergleich Glühlampen

1 Stellt einige fixe und variable Kosten einander gegenüber (Text, **M 6**).

2 Bei einem Pkw fallen viele Kosten an: Garagenmiete, Treibstoff, Kfz-Steuer, Versicherung, Reifenverschleiß, Abschreibungen für den Wertverlust, Verzinsung des eingesetzten Kapitals oder des aufgenommenen Kredits. Unterscheidet jeweils zwischen fixen und variablen Kosten.

3 Übertragt die Tabelle in euer Heft und ergänzt die fehlenden Werte.

m (Stück)	K_f (€)	K_v (€)	*K* (€) $K_f + K_v$	*k* (€)
0	400	–	400	–
50	•	300	700	14,00
100	•	600	•	•
250	•	•	•	•
500	•	•	•	•
750	•	•	•	•
1000	•	•	•	•

Zeichnet die Gesamtkostenkurve (**M 3**) und die Stückkostenkurve (**M 4**) im Bereich der Stückzahlen *m* von 0 bis 250. Erkläre mithilfe der Tabelle das „Gesetz der Massenproduktion“ (Text, **M 5**).

4 Beschreibt das Schaubild (**M 6**). Ermittelt die jährlichen variablen Kosten jeweils bei LED- und bei Halogenglühlampen. Vergleicht die Gesamtkosten der beiden Lampen jeweils nach einem halben und nach einem Jahr.

Unternehmen – Ansprüche und Interessen

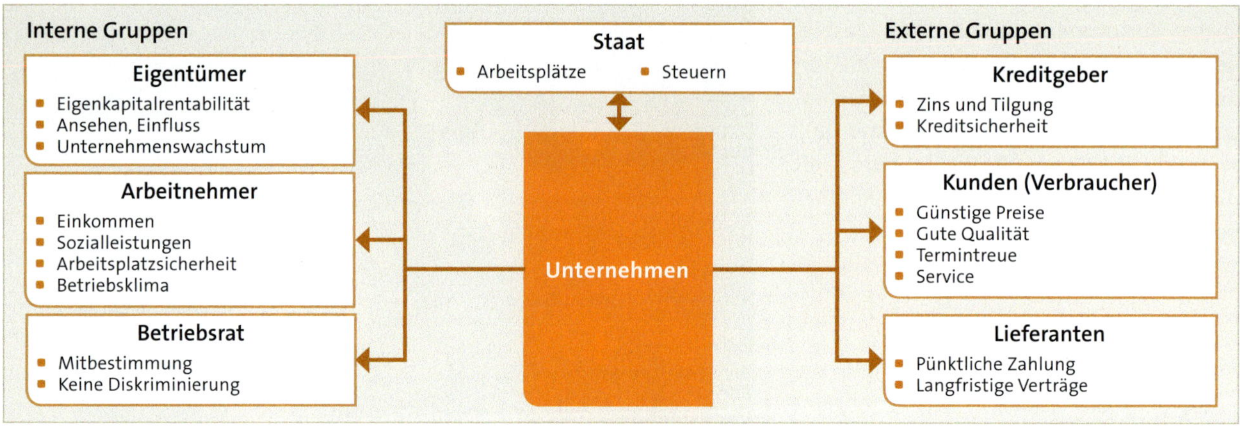

M1 Interessenkonflikte

Shareholder und Stakeholder

Zielkonflikte (S. 133) ergeben sich auch aufgrund der verschiedenen Anspruchsgruppen innerhalb (intern) und außerhalb (extern) eines Unternehmens. Die Kapitalgeber, z.B. die Aktionäre einer Aktiengesellschaft (Shareholder), wollen hohe Renditen für ihr eingesetztes Kapital. Sie streben nach einem hohen Shareholder Value*. Auch andere vom betrieblichen Leistungsprozess betroffene interne und externe Gruppen (Stakeholder) erheben Ansprüche. Als Stakeholder gelten dabei neben den Mitarbeitern die Kunden, Lieferanten, Kreditgeber sowie der Staat, aber auch die Öffentlichkeit (Parteien, Gewerkschaften, Kirchen, Medien u.a.). Die Verantwortung des Staates für die Umwelt ist in Art. 20a des GG* festgelegt.

Während die Eigenkapitalgeber, also die Shareholder, auf eine Mehrung ihres Vermögens hoffen, sind die Arbeitnehmer vor allem an einem regelmäßigen und angemessenen Einkommen, an einem angenehmen Arbeitsklima sowie an Möglichkeiten der Mitbestimmung und des beruflichen Aufstiegs interessiert. Die Kreditinstitute erwarten sowohl die vereinbarten Zinszahlungen als auch eine fristgemäße Rückzahlung ihrer Kredite. Die Verbraucher erwarten vor allem eine angemessene und preisgünstige Güterversorgung und zunehmend eine umweltverträgliche Produktion inklusive fairer Arbeitsbedingungen und Löhne. Bund, Länder und Gemeinden hoffen auf Arbeitsplätze, ein hohes Steueraufkommen und möglichst geringe negative Auswirkungen der Produktion auf die Umwelt.

Zielkonflikte, Zielharmonie

Die Ansprüche zwischen Shareholdern und Stakeholdern stehen teilweise im Widerspruch zueinander. Höhere Löhne und Ausgaben auf Grund angemessenerer Bezahlung und guter sowie sicherer Arbeitsbedingungen oder strengerer Umweltauflagen können die Gewinne der Shareholder schmälern. Hier liegt ein Zielkonflikt vor.

Ziele der unterschiedlichen Interessengruppen müssen sich nicht widersprechen. Oft besteht zwischen Unternehmern und Kunden oder Mitarbeitern Zielharmonie. Ein Unternehmer, der zu hohe Gewinne erwartet, wird keinen Erfolg haben, wenn er nicht die Wünsche seiner Kunden nach qualitativ hochwertigen Produkten zu erschwinglichen Preisen erfüllt. Erfolg wird auch ein Technologieunternehmen nur dann haben, wenn es seine hochqualifizierten Arbeitskräfte angemessen bezahlt, für ein gutes Betriebsklima und gute Aufstiegschancen sorgt. Dazu gehört auch das Diversity Management* als Teil erfolgreicher Personalpolitik.

* **Shareholder Value**
Der Börsenkurs multipliziert mit der Summe der gehaltenen Anteile ergibt den Vermögenswert (Value) eines Aktionärs (Shareholder). Eine auf „Shareholder Value" angelegte Unternehmenspolitik wird versuchen, den Marktwert des Unternehmens und damit den Börsenkurs zu erhöhen.

* **Art. 20a GG**
Schutz der natürlichen Lebensgrundlagen. Der Staat schützt auch in Verantwortung für die künftigen Generationen die natürlichen Lebensgrundlagen [...] durch die Gesetzgebung und nach Maßgabe von Gesetz und Recht durch die vollziehende Gewalt und die Rechtsprechung.

* **Diversity Management**
Es zielt darauf, die Vielfalt der Mitarbeiter zum Vorteil für das Unternehmen zu nutzen. Die Vielfalt definiert sich dabei über ethnische Zugehörigkeiten, kulturelle Hintergründe, Geschlecht und Alter. Diskriminierungen müssen verhindert, die Chancengleichheit hergestellt werden. Unterschiedliche Herkunftsländer der Mitarbeiter mit jeweiligen Erfahrungen dienen dem Nutzen des Unternehmens.

M 2 Zulieferer

75 Prozent der Wertschöpfung eines Autos werden heute durch Zulieferer erbracht – einschließlich der Erforschung bahnbrechender Neuerungen bei Antriebs- und Sicherheitstechnik. Doch die gestiegene Bedeutung geht nicht mit einer stärkeren Marktposition einher – im Gegenteil. „Die Marktmacht der Hersteller wächst weiter", sagt Rolf Geisel, Chef des Altensteiger Abgas-Spezialisten Boysen. Weil die Hersteller längst modellübergreifende Plattformstrategien etabliert haben, „kämpfen Sie als Zulieferer heute um ganz andere Stückzahlen pro Auftrag." Und dieser Kampf wird über den Preis ausgetragen. 25 Jahre habe es sich bewährt, Abgassysteme für deutsche Werke komplett in Deutschland herzustellen. Heute habe man „eine Schwelle erreicht, bei der wir die Zielkosten der Hersteller beim besten Willen nicht mehr mit einer Komplettproduktion in Deutschland erreichen können".

Klaus Köster: Der tägliche Spagat, Wirtschaft in Baden-Württemberg 2/2014, S. 1, https://issuu.com (Zugriff: 13.7.2016)

M 3 Betriebsrat

Ein Unternehmen in Reutlingen mit rund 400 Arbeitnehmern hat sich entschieden, Kosten einzusparen. Nach längeren Berechnungen, einer Vielzahl von Gesprächen und Untersuchungen stellt sich heraus, dass IT-Leistungen [IT = Information, Telekommunikation] deutlich kostengünstiger von einem dritten, darauf spezialisierten Unternehmen erbracht werden können. Auch die Rechnungsabteilung (Controlling und andere Aufgaben) könnte deutlich kostengünstiger, nämlich in Ungarn, betrieben werden – die Entgeltkosten sind dort bis zu zwei Drittel günstiger. So wird die Entscheidung getroffen: Die IT-Abteilung wird outgesourct [an fremde Dienstleister vergeben] und die Rechnungsabteilung nach Ungarn verlagert. Dadurch fallen insgesamt 33 Arbeitsplätze weg. Dieses Beispiel aus dem Alltag zeigt: Sie sind als Arbeitgeber zwar grundsätzlich frei, Ihren Betrieb so zu organisieren, wie Sie es für richtig halten. Aber nach dem Betriebsverfassungsgesetz müssen Sie vor der Umsetzung einer solchen Maßnahme den Betriebsrat beteiligen. [...] Die geplante Betriebsänderung muss in einem Interessenausgleich und Sozialplan mit dem Betriebsrat vereinbart werden. Der Interessenausgleich regelt das Ob, Wann und Wie der Maßnahme und soll die wirtschaftlichen Nachteile für die Arbeitnehmer verhindern oder abmildern. [...] In dem Sozialplan werden Regelungen über die Höhe der Abfindungen vereinbart.

Antje-Kathrin Uhl/Eva Schäfer-Wallberg: Die Hürden beim Schließen einer Abteilung, Wirtschaft in Baden-Württemberg 2/2015, S. 10, https://issuu.com (Zugriff: 13.7.2016)

M 4 Zeichnung: Berger

1 Unterscheidet die Begriffe „Shareholder" und „Stakeholder".

2 Nennt Beispiele, die zeigen, dass der Einfluss von Stakeholdern den Interessen der Unternehmer nicht entgegenstehen muss (Text).

3 Beurteilt anhand von **M 1** bis **M 3**, inwieweit die Handlungsmöglichkeiten von Unternehmern durch Stakeholder eingeschränkt sind.

4 Erklärt die Karikatur (**M 4**).

Tankstellen-Partner/in gesucht!
Werkstatt-Partner/in gesucht!
Oder beides?

Wir sind ein mittelständisches Mineralölunternehmen.
Für unsere Station und unsere Werkstatt in YZ

suchen wir Sie

als Pächter/in der Tankstelle, alternativ
als Pächter/in der Werkstatt, alternativ
als Pächter/in der Tankstelle und Werkstatt

Sie wollen Unternehmer/in sein • haben Spaß bei der Mitarbeiterführung • besitzen Kapital zur Betriebsführung und zur Stellung von Sicherheiten • haben Freude am betriebswirtschaftlichen Denken und Handeln

Haben wir Ihr Interesse geweckt?
Dann senden Sie Ihre aussagekräftigen Bewerbungsunterlagen an: ...

M1 Zeitungsanzeige vom März 2017 (Text gekürzt und anonymisiert)

M2 Einzelunternehmen – was wäre, wenn ...?

Nehmt einmal folgenden Fall an: Karl Schweizer, gelernter Einzelhandelskaufmann, hätte am 1. September eine Tankstelle von einer Mineralölgesellschaft gepachtet. An die Eingangstür zum Kassenraum hängt er ein Schild mit der Aufschrift: „Tankstelle Karl Schweizer e. Kfm.“. Damit hat das Unternehmen auch einen Namen, eine Firma. E. Kfm. steht als Abkürzung für „Eingetragener Kaufmann“.

Autorentext

Handelsunternehmen, das sind u.a. Tankstellen, müssen ins Handelsregister* eingetragen werden. Einzelunternehmen werden von einer Person gegründet. Von ihr hängen die Entwicklung und der Bestand des Unternehmens ab.
Ein Einzelunternehmen wie das von Karl Schweizer bietet sich an, wenn der Inhaber selbständig und eigenverantwortlich handeln möchte. Die Unternehmer bringen allein das notwendige Eigenkapital auf. Für Schulden haften sie nicht nur mit ihrem Geschäfts-, sondern auch mit ihrem Privatvermögen. Sie tragen also ein hohes Risiko. Wenn das Unternehmen Erfolg hat, gehört ihnen aber auch der gesamte Gewinn.

* **Handelsregister**
Verzeichnis, in dem alle Kaufleute mit ihren Unternehmensdaten aufgeführt sind (www.handelsregister.de). Es kann von allen Interessierten nach vorheriger Registrierung im Internet eingesehen werden. Geführt wird es von den Amtsgerichten.

M3 Offene Handelsgesellschaft (OHG) – was wäre, wenn ...?

Die Tankstelle von Karl Schweizer hat Erfolg. Aber nun fragen ihn immer mehr Kunden, ob er nicht auch Kfz-Reparaturen durchführen könnte. Dazu fehlen ihm die notwendigen Fähigkeiten. Außerdem darf nur ein Kfz-Meister einen solchen Betrieb führen. In seinem Bekanntenkreis findet er einen Meister, Paul Schuster, der bereit ist, in das Unternehmen einzusteigen und in einer kleinen Halle neben der Tankstelle eine Kfz-Werkstatt einzurichten. Er ist auch in der Lage, Ersparnisse in das Unternehmen einzubringen, denn die notwendigen Maschinen und Werkzeuge, vor allem die Hebebühne, sind teure Investitionen. Beide Partner benötigen deshalb auch einen Bankkredit für diese Anschaffungen.
Die Tankstelle mit der Reparaturwerkstätte ist nun eine Personengesellschaft. Die Gründer lassen sie unter dem Namen (der Firma) Schweizer & Schuster OHG in das Handelsregister eintragen.

Autorentext

Offene Handelsgesellschaften (OHG) sind Zusammenschlüsse von mindestens zwei Gesellschaftern, die gemeinsam ein Unternehmen betreiben. Der Firmenname muss die Bezeichnung „Offene Handelsgesellschaft“ oder die Abkürzung OHG tragen.
Zur Gründung der Gesellschaft schließen die beteiligten Personen einen Gesellschaftsvertrag, in dem u. a. festgelegt wird, wie der Gewinn verteilt wird und wer für welche Geschäftsbereiche zuständig ist. Werden keine abweichenden Absprachen getroffen, ist jeder Gesellschafter zur Geschäftsführung und Vertretung der Gesellschaft berechtigt und verpflichtet. Beide Gesellschafter haften

unbeschränkt, also auch mit ihrem Privatvermögen. Außerdem haften sie als Gesamtschuldner, das heißt, jeder muss auch für Geschäfte einstehen, die der andere abschließt. Wenn das Unternehmen Schulden hat, kann ein Gläubiger auswählen, welchen Gesellschafter er zur Haftung heranzieht. Aufgrund der unbeschränkten Haftung besitzt die OHG eine hohe Kreditwürdigkeit bei Banken.

M 4 Die Gesellschaft mit beschränkter Haftung (GmbH) – was wäre, wenn ...?

Wie ihr euch sicherlich vorstellen könnt, ist es für Schweizer und Schuster mit der Zeit zu riskant, auch mit ihrem Privatvermögen haften zu müssen. Sie gründen das Unternehmen deshalb in eine Kapitalgesellschaft um, bei der sie nicht mehr persönlich haften müssen. Sie entscheiden sich für eine Gesellschaft mit beschränkter Haftung (GmbH) und nehmen dabei in Kauf, dass es ihnen nun schwerer fällt, von Banken Kredite zu bekommen.

Autorentext

Die GmbH ist eine juristische Person*. Sie muss über ein Stammkapital von mindestens 25 000 Euro verfügen. Es gibt aber mit der sogenannten Unternehmergesellschaft (UG) eine ähnliche Rechtsform ohne diese Vorschrift. Zur Gründung sind sowohl ein notariell beurkundeter Gesellschaftsvertrag als auch eine Eintragung in das Handelsregister notwendig. Die Firmenbezeichnung kann aus einer Personen- oder einer Sachbezeichnung bestehen mit dem Zusatz GmbH, also z. B. Schweizer und Schuster GmbH oder auch Autoservice GmbH.

M 5 Aktiengesellschaft (AG) – was wäre, wenn ...?

Das Unternehmen läuft recht gut, die Gesellschafter machen Gewinn. Nun möchte Karl Schweizer auch einen Teil seines Gewinns sparen. Er beschließt, seine Bank zu beauftragen, für ihn Aktien eines Automobilherstellers und einer Mineralölfirma zu kaufen. Er weiß, dass Börsengeschäfte riskant sein können, sieht aber auch die Chancen auf eine gute Rendite.

Autorentext

Aktiengesellschaften sind juristische Personen mit einem Mindestkapital (Grundkapital) von 50 000 Euro. Ihr Firmenname muss den Zusatz AG enthalten. Der meist aus mehreren Personen bestehende Vorstand leitet die Geschäfte. Er wird vom Aufsichtsrat gewählt, den wiederum die Aktionäre wählen, die sich einmal im Jahr zu einer Hauptversammlung treffen (s. S. 117). Die Aktionäre sind mit ihren Anteilen (Aktien) am Grundkapital der Gesellschaft beteiligt. Sie haften nur mit dem Wert ihrer Aktien. Vorstände und Aufsichtsräte müssen selbst keine Aktien besitzen. Die Aktien der großen Aktiengesellschaften werden an den Wertpapierbörsen gehandelt. Aktiengesellschaften sind meist Großunternehmen mit vielen Aktionären. Für das Kfz-Serviceunternehmen von Karl Schweizer und Paul Schuster eignet sich diese Rechtsform nicht.

1 Nennt weitere Eigenschaften (M 1), die ein Gründer haben muss, um erfolgreich zu sein.
2 Erklärt, warum Karl Schweizer sein Einzelunternehmen zunächst in eine OHG und dann in eine GmbH umgründet.
3 Unterscheidet die oben dargestellten Unternehmensformen (M 2–M 5) nach dem Umfang der Haftung.

* **Natürliche und juristische Person**
Man unterscheidet zwischen natürlichen Personen (= Privatpersonen) und juristischen Personen. Deren Merkmal ist jeweils ihre Rechtsfähigkeit, d. h., sie sind selbst Träger von Rechten und Pflichten und können folglich selbst vor Gericht klagen (und verklagt werden). Juristische Personen sind u. a. Unternehmen wie die GmbH oder die AG, Vereine (e. V.), aber auch Gemeinden oder Handwerkskammern.

Umweltschutzauflagen des Staates

M 1 Mögliche Beeinträchtigungen der Umwelt durch ein Unternehmen

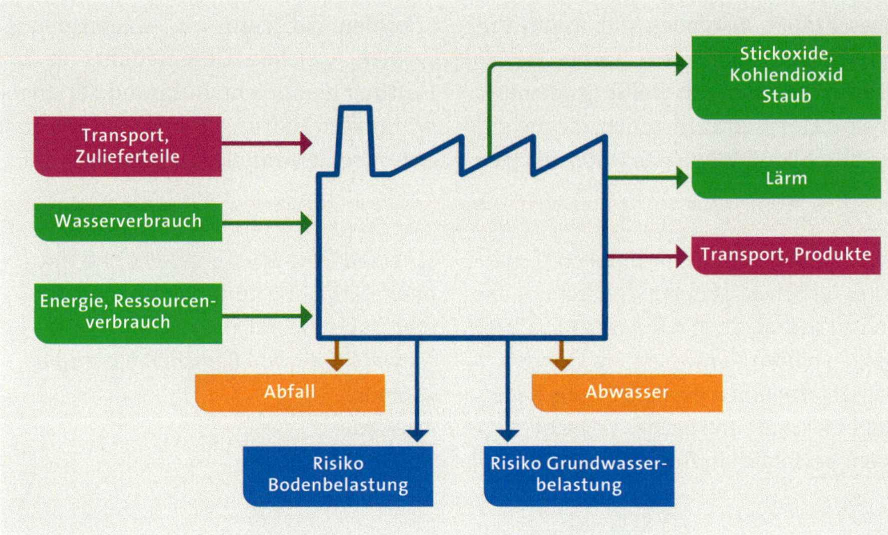

★ **TÜV**
Technischer Überwachungsverein: eingetragener Verein, der im staatlichen Auftrag Sicherheitskontrollen durchführt. Deren bekannteste ist die Hauptuntersuchung für Kraftfahrzeuge.

★ **Dekra**
Deutscher Kraftfahrzeug-Überwachungsverein, 1925 in Berlin gegründet.

★ **Gesetzliche Anforderungen**
Bundes-Immissionsschutzgesetz (BImSchG)
§5 Pflichten der Betreiber genehmigungsbedürftiger Anlagen.
(1) Genehmigungsbedürftige Anlagen sind so zu errichten und zu betreiben, dass zur Gewährleistung eines hohen Schutzniveaus für die Umwelt insgesamt
1. schädliche Umwelteinwirkungen und sonstige Gefahren, erhebliche Nachteile und erhebliche Belästigungen für die Allgemeinheit und die Nachbarschaft nicht hervorgerufen werden können;
2. Vorsorge gegen schädliche Umwelteinwirkungen [...] getroffen wird, insbesondere durch die dem Stand der Technik entsprechenden Maßnahmen;
3. Abfälle vermieden, nicht zu vermeidende Abfälle verwertet und nicht zu verwertende Abfälle ohne Beeinträchtigung des Wohls der Allgemeinheit beseitigt werden; [...]
4. Energie sparsam und effizient verwendet wird. [...]

Prüfungen im Privaten

Wie ihr wisst, müssen eure Eltern ihr Auto regelmäßig vom TÜV★, der Dekra★ oder einer ähnlichen Einrichtung untersuchen lassen. Dabei wird die technische Sicherheit untersucht, und es werden die Abgaswerte gemessen. Auch die Gas- oder Ölfeuerung eurer Wohnanlage muss regelmäßig überprüft werden. Und ihr wisst auch, dass es für die Sicherheit und chemische Beschaffenheit von Kinderspielzeug und ebenso für Zusatzstoffe in Nahrungsmitteln vielerlei Vorschriften gibt.

Vorschriften für Unternehmen

In ebenso strenger Form werden die Produktionsanlagen von Betrieben regelmäßig auf ihre Sicherheit für die Mitarbeiter und ebenso auf die von den Maschinen ausgehenden Umweltbelastungen untersucht. Gewerbliche Anlagen können Quellen für schädliche Luftverunreinigungen, aber auch für die Beeinträchtigungen von Boden und Gewässer sein. Auch für die erzeugten oder hergestellten Produkte gibt es Vorschriften. Sicher habt ihr davon gehört, dass der VW-Konzern die Abgas- und Feinstaubbelastungen von Dieselfahrzeugen manipuliert haben soll und deshalb sehr hohe Strafen bezahlen musste.

Eine Flut von Vorschriften regelt bei Unternehmen den Umgang mit der Umwelt. Umweltbeeinträchtigungen sollen so reduziert oder sogar gänzlich vermieden werden. Umweltauflagen sind u.a. im Bundes-Immissionsschutzgesetz (BImSchG)★ vorgegeben. Viele dieser Vorschriften gelten in der gesamten Europäischen Union (EU), sodass Umweltsünder nicht einfach ihre Produktion ins benachbarte Ausland verlagern können. Die meisten Auflagen beziehen sich auf die Vermeidung von Lärm und von Schadstoffen bei der Produktion und auf schadstofffreie Produkte, andere auf die Vermeidung von Abfällen.
Umweltkosten basieren auf dem Verursacherprinzip. Das heißt, sie müssen vom Verursacher übernommen werden und nicht als soziale Kosten die Allgemeinheit belasten. Wirksame Vorschriften setzen voraus, dass ihre Einhaltung regelmäßig überprüft wird und bei Nichtbeachtung Maßnahmen greifen. Dabei muss das Strafmaß die Kostenersparnis durch die Nichteinhaltung der Auflage deutlich überschreiten. Nur dann hat ein Verursacher von Schäden ein Interesse an der Einhaltung der Auflage. Trotzdem gibt es immer wieder Verstöße (s. **M 2**).

M 2 Betriebsschließung

Kontrolleure haben in einer mittelhessischen Lackieranlage blanke Stromleitungen sowie offene Behälter mit Lösungsmitteln entdeckt und den Betrieb deswegen stillgelegt. Die Arbeitsschützer fanden in dem Betrieb im Lahn-Dill-Kreis zudem ungesicherte Geräte, die Explosionen hätten auslösen können, wie das Regierungspräsidium Gießen am Mittwoch berichtete. In der Werkhalle musste der Strom sofort abgestellt werden, um lebensgefährliche Schläge zu verhindern. Die Anlage darf erst wieder betrieben werden, wenn alle Mängel beseitigt sind.

dpa/lhe: Offene Stromleitungen: Behörde schließt Lackierbetrieb, Frankfurter Rundschau-online, 6.3.2013, www.fr-online.de (Zugriff: 15.7.2016)

Nachhaltiges Wirtschaften

Die meisten Unternehmer haben längst erkannt, dass betrieblicher Umweltschutz ein bedeutender Standortfaktor sein kann. Neben den gesetzlichen Anforderungen an Luftreinhaltung, Gewässerschutz, Anlagensicherheit und Störfallvorsorge werden Energieeffizienz und sparsamer Umgang mit Ressourcen immer wichtiger. Darüber hinaus können durch „nachhaltiges Wirtschaften“* und schonenden Umgang mit Ressourcen (**M 3**) für Unternehmen erhebliche Einsparmöglichkeiten und Wettbewerbsvorteile entstehen.

* **Nachhaltiges Wirtschaften** (Corporate Sustainability) Dies bedeutet, ein Unternehmen sowohl sozial und ökologisch verantwortlich als auch wirtschaftlich erfolgreich zu betreiben. Produkte und Dienstleistungen tragen zu einer nachhaltigen Entwicklung (s. S. 15) bei, die die Lebensgrundlage künftiger Generationen sicherstellt und soziale Gerechtigkeit bewirkt. Nachhaltige Betriebe sorgen für gute Arbeitsbedingungen, faire Entlohnung für die eigenen Mitarbeiter und die Zulieferer überall auf der Welt. Sie nutzen natürliche Ressourcen effizient und vermeiden umwelt- oder gesundheitsschädliche Inhaltstoffe.

M 3 Neubau eines Vertriebsgebäudes in Ludwigsburg

Standort mit Zukunft – innovative Form und Gebäudetechnik der neuen Zentrale unterstreichen die hohen Qualitätsansprüche von HAHN+KOLB. Grundlage für den Entwurf bildet eine nachhaltige Energieplanung. Haushohe Glasfassaden, Dachfenster und ein Lichthof im Gebäudekern des Vertriebszentrums gewährleisten helle Arbeitsplätze sowie eine natürliche Belüftung sämtlicher Geschosse und schaffen damit optimale Arbeitsbedingungen für die Mitarbeiter. Eine Grünzone mit einheimischen Bäumen und Biotop dient als Aufenthalts- und Erholungsraum und gleichzeitig zur natürlichen Ableitung des unbelasteten Dach- und Oberflächenwassers. Die beiden um 45 Grad geneigten südgerichteten Gebäudefassaden bieten dabei großflächig Platz für Photovoltaik-Elemente für eine nachhaltige Energiegewinnung und reduzierte CO_2-Emissionen. Darüber hinaus sorgt die rund 1400 m^2 große Dachbegrünung für eine optisch und ökologisch wertvolle Integration der Gebäude in die Umgebung. Auch der vorhandene Baumbestand wurde weitestgehend erhalten. Die nachhaltige Wärmeversorgung und Klimatisierung erfolgt mittels einer Wärmepumpe, die sich aus 56 bis zu 90 m tiefen Bohrungen mit Erdwärme versorgt. Rund 70 Prozent des Jahresheizenergiebedarfs des Vertriebszentrums lassen sich so erzielen. Im Sommer dient das System zur nahezu energiefreien Kühlung und Klimatisierung.

Presseinformation von Hahn & Kolb, 13.9.2013, https://hahn-kolb.de (Zugriff: 15.7.2016)

1 Nennt staatliche Umweltauflagen für Unternehmen (Text, Randspalte, **M 2**).
2 Fasst zusammen, welche Maßnahmen zum nachhaltigen Wirtschaften in **M 3** genannt werden.
3 Nehmt an, der Staat würde es verbieten, mit Dieselfahrzeugen in Innenstädte zu fahren. Welche Interessenkonflikte ergäben sich? Entwickelt Alternativen.
4 Erklärt, wie durch nachhaltiges Wirtschaften Wettbewerbsvorteile entstehen können. (**M 3**).

Die volkswirtschaftliche Bedeutung von Gründungen

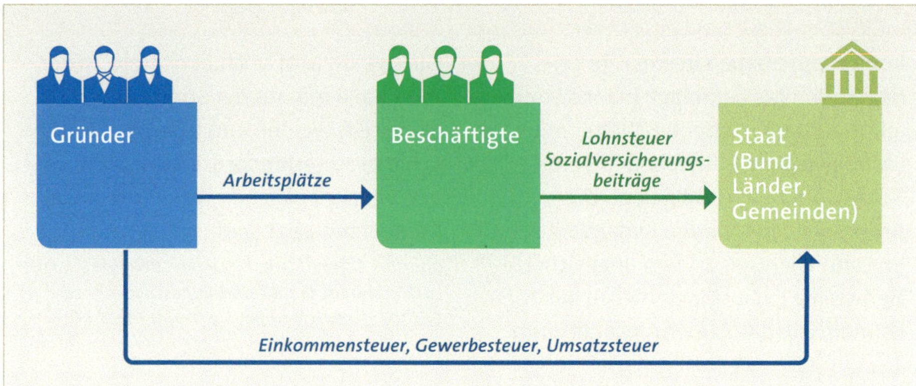

M1 Der Staat braucht Gründer

★ **Gewerbesteuer**
Sie ist eine betriebliche Steuer und wird von den Gemeinden erhoben. Ihre Höhe ist vom Gewinn des Unternehmens abhängig und vom „Hebesatz“, den jede Gemeinde selbst festlegt.

M2 Die Voith GmbH

Die Voith GmbH ist ein weltbekannter Technologiekonzern mit dem Stammsitz in Heidenheim an der Brenz. Weltweit zählt Voith heute 40 000 Mitarbeiter, davon 15 000 in Deutschland. Im 19. Jahrhundert begann alles mit einer Schlosserei in Heidenheim. Johann Matthäus Voith, der mit nur 22 Jahren 1825 die Schlosserwerkstatt seines Vaters übernommen hatte, gelang es in der Folgezeit, sich als Bauschlosser, Monteur importierter Maschinen, Hersteller von Ersatzteilen und mit Reparaturen an Wasserrädern und Papiermühlen einen Namen zu machen.

Nach 1850 begann der bisher auf Reparaturen spezialisierte Betrieb damit, aus England importierte Maschinen, vor allem Papiermaschinen, selbst nachzubauen und technisch zu verbessern. 1867 arbeiteten 35 Mitarbeiter in dem Unternehmen. 1904 verließ die 50. Papiermaschine das Heidenheimer Werk, 1913 die 150. Weitere Geschäftsbereiche kamen dazu, darunter 1873 der Bau von Wasserturbinen, 1922 von Zahnradgetrieben und 1927 von Schiffspropellern. 2006 lieferte Voith das weltweit erste Wellenkraftwerk, das Strom ins Netz einspeist.

Autorentext

Große und kleine Unternehmen

Wir haben bei der Voith GmbH (s. **M2**) den in Baden-Württemberg gar nicht so seltenen Fall, dass ein kleines zu einem mittleren und dann zu einem Großunternehmen wuchs. Dass es sich immer noch im Eigentum der Gründerfamilie Voith befindet, ist eher die Ausnahme. Die meisten Großunternehmen sind Aktiengesellschaften mit vielen Tausend Aktionären, die einen Aufsichtsrat wählen, der ihre Interessen wahrnimmt. Für kleine und mittlere Unternehmen (KMU) sind Leitungsaufgaben einfacher zu regeln. Oft sind diese mittelständischen Unternehmen im Familienbesitz. Das Betriebsklima ist oft angenehm und persönlich, die Bindung der Eigentümer zu Mitarbeitern und Kunden intensiv. Die Flexibilität der Fertigung ist hoch, Marktlücken können schnell erkannt und bedient werden. Nachteilig können bei Großaufträgen mögliche Engpässe in der Fertigung und bei den Lieferfristen sein.

Existenzgründungen sind wichtig

In Deutschland wagen jährlich rund 350 000 Gründerinnen und Gründer, davon mehr als die Hälfte zunächst im Nebenerwerb, den Schritt in die unternehmerische Selbstständigkeit. Als eigene Chefin oder Chef setzen sie ein tragfähiges Geschäftskonzept um und beweisen so Mut und Kreativität. Fast 70 Prozent der Gründungen sind erfolgreich, sie sind viele Jahre am Markt.

Unternehmensgründungen haben für unsere Wirtschaft eine erhebliche Bedeutung:

- *Schaffung von Arbeitsplätzen:* Gründer schaffen Jobs, für sich selbst, aber auch für andere. Unternehmer und Beschäftigte zahlen Steuern und Sozialabgaben.
- *Förderung des Wettbewerbs:* Neue Unternehmen fordern die bestehenden Unternehmen mit neuen Produkten und Verfahren heraus und treiben damit den Wettbewerb an. Die Konkurrenz hinsichtlich Leistung und Preisen wird gefördert.
- *Hervorbringen von Innovation**: Gründerinnen und Gründer verwirklichen innovative Ideen. Sie sind für Fortschritt, Wachstum und Wettbewerbsfähigkeit entscheidend. Innovative Gründungen schaffen zahlreiche nachhaltige Arbeitsplätze. Etwa ein Viertel der Gründerinnen und Gründer kommt mit einer Neuheit auf den Markt.
- *Förderung von Freiheit und Chancengleichheit in der Gesellschaft:* Selbstständige Unternehmen tragen zur Stabilität unserer demokratischen Gesellschaftsordnung bei. Wirtschaftliche Verantwortung wird auf viele Schultern verteilt, die „Machtkonzentration" durch Großunternehmen verringert. Mehr als 40 Prozent der Existenzgründungen erfolgt durch Frauen. Ihr Anteil bei den Gründungen wächst stetig, vor allem bei Gründungen im sozialen Bereich.

* **Innovation**
Bezeichnung für die mit dem technischen, sozialen und wirtschaftlichen Fortschritt einhergehenden Neuerungen.

M 3 „Start-ups wollen 50 000 Jobs schaffen"

Die deutschen Start-ups wollen in den kommenden zwölf Monaten 50 000 neue Arbeitsplätze schaffen. Dies entspricht einer Aufstockung um fast 50 Prozent. Allein die 470 jungen und innovativen Unternehmen in den Regionen Stuttgart und Karlsruhe wollen im Schnitt fünf neue Mitarbeiter einstellen und damit zusammengenommen 2300 neue Stellen aufbauen. [...]
Die Studie, die auf der Befragung von 1000 Jungunternehmen aus Deutschland fußt, hat zudem ergeben, dass Start-ups immer internationaler werden. So kämen knapp zehn Prozent der Gründerinnen und Gründer und 22 Prozent der Beschäftigten aus dem Ausland. [...]
Laut der Untersuchung haben die deutschen Start-ups in den vergangenen zwölf Monaten mehr als eine Milliarde Euro erhalten. Als wichtigste Kapitalquelle bei der Finanzierung nennen 79,9 Prozent der Start-ups die eigenen Ersparnisse, gefolgt von der Unterstützung durch Freunde und Familie (32 Prozent). Jeder dritte Befragte baut auf die Hilfe von sogenannten Business Angels – also private Investoren, die Kapital in das Unternehmen einbringen. Die Befragten gaben an, in den kommenden zwölf Monaten knapp 1,1 Milliarden Euro Wagniskapital zu benötigen. [...]
Wie aus der Studie hervorgeht, sind 89 Prozent der Start-ups mit ihrer aktuellen Lage zufrieden. Gut drei Viertel der Befragten rechnen mit einer günstigen Geschäftsentwicklung.

Nora Stöhr: Stuttgart und Karlsruhe holen auf, Stuttgarter Zeitung v. 23.9.2015, S. 12, www.stuttgarter-zeitung.de (Zugriff: 14.7.2016)

1 Überprüft den Nutzen von Unternehmensgründungen für Staat und Gesellschaft (**M 1**, Text).
2 Bewertet die Besonderheiten der KMU (Text, **M 2**).
3 Wertet **M 3** aus. Beurteilt die Bedeutung von Start-ups.
4 „Unternehmen tragen Verantwortung für die Gesellschaft." Erläutert diesen Sachverhalt.

Chancen auf globalen Märkten

Innovationen begünstigen den Export

Baden-Württemberg zählt zu den innovativsten Regionen in Europa. Bahnbrechende Erfindungen wie das Automobil haben ihren Ursprung im heutigen Baden-Württemberg. Daimler, Audi und Porsche sind Zugpferde der baden-württembergischen Exportwirtschaft.

Um diese technologische Vorrangstellung zu halten, sind hohe Ausgaben für Forschung und Entwicklung notwendig (Industrie 4.0 s. S. 90f.). In keiner anderen Region Europas ist der Anteil der Forschungs- und Entwicklungsaufwendungen am Bruttoinlandsprodukt so hoch wie hier. Ziel ist es, durch technologische, soziale und ökologische Modernisierungsprozesse zukunftsfähige Arbeitsplätze zu schaffen und zu halten. Die Innovationskraft ist ein entscheidender Faktor für die nationale, europäische und weltweite Wettbewerbsfähigkeit des Landes. Die globale Vernetzung birgt aber auch Risiken*.

M1 Modelleisenbahn

* **Risiken auf globalen Märkten**
- Mitarbeiter mit Sprach-, Kulturkenntnissen und länderspezifischem Wissen müssen angeworben und zu einem Umzug ins Zielland motiviert werden.
- Wichtige Marktinformationen des Ziellandes werden im Ursprungsland oft erst zeitverzögert bekannt.
- Hohe Kosten durch den Aufbau von Verwaltung, Vertrieb und eventuell auch Produktion im Zielland.
- Komplexe Abstimmung von Produktionsprozessen und der Produktgestaltung zwischen Ursprungsland und Zielland.
- Erschwerter Knowhow-Transfer. Oft müssen Beschäftigte der Muttergesellschaft die Mitarbeiter des Ziellands ausbilden.

M2 Modellbahnhersteller Märklin

Märklin hat am heutigen Tag seine neue Produktionshalle in Győr eröffnet. Dort wird ab sofort in bis zu drei Schichten gearbeitet. Mit dem Neubau am bereits bestehenden Fertigungssitz in Ungarn [mit 650 Mitarbeitern] bekennt sich der Marktführer im Modellbahnbereich zum Standort Europa. „Um unsere Lieferfähigkeit und das hohe Qualitätslevel garantieren zu können, ist eine Rückverlagerung von Modellen [aus China] aller Spurweiten in unsere eigenen Werke nach Europa unverzichtbar", erklärt Florian Sieber, geschäftsführender Gesellschafter von Märklin. Steigende Lohnkosten in China, komplizierte Abstimmungsprozesse mit Konstrukteuren anderer Mentalität, Probleme bei der Qualitätssicherung, lange Transportwege und mangelnde Flexibilität bei Nachfrageschwankungen waren Gründe für die Rückverlagerung.

Nach rund neun Monaten Bauzeit wird in Ungarn nun eine moderne Kunststoff-Spritzgießerei, eine Oberflächenbehandlung bzw. Malerei und eine Montageabteilung in Betrieb genommen. Die Metallverarbeitung bleibt wie bisher am Stammsitz des Unternehmens in Göppingen. „Wir verfügen in Göppingen [mit ca. 470 Beschäftigten] über ein enormes Know-how in der Metallfertigung. Daher werden alle Guss- und Drehteile auch ausschließlich dort in liebevoller Detailarbeit hergestellt", erklärt Sieber. [...] Entsprechend fließt mindestens ein Drittel der gesamten Wertschöpfung aller rückverlagerten Modelle nach Deutschland. Dazu Sieber: „Durch die Kapazitätserweiterung in Ungarn profitiert auch unser Stammsitz in Göppingen, da wir nur hier die hochwertigen Guss- und Metallteile der rückverlagerten Modelle produzieren. Die Auslastung dieser Bereiche wird in Deutschland entsprechend weiter nach oben gehen. Diese Arbeitsteilung zwischen Deutschland und Ungarn funktioniert hervorragend – das bestätigen unsere Investitionen in beide Standorte.

Märklin-Pressemitteilung v. 2.10.2014

M3 „Schauen, wo die Zukunft liegt"

Cratoni stellt Fahrrad- und Skihelme her. 120 verschiedene Modelle und passende Brillen bietet das Familienunternehmen an: farbenfroh oder dezent, klassisch oder futuristisch, aber immer unter den Gesichtspunkten von Sicherheit und Tragekomfort. Begonnen hat alles 1982, als Günter Krauter eine kleine Fahrradmanufaktur gründete. Der passionierte Motorradfahrer betrieb in Stuttgart die größte Kawasaki-Vertretung Süddeutschlands, bevor er sich Fahrrädern zuwandte. Das Geschäft mit den innovativen Rädern lief gut – selbst Jürgen Klinsmann war Kunde –, doch Krauter fiel auf, dass das Sicherheitsdenken immer wichtiger wurde. „Mein Vater hat schon immer geschaut, wo die Zukunft liegt", erzählt Jana Krauter, Marketing-Managerin und Tochter des Gründers. „Damals trug noch kaum jemand einen Helm, aber ihm war klar, dass das nicht so bleiben würde." Die wenigen Helme, die es damals zu kaufen gab, waren optisch wenig ansprechend. So kam Krauter, der bis heute Geschäftsführer und Eigentümer der Firma ist, auf die Idee, selber welche zu produzieren, und zwar solche, deren Tragen Spaß macht. Die Idee schlug so gut ein, dass der Gründer schnell entscheiden musste, ob er sich ganz auf die Fahrräder oder ganz auf die Helme konzentrieren wollte. Er entschied sich für Letzteres und hatte von Anfang an den weltweiten Markt im Blick. Unter dem Namen Krauter auf den internationalen Markt? „So viel Sexappeal hat das nicht", lacht Tochter Jana, „deswegen haben wir den Namen für das internationale Business in Cratoni verwandelt." Verwandelt und ständig weiterentwickelt wurden auch die Helme. Ziel war und sind dabei nicht nur die Optik und die Sicherheit, sondern auch die größtmögliche Luftzirkulation. [...] Produziert wurde zunächst in Deutschland, inzwischen jedoch in Fernost. Produktentwicklung, Design, Vertrieb, Lager und Marketing sind aber in Rudersberg, wo Platz für 30 Mitarbeiter ist.

IHK Region Stuttgart: Magazin Wirtschaft, 4/2015, S. 30

M 5 Cratoni Helmets GmbH

M 4 Anpassung an Märkte

Volkswagen bietet seinen Kunden mit dem Polo in mehr als 140 Märkten einen Kompaktwagen, der den dortigen Ansprüchen gerecht wird. Dabei stellen Straßenbedingungen, Umwelteinflüsse und Fahrgewohnheiten in den Märkten unterschiedliche Anforderungen an die Konstrukteure. In Russland oder auch Südafrika beispielsweise verfügt der Polo serienmäßig über ein höher gelegenes Fahrwerk. Das verhindert auch bei größeren Schlaglöchern im Asphalt ein Aufsetzen des Autos. Oft vergehen in Russland Stunden, bis die nächste Tankstelle in Sicht ist. Die Scheibenwischanlage fasst deswegen serienmäßig vier statt 1,4 Liter Flüssigkeit. In Indien fallen während der Regenzeit riesige Mengen an Wasser vom Himmel. Für das Federbein des indischen Polo haben die Konstrukteure daher eine spezielle Abdeckklappe entwickelt, die auch bei großen Regenmengen kein Wasser durchlässt.

VW-Autogramm 6/2015, S. 14 f. [Text gekürzt]

1 Arbeitet die Standortentscheidungen des Modelleisenbahnherstellers Märklin (**M 2**) heraus und bewertet sie.

2 Stellt die Firmengeschichte des württembergischen Herstellers von Fahrrad- und Skihelmen Cratoni (**M 3**, **M 5**) dar. Beurteilt, ob es sinnvoll ist, die Erzeugnisse in Asien fertigen zu lassen. Bewertet die volkswirtschaftliche Bedeutung des Unternehmens.

3 Analysiert **M 4**.

Eine Pro-Kontra-Diskussion führen

M1 Pro-Kontra-Diskussion in einer Klasse

Beruflich selbstständig sein?

Wollt ihr euch später einmal beruflich selbstständig machen, oder passt das nicht zu euch? Erörtert in der Klasse oder in Gruppen das Für und Wider. Eine solche Pro-Kontra-Diskussion kann euch weiterhelfen. Ihr Ziel besteht darin, strittige Sachverhalte aus unterschiedlichen oder gegensätzlichen Positionen heraus zu betrachten. Dabei kommt es darauf an, möglichst viele Argumente für oder gegen eine Position zu finden, sie überzeugend zu formulieren, vorzutragen und am Ende der Diskussion vielleicht sogar zu einer Entscheidung oder einem Kompromiss zu kommen.

Analysieren

Zur Vorbereitung ist es wichtig, dass ihr euch möglichst umfassende Informationen zu einem Sachverhalt beschafft, hier also zum Thema „Berufliche Selbstständigkeit“. Auf den Seiten 130–137 erfahrt ihr vieles über Chancen und Risiken.

1. Bearbeitet zunächst **M2**. Erörtert, ob euch diese Fragen weiterbringen. Beachtet auch **M3**. Welche Stärken, welche Schwächen zeigt der Test? Seid ihr wirklich Unternehmertypen, wenn ihr z. B. 15 Punkte erreicht habt?
2. Informiert euch gründlich. Sammelt und notiert Argumente, die ihr vertreten wollt.

Anwenden

1. Setzt einen Diskussionsleiter als Moderator ein. Er soll dafür sorgen, dass alle die gleichen Chancen haben, ihre zuvor bereits schriftlich fixierten Argumente vorzutragen – innerhalb einer Gruppe oder im Klassenverband. Eine echte Diskussion muss vor allem auf Sachkenntnissen basieren, weniger aus Meinungen und Vorurteilen.
2. Am Ende der Diskussion könnt ihr abstimmen, welche Argumente euch überzeugt haben. Ihr könnt auch einen Kompromiss finden.

M 2 Bist du ein Unternehmertyp?

a) Hast du schon einmal etwas z. B. über eBay oder auf dem Flohmarkt verkauft?

Ja, hat Spaß gemacht ☐ 2 Punkte
Ja, war aber kein Erfolg ☐ 1 Punkt
Nein ☐ 0 Punkte

b) Hast du schon gejobbt, z. B. Prospekte verteilt?

Ja, regelmäßig ☐ 2 Punkte
Ja, ab und zu ☐ 1 Punkt
Nein ☐ 0 Punkte

c) Könntest du dir vorstellen, später einmal einige Jahre lang 60 oder mehr Stunden pro Woche zu arbeiten, um dich selbstständig zu machen?

Ja, in jedem Fall ☐ 2 Punkte
Vielleicht ☐ 1 Punkt
Nein ☐ 0 Punkte

d) Kannst du dir vorstellen, nach dem Abitur eine Lehre und dann eine Fortbildung zum Handwerksmeister zu machen, um das Rüstzeug für eine Selbstständigkeit zu bekommen?

Ja, das habe ich vor ☐ 2 Punkte
Ja, eventuell ☐ 1 Punkt
Nein, ich will studieren ☐ 0 Punkte

e) Kannst du dir vorstellen, in den ersten Jahren nach deiner Ausbildung kein regelmäßiges und stabiles Einkommen zu haben?

Ja, in jedem Fall ☐ 2 Punkte
Ja, eventuell ☐ 1 Punkt
Nein, ungern ☐ 0 Punkte

f) Warst du in den letzten drei Jahren durchweg körperlich fit und leistungsfähig?

Ich war fast nie krank ☐ 2 Punkte
Ich war ab und zu krank ☐ 1 Punkt
Ich war häufig krank ☐ 0 Punkte

g) Bist du neben der Schule noch in einem Sport- oder einem anderen Verein aktiv?

Ja, dort wirke ich aktiv mit ☐ 2 Punkte
Ja, aber unregelmäßig ☐ 1 Punkt
Nein ☐ 0 Punkte

h) Gehst du mit Stresssituationen gelassen um, z. B. wenn mehrere Klassenarbeiten anstehen?

Ja, in jedem Fall ☐ 2 Punkte
Eher ja ☐ 1 Punkt
Nein, eher hektisch ☐ 0 Punkte

i) Glaubst du, dass deine Eltern deine Selbstständigkeit unterstützen werden?

Ja, unbedingt ☐ 2 Punkte
Ja, mit Einschränkungen ☐ 1 Punkt
Nein ☐ 0 Punkte

Autorentext

M 3 „Mehr Selbstständige müssen aufstocken“

Knapp zehn Prozent aller Hartz-IV-Aufstocker* arbeiten als Selbstständige. Im Schnitt sind sie besser qualifiziert als abhängig beschäftigte Bezieher. [...] Obwohl ihre Arbeitszeiten häufig hoch sind, reicht der von ihnen erwirtschaftete Gewinn nicht aus, um davon leben zu können. Drei Viertel verdienen maximal 400 Euro, lediglich fünf Prozent kommen auf einen Gewinn von mindestens 800 Euro.

Selbstständige Aufstocker arbeiten oft als Vertreter, Verkäufer, Gaststätten- oder Imbissbesitzer, Künstler oder freiberufliche Lehrkräfte. Der mit 16 Prozent hohe Anteil an Akademikern erkläre sich insbesondere durch Selbstständige in künstlerischen Berufen wie Musiker oder Schauspieler. Mehr als drei Viertel beschäftigen keine Mitarbeiter, weitere 14 Prozent nur einen.

Hans-Böckler-Stiftung: Mehr Selbstständige müssen aufstocken, in: www.boeckler.de (Zugriff: 13.7.2016)

* **„Aufstocker“**
Erwerbsfähige oder Selbstständige haben Anspruch auf Arbeitslosengeld II („Hartz IV“) ergänzend zu ihrem Einkommen, wenn ihr anrechenbares Einkommen nicht ausreicht, um davon den Lebensunterhalt zu decken.

Das kann ich ...

CHECK UP

Wichtiges zusammengefasst

1 Berufliche Selbstständigkeit

Warum selbstständig? ↔ **Warum lieber nicht?**

Warum selbstständig?

- Flexible Arbeitszeiten
- Entscheidungsfreiheit
- Persönliche Entfaltungsmöglichkeiten
- Abwechslung
- Unabhängigkeit
- Hohes Einkommen möglich

Warum lieber nicht?

- Privatleben leidet durch den hohen Zeitaufwand
- Eigenverantwortung und hohes Risiko
- Hoher Leistungsdruck
- Kein bezahlter Urlaub, kein Einkommen bei Krankheit
- Unregelmäßiges Einkommen
- Meist kein Anspruch auf Arbeitslosengeld bei Scheitern

2 Umsatz (Erlös) und Gewinn

Umsatz (Erlös) = Absatzmenge x Preis

↓

Der Umsatz (Erlös) gibt an, wie viel Geld ein Unternehmen innerhalb einer bestimmten Zeit eingenommen hat.

Gewinn = Umsatz (Erlös) – Kosten

↓

Der Gewinn gibt an, was von den Erlösen des Unternehmens nach Abzug der Kosten übrig bleibt.

3 Einteilung von Kosten

Kosten – (bewerteter Verbrauch von Sachgütern und Dienstleistungen)

Verrechenbarkeit

Einzelkosten

- können einem Auftrag unmittelbar zugeordnet werden, z. B. Fertigungsentgelte

Gemeinkosten

- können einem Auftrag nicht unmittelbar zugerechnet werden, z. B. Werkstattmiete

Mengenabhängigkeit

Fixe Kosten

- sind unabhängig von der erzeugten Menge in gleicher Höhe, z. B. Mieten, Versicherungen

Variable Kosten

- verändern sich entsprechend der erzeugten Menge, z. B. Materialverbrauch

Vereinfachte Zuschlagskalkulation:

	Materialeinzelkosten (MEK)
+	Materialgemeinkosten (MGK)
Materialkosten (MK)	
	Fertigungseinzelkosten (FEK)
+	Fertigungsgemeinkosten (FGK)
Fertigungskosten (FK)	
Herstellkosten (HK = MK + FK)	

Fixe, variable Kosten und Stückkosten:

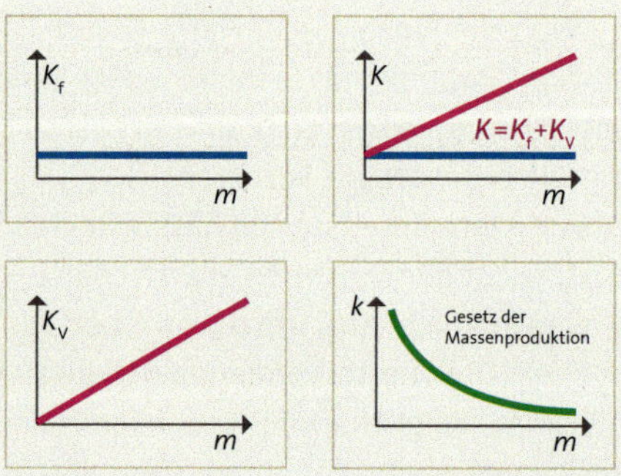

4 Shareholder und Stakeholder

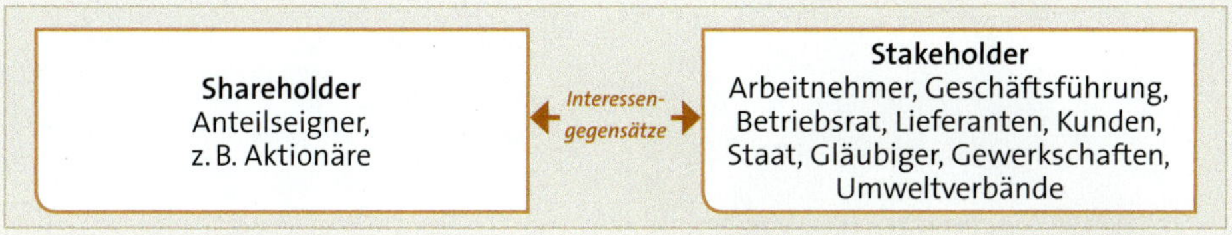

5 Unternehmer sein – Risiken

Wissens-Check

1 Herr Schulze, Beschäftigter eines Softwareunternehmens, möchte sich selbstständig machen. Nennt vier persönliche Voraussetzungen, über die er verfügen sollte, um das Unternehmen erfolgreich zu führen. Erstellt eine Handreichung der einzelnen Schritte, die er bei der Gründung vornehmen muss.

2 Ein Fahrradhändler verkauft in einem Monat 150 Fahrräder für jeweils 280 Euro das Stück. Für Arbeitsentgelte, Miete, Einkaufspreise usw. fallen Gesamtkosten in Höhe von 38 000 Euro an. Ermittelt Umsatz und Gewinn.

3 Ordnet die folgenden Kosten einer Maschinenbau-GmbH jeweils den Einzel- und den Gemeinkosten zu:
- Mietkosten für eine Fertigungshalle
- Gehälter der Geschäftsleitung
- Energiekosten (Heizung, Beleuchtung)
- Verpackung einer Werkzeugmaschine für den Überseetransport
- Entgelte in der Produktion
- Abschreibungen für Einrichtungsgegenstände
- Rundmaterial und Bleche zur Weiterverarbeitung

4 Auf einer Baustelle wird ein Wohnhaus errichtet. Fünf Bauarbeiter auf Stundenentgeltbasis und ein Polier mit festem Gehalt sind beschäftigt. Backsteine und Zementsäcke wurden angeliefert. Ein Baukran und ein Bagger sind gemietet. Sie kosten zusammen 180 Euro pro Tag. Der Bagger verbraucht pro Arbeitsstunde 20 Liter Dieselkraftstoff. Den elektrischen Strom für den Kran erhält die Baustelle von einem Nachbargrundstück. Über einen Stromzähler wird der Verbrauch erfasst. Der Betonmischer gehört dem Bauunternehmer. Der Mischer wird jährlich mit 20 Prozent abgeschrieben.
Stellt die fixen und die variablen Kosten der Baustelle zusammen.

5 Bei einem Auftrag für mechanisch bearbeitete Messingteile werden für 8000 Euro Material verbraucht und 2000 Euro Fertigungsentgelte bezahlt. Ermittle die Herstellkosten, wenn die Materialgemeinkosten 20 Prozent und die Fertigungsgemeinkosten 150 Prozent betragen. Berechnet den Angebotspreis, wenn der Hersteller einen Gewinn von 8 Prozent veranschlagt und zusätzlich 19 Prozent MwSt. fällig werden.

6 Erläutert das Gesetz der Massenproduktion.

7 Nennt je zwei Vor- und zwei Nachteile der Unternehmensform mit dem Namen „Paula Müller e. Kfr.“.

KAPITEL 5

Leben und Arbeiten in der Sozialen Marktwirtschaft

Die Soziale Marktwirtschaft ist eine Wirtschaftsordnung, die Unternehmern und Verbrauchern größtmögliche Freiheiten einräumt, dem Staat aber trotzdem die Möglichkeit gibt, zugunsten der sozial Schwächeren einzugreifen. Zur Sozialpolitik gehören Regeln der sozialen Sicherstellung der Bürgerinnen und Bürger durch Arbeitslosengeld, Erziehungsgeld, Kindergeld, Wohngeld, aber auch durch Arbeitsschutzgesetze und betriebliche Mitbestimmungsrechte.

Ein wichtiger Bestandteil von Sozialpolitik in der Sozialen Marktwirtschaft ist auch die staatliche Familienförderung, worauf das Bild hinweist.

Mithilfe dieses Kapitels beschäftigt ihr euch mit den Wirtschaftsordnungen, mit dem Wirtschaftssystem der Bundesrepublik Deutschland und mit dem Währungssystem in den Eurostaaten. Ihr erörtert vielerlei Fragen: Welche Überlegungen liegen diesen Systemen zugrunde? Wie findet man sich darin zurecht? Wer kann auf Entscheidungen Einfluss nehmen? Wie ist Deutschland weltweit vernetzt? Wie werden Konflikte letztlich entschieden? Ihr erfahrt auch, welche Möglichkeiten der Staat hat, um bei Fehlentwicklungen zu reagieren, und ihr könnt euch Gedanken darüber machen, ob dies immer gelingt.

M 1 Karikatur: Mester

Wirtschaftsordnungen

An wirtschaftlichen Vorgängen sind Nachfrager und Anbieter beteiligt. Sie begegnen sich auf Märkten. Auch der Staat ist am Wirtschaftsgeschehen beteiligt. Er ist als Marktteilnehmer sowohl Anbieter (z.B. Wasserversorgung, Feuerwehr) als auch Nachfrager (z.B. Schulgebäude, Polizeifahrzeuge). Vor allem aber nimmt er durch Gesetze und Verordnungen Einfluss auf das Wirtschaftsgeschehen. Die Gesamtheit aller staatlichen Regeln für das wirtschaftliche Handeln in einer Volkswirtschaft wird als Wirtschaftsordnung bezeichnet. Dabei unterscheidet man die Grundtypen der Freien Marktwirtschaft und der Zentralverwaltungswirtschaft.

M 2 Was wäre, wenn ...?

Fünf Holzfäller (Arbeiter) stehen am Rand eines Waldes, in dem 50 Bäume gefällt werden sollen. Die Arbeiter besitzen keine Maschinen und Werkzeuge. Ein Unternehmer kommt vorbei, bringt ihnen Motorsägen, Äxte und einen Kanister mit Benzin. Der Unternehmer, dem die Maschinen und Werkzeuge gehören, teilt die Arbeiter ein und überwacht ihre Arbeit. Das Entgelt für das Fällen bekommt er von seinem Auftraggeber allein. Er bestimmt, wie viel davon die Arbeiter bekommen, das Meiste behält er für sich. Die Arbeiter müssen sich mit einem sehr geringen Arbeitsentgelt zufrieden geben, sie sind von dem Unternehmer abhängig. Gegen Krankheit sind sie nicht versichert, für ihr Alter müssen sie allein vorsorgen.

Autorentext

Freie Marktwirtschaft

Ein Wirtschaftssystem mit Arbeitsbedingungen, wie sie in **M 2** geschildert werden, wird als Freie Marktwirtschaft oder auch als Kapitalismus bezeichnet.

Die Wirtschaftsordnung der Freien Marktwirtschaft beruht auf den Ideen des Liberalismus. Einer ihrer bekanntesten Vertreter war im 18. Jahrhundert der schottische Philosoph und Wirtschaftswissenschaftler Adam Smith (s. **M 3**). Er ging davon aus, dass alle Menschen nur ihren Vorteil suchen, also eigennützig ihren persönlichen Nutzen und Wohlstand. Und genau dies kommt nach seiner Auffassung letztlich der gesamten Wirtschaft und damit dem Wohl eines ganzen Landes zugute. Denn wenn die Wirtschaft wächst, steigen die Nachfrage nach Arbeitskräften und damit auch die Löhne. Der Staat soll sich nach Ansicht von Adam Smith und seinen Anhängern nicht in die wirtschaftlichen Abläufe einmischen, sondern sich auf den Schutz des Privateigentums und die Aufrechterhaltung der öffentlichen Sicherheit und Ordnung beschränken („Nachtwächterstaat"). Die Steuerung der Wirtschaft soll der Staat dem Markt überlassen, also dem Grundsatz von Angebot und Nachfrage. Weitere Kennzeichen der freien Marktwirtschaft sind Privateigentum an den Produktionsmitteln (Maschinen, Werkzeuge), Gewerbefreiheit*, Konsumfreiheit und Freihandel*.

Eine Freie Marktwirtschaft in reiner Form, wie sie Adam Smith wollte, hat es nie gegeben. Daher können die Voraussetzungen und Wirkungen nur in Form eines Modells dargestellt werden. Die Wirtschaft in den Industrieländern in der ersten Hälfte des 19. Jahrhunderts kam der Freien Marktwirtschaft jedoch recht nahe.

Probleme

Die Gefahren sind groß. Die wirtschaftliche Macht konzentriert sich in den Händen weniger. Schwächere Marktteilnehmer werden ausgebeutet und unterdrückt. Zu Beginn des Industriezeitalters deckte der Arbeitslohn trotz eines oft vierzehnstündigen Arbeitstages nicht einmal das Existenzminimum einer Familie ab. Eine Folge davon war die weit verbreitete Kinderarbeit. Für die Wechselfälle des Lebens (Krankheit, Arbeitslosigkeit, Alter) fehlte jegliche wirtschaftliche Absicherung. Die gesetzliche Sozialversicherung wurde in Deutschland erst ab 1883 nach und nach eingeführt.

M 3 Adam Smith über eine freiheitliche Wirtschaftsordnung, 1776

Der Einzelne ist stets darauf bedacht, herauszufinden, wo er sein Kapital, über das er verfügen kann, so vorteilhaft wie nur irgend möglich einsetzen kann. [...] Aber gerade das Streben nach seinem eigenen Vorteil ist es, das ihn ganz von selbst oder vielmehr notwendigerweise dazu führt, sein Kapital dort einzusetzen, wo es auch dem ganzen Land den größten Nutzen bringt [...].

Im System der natürlichen Freiheit hat der Souverän [= Herrscher] lediglich drei Aufgaben zu erfüllen [...]: Erstens die Pflicht, das Land gegen Gewalttätigkeit und Angriff anderer unabhängiger Staaten zu schützen, zweitens die Aufgabe, jedes Mitglied der Gesellschaft so weit wie möglich vor Ungerechtigkeit oder Unterdrückung durch einen Mitbürger in Schutz zu nehmen, [...] und drittens die Pflicht, bestimmte öffentliche Anstalten und Einrichtungen zu gründen und zu unterhalten.

Adam Smith: Der Wohlstand der Nationen (1776), München (dtv) 1990, S. 369 ff. u. 582. Übersetzung: Horst Claus Recktenwald

* **Gewerbefreiheit**
Freiheit für jeden, einer wirtschaftlichen Tätigkeit an jedem Ort zu jeder Zeit nachgehen zu können. In Art. 12 des Grundgesetzes heißt es: „Alle Deutschen haben das Recht, Beruf, Arbeitsplatz und Ausbildungsstätte frei zu wählen. Die Berufsausübung kann durch Gesetz oder auf Grund eines Gesetzes geregelt werden."

* **Freihandel**
Internationaler Waren- und Dienstleistungsverkehr, der keinen Zoll- und Handelsbeschränkungen unterworfen ist. Nach dem Grundsatz des Liberalismus führt nur ein unbehinderter Warenverkehr zu einer internationalen Arbeitsteilung und so zu einer kostengünstigen Produktion. Ziel des Freihandels, wie er u. a. innerhalb der Europäischen Union (EU) herrscht, ist es, durch internationale Tauschprozesse den Wohlstand in den beteiligten Länder zu heben.

1 Wertet mithilfe des Textes die Karikatur (**M 1**) aus.
2 Beschreibt das Modell einer Freien Marktwirtschaft (Text, **M 2**). Nennt Folgen, die bei deren teilweiser Verwirklichung im 19. Jahrhundert entstanden sind.
3 Fasst **M 3** zusammen. Welche Rolle kommt dem Staat zu? Setzt euch mit der Behauptung auseinander, dass derjenige, der den eigenen Vorteil im Auge hat, auch das Wohl der Allgemeinheit fördert.

Die Zentralverwaltungswirtschaft

M1 Schlange stehen vor einem Geschäft in Dresden 1985. Selbst auf Produkte des täglichen Bedarfs musste gewartet werden. Technische Konsumgüter wie Fernsehgeräte, Kühlschränke, Waschmaschinen und Pkws waren schwer zu bekommen.

M 2 Was wäre, wenn ...?

Die fünf Waldarbeiter (s. S. 162) bekommen vom Staat (z. B. der Gemeinde) einen Auftrag. Motorsägen und Äxte werden ihnen vom Staat unentgeltlich überlassen. Die Arbeiter wählen aus ihrem Kreis einen Kollegen, der die Leitung der Arbeitsgruppe übernimmt. Nach einiger Zeit wird von ihnen immer wieder ein anderer Kollege gewählt, um zu gewährleisten, dass jeder einmal als „Unternehmer" tätig ist. Die vom Staat bezahlten Löhne und Sozialleistungen sind für alle gleich hoch, unabhängig von ihrer Ausbildung, ihrer Berufserfahrung und ihrem Fleiß.

Autorentext

Staatliche Lenkung

Ein Wirtschaftssystem mit Arbeitsbedingungen, wie sie in **M 2** beschrieben werden, wird als Zentralverwaltungswirtschaft bezeichnet. Darunter versteht man eine Wirtschaftsordnung, in der staatliche Planungsbehörden den gesamten Wirtschaftsprozess lenken und überwachen. Die Wirtschaftsordnung wird deshalb häufig auch als Planwirtschaft bezeichnet. Meist ist kein Privateigentum an Produktionsmitteln, also an Betriebsgebäuden, Maschinen und Werkzeugen, erlaubt. Der Staat gibt Weisungen, wann, was, wo und wie viel produziert werden soll und wie die Zuteilung von Rohstoffen und Zulieferteilen erfolgt. Die Preise für Güter und Dienstleistungen sind staatlich festgesetzt, die Berufs- und Arbeitsplatzwahl der Beschäftigten staatlich gelenkt.

Die Ausführung der vorgegebenen Pläne geschieht in den Staatsbetrieben. Da diese in vielfältiger Weise miteinander verflochten sind, führt die Nichterfüllung eines Plans in einem Zulieferbetrieb zu Engpässen in Betrieben der Endproduktion. Konkurrierende Betriebe, die die Engpässe überwinden könnten, sind nicht vorgesehen.

Die zentrale Planung ist schwerfällig und unflexibel. Fehlende finanzielle Anreize mindern die Leistungsbereitschaft der Mitarbeiter. Dagegen gelten Arbeitsplätze als gesichert, und Sozialleistungen sind für jedermann zugänglich.

Karl Marx war der geistige Vater

Die Einführung von Zentralverwaltungswirtschaften, vor allem nach dem Zweiten Weltkrieg, war der Versuch, die Nachteile liberaler Wirtschaftsordnungen zu überwinden. Hauptkritiker des Wirtschaftsliberalismus, den er als Kapitalismus bezeichnete, war im 19. Jahrhundert Karl Marx. Er sah im Privateigentum an Produktionsmitteln die wesentliche Ursache für die Not der damaligen Zeit. Das Privateigentum führt nach Marx zur Zweiteilung der Gesellschaft in eine besitzende Klasse („Bourgeoisie“) und eine besitzlose Klasse („Proletariat“).

Auch für die Zentralverwaltungswirtschaft gilt, dass sie in reiner Form nie existiert hat. Länder, die diese Wirtschaftordnung eingeführt hatten, ließen einen beschränkten Bereich privater Produktionstätigkeit zu, vor allem im Handwerk, im Einzelhandel und in der Landwirtschaft. Bis zum Ende der 1980er-Jahre existierten Zentralverwaltungswirtschaften in zahlreichen Ländern (Sowjetunion, osteuropäische Staaten, Volksrepublik China, Nordkorea, Kuba, einige afrikanische Länder).

Zentrale Lenkung in der DDR

Nach dem Ende des Zweiten Weltkriegs 1945 drängten die USA und Großbritannien die von ihnen besetzten Westzonen Deutschlands auf die Einführung einer Wirtschaftsordnung, die der Freien Marktwirtschaft nahekam. Dagegen führte die Sowjetunion in ihrer Besatzungszone eine Planwirtschaft nach sowjetischem Muster ein. Unter dem Motto „Junkerland in Bauernhand“ wurde das gesamte Land der Großgrundbesitzer enteignet und unter besitzlosen Landarbeitern und Kleinbauern aufgeteilt. Nach der Gründung der DDR 1949 rief der Staat in einem zweiten Schritt zentral verwaltete Landwirtschaftliche Produktionsgenossenschaften (LPGs) ins Leben, denen auch die Kleinbauern, die zuvor mit Land ausgestattet worden waren, beizutreten hatten. Private Industriebetriebe und der Großhandel wurden ebenfalls enteignet und in staatliche „volkseigene“ Betriebe (VEBs) umgewandelt. Die Folge waren erhebliche Versorgungs- und Qualitätsmängel bei Waren und Dienstleistungen.

M 3 Der Kapitalismus nach Karl Marx und Friedrich Engels, 1848

Die moderne Industrie hat die kleine Werkstube des [...] Meisters in die große Fabrik des industriellen Kapitalisten verwandelt. Arbeitermassen, in der Fabrik zusammengedrängt, werden soldatisch organisiert. [...] Ist die Ausbeutung des Arbeiters durch den Fabrikanten so weit beendigt, dass er seinen Arbeitslohn bar ausgezahlt erhält, so fallen die anderen Teile der Bourgeoisie über ihn her, der Hausbesitzer, der Krämer [= Einzelhändler], der Pfandleiher usw. Die bisherigen kleinen Mittelstände, die kleinen Industriellen, Kaufleute, [...] die Handwerker und Bauern, alle diese Klassen fallen ins Proletariat hinab, teils dadurch, dass ihr kleines Kapital für den Betrieb der großen Industrie nicht ausreicht und der Konkurrenz mit den größeren Kapitalisten erliegt, teils dadurch, dass ihre Geschicklichkeit von neuen Produktionsweisen entwertet wird.

Karl Marx/Friedrich Engels: Manifest der Kommunistischen Partei (1848). Berlin (Dietz) 1980, S. 53 ff.

1 Beschreibt die Abbildung (**M 1**). Nennt Gründe, die zu den Versorgungsengpässen in der DDR führten (Text). Diskutiert, ob sich das Beispiel **M 2** hier einordnen lässt.

2 Listet jeweils grundlegende Kennzeichen der Freien Marktwirtschaft (s. S. 162) und der Zentralverwaltungswirtschaft auf. Welchen Einfluss hat jeweils der Staat?

3 Fasst zusammen, welche Kritik Karl Marx und sein enger Vertrauter Friedrich Engels an der liberalen Wirtschaftsordnung übten (**M 3**).

Die Soziale Marktwirtschaft

M 1 Wirtschaftsordnungen im Vergleich

* **Individualismus**
Anschauung, die den einzelnen Menschen (das Individuum) in den Mittelpunkt stellt. Oberster Grundsatz im Individualismus ist die Freiheit des Einzelnen. Individualismus und Liberalismus sind eng miteinander verbunden.

* **Kollektivismus**
Der einzelne Mensch muss sich den Interessen der Gemeinschaft oder der Gruppe (dem Kollektiv) unterordnen und seine persönlichen Bedürfnisse und Wünsche zurückstellen.

M 2 Was wäre, wenn ...?

Die fünf Waldarbeiter (s. S. 162) sind bei einem Unternehmer angestellt. Ein Forstwirt mit abgeschlossener Berufsausbildung leitet die Arbeiten. Die Arbeiter sind gewerkschaftlich organisiert und erhalten Tarifarbeitsentgelte entsprechend ihrer Ausbildung und Berufserfahrung. Von ihrem Bruttoentgelt werden Sozialversicherungsbeiträge abgezogen. Die Hälfte dieser Beiträge zahlt der Arbeitgeber. Verheiratete Arbeitskräfte mit Kindern bekommen vom Staat Kindergeld und zahlen meist weniger Lohnsteuern.
Autorentext

Entstehung

Ein Wirtschaftssystem mit Arbeitsbedingungen nach **M 2** wird als Soziale Marktwirtschaft bezeichnet. Sie wurde nach dem Zweiten Weltkrieg in den westlichen Besatzungszonen Deutschlands eingeführt. Ihr u.a. von Ludwig Erhard* erarbeitetes Konzept sieht ein grundsätzlich an den Gesetzen des freien Marktes orientiertes Wirtschaftssystem vor. Der Staat soll allerdings auf sozialen Ausgleich hinwirken und die unsozialen Folgen eines ungehemmten Wirtschaftsliberalismus unterbinden. Die Folge der Sozialen Marktwirtschaft in Westdeutschland war ein 1952 beginnender, mehr als zehn Jahre andauernder Wirtschaftsaufschwung mit rasant steigenden Produktions- und Exportzahlen. Später sprach man von einem „Wirtschaftswunder".

* **Ludwig Erhard** (1897–1977)
Er war 1948 Leiter der Wirtschaftsverwaltung der westdeutschen Besatzungszonen, 1949 bis 1963 Bundesminister für Wirtschaft und 1963 bis 1966 zweiter Bundeskanzler der Bundesrepublik Deutschland.

Kennzeichen

Die Erfahrungen sowohl mit weitgehend freien marktwirtschaftlichen Ordnungen als auch mit zentral verwalteten Wirtschaften sprachen dafür, nach einem Kompromiss zwischen beiden Systemen zu suchen – einer Sozialen Marktwirtschaft. Deren Grundlage ist ein System, das viele individuelle Freiheiten zulässt. Die Abstimmung zwischen den Anbietern und den Nachfragern erfolgt über die Preisbildung durch Angebot und Nachfrage auf Märkten. Der Staat greift aber dann ein, wenn die Entfaltungsmöglichkeiten Einzelner die Freiheiten Anderer in unangemessener Weise beeinträchtigen. Dazu verfügt der Staat über eine Reihe von Eingriffsmöglichkeiten.

Mögliche staatliche Eingriffe

- Notwendige Voraussetzung für einen funktionierenden Markt ist ein ausreichender Wettbewerb. Bei einem sich selbst überlassenen Markt versuchen Unternehmen, sich zusammenzu-

schließen und dadurch den Wettbewerb zu verringern oder ganz abzuschaffen. Sie können dann die Preise beliebig erhöhen. Hier muss der Staat eingreifen und für eine Aufrechterhaltung des Wettbewerbs sorgen. Zuständig dafür ist das Bundskartellamt in Wiesbaden.
- Die Marktwirtschaft ist nicht geschützt vor wirtschaftlichen Krisen. Es gibt Konjunkturschwankungen*, Inflation* und Arbeitslosigkeit. Daher versucht der Staat, mit wirtschaftspolitischen Maßnahmen solche Krisen zu bewältigen.
- Die Regulierung des Wirtschaftsgeschehens allein über den Markt verursacht Umweltprobleme. Das Interesse der Unternehmen, möglichst kostengünstig zu produzieren, widerspricht einer möglichst umweltgerechten Produktion.
- Der Staat fördert sie gesetzlichen Sozialversicherungen und die Absicherung sozial Schwacher.
- Die Höhe der Arbeitsentgelte richtet sich nicht nach Angebot und Nachfrage von Arbeitskräften (s. S. 112/113), sondern wird durch Tarifverträge festgelegt.

* **Konjunkturschwankungen**
Schwankungen in der Auslastung der Produktion innerhalb einer Volkswirtschaft (s. S. 176/177).

* **Inflation**
Eine anhaltende Erhöhung der Preise für Sachgüter und Dienstleistungen. Dadurch sinkt die Kaufkraft des Geldes.

M 3 Soziale Marktwirtschaft und Grundgesetz

Das Grundgesetz legt keine bestimmte Wirtschaftsordnung fest. Ebenso wenig wird die Soziale Marktwirtschaft beim Namen genannt. Es zieht jedoch klar definierte Grenzen, innerhalb deren die Ausgestaltung der Wirtschaftsordnung bleiben muss:

- Gegen völlige Liberalisierung und Rückzug aus der sozialen Verantwortung steht das Sozialstaatsprinzip mit der Formulierung von staatlicher Verantwortung für die Soziale Gerechtigkeit (Art. 20 „sozialer Bundesstaat“ und 28 „sozialer Rechtsstaat“).
- Gegen alle Formen der staatlichen Zwangswirtschaft steht die Fülle der Freiheitsrechte, wie z. B. das Recht auf freie Entfaltung der Persönlichkeit (Art. 2), die Berufsfreiheit (Art. 12) und die Garantie des Eigentums (Art. 14).
- Zwar können nach Art. 14 „Eigentum“ und nach Art. 15 „Grund und Boden, Naturschätze und Produktionsmittel“ vergesellschaftet werden, doch schreibt die grundsätzliche Anwendung von Art. 14 (3) auf diesen Fall eine „gerechte Abwägung der Interessen der Allgemeinheit und der Beteiligten“ vor, stellt also jeden Akt unter die Nachprüfung durch die Gerichte.

[...] Aus diesen Kategorien ist klar geworden, dass sowohl zwischen der Eigentumsgarantie (Art. 14,1 GG) und der Sozialbindung des Eigentums (Art. 14,2 GG), als auch zwischen der Einschränkung staatlichen Handelns und der Notwendigkeit staatlichen Handelns ein Spannungsverhältnis besteht, das nur in der ständigen Suche nach Kompromissen in jedem Einzelfall neu aufzulösen oder auch nur zu entschärfen ist.

Kultusministerium Baden-Württemberg (Hg.): Basistext: Soziale Marktwirtschaft und Grundgesetz, Landesbildungsserver Baden-Württemberg (Zugriff: 8.7.2016)

1 Unterscheidet die Begriffe „Individualismus“ sowie „Kollektivismus“ und ordnet sie unterschiedlichen Wirtschaftsordnungen zu (**M 1**).

2 Nennt Wirtschaftsbereiche der Sozialen Marktwirtschaft, in die der Staat kontrollierend eingreifen kann (Text, **M 2**).

3 Lest die in **M 3** angegebenen Artikel in einem Grundgesetzestext nach. Beurteilt, welche Bestimmungen gegen eine Freie Marktwirtschaft und welche gegen eine Zentralverwaltungswirtschaft gerichtet sind.

Ein „soziales Netz“ für viele

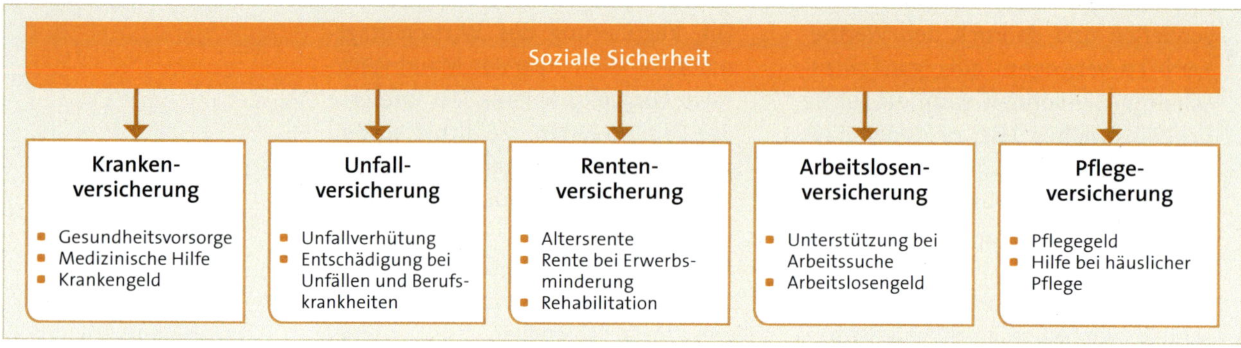

M1 Die fünf Zweige der Sozialversicherung

M2 Was wäre, wenn ...?

Fünf Menschen leben vom Fischfang. Einer, ein Unternehmer, gibt das Geld für das Motorboot, bezahlt den Treibstoff und die Reparaturen. Ein zweiter, der Bootsführer, hat eine mehrjährige Berufsausbildung hinter sich, steuert das Boot und gibt Anweisungen. Drei Matrosen ohne Berufsausbildung verrichten die schwere körperliche Arbeit. Einer davon ist ledig, einer verheiratet, der Dritte ist verheiratet und hat Kinder.
Die fünf Menschen stehen vor dem Problem, die Einnahmen aus dem Fischfang von jährlich 300 000 Euro unter sich gerecht zu verteilen.
Autorentext

Einkommensgerechtigkeit

Was ist eine gerechte Einkommensverteilung? Ist es angemessen, dass Profifußballspieler Millionen verdienen? Darf die Leistung von Vorständen eines Unternehmens hundertmal höher bezahlt werden als die eines Arbeitnehmers? Sollen Erzieher wesentlich mehr verdienen als Altenpfleger? Die Soziale Marktwirtschaft lässt solche Ungleichheiten zu. Die Eingriffsmöglichkeiten des Staates sind beschränkt.

Sozialstaat – warum?

Einmal angenommen, wir wären immer kerngesund. Wir könnten uns holen, was wir wollten, ob Essen, Kleidung oder Wissen – alles kostenlos. Dann müsste sich jeder nur um sich selbst kümmern, keine Verantwortung übernehmen, sich keine Gedanken um andere Menschen machen. So ist es aber nicht. Wir können hilfsbedürftig werden, krank oder arbeitslos.

Daher ist es gut, in einem Sozialstaat zu leben, der versucht, soziale Gerechtigkeit* herbeizuführen.

Der Sozialstaat steht ständig vor neuen Herausforderungen. In einer Gesellschaft, die immer älter wird, steigen die Kosten für Gesundheit und Altersvorsorge. Weil die Geburtenraten sinken, werden künftig weniger erwerbstätige Menschen Beiträge für Sozialversicherungen einzahlen können. Der Generationenvertrag* gerät in Gefahr.

Viele Maßnahmen sind notwendig, damit Wirtschaft und Sozialstaat zukunftsfähig bleiben. Dazu gehört es, in Schulen, Universitäten und Berufsausbildung zu investieren, die Vereinbarung von Familie und Beruf zu verbessern, ältere Arbeitnehmer länger gesund im Erwerbsleben zu halten, Langzeitarbeitslose wieder in den Arbeitsmarkt zu integrieren und das Zusammenleben von behinderten und nicht behinderten Menschen zu fördern.

Steuern, Kindergeld, Schulen

Je höher der Verdienst ist, desto höher ist auch der Prozentsatz des Einkommens, der an das Finanzamt abgegeben werden muss (s. S. 114). Dadurch wird eine, wenn auch geringe, Umverteilung der Einkommen erreicht. Nach Abzug der Steuern ist der Unterschied zwischen hohen und

* **Soziale Gerechtigkeit**
Dies bedeutet innerhalb der Sozialen Marktwirtschaft nicht, dass alle Menschen gleich viel verdienen oder besitzen müssen. Der Staat soll aber einen gewissen Ausgleich zwischen Armen und Reichen herbeiführen. Das geschieht vor allem dadurch, dass diejenigen mit hohem Einkommen und Vermögen mehr Sozialabgaben und Steuern zahlen als diejenigen, die nur wenig oder gar nichts verdienen. Auch Leistungen wie Kindergeld oder BAföG tragen dazu bei, dass die sozialen Unterschiede innerhalb der Bevölkerung nicht zu groß werden.

* **Generationenvertrag**
Bezeichnung für das Grundprinzip der gesetzlichen Rentenversicherung in Deutschland, demzufolge der arbeitende Teil der Bevölkerung für die Rentenzahlungen an die nicht mehr arbeitenden Menschen aufkommt. Die im Laufe eines Erwerbslebens gezahlten Rentenbeiträge werden nicht angespart, um damit später die Rente zu bezahlen, vielmehr wird durch die gezahlten Rentenbeiträge lediglich eine Anwartschaft auf Rentenzahlung erworben (Umlageverfahren).

M 3 Leistungen der gesetzlichen Sozialversicherung

Katarina, 18, Auszubildende: Als meine Oma immer verwirrter wurde und sich nicht mehr allein waschen und anziehen konnte, wollten meine Mutter und ich sie allein versorgen. Aber wir haben es bald nicht mehr geschafft, mindestens dreimal am Tag zu ihr zu fahren und uns um sie zu kümmern. Meine Mutter ist schließlich berufstätig und ich bin in der Ausbildung. Jetzt kommt morgens, mittags und abends ein Pflegedienst. Ein Großteil der Kosten wird übernommen.

Erik, 24, Mediengestalter: Die ersten Jahre ging es immer aufwärts. Dann blieben die Aufträge weg, und plötzlich hieß es: „Tut mir leid, Erik, du bist der Jüngste bei uns, und du siehst ja selbst, dass hier gerade tote Hose ist." Fünf Monate war ich ohne Job. Wenigstens hab' ich ab dem ersten Tag Geld bekommen.

Tim, 20, Elektroniker: Ich weiß nicht, ob es der Stress war, aber mitten in der Ausbildung bekam ich plötzlich Hautausschläge am ganzen Körper. In der Zeit musste ich fast täglich zum Arzt. Behandlung und Medikamente waren bestimmt nicht ganz billig.

Anja, 27, Friseurin: Wer denkt denn mit Mitte 20 ans Alter? Letztes Jahr hätte ich sogar fast verschwitzt, dass mein Vater 65 wird und aufhört zu arbeiten. Sein ganzes Berufsleben lang haben er und sein Chef Beiträge gezahlt, sodass mein Vater jetzt ganz entspannt sein kann.

Nach: Bundesminister für Arbeit und Soziales (Hg.): Arbeitsheft Sozialpolitik 2013/2014, S. 4

niedrigen Einkommen nicht mehr ganz so groß wie vorher. Gutverdienende zahlen auch mehr Beiträge für die gesetzliche Krankenversicherung, obwohl die medizinisch notwendigen Leistungen für alle gleich sind (Solidaritätsprinzip). Auch die Leistungen der Pflegeversicherung sind für alle gleich. Dem Sozialstaatsgedanken entspricht es, dass der Staat Kindergeld und für sozial Schwache Wohngeld bezahlt. Auch die meisten Ehepaare werden steuerlich entlastet. Der Besuch staatlicher Schulen und Hochschulen ist kostenlos.

M 4 „... wenn du groß bist, musst du das Boot dahinten ziehen!" Generationenvertrag. Zeichnung: Mandzel

1 Diskutiert, wie die Erlöse aus dem Fischfang (M 2) gerecht verteilt werden könnten (Arbeitsentgelte, Gewinnanteile).

2 Ordnet die Berichte von Katarina, Erik, Tim und Anja (M 3) den jeweiligen Zweigen der Sozialversicherung zu. Erklärt, welche Versicherung mit welchen Leistungen geholfen hat. Welcher Zweig ist in M 3 nicht genannt? Erfindet ein Beispiel hierfür.

3 Begründet, warum ihr schon als Auszubildende erhebliche Beiträge für die gesetzliche Sozialversicherung zahlen müsst, obwohl ihr in jungen Jahren wahrscheinlich nur wenig Unterstützung braucht.

4 Beschreibt die Karikatur (M 4). Erörtert in diesem Zusammenhang die Notwendigkeit von Zuwanderung nach Deutschland.

5 Berechnet, wie hoch die Beiträge für die Renten-, Kranken-, Pflege- und Arbeitslosenversicherung eines Auszubildenden mit einem monatlichen Bruttoentgelt von 800 Euro sind. Die aktuellen Beitragssätze für Arbeitnehmer findet ihr online.

M1 Auch die Sportwagenhersteller von Lamborghini (oben) und Porsche (unten) sind Teil des Volkswagenkonzerns. Insgesamt gehören zu VW zwölf Marken: Volkswagen Pkw, Audi, SEAT, ŠKODA, Bentley, Bugatti, Lamborghini, Porsche, Ducati, Volkswagen Nutzfahrzeuge, Scania und MAN.

★ **Konzern**
Zusammenschluss von weiterhin rechtlich selbstständigen Unternehmen, die aber ihre wirtschaftliche Selbstständigkeit aufgeben und sich unter eine einheitliche Leitung (häufig durch eine Muttergesellschaft) stellen. Die im Konzern zusammengeschlossenen Unternehmen können der gleichen Produktions- oder Handelsstufe, z. B. Pkw-Hersteller (horizontaler Zusammenschluss), oder aufeinanderfolgenden Produktions- oder Handelsstufen angehören, z. B. Stahlwerk, Walzwerk, Karosseriewerk, Pkw-Montage, Pkw-Händler (vertikaler Zusammenschluss).

★ **Schutz des Wettbewerbs**
Kartellgesetz (GWB)
§1 Verbot wettbewerbsbeschränkender Vereinbarungen. Vereinbarungen zwischen Unternehmen, [...] die eine Verhinderung, Einschränkung oder Verfälschung des Wettbewerbs bezwecken oder bewirken, sind verboten. (...)
§ 42 Ministererlaubnis.
(1) Der Bundesminister für Wirtschaft und Energie erteilt auf Antrag die Erlaubnis zu einem vom Bundeskartellamt untersagten Zusammenschluss, wenn im Einzelfall die Wettbewerbsbeschränkung von gesamtwirtschaftlichen Vorteilen des Zusammenschlusses aufgewogen wird. (...)

Verschärfung des Wettbewerbs

Unternehmen stehen miteinander im Wettbewerb. Daher müssen sie ständig die Entwicklungen der Märkte beobachten. Das heißt, sie müssen ihre Produkte veränderten Kundenwünschen anpassen und diese zu angemessenen Preisen anbieten. Die Vernetzung der Weltwirtschaft mit vielen Anbietern und der beschleunigte technische Fortschritt führen zu einer Verschärfung der Wettbewerbssituation.
Zu größeren Einheiten zusammengeschlossene Unternehmen sind eher in der Lage, neue Beschaffungs- und Absatzmärkte zu erschließen oder ihre Gewinne durch die Verlagerung der Produktion ins Ausland zu erhöhen. Kleinere und mittlere Unternehmen können häufig solche Chancen nicht hinreichend nutzen.
Um den langfristigen Unternehmensbestand zu sichern, schließen sich deshalb manche von ihnen mit anderen Unternehmen zu Konzernen★ zusammen, oder sie bilden Kartelle.

Nachteile von Zusammenschlüssen

Durch die gestiegene Marktmacht ergeben sich allerdings oft Nachteile für Wettbewerber und Kunden. So können überhöhte Preise durch Preisabsprachen oder ein eingeschränkter Wettbewerb durch zu wenige Anbieter die Folge sein. Durch die Zusammenlegung von Verwaltungen und durch Rationalisierungsmaßnahmen werden zudem Arbeitsplätze eingespart.

Bildung von Kartellen

Manchmal treffen Unternehmen Absprachen mit dem Ziel der Beschränkung des Wettbewerbs. Man spricht dann von Kartellen. Am häufigsten kommen dabei Preis-, Gebiets- und Quotenkartelle vor. Bei Preiskartellen werden einheitliche Verkaufspreise vereinbart. Bei Gebietskartellen werden zur Ersparung von Transport- und Werbungskosten feste Marktgebiete zwischen den Mitgliedern aufgeteilt. Beim Quotenkartell entscheiden sich die beteiligten Unternehmen dazu, nur eine bestimmte Menge von einem Erzeugnis zu produzieren. Aufgrund der künstlichen Knappheit des Gutes kommt es in der Regel zu steigenden Preisen.
Preis-, Gebiets- und Quotenkartelle sind zum Schutz des Wettbewerbs★ durch das „Gesetz gegen Wettbewerbsbeschrän-

kungen“ (GWB), Kurzbezeichnung „Kartellgesetz“, verboten. Es gibt wenige Ausnahmen: So dürfen Unternehmen, die Bücher, Zeitungen und Zeitschriften herstellen, Preise festlegen. Durch eine Preisbindung wird ein Verkaufspreis für Verbraucher vereinbart, der für alle Händler gilt. Dadurch sollen besonders kleine Händler vor einem ihre Existenz gefährdenden Wettbewerb, auch durch den Onlinehandel, geschützt werden.

Kartellbehörden

Zuständig für den Schutz des Wettbewerbs in Deutschland ist das Bundeskartellamt in Bonn. Unternehmensabsprachen und Verschmelzungen von europäischer Bedeutung unterliegen der Kontrolle durch die Europäische Kommission in Brüssel. Die Wettbewerbsbehörden ergreifen Maßnahmen gegen wettbewerbswidrige Kartelle. Sie verhängen oft hohe Bußgelder, wenn Verstöße festgestellt werden. Sie untersagen auch Unternehmenszusammenschlüsse, wenn durch den Zusammenschluss eine marktbeherrschende Stellung entstünde. Den Wettbewerbshütern sind allerdings die Hände gebunden, wenn ein Unternehmen nur durch den Zusammenschluss mit einem anderen Unternehmen überleben kann.

M 2 Scheitern einer geplanten Fusion

Das Bundeskartellamt hat Deutschlands größtem Lebensmittelhändler Edeka die Übernahme von rund 450 Filialen des Konkurrenten Kaiser’s Tengelmann untersagt. Bei einem Zusammenschluss befürchtet die Wettbewerbsbehörde Preiserhöhungen und weniger Wettbewerb [...] nicht nur für die Verbraucher, sondern auch im Beschaffungsmarkt. Den Markenartikel-Herstellern würde nach Einschätzung der Behörde ein bedeutsamer unabhängiger Abnehmer verloren gehen, sodass die Einkaufsmacht der vier großen deutschen Lebensmittelhändler – Edeka, Rewe, die Schwarz-Gruppe (Lidl) und Aldi – noch weiter steigen würde. Schon heute vereinigen diese nach Angaben der Wettbewerbsbehörde 85 Prozent des Marktes auf sich. [...]
Tengelmann betonte in einer Stellungnahme: „Die Entscheidung der Wettbewerbsbehörde führt leider zu größter und vor allem vermeidbarer Unsicherheit bei unseren 16 000 Mitarbeiterinnen und Mitarbeitern bei Kaiser’s Tengelmann, die nun weiterhin um ihren Arbeitsplatz bangen, statt sich auf eine sichere Zukunft im Edeka-Verband verlassen zu können.“ Die Handelsgruppe Tengelmann will sich aus dem Lebensmittelhandel zurückziehen, in dem sie zuletzt nach eigenen Angaben nur noch Verluste machte. [Im März 2016 stimmte der Bundeswirtschaftsminister entgegen dem Verbot des Kartellamtes dem Zusammenschluss zu, allerdings unter der Einschränkung, dass dadurch kein Personal abgebaut werden dürfe.]

SIR/dpa: Edeka darf Kaiser’s Tengelmann nicht übernehmen, Stuttgarter Zeitung v. 2.4.2015, S. 9

1 Beschreibt Vor- und Nachteile des Zusammenschlusses unterschiedlicher Fahrzeughersteller unter dem Dach des VW-Konzerns (**M 1**).
2 Erörtert das Für und Wider eines Zusammenschlusses von zwei großen Lebensmittelhandelsketten (**M 2**). Berücksichtigt dabei die Perspektiven der Kunden, Mitarbeiter und der Unternehmensführung.
3 Unterscheidet die Zusammenschlüsse „Kartell“ und „Konzern“ (Randspalte, Text).

Das Inlandsprodukt – eine wirtschaftliche Messgröße

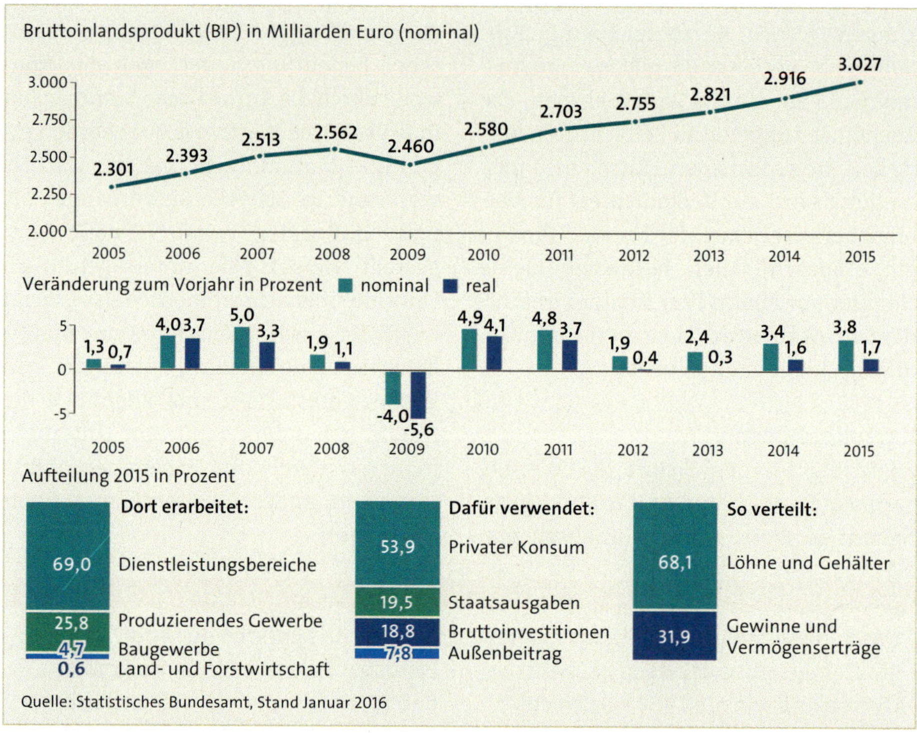

M1 Entwicklung und Aufteilung des Bruttoinlandsproduktes

M2 Ein schwieriger Begriff

Elena fragt ihre Freundin: „Kannst du mit dem Begriff ‚Bruttoinlandsprodukt' etwas anfangen? Ich habe in der Schule davon gehört, habe es aber nicht verstanden." Elenas Freundin meint: „Das ist eigentlich ganz einfach. Stelle dir einmal einen riesigen Berg mit allen Autos, Maschinen, Handys, Möbeln, Lebensmitteln und allen anderen Gütern vor, die in einem Jahr in Deutschland hergestellt wurden. Der Geldwert dafür und dazu noch der Wert der erbrachten Dienstleistungen betragen rund 3 Billionen Euro. Die Vorleistungen, also die Batterien oder die Reifen für die Autos, darfst du natürlich nicht nochmal dazuzählen." „Ach, so ist das", meint Elena, „dann wird mir das klar."

Autorentext

Wirtschaftsleistung

Wie ihr in **M2** erkennt, erhält man das Bruttoinlandsprodukt (BIP), wenn man den in Geld gemessenen Wert aller Sachgüter und aller Dienstleistungen, die in einem Jahr in einem Staat (einer Volkswirtschaft) erzeugt und geleistet werden, addiert. Dieser Wertmaßstab ermöglicht es, die wirtschaftliche Gesamtleistung eines Staates zu bewerten. Auf diese Weise werden die Leistungen mit denen anderer Jahre vergleichbar. Teilt man das BIP durch die Einwohnerzahl, können auch die Wirtschaftsleistungen zwischen einzelnen Staaten verglichen werden.

Inlandsprodukt

Während der Gütererzeugung nutzen sich Gebäude, Maschinen und Werkzeuge ab. Dieser Verschleiß wird in der Buchführung als Abschreibung bezeichnet. Zieht man Abschreibungen (s. S. 143), die bei der Erzeugung von Gütern entstehen, vom Bruttoinlandsprodukt ab, erhält man das Nettoinlandsprodukt (NIP).

Werden in einem Staat mehr Sachgüter und Dienstleistungen erzeugt als im Vorjahr, so spricht man von Wirtschaftswachstum. Wenn aber die Preise gegenüber dem Vorjahr ebenfalls gestiegen sind, so könnte das BIP zunehmen, obwohl vielleicht nicht mehr oder sogar weniger Güter hergestellt und Dienstleistungen erbracht worden sind. Um solche Missverständnisse zu vermeiden, wird das Bruttoinlandsprodukt deshalb in zwei Größen dargestellt, als nominales und als reales BIP*. Zur Ermittlung des Wirtschaftswachstums eignet sich nur das reale BIP.

* **Nominales und reales Bruttoinlandsprodukt**
Beim nominalen BIP werden Güter und Dienstleistungen mit Marktpreisen bewertet, beim realen BIP wird die jährliche Inflationsrate abgezogen. Das reale BIP drückt also den tatsächlichen Wert eines Guts oder einer Dienstleistung aus.

M 3 „Wachstum, Wohlstand, Wahrheitssuche"

Seit langem wird bezweifelt, dass das BIP als alleiniger Indikator der Wirtschaftsleistung eines Landes taugt. Das Bruttoinlandsprodukt misst den Wert der im Inland hergestellten Waren und Dienstleistungen. Doch es berücksichtigt nicht, [...] ob das Wachstum den Menschen zu einer größeren Lebensqualität verhilft. Deshalb erscheint es zunehmend als grotesk, wenn Politiker das als BIP gemessene Wirtschaftswachstum zu ihrem Erfolgsmaßstab machen. [...] Das BIP ignoriert nicht nur Umweltverschmutzung und Ressourcenverbrauch, sondern gibt auch falsche Signale. Steigende Kriminalität, Umweltverschmutzung, Staus und all die damit zusammenhängenden Reparatur- und Vermeidungskosten erhöhen das BIP. [...] Zweifellos muss auch über die Grenzen des Wachstums geredet werden, dass es auf einem Planeten mit endlichen Ressourcen kein unbegrenztes Wachstum geben kann.
Auch Verteilungsfragen werden vom Bruttoinlandsprodukt [...] ignoriert. Eine zunehmende oder abnehmende Konzentration von Vermögen und Einkommen ist im BIP nicht sichtbar. Die Kennziffer unterscheidet nicht zwischen einem Euro, der einem Armen zukommt, und einem Euro, den ein Superreicher zusätzlich erhält. So kann das BIP theoretisch massiv steigen, während im Land eine Hungersnot herrscht. Das Wachstum kann sich auch ausschließlich aus den Unternehmensgewinnen und Vermögenseinkommen einer kleinen Oberschicht speisen.

Carsten Kloth: Wachstum, Wohlstand, Wahrheitssuche, Der Tagesspiegel-online, 18.1.2011

M 4 Steigerung des Bruttoinlandsprodukts?

1 Unterscheidet die Begriffe „nominales" und „reales" Bruttoinlandsprodukt sowie „Brutto-" und „Nettoinlandsprodukt". Mit welcher dieser Messgrößen wird das Wirtschaftswachstum festgestellt (Text)?
2 Überprüft die Zeichnung (M 4).
3 Fasst den Text M 3 zusammen. Begründet, warum das BIP keine Messgröße für den Wohlstand eines Landes bedeuten muss.

Verwendung des Inlandsprodukts

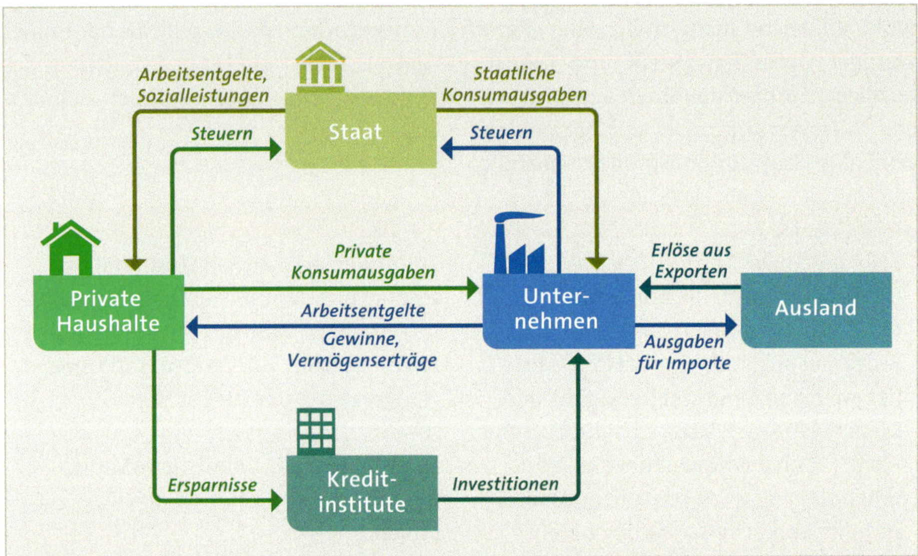

M1 Erweiterter Wirtschaftskreislauf mit Ausland

M2 Verwendung und Verteilung des Bruttoinlandsprodukts (BIP)

Elena will es noch genauer wissen. Sie fragt ihre Freundin: „Die Sache mit der Verwendung und Verteilung des Inlandsproduktes habe ich noch nicht verstanden. Wer kauft denn diese vielen Sachgüter, und wer nimmt die Dienstleistungen in Anspruch? Und wer bekommt denn das Geld dafür?" „Das kannst du dir am besten anhand des Wirtschaftskreislaufs klarmachen", meint ihre Freundin: „Ein Pkw, der in Deutschland hergestellt wird, kann von einem Privathaushalt, einem Unternehmen oder vom Staat gekauft werden. Viele Fahrzeuge werden auch exportiert. Man spricht von der Verwendung des BIP." „Und wohin fließen die Verkaufserlöse?", will Elena wissen. „Über diese Frage wird oft gestritten", meint die Freundin, „sowohl Arbeitnehmer als auch Unternehmer wollen davon einen gerechten Anteil. Hier geht es um die Verteilung."

Autorentext

Wirtschaftskreislauf

Der Wirtschaftskreislauf hilft euch, das Inlandsprodukt zu verstehen. Allerdings müsst ihr dabei beachten, dass es sich bei Kreislaufdarstellungen um Modelle handelt, also um vereinfachte Abbilder der Wirklichkeit. In **M1** sind vor allem diejenigen Ströme eingezeichnet, die das Inlandsprodukt erklären.

Verwendung des BIP

Das BIP setzt sich aus der Verwendung im Inland und dem Außenbeitrag zusammen. Die inländische Verwendung umfasst die privaten und staatlichen Konsumausgaben sowie die Bruttoinvestitionen.

In den vergangenen Jahren entfiel in Deutschland jeweils über die Hälfte des Bruttoinlandsproduktes auf die privaten Konsumausgaben. Darunter wird der Kauf von Waren und Dienstleistungen durch inländische private Haushalte verstanden. Dazu zählen beispielsweise die Ausgaben für Lebensmittel, Bekleidung und Haushaltsgeräte, für Wohnungsmieten und Energie sowie für Freizeit und Unterhaltung.

Zu den Konsumausgaben des Staates gehören u. a. die Aufwendungen von Bund, Ländern und Gemeinden für allgemeine Verwaltungsleistungen, Sicherheit, Bildung und Gesundheitswesen. Ein weiterer Teil des BIP wird investiert und erhöht damit den Bestand an Produktionsanlagen und Betriebsgebäuden.

Zum BIP gehört neben der inländischen Verwendung auch der Außenbeitrag. Er stellt den Saldo aus Exporten und Importen von Waren und Dienstleistungen dar. Die Bundesrepublik Deutschland hat eine stark exportabhängige Wirtschaft.

M 3 Verwendung des BIP 2016 (in Mrd. Euro)

Konsumausgaben	2 295
Private Konsumausgaben	1 679
Staatliche Konsumausgaben	616
	+
Bruttoinvestitionen	599
	+
Außenbeitrag (Saldo)	239
Exporte	1 441
Importe	1 202
	=
BIP	3 133

Quelle: Statistisches Bundesamt

Verteilung des Bruttoinlandsproduktes

Zieht man vom BIP die Abschreibungen und die Steuern ab, die Unternehmen bezahlen müssen, bleibt das Volkseinkommen übrig.

M 4 Verteilung des Volkseinkommens 2016 (in Mrd. Euro)

Volkseinkommen	2 338
Arbeitnehmerentgelt	1 593
Gewinn und Vermögenserträge	745

Quelle: Statistisches Bundesamt

Lohnquote

Den Anteil der Arbeitnehmerentgelte am gesamten Volkseinkommen bezeichnet man als Lohnquote. Sie wird häufig als Maßstab für die Einkommensverteilung angesehen und deshalb auch bei Tarifauseinandersetzungen erörtert.

Die Lohnquote ist aber als Verteilungsmaßstab umstritten. Die Arbeitnehmer erhalten neben Löhnen und Gehältern auch Einkommen aus Kapitalanlagen, z.B. Zinsen, Dividenden und Mieten. Die zunehmende Bedeutung dieser Einkünfte hat die Abgrenzung zwischen Arbeitnehmer- und Kapitaleinkommen zusehends verwischt. Für Tarifverhandlungen ist deshalb nicht die Höhe der Lohnquote von Bedeutung, sondern allenfalls deren Veränderung gegenüber den Vorjahren.

M 5 Arbeitnehmerentgelt und Gewinne

Preisbereinigte Entwicklung der Einkommen in Prozent, Index: 2000 = 100

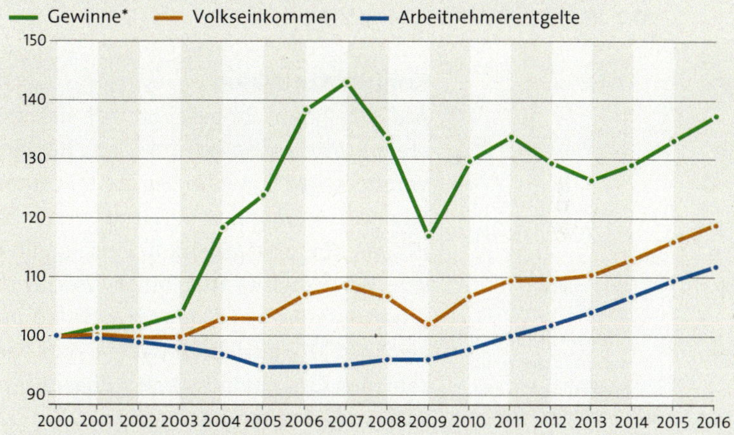

*Unternehmens- und Vermögenseinkommen
Quelle: Volkswirtschaftliche Gesamtrechnungen, 2015/2016 Prognose: DIW-Wintergrundlinien 2014/2015

1 Ermittelt den prozentualen Anteil der Gewinne und Vermögenserträge am Volkseinkommen 2016 (**M 4**).

2 Erklärt mithilfe von **M 1** und **M 2** die Verteilung und Verwendung des Bruttoinlandsproduktes.

3 Beschreibt die Kurvenverläufe von **M 5**. Begründet, warum sich die Lohnquote nur bedingt als Grundlage für Tarifauseinandersetzungen eignet (Text).

4 Berechnet das BIP einer sehr kleinen Volkswirtschaft, wenn gemäß der Verwendungsrechnung der private Verbrauch jährlich 20 Mio. Geldeinheiten (GE), der Staatsverbrauch 5 Mio. GE, die Exporterlöse 2 Mio. GE, die Ausgaben für Importe 1 Mio. GE und die Investitionen der Unternehmen 3 Mio. GE betragen (**M 1**, Text).

Konjunkturzyklen erklären

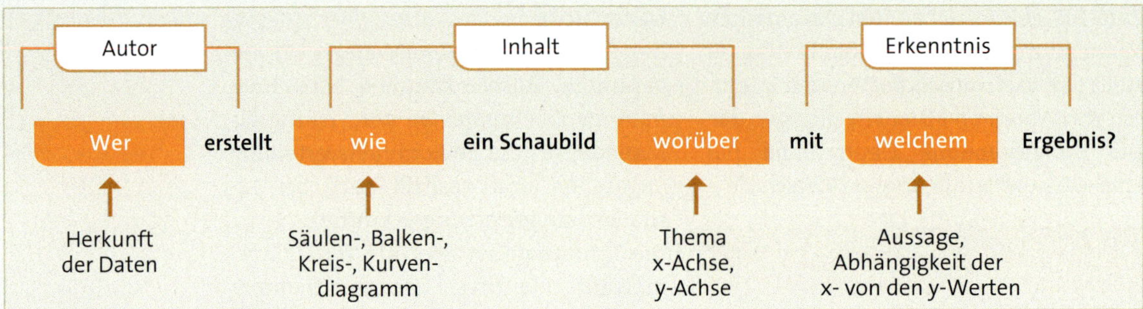

M1 Auswerten eines Diagramms

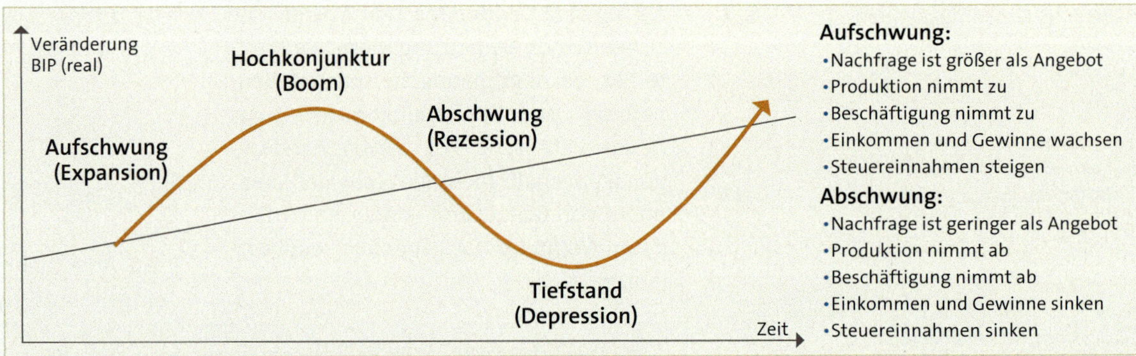

M2 Phasen eines Konjunkturzyklus

Konjunkturzyklen

Auf S. 172 habt ihr gesehen, wie sich das reale Bruttoinlandsprodukt Jahr für Jahr verändert (**M1**). Wenn ihr die einzelnen Säulen miteinander verbindet, erhaltet ihr den Konjunkturverlauf. Einzelne Phasen der Konjunktur* einer Volkswirtschaft werden als Konjunkturzyklen bezeichnet. Die einzelnen Zyklen sind verschieden lang und umfassen Phasen von Auf- und Abschwung.

Während eines Aufschwungs erholt sich die Wirtschaft, die Beschäftigung nimmt zu, neue Arbeitsplätze werden geschaffen. In der Hochkonjunktur erreicht der Aufschwung seinen Höhepunkt. Es herrscht eine starke Güternachfrage, die Produktionskapazitäten der Unternehmen sind ausgelastet, und es besteht im Idealfall Vollbeschäftigung. Löhne und Gehälter der Arbeitnehmer, aber auch die Preise steigen an.

Gegen Ende der Hochkonjunktur beginnt das Wachstum des realen Bruttoinlandsproduktes (BIP) zu verflachen und dann abzunehmen. Im Abschwung sind die wirtschaftlichen Tätigkeiten rückläufig. Güternachfrage, Güterproduktion und Gewinne sinken, während Kurzarbeit und Arbeitslosigkeit langsam ansteigen. Die Grundstimmung in der Wirtschaft ist pessimistisch.

Den Tiefpunkt erreicht der Konjunkturzyklus in der Depression. Kennzeichen sind geringe Auslastung der Kapazitäten und hohe Arbeitslosigkeit. Die Einkommen der Haushalte sinken, und die Nachfrage nach Konsumgütern geht zurück. Auch die Unternehmensgewinne verringern sich.

* **Konjunktur**
Wert der wirtschaftlichen Aktivität, also der Nachfrage und Produktion in einem Land. Schwankungen über Monate oder Jahre weisen oft einen wellenförmigen Verlauf auf, die so genannten Konjunkturzyklen.

Analysieren

1. **M1** hilft euch beim Auswerten eines Diagramms, z.B. von **M1**, S. 172. Fast immer findet ihr dabei einen Hinweis auf die Herkunft der Daten – oft ist es das Statistische Bundesamt. Die Verbindung der Säulenendpunkte der prozentualen Veränderung des Inlandproduktes ergibt den Konjunkturverlauf.

2. Ihr könnt die aktuellen Konjunkturzyklen, z.B. von Deutschland, selbst recherchieren. Sucht im Internet unter dem Stichwort „Veränderungen BIP Deutschland“ entsprechende Zahlenreihen. Am zuverlässigsten sind die Veröffentlichungen des Statistischen Bundesamtes.
3. Konjunkturschwankungen gibt es auch innerhalb eines Jahres (s. **M3**). Im Winter haben Bauarbeiter, Gärtner, Zweiradmechatroniker oder Servicekräfte von Lokalen in Sommer-Urlaubsorten wenig zu tun. Die Konjunktur geht im Winter fast immer zurück. Im Frühjahr und Sommer geht es dann wieder aufwärts.

Anwenden

Nun könnt ihr einzelne Konjunkturzyklen näher untersuchen. Was war der Auslöser der jeweiligen Entwicklung? Wie reagierte der Staat? Wenn ihr z.B. wissen wollt, wie es zu der Rezession von 2009 kommen konnte, findet ihr viele Hinweise im Internet (s. auch **M4**).

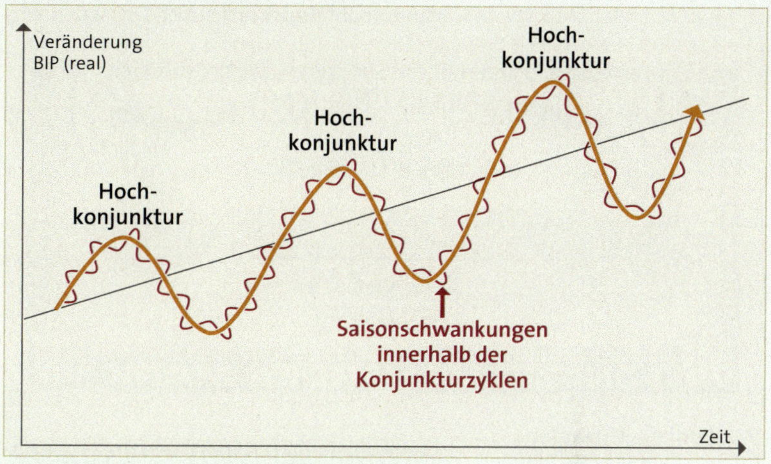

M3 Saisonale Schwankungen

M4 Wirtschafts- und Finanzkrise 2008/2009

Immer mehr US-Amerikaner, auch mit einem geringen Einkommen, erhielten seit ungefähr dem Jahr 2000 von amerikanischen Banken Kredite zum Kauf eines Wohnhauses. Manchen wurden die Kredite regelrecht aufgedrängt, mit dem Versprechen, aufgrund steigender Immobilienpreise ein Vermögen zu erwerben. Oft nahmen Kreditnehmer nicht wahr, dass in ihrem Vertrag ein flexibler Zinssatz vereinbart war. Als die amerikanischen Zinsen deutlich stiegen, konnten viele Amerikaner die Zinsen nicht mehr aufbringen. Ihr Traum vom eigenen Haus löste sich in Luft auf, ihr Haus wurde von der Bank versteigert.
Die amerikanischen Kreditgeber, also die Banken, mussten sich das Geld für die Kredite selbst beschaffen. Dazu fassten sie ihre Immobilienkredite zu festverzinslichen Wertpapieren mit attraktiven Zinsen zusammen, die sie weltweit verkauften. Nachdem die Häuserpreise infolge der vielen Zwangsversteigerungen drastisch fielen, konnten viele Kredite nicht mehr zurückbezahlt werden. Die zu Wertpapieren gebündelten Immobilienkredite verloren rasant an Wert. Privatanleger und Banken in aller Welt erlitten Verluste in Milliardenhöhe.
Nachdem 2008 die Investmentbank „Lehman Brothers“, die selbst viele dieser nun nahezu wertlosen Papiere gekauft hatte, Insolvenz anmelden musste, überschlugen sich die Ereignisse. Die Börsenwerte gingen weltweit auf Talfahrt.
Auch deutsche Banken hatten in großem Umfang amerikanische Immobilienkredite gekauft, einige standen kurz vor der Insolvenz. Sie waren nicht mehr in der Lage, Kredite an Unternehmen und Privatpersonen zu vergeben. Bereits Ende 2008 war klar, dass Deutschland, die USA und viele andere Industrieländer in eine Rezession rutschten, die größte nach dem Zweiten Weltkrieg. Die Nachfrage nach Autos und anderen Konsumgütern sank weltweit, die Industrieproduktion brach massiv ein. Da die deutsche Wirtschaft extrem exportorientiert ist, traf es sie hart. Mit Konjunkturprogrammen versuchten die Staaten weltweit die Folgen der Wirtschaftskrise einzudämmen.
Autorentext

Stabilitätsgesetz

Schwankungen des Inlandsproduktes können dazu führen, dass Teile der Bevölkerung von Arbeitslosigkeit betroffen sind oder dass aufgrund von Preissteigerungen die Kaufkraft sinkt. Das kann ver-

M 1 Fünfzig-Milliarden-Schein der Stadtverwaltung Stuttgart, 1923. 1kg Brot kostete 1917 34 Pfennige, im September 1923 1,5 Mio. Mark.

heerende Folgen haben, wie die Hyperinflation von 1923 (s. **M 1**) gezeigt hat. Die staatliche Wirtschaftspolitik versucht deshalb heute, solchen wirtschaftlichen Fehlentwicklungen entgegenzuwirken. Die gesetzliche Grundlage dafür ist das Stabilitätsgesetz* (genauer: Gesetz zur Förderung der Stabilität und des Wachstums der Wirtschaft) von 1967. Dort werden vier Ziele angestrebt (**M 2**).

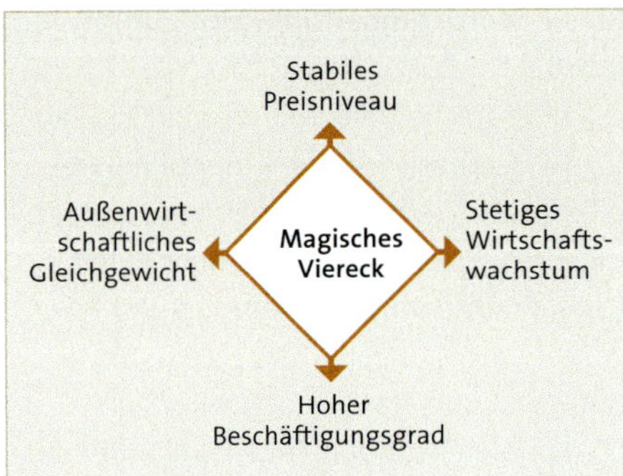

M 2 Magisches Viereck

Das Stabilitätsgesetz verlangt, dass die staatliche Wirtschaftspolitik zur Stabilität des Preisniveaus beiträgt. Sie muss dafür sorgen, dass sich Preissteigerungen für Waren und Dienstleistungen in Grenzen halten. Die Wettbewerbsfähigkeit deutscher Waren im Ausland würde ebenfalls leiden, wenn sich die Preise zu stark erhöhten.

Ein besonderes Problem stellt die Arbeitslosigkeit dar. Sie führt bei den Betroffenen zu einer Verschlechterung des Lebensstandards und zu einem Sinken des Selbstwertgefühls. Auch der Staat bekommt das Problem der Arbeitslosigkeit zu spüren. Es bedeutet für ihn geringere Steuereinnahmen und gleichzeitig höhere Ausgaben für Unterstützungen, z. B. Arbeitslosengeld II. Das Stabilitätsgesetz sieht deshalb vor, dass die staatliche Wirtschaftspolitik Vollbeschäftigung zum Ziel haben soll. Allerdings ist umstritten, wann von Vollbeschäftigung gesprochen werden kann. Eine Arbeitslosigkeit von zwei oder drei Prozent ist ganz normal, da Arbeitnehmer, die ihren Arbeitsplatz verlieren, oder Auszubildende, die nach der Lehrzeit nicht übernommen werden, einige Wochen oder auch Monate brauchen, bis sie eine neue Beschäftigung finden.

Das Ziel der Vollbeschäftigung hängt eng mit dem Ziel des Wirtschaftswachstums zusammen. Ein angemessenes Wachstum der Wirtschaft ist eine wesentliche Voraussetzung, um Arbeitsplätze zu erhalten bzw. neu zu schaffen. Wachstum hat aber auch Schattenseiten. Quantitatives Wachstum, bei dem mehr Rohstoffe verbraucht und mehr Umweltschäden verursacht werden, wird nicht angestrebt, wohl aber qualitatives Wachstum im sozialen Bereich oder im Umweltschutz.

Da die Wirtschaft der Bundesrepublik mit der vieler anderer Staaten vernetzt ist, ist es eine wichtige staatliche Aufgabe, die Wirtschaftsbeziehungen mit dem Ausland im Gleichgewicht zu halten. Zu hohe Exporte im Verhältnis zu den Importen können schnell zu Preissteigerungen im Inland führen. Wer hohe Preise im Ausland erzielen kann, wird seine Waren nicht billiger im Inland verkaufen. Umgekehrt würden dauernde Importüberschüsse Arbeitsplätze im Inland gefährden.

* **Stabilitätsgesetz (StabG)**
§1 Erfordernisse der Wirtschaftspolitik
Bund und Länder haben bei ihren wirtschafts- und finanzpolitischen Maßnahmen die Erfordernisse des gesamtwirtschaftlichen Gleichgewichts zu beachten. Die Maßnahmen sind so zu treffen, dass sie im Rahmen der marktwirtschaftlichen Ordnung gleichzeitig zur Stabilität des Preisniveaus, zu einem hohen Beschäftigungsstand und außenwirtschaftlichem Gleichgewicht bei stetigem und angemessenem Wirtschaftswachstum beitragen.

Europäische Zentralbank (EZB)

Für Geldwertstabilität zu sorgen ist vor allem eine Aufgabe der EZB. Eine starke Zunahme der Geldmenge löst inflatorische Entwicklungen, d. h. Preissteigerungen aus, während eine Unterversorgung der Wirtschaft mit Geld zur Deflation führt. Die Steuerung und Überwachung der Geldmenge mit dem Ziel, die Stabilität des Euro zu sichern und eine Inflation oder Deflation im Euroraum zu verhindern, ist die wichtigste Aufgabe der EZB.

Zielharmonie und Zielkonflikte

Die Wirtschaftspolitik soll nach dem Stabilitätsgesetz möglichst alle Ziele gleichzeitig erreichen. Vollbeschäftigung und Wirtschaftswachstum sind Ziele, die sich gegenseitig ergänzen (Zielharmonie). Vollbeschäftigung wird bei steigendem Wirtschaftswachstum erreicht. Dagegen ist es fast unmöglich, Vollbeschäftigung und Preisniveaustabilität gleichzeitig zu erreichen. Wegen dieses und anderer Zielkonflikte spricht man von einem „magischen" Viereck. Ist zum Beispiel das Ziel der Vollbeschäftigung nahezu erreicht, ist die Wirtschaft also voll ausgelastet, wird die Nachfrage nach Produktions- und Konsumgütern hoch sein. Dadurch besteht die Gefahr von Preissteigerungen. Die Geldwertstabilität ist demnach gefährdet. Ein weiterer Zielkonflikt ergibt sich dadurch, dass Preisniveausteigerungen zu Absatzschwierigkeiten im Ausland führen, also das außenwirtschaftliche Gleichgewicht gefährden.

Umwelt und Gerechtigkeit

Über die Vorgaben des Stabilitätsgesetzes hinaus verfolgt die Wirtschaftspolitik noch zwei weitere Ziele: Zum einen sollen die natürlichen Lebensgrundlagen der Menschen erhalten und die Umwelt geschützt werden. Zum anderen versucht die staatliche Wirtschaftspolitik dafür zu sorgen, dass die Einkommen und Vermögen möglichst gleichmäßig verteilt werden, Einkommens- und Vermögensunterschiede also verringert werden. Man spricht deshalb mittlerweile von einem magischen Sechseck (**M3**).

M3 Magisches Sechseck

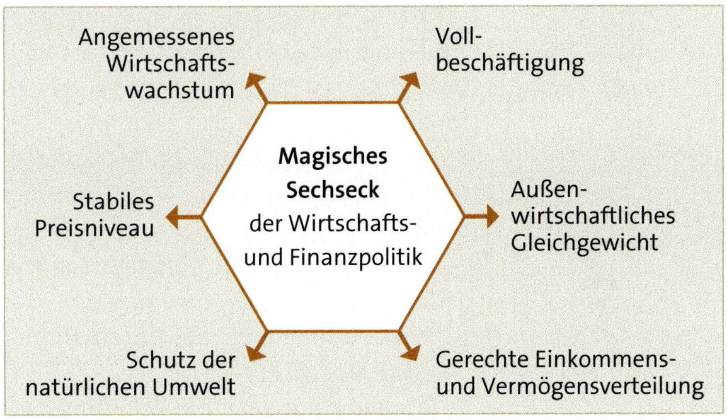

1 Zählt auf, welche vier wirtschaftspolitischen Ziele Bund, Länder und Gemeinden gemäß dem Stabilitätsgesetz zu verfolgen haben (Text, **M2**). Nennt weitere Ziele, die wünschenswert sind.

2 Informiert euch über die aktuelle wirtschaftliche Situation. Beschreibt Ziele, die momentan verfolgt werden sollen (**M3**).

3 Sucht im Internet unter dem Stichwort „Inflationsrate", wie sich die Verbrauchspreise in den letzten drei Jahren verändert haben. Erörtert, ob der Staat kontrollierend eingreifen sollte.

4 Stellt fest, ob bei den Beziehungen 1 bis 6 jeweils Zielharmonie oder ein Zielkonflikt vorliegt. Begründet eure Meinung.

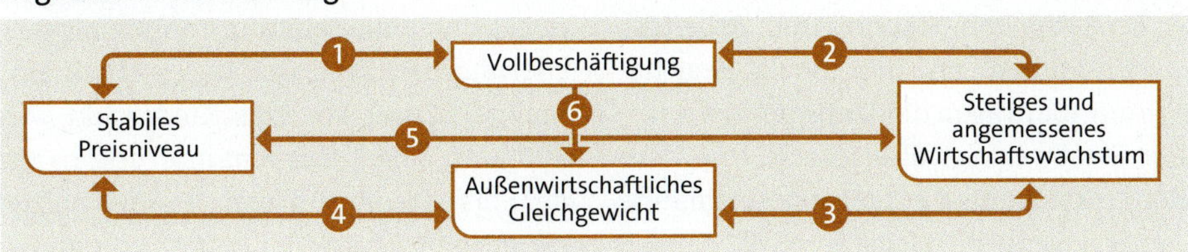

Konjunkturmaßnahmen des Staates

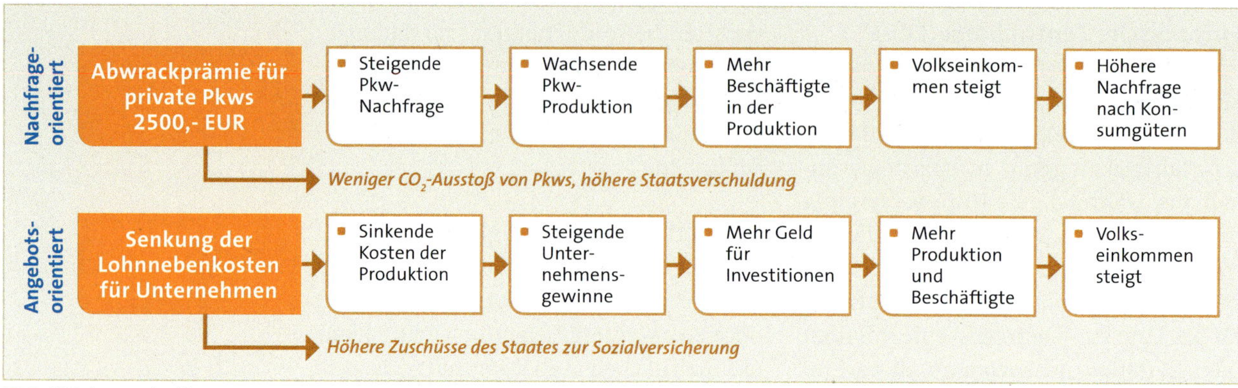

M1 Wirkungsketten nachfrage- und angebotsorientierter Konjunkturmaßnahmen

Beeinflussung von Angebot und Nachfrage

Die Soziale Marktwirtschaft erlaubt es dem Staat, also dem Bund, den Ländern und den Gemeinden, konjunkturdämpfende oder konjunkturfördernde Maßnahmen zu ergreifen (s. auch S. 178/179). In einer überhitzt wachsenden Wirtschaft (Boom) sind die Produktionskapazitäten ausgelastet, und es herrscht Vollbeschäftigung. Wegen der großen Nachfrage steigen die Preise. Hier muss der Staat rechtzeitig konjunkturdämpfende Maßnahmen ergreifen. Dies können sein:

- Kürzung staatlicher Aufträge, z.B. von Bauaufträgen,
- Steuererhöhungen für Unternehmen und Haushalte,
- Erhöhung von Sozialversicherungsbeiträgen.

In einer Phase der Rezession dagegen sollte der Staat konjunkturbelebende Maßnahmen einleiten. Dies können sein:

- zusätzliche Vergabe staatlicher Aufträge z.B. für den Bau von Straßen und Schulen,
- Senkung von Sozialversicherungsbeiträgen und Steuern (Einkommensteuer, Mehrwertsteuer) für private Haushalte,
- Senkung von Steuern und Arbeitgeberanteilen an den Sozialversicherungsbeiträgen der Unternehmen.

Der Staat verfolgt also jeweils eine dem Konjunkturverlauf entgegengesetzte, eine „antizyklische Wirtschaftspolitik“ *

Nachfrage- und angebotsorientierte Wirtschaftspolitik

Der Staat kann zur Überwindung einer Rezession entweder die Steuern und Sozialversicherungsbeiträge der Haushalte oder die der Unternehmen senken. Das Ziel ist in beiden Fällen die Konjunkturbelebung. Aber die Wege dazu sind verschieden. Der Staat kann nämlich entweder nachfrage- oder angebotsorientierte Maßnahmen ergreifen. Die Nachfrage auf den Märkten steigt, wenn die Steuern oder Sozialversicherungsbeiträge von Haushalten gesenkt werden und die Verbraucher deshalb mehr Geld zur Verfügung haben, um Konsumgüter zu erwerben. Will der Staat dagegen die Unternehmen anregen, ihr Angebot zu erhöhen und die Preise zu senken, muss er ihnen höhere Gewinne in Aussicht stellen. Die Unternehmer haben dann mehr Geld zur Verfügung, um zu investieren.

Überwindung der Rezession von 2009

Nach dem konjunkturellen Abschwung von 2009 (s. S. 177) griff der Staat sowohl durch nachfrage- als auch durch angebotsorientierte Maßnahmen ein. Die Nachfrage wurde u.a. durch Zuschüsse zum Kauf neuer Pkws („Abwrackprämie“), durch die Senkung von Sozialversicherungsbeiträgen und durch einen einmaligen Zuschuss zum Kindergeld von 100 Euro belebt. Zur Finanzierung nahm der Staat Kredite auf, von denen er hoffte, sie in einer Phase des Aufschwungs zu-

* **Antizyklische Wirtschaftspolitik**
Bezeichnung für eine Wirtschaftspolitik, die das Ziel verfolgt, die konjunkturellen Ausschläge durch rechtzeitiges Gegensteuern zu glätten, um die wirtschaftliche Entwicklung gleichmäßiger zu gestalten.

rückzahlen zu können. Angebotsorientierte Maßnahmen waren die Entlastung der Arbeitgeber von Lohnnebenkosten in Form von Sozialversicherungsbeiträgen, dem Abbau bürokratischer Hemmnisse und der Zahlung von Zuschüssen zum Kurzarbeitergeld bei Auftragsmangel der Betriebe.

M 2 „Abwrackprämie, gefeiert und gebrandmarkt“

Im Januar 2009 beschließt die Bundesregierung eine Umweltprämie in Höhe von 2500 Euro. Sie wird als Zuschuss gewährt, wenn ein privater Halter einen neuen Pkw kauft und gleichzeitig einen mindestens neun Jahre alten Pkw nachweislich verschrotten lässt.
Ziel dieser Prämie ist die Ankurbelung der stark rückläufigen Pkw-Käufe und die Verschrottung alter Fahrzeuge mit hohem Treibstoffverbrauch. Vor allem aber soll die Konjunktur belebt und die Arbeitsplätze im Automobilsektor erhalten bleiben.
Ein so nicht erwarteter Ansturm auf den Fördertopf in Höhe von 5 Milliarden Euro setzt ein. Vor allem Kleinwagen werden verschrottet.
Derweil zählen Umweltverbände und Kritiker die Schattenseiten der Abwrackprämie auf:

- Geplante Autokäufe werden nur vorgezogen.
- Auch der Kauf von im Ausland hergestellten Fahrzeugen wird gefördert.
- Eine völlig unökonomische Wegwerflogik macht sich breit. Nur um an die 2500 Euro zu gelangen, verschrotten Halter gut erhaltene Fahrzeuge.

Manfred Kühnappel: Abwrackprämie – gefeiert und gebrandmarkt, Rheinische Post-online, 27.11.2009, rp-online.de (Zugriff: 24.7.2016)

M 4 Abwrackprämie

M 3 Änderungen in der Sozialversicherung 2009

Die Änderungen im Sozialversicherungsrecht betreffen zum einen die Regelungen zur Kurzarbeit. Dazu werden die Voraussetzungen für die Einführung von Kurzarbeit erleichtert, die Antragstellung vereinfacht und neue Erstattungsleistungen für den Arbeitgeber eingeführt. Ein weiterer Bestandteil des Konjunkturpakets II ist die Entlastung bei den Sozialversicherungsbeiträgen. Ab dem 1. Juli 2009 werden die Beiträge zur gesetzlichen Krankenversicherung gesenkt. Davon sind wie bisher 0,9 Prozent allein vom Arbeitnehmer zu tragen. Die verbleibenden 14 Prozent tragen Arbeitnehmer und Arbeitgeber je zur Hälfte. Zum 1. Januar 2009 wurde der [je zur Hälfte zu tragende] Beitragssatz zur Arbeitslosenversicherung von 3,3 auf 2,8 Prozent gesenkt.

Deutsche Rentenversicherung (Hg.), summa summarum 2/2009, S. 2 f. [Text leicht gekürzt]

1 Beschreibt die beiden Wirkungsketten von **M 1** in eigenen Worten.
2 Fasst zusammen, welche angebots- und welche nachfrageorientierten Konjunkturmaßnahmen in **M 2** bis **M 4** beschrieben sind.
3 Listet die Vor- und die Nachteile der „Abwrackprämie“ von 2009 auf.
4 Skizziert eine Wirkungskette, wenn der Staat die Mehrwertsteuer um drei Prozentpunkte erhöhen würde.

Das Vermögen gerechter verteilen?

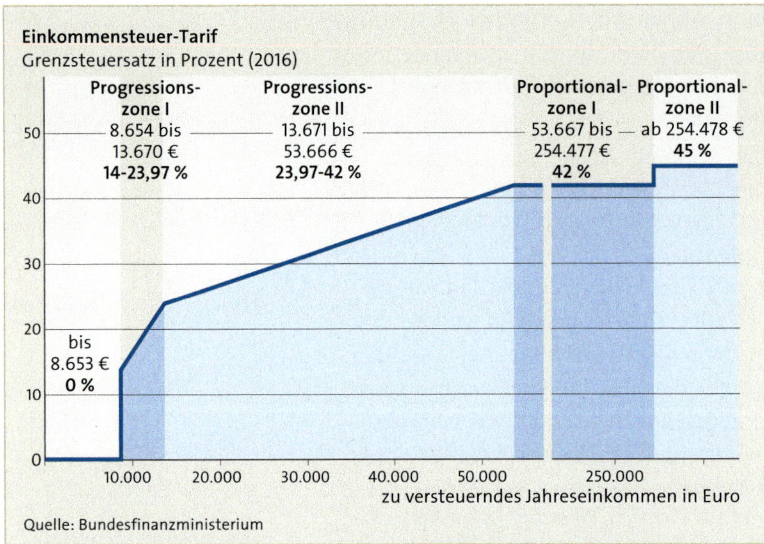

M1 Höhe des Grenzsteuersatzes* der Einkommensteuer für ledige Alleinverdiener in Abhängigkeit vom Einkommen 2016

* **Grenzsteuersatz**
Er gibt an, mit welchem Prozentsatz ein zusätzliches Einkommen besteuert wird. Er bezeichnet damit den Steuersatz, mit dem der jeweils nächste Euro der Steuerbemessungsgrundlage belastet wird.

Lohn- und Einkommensteuer

Die Lohn- und Einkommensteuern gehören zu den ergiebigsten Steuern in Deutschland. Sie erbringen mehr als 30 Prozent der gesamten Steuereinnahmen des Staates. Einkünfte aus nichtselbstständiger Arbeit (Arbeitsentgelt) unterliegen der Lohnsteuer. Der Arbeitgeber ist verpflichtet, die Lohnsteuer einzubehalten und an das zuständige Finanzamt weiterzuleiten. Wer neben den Arbeitsentgelten noch weitere Einkünfte erzielt, z.B. aus Landwirtschaft oder aus Mieteinnahmen, unterliegt der Einkommensteuerpflicht. Steuerpflichtige geben dazu jährlich eine Einkommensteuererklärung ab, nach der das Finanzamt einen Steuerbescheid erstellt.

Auf das zu versteuernde Einkommen werden je nach Höhe unterschiedliche Steuersätze angewandt:

Grundfreibetrag: Der Teil des Einkommens, der zur Sicherung des existenznotwendigen Bedarfs erforderlich ist, bleibt steuerfrei.

Progressionszone: Höhere Einkommen werden mit linear steigenden Steuersätzen belastet, bis schließlich der sogenannte Spitzensteuersatz erreicht wird.

Proportionalzone: Alle höheren Einkommen werden einheitlich mit dem Höchststeuersatz von 42 Prozent belegt. Steigt das zu versteuernde Einkommen über 250 000 Euro, so erhöht sich der Spitzensteuersatz auf 45 Prozent.

Ehepaare werden bei der Berechnung der Einkommensteuer in der Regel zusammen veranlagt. Das heißt: Ihre Einkünfte werden zusammengezählt, die Steuer wird aus der Hälfte des Gesamteinkommens ermittelt und anschließend verdoppelt („Ehegattensplitting“).

Mehr Steuern für Reiche?

Angesichts der Armut, die bei vielen Menschen mit geringem Einkommen herrscht, gibt es in Deutschland immer wieder Forderungen, den Spitzensteuersatz bei der Einkommensteuer und die Erbschaftssteuer* zu erhöhen und darüber hinaus eine Vermögensteuer* einzuführen.

M2 Einkommen und Vermögen in Deutschland

In Deutschland ist das Privatvermögen stärker in der Hand der Reichen konzentriert als in den meisten anderen Industrieländern. Dies geht aus einer Sozialübersicht der Organisation für wirtschaftliche Zusammenarbeit und Entwicklung (OECD) hervor; der OECD gehören 34 Länder an. Die reichsten zehn Prozent der Deutschen besitzen demnach 60 Prozent des Vermögens der Privathaushalte; im OECD-Durchschnitt halten die zehn Prozent der Reichsten nur 50 Prozent der Vermögen. Die unteren 60 Prozent der Bevölkerung in Deutschland besitzen demnach lediglich sechs Prozent des gesamten Nettovermögens. Darüber hinaus, so schreibt die OECD, ist die Zahl der überschuldeten Haushalte groß. [...]
In Deutschland ist die Einkommensungleichheit seit Anfang der 2000er-Jahre stark gestiegen. [...] Die obersten zehn

Prozent der Einkommensbezieher verdienen 6,6-mal so viel wie die untersten zehn Prozent. In den 1980er-Jahren betrug dieses Verhältnis fünf zu eins.

mih/epd: In Deutschland ist das Vermögen im Besitz von wenigen, Stuttgarter Zeitung vom 22.5.2015, S. 9

M 3 „Reiche, zahlt mehr Steuern"

Der Spitzensteuersatz, der unter Bundeskanzler Helmut Kohl noch bei 53 Prozent lag, wurde von Rot-Grün, also ausgerechnet einer linken Regierung, auf 42 Prozent gesenkt. Die Vermögensteuer wurde schon 1997 von Schwarz-Gelb abgeschafft. Die Erbschaftsteuer wiederum wurde von der Großen Koalition so entschärft, dass Erben von Familienbetrieben ebenso wie Erben großer Aktienpakete praktisch gar nichts mehr zahlen. Die Folgen sind gravierend: Die Einkommens- und Vermögensschere in Deutschland öffnet sich. Und der Staat, der in der Sozialen Marktwirtschaft ja eigentlich für einen zumindest teilweisen Ausgleich sorgen soll, verstärkt diese Tendenz noch durch seine Steuerpolitik. Oder, wie die Bertelsmann-Stiftung nüchtern feststellt: „Deutschland hat in Sachen sozialer Gerechtigkeit noch einigen Nachholbedarf." Wenn die Gesellschaft nicht weiter auseinanderdriften soll und wenn sich in Zukunft nicht nur Reiche gute Schulen für ihre Kinder, teure Operationen, eine ausreichende Altersversorgung und Schutz gegen Kriminalität leisten können sollen, dann muss der Staat wieder in die Lage versetzt werden, für all das zu sorgen. Und das kann er nur, wenn auch Gutverdiener und Vermögende endlich wieder ihren angemessenen Beitrag entrichten. Diese könnten und sollten künftig wieder mehr Steuern zahlen. Denn auch sie wollen in einem geordneten, funktionierenden Staat und einer prosperierenden [sich günstig entwickelnden], friedlichen Gesellschaft leben.

Ludwig Greven: Reiche, zahlt mehr Steuern, Zeit-online, 30.3.2013 [Text gekürzt]

M 4 Forderung der IHK

Jede Erhöhung von bestehenden Steuersätzen oder die Einführung neuer Abgaben bedroht die Leistungsstärke der Unternehmer und ihrer Mitarbeiter. Die IHK Schwaben wendet sich nachdrücklich gegen die Erhöhung des Spitzensteuersatzes bei der Einkommensteuer, neue Belastungen bei der Erbschaftsteuer für Unternehmer und die Einführung einer Vermögensteuer. Bei einer höheren Steuerlast stehen auch dem Unternehmer unweigerlich weniger Mittel für Forschung, Investitionen und Innovationen zur Verfügung. Dies bedroht die Wettbewerbsfähigkeit und damit letztlich Arbeitsplätze.

Koalitionsgespräche in Berlin: IHK Schwaben-online, 10. Oktober 2013 [Text gekürzt]

1 Beschreibt das Schaubild (**M 1**). Wie viel Steuern muss jemand bezahlen, der pro Jahr 8654 Euro verdient?

2 In **M 2** findet ihr die Angabe „Die reichsten zehn Prozent der Deutschen besitzen 60 Prozent des Vermögens. Die unteren 60 Prozent der Bevölkerung besitzen demnach lediglich sechs Prozent". Gestaltet diese Werte in einem Schaubild.

3 Nennt Forderungen, die in der Wochenzeitung „Die Zeit" (**M 3**) gestellt werden. Wie werden die Forderungen begründet?

4 Erklärt, warum Steuererhöhungen für Wohlhabende auch Risiken für die Allgemeinheit beinhalten können (**M 4**).

* **Erbschaftsteuer**
Wer als Erbe wie viel an das Finanzamt zu zahlen hat, hängt wesentlich vom Verwandtschaftsverhältnis zum Verstorbenen ab. Kinder von Verstorbenen sind für ein Erbe in Höhe von bis zu 400 000 Euro ganz von der Steuer befreit. Erben sie ein Unternehmen mit dort Beschäftigten, sind die Freibeträge noch wesentlich höher.

* **Vermögensteuer**
Sie wurde in Deutschland bis 1996 von größeren Vermögen (Grundbesitz, Geldvermögen) der Steuerpflichtigen jährlich erhoben und dann abgeschafft.

Einflussnahme auf wirtschaftliche Entscheidungen

M1 Einflüsse auf Abgeordnete des Deutschen Bundestags

Verbände beeinflussen Entscheidungen

Die Abgeordneten des Deutschen Bundestages sind gemäß Art. 38 des Grundgesetzes bei Entscheidungen „nur ihrem Gewissen unterworfen". Trotzdem sind sie vielerlei Einflüssen ausgesetzt, sei es durch Mitglieder ihrer Parteien, durch Medien, Bürgerinitiativen oder – in ganz besonderem Maß – durch Verbände. Interessenverbände* sind immer dort aktiv, wo politische Entscheidungen vorbereitet werden. Sie wenden sich an Abgeordnete, Regierungsmitglieder und Vertreter von Behörden. Ebenso versuchen sie, ihre Vorstellungen in den Medien unterzubringen und in Sozialen Netzwerken wie Facebook oder Twitter bekannt zu machen. Ihre Lobbyarbeit wird in der Öffentlichkeit einerseits als demokratische, am Gemeinwohl orientierte Interessenvermittlung wahrgenommen, aber auch als organisierte Einflussnahme von Interessengruppen auf die Politik.

Zu den größten Verbänden in Deutschland gehört der Deutsche Gewerkschaftsbund mit mehr als sechs Millionen Mitgliedern der dort zusammengeschlossenen Einzelgewerkschaften.

Eine in den letzten Jahren beliebt gewordene Form, sein Anliegen einer breiten Öffentlichkeit zu präsentieren, sind Online-Petitionen* beim Bundestag. Daneben gibt es mehrere Internetportale, deren Ergebnisse aber keine rechtliche Wirkung haben.

Beispiel: Mindestlohn

Mit der Einführung des gesetzlichen Mindestlohns 2015 wurde eine langjährige Forderung des Deutschen Gewerkschaftsbundes (DGB) erfüllt. Dieser war immer wieder auf Bundestagsabgeordnete und Regierungsmitglieder zugekommen, um ihnen entsprechende Forderungen vorzutragen. Demonstrationen von Gewerkschaftsmitgliedern zugunsten des Mindestlohns, über die auch in den Medien berichtet wurde, unterstützten ihre Forderungen. Arbeitgeberverbände sahen dagegen im Mindestlohn einen überflüssigen staatlichen Eingriff in die Entgeltfindung. Sie argumentierten, dass Mindestlöhne Arbeit so verteuern würden, dass gegenüber dem Ausland Wettbewerbsnachteile entstünden und dies zu einem Beschäftigungsabbau führen könnte. Die Mehrzahl der Abgeordneten des Deutschen Bundestags schloss sich den Argumenten der Gewerkschaften an und verabschiedete 2014 ein Mindestlohngesetz.

* **Interessenverbände**
Zusammenschlüsse von Personen oder Unternehmen. Sie sehen ihre Aufgabe darin, die jeweiligen Interessen ihrer Mitglieder zu vertreten. Wenn sie ihre Interessen auch öffentlich machen und in den politischen Entscheidungsprozess einzubringen versuchen, spricht man von Lobbyismus. Anders als Parteien nehmen Verbände nicht an allgemeinen Wahlen teil. Interessenverbände sind z. B. die Gewerkschaften, die Arbeitnehmerinnen und Arbeitnehmer vertreten.

* **Online-Petition (auch: E-Petition)**
Das Petitionsrecht ist in Deutschland in Art. 17 des Grundgesetzes verankert. Danach hat jeder Bürger das Recht, sich „mit Bitten oder Beschwerden an die zuständigen Stellen und an die Volksvertretung zu wenden", z. B. an den Petitionsausschuss des Bundestages. Neben dem klassischen Weg einer schriftlichen Einreichung gibt es das E-Petitionsportal beim Deutschen Bundestag. Wenn eine Petition 50 000 Unterstützer findet, hat der Petent die Möglichkeit, sein Anliegen persönlich dem Petitionsausschuss vorzutragen.

M 2 DGB: „10 Argumente für Mindestlohn"

1. Mindestlöhne verhindern Lohnarmut. Mindestlöhne stellen sicher, dass Menschen von ihrer Arbeit leben können und keine weitere Unterstützung vom Staat benötigen.
2. Mindestlöhne sorgen vor. Niedriglöhne heute heißt Altersarmut morgen.
3. Mindestlöhne entlasten den Staatshaushalt. Es ist Aufgabe der Unternehmen [...], für existenzsichernde Einkommen zu sorgen.
4. Mindestlöhne schaffen würdigere Arbeitsbedingungen. Existenzsichernde Einkommen sind ein Zeichen des Respekts für getane Arbeit.
5. Mindestlöhne schaffen fairen Wettbewerb. Durch Lohndumping verschaffen Unternehmen sich unfaire Wettbewerbsvorteile zulasten ihrer eigenen Beschäftigten.
6. Mindestlöhne sorgen für Gerechtigkeit. Mindestlöhne stoppen die Abwärtsspirale der Löhne, unter der immer häufiger auch Beschäftigte mit Berufsausbildung oder Studium leiden.
7. Mindestlöhne fördern Gleichberechtigung. Mindestlöhne schützen Frauen, die besonders oft von Niedriglöhnen betroffen sind, vor Lohnarmut und Abhängigkeit.
8. Mindestlöhne kurbeln die Binnenwirtschaft an. Mindestlöhne sorgen für mehr Nachfrage und wirken sich somit positiv auf die Konjunktur aus.
9. 21 von 28 EU-Staaten verfügten bereits vor 2015 über Mindestlöhne. Europaweit ist die Notwendigkeit von Mindestlöhnen unumstritten. [...]
10. Mindestlöhne schaffen Klarheit. Mit Mindestlöhnen wissen Arbeitnehmer, was ihnen an Lohn zusteht. Sie werden nicht gezwungen, aus Unwissenheit Jobs anzunehmen, deren Bezahlung unterhalb des Branchenstandards oder gar unterhalb des Existenzminimums liegt.

DGB: 10 Argumente für Mindestlohn, www.dgb.de/schwerpunkt/mindestlohn/hintergrund/argumente (Zugriff: 17.8.2016)

M 3 Rede des Abgeordneten Dr. Matthias Zimmer (CDU/CSU) am 3.7.2014 vor dem Bundestag

Die Ordnung der Lohnfindung in unserer sozialen Marktwirtschaft ist aus den Fugen geraten. [Der gesetzliche Mindestlohn] ist eine Weiterentwicklung der sozialen Marktwirtschaft. [...]
Wir anerkennen damit auch, dass der Arbeitsmarkt ein besonderer Markt ist, nicht einer, auf dem Pfeffer und Käse, Gurken und Wein gehandelt werden und lediglich das Spiel von Angebot und Nachfrage gilt. Nein, der Arbeitsmarkt ist ein abgeleiteter Markt, und er hat etwas mit Wertvorstellungen zu tun, die jenseits der Preise angesiedelt sind. [...]
Meine Damen und Herren, sozial ist nicht, was Arbeit schafft [...], sondern sozial ist, was gute Arbeit schafft.

Deutscher Bundestag, Stenografische Berichte, 46. Sitzung, 3. Juli 2014, S. 4109B.

1 Beurteilt die Einflussnahme unterschiedlicher Gruppierungen auf die Meinungsbildung der Abgeordneten (**M 1**, Text). Beschreibt auch die Bedeutung von Verbänden als Interessenvertreter von gesellschaftlichen Gruppen (**M 1**, Text).

2 Fasst die Argumente des Deutschen Gewerkschaftsbundes zugunsten der Einführung des Mindestlohns zusammen (**M 2**).

3 Begründet mithilfe von **M 3**, dass in einer Sozialen Marktwirtschaft beim Mindestlohn ein staatlicher Eingriff in die Tarifautonomie zulässig erscheint.

Arbeitsteilung in Europa

Freier Personenverkehr	Freier Warenverkehr	Freier Dienstleistungsverkehr	Freier Kapitalverkehr
Arbeitskräfte, Studenten und Rentner der Mitgliedsländer haben in der EU ein weitgehendes Aufenthaltsrecht zur Berufsausübung oder auch zur Stellensuche.	Zölle oder mengenmäßige Einfuhrbeschränkungen sind in der EU untersagt. Es gibt aber Ausnahmen zugunsten öffentlicher Sicherheit und Gesundheitsschutz.	Dienstleistungsunternehmen, z. B. Speditionen, oder Handwerkern ist es erlaubt, grenzüberschreitend tätig zu sein. Die meisten Berufsabschlüsse sind gegenseitig anerkannt.	Bürger und Unternehmer der EU dürfen unbeschränkt Kredite im europäischen Ausland aufnehmen oder Geld in anderen EU-Ländern investieren. Dabei ist das jeweilige Steuerrecht zu beachten.

M1 Die „vier Freiheiten" innerhalb der Europäischen Union *

* **Europäische Union (EU)**
Die EU ist eine wirtschaftliche und politische Partnerschaft zwischen 28 europäischen Staaten, die zusammen einen großen Teil des europäischen Kontinents umfassen. Sie hat ihren Ursprung in der Zeit nach dem Zweiten Weltkrieg. Dahinter stand die Idee, dass Länder, die sich wirtschaftlich verflechten, kriegerische Auseinandersetzungen vermeiden.
Was als reine Wirtschaftsgemeinschaft begonnen hatte, ist zu einer Organisation geworden, die viele politische Felder abdeckt.

M2 Adam Smith über die internationale Arbeitsteilung, 1776

Alle [Handwerker] finden, dass es im eigenen Interesse liegt, ihren Erwerb uneingeschränkt auf das Gebiet zu verlegen, auf dem sie ihren Nachbarn überlegen sind, und den übrigen Bedarf mit einem Teil ihres Erzeugnisses oder, was dasselbe ist, mit dem Erlös daraus, zu kaufen. Was aber vernünftig im Verhalten einer einzelnen Familie ist, kann für ein mächtiges Königreich kaum töricht sein. Kann uns also ein anderes Land eine Ware liefern, die wir selbst nicht billiger herzustellen imstande sind, dann ist es für uns einfach vorteilhafter, sie mit einem Teil unserer Erzeugnisse zu kaufen, die wir wiederum günstiger als das Ausland herstellen können.

Adam Smith: Der Wohlstand der Nationen, hg. und übers. von Horst Claus Recktenwald. München (dtv) 6 1993, S. 371 f.

Smith beschreibt, wie durch Handel Kostenvorteile entstehen. Warenaustausch zwischen zwei Staaten lohnt sich aber auch dann, wenn ein Land alle Güter kostengünstiger herstellen kann als ein anderes. Ein einfaches Beispiel zeigt dies (**M3**).

M3 Arbeitsteilung im Haushalt

Katrin und Niklas sind jetzt Nachbarn in einem Studentenwohnheim. Beide finden Hausarbeit lästig. Zunächst macht jeder alles allein:

	Bügeln	Staub saugen	Bügeln + Staub saugen
Katrin	60 min	70 min	130 min
Niklas	120 min	90 min	210 min
beide	180 min	160 min	340 min

Als sie sich darüber austauschen, wie viel Zeit sie für die einzelnen Arbeiten benötigen, bekommen sie eine Idee und Katrin macht einen Vorschlag, dass jeder das macht, was er besser kann:

	Bügeln	Staub saugen	Bügeln + Staub saugen
Katrin	2 x 60 min	0 min	120 min
Niklas	0 min	2 x 90 min	180 min
beide	120 min	180 min	300 min

Obwohl Katrin sowohl beim Bügeln als auch beim Staub saugen schneller ist, stellen sich beide besser, wenn sie die Arbeit aufteilen. Niklas sollte Staub saugen, da er diese Arbeit schneller erledigt als das Bügeln.

Autorentext

Die Vorteile der Arbeitsteilung und Spezialisierung gelten auch für die Handelsbeziehungen zwischen Staaten. Dort aber, wo der Handel durch Einfuhrzölle und Handelsbeschränkungen erschwert wird, sind diese Vorteile eingeschränkt. In der Europäischen Union gibt es fast keine derartigen Beschränkungen.

Europa wächst zusammen

Die Europäische Union (EU) ist eine Gemeinschaft demokratischer europäischer Staaten, die zusammenarbeiten, um das Leben ihrer Bürgerinnen und Bürger zu verbessern. Seit ihrem Bestehen hat die EU Beachtliches erreicht. Sie hat vor allem für Frieden, aber auch für Wohlstand in Europa gesorgt. Ein Binnenmarkt ohne Grenzen und ohne Schranken für Arbeitskräfte, Waren, Dienstleistungen und Kapital wurde geschaffen. Ärmere Staaten, vor allem in Osteuropa, sind dabei, sich schrittweise dem Wohlstand der westeuropäischen Staaten anzunähern. Ängste, vor allem in Großbritannien, billige Arbeitskräfte aus Osteuropa könnten den heimischen Arbeitskräften Konkurrenz machen und die Löhne drücken, waren ein wesentlicher Grund dafür, dass sich die Briten 2016 in einer Volksabstimmung (Referendum) mit 52 zu 48 Prozent der Wählerstimmen dafür entschieden, die EU zu verlassen (Brexit*).

Vorteile für Verbraucher

Auch die Verbraucher profitieren von dem größeren Markt. Der gemeinsame europäische Wirtschaftsraum hat beispielsweise dazu geführt, dass Telefongebühren innerhalb der Europäischen Union heute nur noch einen Bruchteil dessen betragen, was noch vor zwanzig Jahren üblich war. Unter dem Wettbewerbsdruck sind auch die Preise für Flüge innerhalb Europas beträchtlich zurückgegangen. Die EU ist zu einer bedeutenden Wirtschaftsmacht, aber auch zum weltweiten Spitzenreiter in Bereichen wie Umweltschutz und Entwicklungshilfe geworden.

Bekämpfung von Jugendarbeitslosigkeit

Die EU hat eine Vielzahl von Maßnahmen zur Bekämpfung der Jugendarbeitslosigkeit eingeleitet, die ärmere EU-Mitglieder finanziell überfordert hätten. Dazu gehört die Schaffung qualifizierter Ausbildungsmaßnahmen. Die Mitgliedstaaten sind aufgerufen sicherzustellen, dass allen jungen Menschen unter 25 Jahren innerhalb eines Zeitraums von vier Monaten, nachdem sie arbeitslos wurden oder die Schule verlassen haben, eine hochwertige Arbeitsstelle, einen Ausbildungs- beziehungsweise Praktikumsplatz oder eine Weiterbildungsmaßnahme angeboten wird („Jugendgarantie"). Dafür stellt die Europäische Union viele Milliarden Euro zur Verfügung.

* **Brexit**
Die Wortschöpfung aus Britain und Exit bezeichnet den Austritt Großbritanniens (des Vereinigten Königreichs) aus der Europäischen Union. Der Begriff entstand in Anlehnung an den Grexit – den drohenden Austritt Griechenlands aus der Eurozone. Bei einer Volksabstimmung (Referendum) in Großbritannien am 23.6.2016 stimmten 51,9 Prozent der Abstimmenden für den Austritt des Vereinigten Königreichs aus der EU, 48,1 Prozent für den Verbleib. Der Austritt soll 2017 erfolgen.

1 Fasst zusammen, welche Vorteile der gemeinsame Binnenmarkt den EU-Bürgern bringt (M 1).

2 Nennt weitere Argumente, die für die Mitgliedschaft Deutschlands in der Europäischen Union sprechen (Randspalte).

3 Wiederholt mit eigenen Worten, wie Adam Smith (M 2) die internationale Arbeitsteilung erklärt.

4 Niklas und Katrin (M 3) haben festgestellt, dass ihre Arbeitsteilung gut klappt. Nun wollen sie weitere Tätigkeiten aufteilen.

	Kochen	Putzen	Kochen + Putzen
Katrin	80 min	90 min	170 min
Niklas	120 min	100 min	220 min

Macht einen Vorschlag, wie Niklas und Katrin Zeit sparen können.

Zuwanderer beleben den Arbeitsmarkt

Zuwanderung in die EU

In Deutschland hatte schon 2014 jeder fünfte Einwohner einen Migrationshintergrund. In den 1950er- und 1960er-Jahren waren es zunächst Gastarbeiter aus Südeuropa und der Türkei, die in Deutschland eine neue Heimat fanden. Später kamen aufgrund der Freizügigkeit Zuwanderer aus anderen EU-Staaten und in den letzten Jahren zusätzlich immer mehr Flüchtlinge. Dagegen sinkt aufgrund der geringen Geburtenraten die Zahl der Bürgerinnen und Bürger mit deutschen Wurzeln.

Politisch Verfolgte genießen in den Staaten der Europäischen Union, also auch in Deutschland, Asyl*. In einige Länder der EU kommen sehr viele Flüchtlinge vor allem aus Kriegs- und Krisengebieten wie Syrien, dem Irak und Afghanistan. Deutschland, Österreich und Schweden sind ihre beliebtesten Ziele. Die Migranten sind im Durchschnitt 20 Jahre jünger als die Bundesbürger. Das entlastet das deutsche Rentensystem, weil damit mehr arbeitsfähige Erwerbstätige der wachsenden Zahl von Menschen im Ruhestand gegenüberstehen. Ohne Zuwanderung lässt sich der Generationenvertrag nicht (s. S. 168/169) fortführen.

Mehrere Staaten der EU, vor allem in Osteuropa, versuchen die Zuwanderung in ihre Länder zu verhindern. Für den Zusammenhalt der Länder der Europäischen Union stellt die mangelnde Solidarität dieser Staaten bei der Asylgewährung eine schwere Belastung dar.

Selbstverständlich müssen für Zuwanderer Wohnraum, Sprachkurse, Ausbildungsplätze und für Kinder Schul- und Kindergartenplätze zur Verfügung gestellt werden. Das kostet zunächst viel Geld. Der Erfolg für die deutsche Wirtschaft zeigt sich erst nach einigen Jahren.

* **Recht auf Asyl**
Art 16a GG Asylrecht.
(1) Politisch Verfolgte genießen Asylrecht.
(2) Auf Absatz 1 kann sich nicht berufen, wer aus einem Mitgliedstaat der Europäischen Gemeinschaften oder aus einem anderen Drittstaat einreist, in dem die Anwendung des Abkommens über die Rechtsstellung der Flüchtlinge und der Konvention zum Schutze der Menschenrechte und Grundfreiheiten sichergestellt ist. Die Staaten außerhalb der Europäischen Gemeinschaften, auf die die Voraussetzungen des Satzes 1 zutreffen, werden durch Gesetz, das der Zustimmung des Bundesrates bedarf, bestimmt. [...]
(3) Durch Gesetz, das der Zustimmung des Bundesrates bedarf, können Staaten bestimmt werden, bei denen auf Grund der Rechtslage, der Rechtsanwendung und der allgemeinen politischen Verhältnisse gewährleistet erscheint, dass dort weder politische Verfolgung noch unmenschliche oder erniedrigende Bestrafung oder Behandlung stattfindet. [...]

M 1 „Mehr Chancen als Risiken"

Fakt ist, dass der Arbeitsmarkt Zuwanderung dringend nötig hat. Einer Studie [...] zufolge sinkt das Erwerbspotenzial ohne Zuwanderung vom heutigen Rekordstand [2015] von 45 Millionen bis 2050 auf 29 Millionen. Der Verlust von 16 Millionen Kräften wird kaum durch mehr arbeitende Frauen oder ein höheres Rentenalter aufgefangen.

Die Wirtschaft braucht somit Zuwachs von außen, um ihre Leistungskraft zu erhalten, wenn man von Arbeitsplatzverlusten durch Digitalisierung und Automatisierung absieht. Im Schnitt, so die Studie, sei eine jährliche Nettozuwanderung von bis zu 530 000 Personen nötig. EU-Bürger werden diese auf Dauer aber nicht leisten. Weil Polen, Spanien oder Griechenland ähnlich niedrige Geburtenraten haben wie Deutschland, ist von dort künftig eher weniger Zugang zu erwarten. [...]

Matthias Schiermeyer: Wenig Beifall für TTIP, Stuttgarter Zeitung v. 19.9.2016, S. 2

M 2 Umfrage der IHK zur Integration von Flüchtlingen

Mehrere hundert Unternehmen im Ballungsraum Stuttgart sind bereit, Flüchtlinge zu beschäftigen. Das macht ein aktuelles Meinungsbild der Industrie- und Handelskammer (IHK) Region Stuttgart deutlich, für das 620 Unternehmen aus Industrie, Handel und Dienstleistungsbranche befragt wurden. Rund 80 Prozent der Teilnehmer am Meinungsbild haben die Frage nach ihrer Bereitschaft bejaht, Flüchtlinge zu beschäftigen, wenn die aufenthalts- und arbeitsrechtlichen Voraussetzungen erfüllt sind. Zwei Drittel davon wollen so freie Stellen besetzen, in etwa vierzig Prozent der positiven Antworten spielen soziale Motive eine Rolle. Ein gutes Drittel derer, die Flüchtlinge einstellen wollen, würde auch welche ausbilden. (...)

Eine wichtige Rolle für die befragten Betriebe spielt die Qualifikation der Flüchtlinge. Viele Unternehmen wünschen sich demnach ausreichende Deutschkenntnisse: 85 Prozent der befragten Betriebe, die Flüchtlinge beschäftigen würden, sehen Sprachförderung als Voraussetzung dafür an. Damit Flüchtlinge als Fachkräfte eingesetzt werden, erwarten manche Unternehmen aber auch abgeschlossene Berufsausbildung oder fachliche Vorkenntnisse. 57 Prozent der befragten Unternehmen mit Bereitschaft zur Beschäftigung von Flüchtlingen erwarten, dass für Klarheit im Aufenthalts- und Arbeitsrecht gesorgt wird, 27 Prozent halten eine soziale Betreuung der Asylbewerber für notwendig. Ausbilden möchten Unternehmen Asylanten laut Befragung vor allem in technischen Berufen. Gefragt sind zum Beispiel Elektroniker, Industriemechaniker und KfZ-Mechatroniker.

Pressemitteilung der IHK Region Stuttgart Nr. 58/15 v. 5.10.2015

M 4 Vor dem ersten Schritt auf dem Arbeitsmarkt steht bei Flüchtlingen der Erwerb deutscher Sprachkenntnisse

M 5 Demografische Entwicklung in Deutschland (in Prozent)

	1975	2000	2030
Personen unter 20 Jahren im Verhältnis zur Bevölkerung zwischen 20 und 60 Jahren	57	38	35
Personen über 60 Jahren im Verhältnis zur Bevölkerung zwischen 20 und 60 Jahren	40	43	71

Aus: Informationen zur politischen Bildung 3/2015, S. 25

M 3 Migranten schaffen viele Jobs im Südwesten

Der Gemüseladen, die Dönerbude, der Italiener um die Ecke – Klischees über Unternehmer mit Migrationshintergrund gibt es viele, dabei sind solche Unternehmer ein wichtiger Wirtschaftsfaktor [...]. Zwischen 2005 und 2014 hat sich die Zahl der Arbeitsplätze, die durch Unternehmer mit ausländischen Wurzeln in Deutschland geschaffen wurden, von 947 000 auf 1,3 Millionen erhöht. Das bedeutet einen Anstieg von 36 Prozent, wie eine Studie im Auftrag der Bertelsmann-Stiftung zeigt. Gleichzeitig ist auch die Anzahl selbstständiger Unternehmer mit Migrationshintergrund um rund ein Viertel auf 709 000 gestiegen. [...] Der Anteil selbstständiger Migrantenunternehmer im Handel- oder Gastgewerbe hat sich verringert, während sich die Bedeutung anderer Branchen im Dienstleistungs- und produzierenden Gewerbe erhöht hat. Mittlerweile ist fast die Hälfte der Unternehmer mit Zuwanderungsgeschichte (48 Prozent) im Dienstleistungsbereich außerhalb von Handel und Gastronomie tätig.

Imelda Flaig: Migranten schaffen viele Jobs im Südwesten, Stuttgarter Zeitung v. 12.8.2016, S. 9

1 Gebt Art. 16 GG (Randspalte) mit eigenen Worten wieder. Wo liegen die Grenzen des Asylrechts?

2 Bewertet Chancen und Risiken einer erhöhten Zuwanderung von Flüchtlingen (Text, M 2–M 5).

3 Beurteilt anhand von **M 5** die Notwendigkeit von Zuwanderung. Nennt Voraussetzungen, die erfüllt sein müssen, damit durch Zuwanderung das Inlandsprodukt steigt.

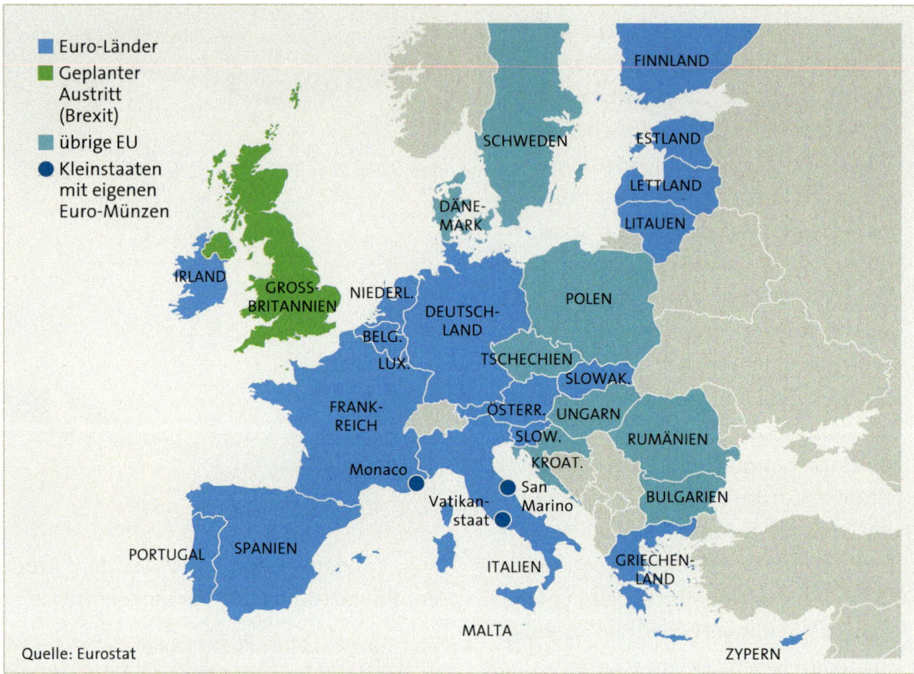

M1 Die Euro-Zone

★ **Europäische Währungsunion**
1998 bildeten 11 Staaten (Belgien, Deutschland, Finnland, Frankreich, Irland, Italien, Luxemburg, Niederlande, Österreich, Portugal und Spanien) eine Währungsunion, Griechenland folgte ein Jahr später, Slowenien 2007, Zypern und Malta 2008, die Slowakei 2009, Estland 2011, Lettland 2014 und Litauen 2015.
1999 wurden in den ersten 12 Euro-Ländern die Wechselkurse der nationalen Währungen an den Wert des Euro gebunden. Für die DM belief sich der Umstellungskurs für 1 Euro auf ca. 1,96 DM. Am 1. Januar 2002 wurde der Euro als Bargeld eingeführt. Seitdem ist er in den Ländern der Währungsunion das alleinige gesetzliche Zahlungsmittel.

★ **Konvergenzkriterien**
Sie fordern u.a., dass die Inflationsrate eines Euro-Landes nicht mehr als 1,5 Prozentpunkte über der Inflationsrate der drei preisstabilsten Mitgliedsländer liegt, dass die jährliche Neuverschuldung nicht mehr als drei Prozent des Bruttoinlandsproduktes beträgt und dass die Schulden der öffentlichen Haushalte eines Landes maximal 60 Prozent von dessen Bruttoinlandsprodukt betragen dürfen.

Gemeinsame Währung

Habt ihr schon einmal eine DM-Münze gesehen? Die DM als tägliches Zahlungsmittel, das war einmal. Seitdem ihr denken könnt, bezahlt ihr eure Schulhefte mit Euro und Cent. Und Geld umtauschen, bevor ihr in Urlaub fahrt? Das kennt ihr nur von Ländern, in denen es keinen Euro gibt. Habt ihr schon einmal die Münzen in eurer Geldbörse genau angesehen? Jede Euro-Münze hat eine gemeinsame „europäische" und eine „nationale" Seite. Die gemeinsame Seite ist mit der Darstellung der Mitgliedstaaten der Europäischen Union einheitlich gestaltet. Die „nationale" Seite der Münzen wird von jedem Mitgliedsland des Euro-Raums mit nationalen Symbolen versehen. In Deutschland zeigen die Cent-Münzen einen Eichenzweig oder das Brandenburger Tor und die Euro-Münzen den Bundesadler. Die Griechen wählten für die 2-Euro-Münze Zeus aus, der in Stiergestalt die Europa, eine griechische Sagengestalt, entführt. Die griechische 1-Euro-Münze zeigt eine Eule in Anlehnung an eine antike Vier-Drachmen-Münze.

19 der 28 Staaten der Europäischen Union haben eine gemeinsame Währung, den Euro. Sie bilden eine Währungsunion★. Anschließen darf sich allerdings nur, wer die sogenannten Konvergenzkriterien★ erfüllt.
Für die Bürgerinnen und Bürger in 19 Mitgliedstaaten der Europäischen Währungsunion gehört der Euro zum Alltag. 337 Millionen Menschen verwenden ihn für ihre täglichen Besorgungen und ihre Ersparnisse.

Die Europäische Zentralbank (EZB)

Die EZB mit Sitz in Frankfurt am Main ist die 1998 gegründete gemeinsame Währungsbehörde der Mitgliedstaaten der Europäischen Währungsunion. Ihr wichtigstes Ziel ist die Schaffung von Preisniveaustabilität. Dabei gilt es, den Euro vor einem Wertverlust zu schützen. Die Inflationsrate im Euro-Raum soll langfristig unter zwei Prozent bleiben. Ein zusätzliches Ziel, das aber dem Hauptziel nachgeordnet ist, besteht in der Förderung einer ausgeglichenen konjunkturellen Entwicklung der Währungsunion. Eine Rezession soll vermieden werden (s. S. 178/179).

M 2 Vorteile der Währungsunion

Nutzen für Verbraucher: Die Vorteile einer gemeinsamen Währung werden unmittelbar ersichtlich, wenn man sich in den 19 Ländern des Euroraums aufhält. So fallen, seit es den Euro gibt, die Kosten und der Aufwand des Währungsumtauschs an den Grenzen weg. Auch grenzüberschreitendes Einkaufen und Preisvergleiche sind nun viel unkomplizierter und transparenter möglich, auch beim Online-Handel. Das regt den Wettbewerb an und bremst die Preisentwicklung – zum Vorteil von 500 Millionen Verbrauchern in Europa.

Nutzen für Unternehmen: Die Kosten des Währungsumtauschs zwischen einzelnen Staaten bringen für die Unternehmen Ersparnisse, die sie für Investitionen verwenden können. Der Wegfall von Risiken sich verändernder Wechselkurse bringt Sicherheit im Außenhandel. Die Preisstabilität gibt den Unternehmen zusätzliche Sicherheit für eine längerfristige Planung und für Investitionen zur Verbesserung ihrer Wettbewerbsfähigkeit. Dies ist insbesondere in unserer globalisierten Welt von Bedeutung, in der sich europäische Unternehmen mit Mitbewerbern aus allen Kontinenten messen müssen.

Weltweite Einflussgröße: Der stabile Euro stärkt die Position Europas in der Weltwirtschaft. Der Euro ist – neben dem US-Dollar – die beliebteste Währung im weltweiten Handel. Seit seiner Schaffung im Jahr 1999 hat der Euro viele Investitionen ausländischer Unternehmen im Euroraum bewirkt.

Nach: Europäische Kommission [Hg.]: Wirtschafts- und Währungsunion und der Euro, Brüssel 2014, S. 5 f.

Schwankungen der Wechselkurse

Importieren Unternehmen z.B. aus den USA viele Waren aus Ländern der Europäischen Währungsunion, werden viele Euro benötigt. Das liegt einfach daran, dass amerikanische Unternehmen die importierten Waren in Euro bezahlen müssen. Dementsprechend fragen amerikanische Importeure am Devisenmarkt Euro nach. Wenn die Nachfrage nach Euro steigt, muss man mehr Euro z.B. für 100 US-Dollar bezahlen. Die Folge: Der Kurs des Euro im Verhältnis zum US-Dollar erhöht sich. Der Euro wird aufgewertet*.

Das Zinsniveau einer Volkswirtschaft kann eine weitere Ursache von Schwankungen im Wechselkurs sein. Ist das Zinsniveau einer Volkswirtschaft (zum Beispiel der Euro-Zone) auf einem hohen Niveau, kommen ausländische Investoren, kaufen die Währung (in diesem Fall Euro), um von den hohen Zinsen zu profitieren. Infolge dieser Entwicklung kommt es ebenfalls zu einer erhöhten Nachfrage, und der Euro und damit auch deutsche Waren würden im Ausland teurer.

* **Aufwertung**
Erhöhung des Außenwerts einer Währung, d. h., der Wert der eigenen Währung (z. B. des Euro) steigt. Für 1 US-Dollar müssen also z. B. 1,30 Euro statt vorher 1,20 Euro bezahlt werden. Amerikaner müssen demnach mehr für Waren aus der Euro-Zone bezahlen. Als Folge werden die Ausfuhren aus Euro-ländern nach den USA für Amerikaner teurer, die Einfuhren in die Euro-Länder billiger. Der Urlaub in den USA wird ebenfalls billiger. Die Aufwertung einer Währung verteuert demnach die Exporte und verbilligt die Importe des jeweiligen Landes. Dies kann für das Land, dessen Währung aufwertet wird, einen Verlust von Arbeitsplätzen im Exportbereich bedeuten.

1 Nennt die Länder der Euro-Zone, ohne **M 1** zu Hilfe zu nehmen.
2 Beschreibt Aufgaben der Europäischen Zentralbank (Text).
3 Fasst zusammen, welche Vorteile (**M 2**) die gemeinsame europäische Währung bringt:
- für Unternehmer,
- für Verbraucher.

4 Erklärt, wie sich der Kurs des Euro verändert, wenn viele Deutsche Waren in der Schweiz kaufen.

Statistiken richtig lesen – Jugendarbeitslosigkeit

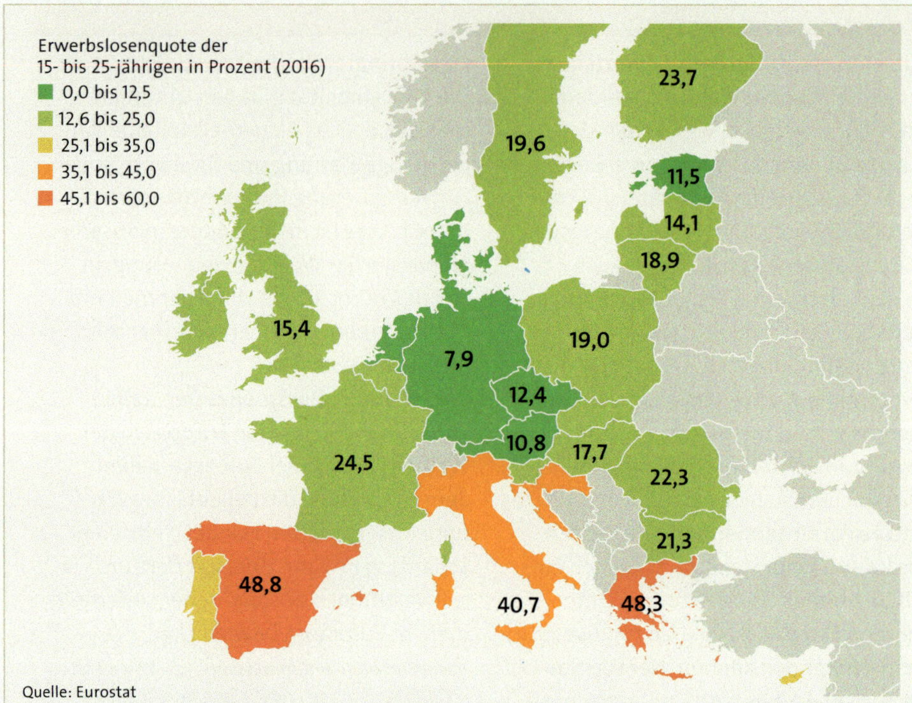

M1 Erwerbslosenanteil von Jugendlichen in der EU

Statistische Behörden

Wenn ihr Statistiken zu Gesicht bekommt, müsst ihr zunächst danach fragen, wer sie erstellt hat. Ist es eine seriöse Einrichtung, z.B. ein bekanntes Meinungsforschungsinstitut? Liegen den Zahlen breit angelegte repräsentative Stichproben* zugrunde? Besonders zuverlässig und nicht durch interessengebundene Auftraggeber beeinflusst sind Statistiken des Statistischen Bundesamtes* und des Statistischen Amts der Europäischen Union*. Diese Behörden tragen sorgfältig und verantwortungsvoll Daten zusammen und analysieren sie. Aber auch dabei müsst ihr genau hinschauen, auf welchen Berechnungsgrundlagen die Werte basieren. Andernfalls könnt ihr falsche Schlüsse ziehen. Beispiel dafür ist die europäische Statistik zur Jugendarbeitslosigkeit (**M1**).

Jugendarbeitslosigkeit

Vor allem südeuropäische Länder haben Schwierigkeiten, Jugendliche in den Arbeitsmarkt zu integrieren. Die Arbeitslosigkeit unter Jugendlichen ist dort in der Regel deutlich höher als die von Erwachsenen. Alarmierend ist auch, dass sich in diesen Ländern ein beträchtlicher Teil der beschäftigten Jugendlichen lediglich in Zeitarbeitsverhältnissen befindet, die nicht mit einer Berufsausbildung verbunden sind und nur selten in eine Festanstellung münden.

Analysieren

Die statistischen Aussagen zur Jugendarbeitslosigkeit in Europa von Eurostat (**M1**) müssen hinterfragt werden. Die dort ermittelte Arbeits- bzw. Erwerbslosenquote ist ein Quotient der Arbeitslosen durch alle Erwerbspersonen (Erwerbstätige und Arbeitslose). In der Altersklasse der 15- bis 25-Jährigen befinden sich aber noch viele Menschen in einer Schul- bzw. Berufsausbildung oder beim Studium. Anders als in Deutschland werden sie bei den Arbeitslosenzahlen mit berücksichtigt. Lässt man sie beim Arbeitslosenanteil unberücksich-

M2 Ursachen der Jugendarbeitslosigkeit aus Unternehmersicht

Eine erste wichtige Ursache für Jugendarbeitslosigkeit sind Defizite im Bildungs- und Ausbildungssystem. Das Risiko der Arbeitslosigkeit bleibt auch in der aktuellen Lage für Jugendliche mit höherer Bildung geringer. Schulabbrecher und gering qualifizierte Jugendliche tragen dagegen ein besonders hohes Risiko der Arbeitslosigkeit. Für die nachhaltige Bekämpfung der Jugendarbeitslosigkeit ist es deshalb fundamental, dafür zu sorgen, dass das Bildungssystem Jugendlichen vor dem Berufseinstieg ein Mindestmaß an Qualifikation und Kompetenzen vermittelt. Darüber hinaus muss jedoch sichergestellt werden, dass die vermittelten Kompetenzen auch der Nachfrage auf dem Arbeitsmarkt entsprechen, um qualifikatorische Ungleichgewichte am Arbeitsmarkt zu vermeiden.

Ein zweiter bedeutsamer Faktor zur Erklärung von Unterschieden im Niveau der Jugendarbeitslosigkeit zwischen den EU-Ländern sind die länderspezifischen Arbeitsmarktregelungen. So können die Kosten des Kündigungsschutzes dazu führen, dass weniger Arbeitsplätze neu geschaffen werden. Sind betriebsbedingte Kündigungen bei den regulär Beschäftigten stark erschwert, haben die Unternehmen einen starken Anreiz, befristete Arbeitsverträge abzuschließen. Dies trägt zu einer Spaltung des Arbeitsmarkts bei, die Jugendliche vor besondere Probleme stellt, im Arbeitsmarkt Fuß zu fassen. [...] Häufig eingesetzte Lohnsubventionen sind nach den vorhandenen Erfahrungen vielfach nicht über die Dauer der Förderung hinaus wirksam.

Studie der Robert Bosch Stiftung zur Jugendarbeitslosigkeit in Südeuropa, Stuttgart 2014

tigt, liegt die Erwerbslosenquote in Südeuropa meist zwischen 10 und 20 Prozent (Werte für 2013: Griechenland 16 Prozent, Italien 10 Prozent, Portugal 13 Prozent, Spanien 20 Prozent). Das ist sehr hoch, aber nicht so hoch, wie es **M1** erscheinen lässt.

Anwenden

Nun fragt ihr euch sicherlich, wie die Arbeitslosigkeit in Deutschland gemessen wird. Auch dabei entsteht Verwirrung. Es gibt nämlich eine Arbeitslosen- und eine Erwerbslosenquote. Bei beiden Quoten wird die Zahl der Arbeits- bzw. Erwerbslosen durch die Zahl aller Erwerbspersonen (= Erwerbstätige und Arbeitslose) geteilt. Aber wer arbeitslos ist, wird ganz unterschiedlich ermittelt. Die monatlich verkündete Arbeitslosenquote wird von der Bundesagentur für Arbeit (BA) ermittelt. Als arbeitslos gilt, wer weniger als 15 Stunden in der Woche arbeitet (also auch die meisten 450-Euro-Jobber), gern mehr arbeiten möchte und bei der Arbeitsagentur arbeitslos gemeldet ist.

Dagegen veröffentlicht das Statistische Bundesamt eine Erwerbslosenquote, die den Richtlinien der Internationalen Arbeitsorganisation (International Labour Organization, ILO) folgt und daher international vergleichbar ist. Dabei wird die Zahl der Erwerbslosen im Rahmen einer Stichprobenbefragung der Bevölkerung erhoben. Zu den Erwerbslosen gemäß ILO zählen Personen im Alter zwischen 15 und 74 Jahren ohne Erwerbstätigkeit, die sich in den vier Wochen vor der Befragung aktiv um eine Arbeitsstelle bemüht haben und für diese Arbeit innerhalb von zwei Wochen zur Verfügung stehen. Als Erwerbstätigkeit im Sinne der ILO gilt zudem bereits eine bezahlte Arbeit ab einer Wochenstunde.

Arbeitslose, die eine geringfügige Tätigkeit ausüben, also auch die 450-Euro-Jobber, zählen für die ILO als Erwerbstätige. Die vom Statistischen Bundesamt nach den ILO-Vorgaben ermittelte Erwerbslosenquote fällt dementsprechend niedriger aus als die Arbeitslosenquote der Bundesagentur für Arbeit.

* **Stichprobe**
Darunter versteht man eine Auswahl z. B. von Personen, die stellvertretend für eine Gesamtheit (z. B. alle Baden-Württemberger über 18 Jahre) Auskunft gibt. Von den Befragten einer Stichprobe wird auf eine Gesamtheit geschlossen. Voraussetzung für ein statistisch aussagekräftiges Ergebnis ist, dass die Stichprobe einem repräsentativen Querschnitt der Gesamtheit entspricht.

* **Statistisches Bundesamt (Destatis)**
Die ca. 2500 Mitarbeiter der Bundesoberbehörde mit Sitz in Wiesbaden erheben und analysieren statistische Informationen zu Wirtschaft, Gesellschaft und Umwelt. Hierzu arbeitet das Statistische Bundesamt eng mit den Statistischen Ämtern der 16 Bundesländer zusammen.

* **Statistisches Amt der Europäischen Union (Eurostat)**
Aufgabe der in Luxemburg ansässigen Behörde ist es, die Institutionen der EU und die europäische Öffentlichkeit mit statistischen Informationen zu versorgen. Die von Eurostat genutzten Daten werden von den nationalen Statistikämtern der EU-Staaten erhoben und innerhalb der EU vergleichbar gemacht.

Die Währungsunion – es gibt auch Probleme

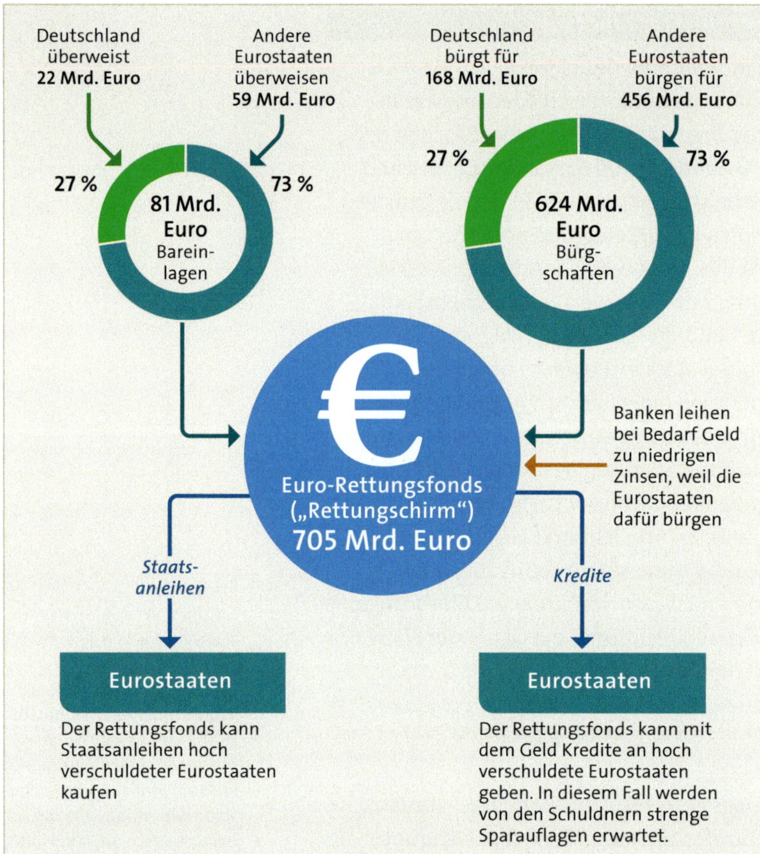

M 1 Europäischer Stabilitätsmechanismus (ESM), oft als „Rettungsschirm" bezeichnet. Der Fonds sagte Griechenland Kredite in Höhe von bis zu 86 Milliarden Euro zu.

Der Euro schafft nicht überall Wohlstand

Trotz ihrer gemeinsamen Währung gibt es erhebliche Unterschiede zwischen dem Wohlstand der einzelnen Mitgliedstaaten der Euro-Zone. Neben Ländern mit hoher Arbeitslosigkeit, vor allem in Südeuropa, gibt es andere, wie Deutschland, mit einem hohen Beschäftigungsgrad. Manche Euro-Länder haben erhebliche Staatsschulden, denen sie mit Sparmaßnahmen bei Staatsausgaben begegnen müssen.

Länder, in denen die Produktivität der Betriebe verhältnismäßig gering ist, können nur wettbewerbsfähig sein, wenn ihre Arbeitsentgelte und Preise niedrig sind. Geringe Löhne und Gehälter führen dann allerdings dazu, dass viele Arbeitskräfte, darunter auch in diesen Ländern dringend benötigte Ärzte und Ingenieure, in Länder mit höherem Lohnniveau abwandern. Die Wirtschafts- und Finanzkrise von 2008 brachte mehrere Euro-Staaten in erhebliche Bedrängnis. Die meisten davon sind dabei, ihre Probleme zu lösen.

M 2 „Eurokrise ohne Ende"?

Ein kleines Sonntagsrätsel: Welches Land ist das? Es galt als ein schwer kranker Mann Europas. Der Arbeitsmarkt war verkrustet. Viel zu viele hatten keinen Job. Durch überzogene Lohnabschlüsse litt die Wettbewerbsfähigkeit. Politiker verschleppten Reformen. Bis die Not zum Handeln zwang: Der Staat spart. Die Hürden für Firmen, neue Mitarbeiter einzustellen, fallen. Gewerkschaften halten sich bei Tarifabschlüssen zurück. Siehe da, es hilft: Zuerst ziehen die Exporte an, vor allem in der Automobilindustrie. Dann beleben sich, nach vielen dürren Jahren, Konsum und Immobilienmarkt. Aus dem kranken Mann wird eine Lokomotive.

Wer ist es? Nein, nicht das Deutschland der letzten zehn Jahre ist gemeint. Sondern das Spanien von heute. [...]

Spanien ist kein Einzelfall. Irland, der keltische Tiger, kehrt als keltischer Phönix zurück. Auch Portugal erholt sich. Alle drei standen unter dem Rettungsschirm. [...] Der Druck von außen half den Regierungen, die Rosskuren durchzuhalten. [...] Dabei bleibt der Weg zur Genesung lang und steinig. Spanien hat eine geplatzte Immobilienblase samt Bankenkrise aus der Bahn geworfen. Nun geht das Haushaltsdefizit zurück, liegt aber mit 5,5 Prozent noch deutlich über der Maastricht-Grenze. Damit steigt auch der Schuldenstand weiter an. Die Schlangen vor den Suppenküchen bleiben lang: 24,5 Prozent sind ohne Arbeit, was vom Höchststand von 26 Prozent noch nicht weit entfernt ist.

Aber die Wirtschaft schafft wieder Jobs, das erste Mal seit sieben Jahren. Die

Strände sind voll, der Tourismus wächst mit zweistelligen Raten. Geht es so weiter, ist die Lücke zum Wohlstandsniveau vor der Krise in zwei Jahren geschlossen. In Irland sollte es schon nächstes Jahr so weit sein. Euroskeptiker prophezeiten düster: Weil geschwächte Volkswirtschaften im Korsett des Euro nicht abwerten können, seien sie unfähig, sich aus dem Schlamassel zu ziehen. Eine „innere Abwertung" über sinkende Einkommen würde an schweren sozialen Unruhen scheitern. Wenn überhaupt, droht dieses Szenario nur noch im hoffnungslos überschuldeten Griechenland, dessen Wirtschaftsleistung immer noch um ein Viertel unter der von 2007 liegt.

Karl Gaulhofer: Eurokrise: Spanien, Portugal und Irland als Vorbilder, Die Presse v. 19.10.2014

Problemfall Griechenland

Griechenland hat riesige Schulden bei internationalen und europäischen Institutionen. Wie konnte es zu einer so hohen Überschuldung kommen? Ein wesentlicher Grund war die Wirtschaftskrise von 2008, während der der griechische Staat die Banken des Landes finanziell unterstützen musste. Dazu kommt, dass Griechenlands Wirtschaft „importorientiert" ist. Es werden mehr Waren ein- als ausgeführt. Die Folge davon ist eine Verschuldung gegenüber dem Ausland. Weitere Gründe für Griechenlands Verschuldung sehen viele in der dort gängigen Praxis der Steuerhinterziehung – sowohl von Unternehmen als auch von Privatpersonen. Den griechischen Regierungen wird unterstellt, die Zahlung von Steuern nur unzureichend zu überwachen. Vorgeworfen wird Griechenland außerdem, zu viele Staatsbedienstete zu beschäftigen. Diese bekämen attraktive Gehälter und Renten. Auch die Ausgaben für Rüstung und Militär liegen in Griechenland relativ hoch – ein Grund dafür ist das angespannte Verhältnis zum Nachbarn Türkei, mit dem sich Griechenland schon seit Jahrzehnten um die geteilte Mittelmeerinsel Zypern streitet.

Um die Krise bewältigen zu können, helfen die anderen Euro-Staaten Griechenland mit Krediten, die u.a. vom ESM (s. **M1**) gewährt werden. Voraussetzung für die Kreditgewährung war, dass Griechenland Steuern erhöhte und Staatsausgaben senkte. Diese Maßnahmen sind umstritten, da sie die Konjunktur dämpfen (s. S. 180).

Rückkehr zur eigenen Währung?

Mit einer eigenen Währung anstatt des Euro könnten, so wird oft argumentiert, ärmere Euro-Länder einfacher ihre Wettbewerbsfähigkeit wiederherstellen. Je niedriger der Wechselkurs der eigenen Währung gegenüber dem Euro oder dem US-Dollar sei, desto leichter könnten Betriebe in Staaten mit eigener Währung ihre Produkte exportieren. Auch der Tourismus würde von den niedrigeren Preisen profitieren. Günstige Preise allein reichen aber nicht. Auch die Qualität der Produkte muss stimmen. Zudem würde eine Abwertung* der eigenen Währung importierte Rohstoffe verteuern.

* **Abwertung**
Verminderung des Außenwerts einer Währung, d.h., der Wert der eigenen Währung (z.B. des Euro) sinkt außerhalb des Euroraums. Für 1 US-Dollar müssen also z.B. 1,20 Euro statt vorher 1,30 Euro bezahlt werden. Der Euro-Kurs sinkt demnach von 1,30 Euro auf 1,20 Euro gegenüber dem US-Dollar. Für Amerikaner werden Waren aus der Euro-Zone billiger. Bei einer Abwertung werden die Exporte aus dem Euroraum für das Ausland billiger und können deshalb steigen, die Importe werden teurer und können sinken.

1 Nennt Ursachen, Maßnahmen und Folgen der spanischen Krise. Recherchiert im Internet, wie sich die Arbeitslosenquote der in **M2** genannten Länder in den letzten Jahren verändert hat.

2 Erklärt, wie sich eine Abwertung einer eigenen Währung, z.B. der früheren griechischen Drachme, in Griechenland auswirken könnte (Randspalte).

3 Beschreibt den „Europäischen Stabilitätsmechanismus" (**M1**). Wie sind die Folgen für die Wirtschaft Griechenlands und für die einzelnen Bürger?

M1 Verladung von Containern in Hamburg

★ **Globalisierung**
Zunahme des weltweiten Austauschs von Personen, Gütern, Dienstleistungen und von Kapital. Wirtschaftliche, technische, soziale und sogar kulturelle Entwicklungen in einem Land werden damit stärker als zuvor von Entwicklungen in anderen Ländern beeinflusst.

Zunehmender Güteraustausch

Vieles von dem, was ihr kauft und konsumiert, wird importiert. Handys, Fußbälle oder Jeans kommen aus anderen Ländern auf unsere Märkte. Auch für die im Inland hergestellten Fahrzeuge oder Maschinen werden Rohstoffe oder Zwischenprodukte importiert. Der riesige globale Warenaustausch wächst seit Jahrzehnten, und es gibt keine Anzeichen für eine Verringerung dieses Wachstums.

Waren aus dem Ausland sind oft billiger als die im Inland produzierten und sie unterscheiden sich in Technik und Gestaltung vom heimischen Angebot.

Begünstigt wird das Wachstum des internationalen Handels durch den dramatischen Rückgang der Transportkosten, insbesondere durch die Einführung der standardisierten Containerverschiffung. Dies senkt die Transportkosten auf wenige Cent. Auch die Kosten der globalen Informationsübermittlung sind in den vergangenen Jahren massiv gesunken. Heute ist es nichts Ungewöhnliches, dass europäische Unternehmen Dienstleistungen, z.B. ihr gesamtes Rechnungswesen und andere Büroarbeiten, in Indien erledigen lassen. Die dortigen Lohnkosten sind niedrig, die Kosten des Transports der Daten über das Internet sind vernachlässigbar gering.

Billigprodukte

Die Globalisierung★ ermöglicht es, dass die Produktion dort stattfindet, wo sie am billigsten ist, und die Produkte dorthin transportiert werden, wo die Kaufkraft am größten ist.

Globalisierungsgegner verweisen aber auch auf negative Auswirkungen des internationalen Handels. Inländische Hersteller müssen Arbeitsplätze abbauen, wenn Waren unbeschränkt aus anderen Ländern importiert werden dürfen. 1997 verlagerte die Uhrenfabrik Kienzle in Villingen-Schwenningen zunächst ihre komplette Fertigung nach China. Mehrere hundert Arbeitsplätze gingen verloren. Statt der zuvor in Villingen-Schwenningen hergestellten hochwertigen Erzeugnisse wurde in China vor allem billige Massenware unter dem Namen „Kienzle“ erzeugt. 2002 kamen die Markenrechte zurück. In Deutschland und in der Schweiz werden unter dem Markennamen „Kienzle“ wieder hochwertige und teure Produkte hergestellt, die im Fachhandel anspruchsvollen Verbrauchern angeboten werden. Derartige internationale Arbeitsteilungen sind nicht ungewöhnlich.

Beispiel: Smartphones

In den vergangenen Jahren gab es immer wieder Debatten darüber, inwieweit es Missstände bei der Rohstofferzeugung,

Rohstoffe
- Abbau und Verarbeitung von Rohstoffen

→ **Bauteile**
- Produktion
- Endmontage
- Programmierung

→ **Handel**
- Großhandel
- Verkauf an Verbraucher

→ **Nutzung**
- Stromverbrauch
- Wartung

→ **Entsorgung**
- Abfall oder Recycling

M2 Wertschöpfungskette von Mobiltelefonen

der Produktion und dem Recycling von Mobiltelefonen gibt. Schätzungen zufolge wurden z.B. im Jahr 2011 weltweit fast 1,8 Milliarden Handys verkauft. Rechnet man dies hoch, dann wurden für deren Herstellung 16000 Tonnen Kupfer, 6800 Tonnen Kobalt, 450 Tonnen Silber und 43 Tonnen Gold verwendet.

M3 Umweltbelastung

Das Smartphone bietet Telefon, Navigationsgerät, Kamera, MP3-Player und Internetzugang in einem und ist damit für viele Menschen ein ständiger Begleiter. Die Produktgenerationen wechseln in sehr schnellem Takt. Die technische Entwicklung schreitet sehr schnell voran, und viele Nutzer – vor allem Jugendliche – behalten ihre Smartphones häufig nur ein oder zwei Jahre, bevor sie sich für ein anderes, meist technisch hochwertigeres Modell entscheiden. [...]
In einem Handy oder Smartphone stecken 60 verschiedene Stoffe, davon 30 Metalle. Das Umweltbundesamt (UBA) kritisiert, dass diese Ressourcen zum Teil verschwendet werden, weil Elektronikgeräte unnötig schnell verschleißen. Einzelteile wie Akkus oder Displays lassen sich zudem nicht oder nur teuer austauschen. Viele Verbraucherinnen und Verbraucher entscheiden sich daher dafür, direkt ein neues Gerät zu kaufen. Gleichzeitig werden manche Altgeräte nicht korrekt recycelt. [...]
Auch der Abbau von Rohstoffen hat negative Folgen für die Umwelt: Um an Metalle zu gelangen, werden oft Lebensräume zerstört. So werden in manchen Abbauregionen Urwälder gerodet oder Berge gesprengt, um Tagebaue anzulegen. Es werden außerdem giftige Stoffe verwendet, um Edelmetalle aus dem Gestein zu lösen. Diese Lösungsmittel können in die Gewässer gelangen. [...]
In manchen Problemregionen wie der Demokratischen Republik Kongo findet der Abbau von Rohstoffen zum Teil unter unmenschlichen und gefährlichen Bedingungen statt.
Auch in vielen Fabriken, in denen die Geräte zusammengesetzt werden, sind die Bedingungen schlecht. [...] Viele Arbeiter bekommen nur einen Niedriglohn, von dem sie nur durch die Überstunden leben können.

Bundesministerium für Umwelt u. a.: Handyproduktion – Umweltfolgen und Arbeitsbedingungen, umwelt-im-unterricht.de v. 5.3.2014 (Zugriff: 17.8.2016)

1 Beschreibt Ursachen und Folgen der Globalisierung (**M1**, Text). Unterscheidet zwischen positiven und negativen Aspekten.
2 Begründet, warum es sich bei Handys um „globale" Produkte handelt.
3 Wertet **M3** aus. Welche Probleme werden aufgezeigt? Diskutiert, wie sich Unternehmer und Verbraucher verhalten sollten, um eine größere Nachhaltigkeit zu erreichen. Wie könnten Smartphones umweltfreundlicher hergestellt und genutzt werden?
4 Informiert euch im Internet über nachhaltig hergestellte Handys. Beurteilt deren Erfolgschancen am Markt.

Staaten schützen ihre Wirtschaft

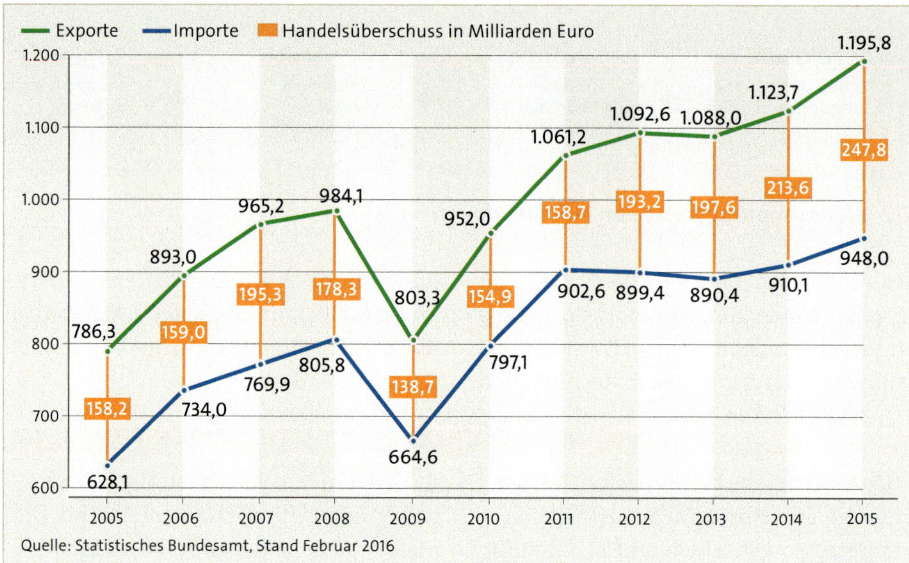

M1 Steigende Im- und Exporte Deutschlands

Freihandel

Die Vorteile des Freihandels* liegen auf der Hand: Ein freier Wettbewerb, in dem ausländische Produkte nicht durch protektionistische Maßnahmen* abgewehrt werden, ermöglicht es jedem Hersteller in jedem Land, allein auf Grundlage der Qualität und des Preises seines Produktes als Marktteilnehmer aufzutreten. Auch Anbieter aus ärmeren Ländern profitieren (s. S. 186, **M2**). Der Kunde entscheidet allein, welches Produkt er wählt. Für ihn ergeben sich zum einen Vorteile einer Produktvielfalt, zum anderen ist das Angebot vieler Marktteilnehmer gegenüber der Nachfrage so groß, dass Preise sinken. Unter den Unternehmen herrscht dann neben dem Preisdruck ein Leistungs- und Qualitätsdruck. Je mehr Teilnehmer durch günstige Produktionsverfahren billige Produkte anbieten können, desto wichtiger wird die Qualität eines Produktes. So werden Innovationen gefördert.

Regionale oder nationale Unternehmen können durch Expansion auf den Weltmarkt neue Absatzmärkte erschließen und die Produktion ausweiten, oft durch Zweigbetriebe im Ausland. Dadurch sinken zudem die Produktionskosten, was entweder die Preise mindert oder die Gewinne erhöht.

Probleme

Durch die Verlagerung von Teilen der Produktion ins Ausland verlieren Menschen in den Heimatländern ihre Arbeit. Müssen Unternehmen zudem ihre Produkte zu immer niedrigeren Preisen verkaufen, können kleinere Betriebe nicht mithalten. Den großen Unternehmen fällt es leichter, Rationalisierungsmaßnahmen durchzuführen oder im Ausland zu produzieren.

Für die Verbraucher ergeben sich hinsichtlich der Produktvielfalt auch Probleme. Qualitätsstandards werden von Anbietern aus anderen Ländern nicht in dem Maße befolgt, wie es meist in Deutschland der Fall ist.

Freihandel uniformiert zudem das Angebot. Natürlich ist es wünschenswert, dass jeder Mensch in jedem Land die gleichen Produkte einkaufen kann. Aber wenn Märkte von weltweit operierenden Großunternehmen beherrscht werden, dann steht nicht nur der Wettbewerb infrage, sondern auch die nationalen Eigentümlichkeiten. Überall auf der Welt werden dieselben T-Shirts und Jeans getragen und identische Handys genutzt.

* **Freihandel**
Eine uneingeschränkte Marktwirtschaft, die jedem Land und Marktteilnehmer offensteht. Das bedeutet, dass keine Handelsbeschränkungen bestehen, z. B. in Form von Zöllen, Höchstmengen für bestimmte Waren oder Einfuhrverbote.

* **Protektionismus**
Schutz inländischer Produzenten vor ausländischer Konkurrenz mithilfe von Einfuhrverboten, mengenmäßigen Einfuhrbeschränkungen, Zöllen oder Handelshemmnissen wie technische Vorschriften.

M 2 Für und wider TTIP *

Dass durch ein EU-USA-Handelsabkommen Zölle wegfallen würden, ist bekannt. Was das für die Autoindustrie bedeuten würde, macht Sabine Jost-Heil von Daimler klar. Eine Milliarde Euro Einfuhrzölle pro Jahr, so sagt sie, würden sowohl die Europäer als auch die Amerikaner zahlen. In der EU produzierte Autos werden in den USA mit einem Zoll von 2,5 Prozent belegt, heißt es, die EU erhebt auf Autos aus den USA 10 Prozent Zoll.

Der mögliche Wegfall dieser Zölle wäre für Jürgen Maier vom Bündnis „TTIP Unfair-handelbar" aber keine gute Nachricht. Er befürchtet, dass Daimler dann noch mehr Autos aus der eigenen, nicht gerade gewerkschaftsfreundlichen Fabrik in Tuscaloosa/Alabama nach Deutschland exportieren würde – zulasten der Jobs in Deutschland. Maier kann übrigens auch keinen grundsätzlichen Vorteil darin erblicken, wenn Standards [z. B. Umweltschutzauflagen] über den Atlantik hinweg vereinheitlicht werden. Es sei manchmal gut, wenn ein Akteur vorpresche – so wie einst Kalifornien mit der Abgasgesetzgebung.

mih: Wenig Beifall für TTIP, Stuttgarter Zeitung v. 18.9.2015, S. 12

* **TTIP**
Das Transatlantische Freihandelsabkommen (Transatlantic Trade and Investment Partnership) ist ein Vertrag, über den zwischen der Europäischen Union (EU) und den USA seit 2013 verhandelt wird. Die Verhandlungen gestalten sich schwierig. Sie wurden nach der Wahl von Donald Trump 2016 zum Präsidenten unterbrochen. Trump strebt eine protektionistische Handelspolitik an. Dagegen hat die EU ein Freihandelsabkommen mit Kanada (CETA) abgeschlossen.

M 3 Geschützte Autoindustrie

Nicht nur Schwellenländer wie China und Brasilien verbarrikadieren sich hinter Zöllen, um ihre lokale Autoindustrie zu beschützen. Auch im Westen grassiert der Protektionismus. [...] Oft verbarrikadieren Schwellenländer ihre wachsenden Märkte zusätzlich hinter besonderen Auflagen für Sicherheitsausrüstung oder speziellen Umweltauflagen. [...]

In Indien beträgt der Zoll auf Autos mindestens 60 Prozent, in Brasilien sind es 35 Prozent und in China immerhin noch 25 Prozent. Die staatlich erhobenen Preisaufschläge sollen die lokale Industrie schützen und Investoren anziehen, die sich unter diesen Rahmenbedingungen gezwungen sehen, ihre Fabriken vor Ort zu errichten und dort Arbeitsplätze zu schaffen, um den Zoll zu umgehen. Selbstverständlich gibt es auch gute Gründe für lokale Produktion: Wer seine Autos dort herstellt, wo sie auch verkauft werden, macht sich unabhängig von Wechselkursschwankungen.

Christoph Ruhkamp: Beschützte Autoindustrie, FAZ-online, 27.2.2012 (Zugriff: 17.8.2016)

M 4 Verlust von Jobs in der EU

Der Europäischen Union (EU) droht beim Abbau aller Hemmnisse im Handel mit China einer Studie im Auftrag von 25 europäischen Industrieverbänden zufolge der Verlust von bis zu 3,5 Millionen Arbeitsplätzen. Dazu gehören in erster Linie die Papier- und Stahlindustrie, Keramik-, Glas- und Aluminiumproduzenten sowie die Fahrzeug- und Autohersteller. Würden die Zölle auf chinesische Produkte gesenkt, könnten die chinesischen Exporteure ihre Preise um bis zu 30 Prozent senken.

rtr: EU droht Verlust von Millionen Jobs, Stuttgarter Zeitung v. 19.9.2015, S. 11 [Text gekürzt]

1 Beschreibt **M 1**. Vergleicht den Exportüberschuss von 2005 mit dem von 2015.
2 Erörtert Vor- und Nachteile des Protektionismus von Schwellenländern bei Pkw-Importen (**M 3**).
3 Untersucht **M 4**, auch unter dem Gesichtspunkt des Lobbyismus.
4 Stellt Vorteile und Probleme des Freihandels einander gegenüber (Text, **M 2–M 4**).
5 Beurteilt Chancen und Risiken des Freihandelsabkommens TTIP beim Automobilhandel (**M 2**).

Wichtiges zusammengefasst

1 Wirtschaftsordnungen im Vergleich

Wirtschaftsordnungen

Modell der Freien Marktwirtschaft

- unsoziale Einkommens- und Vermögensverteilung
- Unternehmenskonzentration, Kartelle
- Versagen des Arbeitsmarktes
- Umweltverschmutzung (externe Kosten)

Modell der Zentralverwaltungswirtschaft

- keine Produktionsfreiheit
- keine Konsumfreiheit
- keine freie Berufs- und Arbeitsplatzwahl
- kein Privateigentum an Produktionsmitteln

Soziale Marktwirtschaft

- Art. 2 GG: Entfaltung der Persönlichkeit
- Art. 9 GG: Vereinigungsfreiheit
- Art. 11 GG: Recht auf Freizügigkeit
- Art. 12 GG: Berufsfreiheit
- Art. 14 (1) GG: Recht auf Eigentum
- Art. 20a: Recht auf lebenswerte Umwelt

aber:

Eingriffe des Staates in das Wirtschaftsgeschehen zur Sicherung des Wettbewerbs und der Wahrung sozialer Gerechtigkeit

Einschränkung der Eigentumsgarantie, z. B. der Grundstücksenteignung zum Bau von Straßen

Einschränkung des Wettbewerbs, z. B. durch die Buchpreisbindung

Einschränkung der Berufswahl, z. B. benötigen Ärzte, Lehrer, Juristen u. a. eine staatliche Zulassung

Einschränkungen der Entgeltbildung auf dem Arbeitsmarkt durch Tarifautonomie und Mindestlöhne

Einschränkungen der Produktions- und Handelsfreiheit durch Vorschriften beim Umwelt- und Verbraucherschutz

2 Angebots- und nachfrageorientierte Konjunkturpolitik

Instrumente zur Konjunkturförderung

Angebotsorientiert

- Senkung staatlicher Regulierungsmaßnahmen
- Senkung von leistungshemmenden Unternehmenssteuern
- Verringerung der Lohnnebenkosten
- Förderung von Unternehmensgründungen
- Förderung von Forschung und Entwicklung
- Arbeitskosten dürfen nicht zu hoch sein

Zur Beseitigung von Unterbeschäftigung müssen die Investitionsbereitschaft gestärkt und die Produktionsbedingungen verbessert werden, sodass die Unternehmer auf Gewinne hoffen können.

Nachfrageorientiert

- Erhöhung staatlicher Investitionen
- Senkung von Lohnsteuern und Sozialversicherungsbeiträgen der Beschäftigten
- Zinssenkungen durch die Europäische Zentralbank (EZB)
- Erhöhung des Arbeitsentgelts

Die Nachfrage muss so reguliert werden, dass sie hoch genug ist, um Vollbeschäftigung zu erreichen. Damit die Staatsnachfrage hoch genug ist, muss sich der Staat gegebenenfalls verschulden.

3 Wirkungen staatlicher Konjunkturpolitik

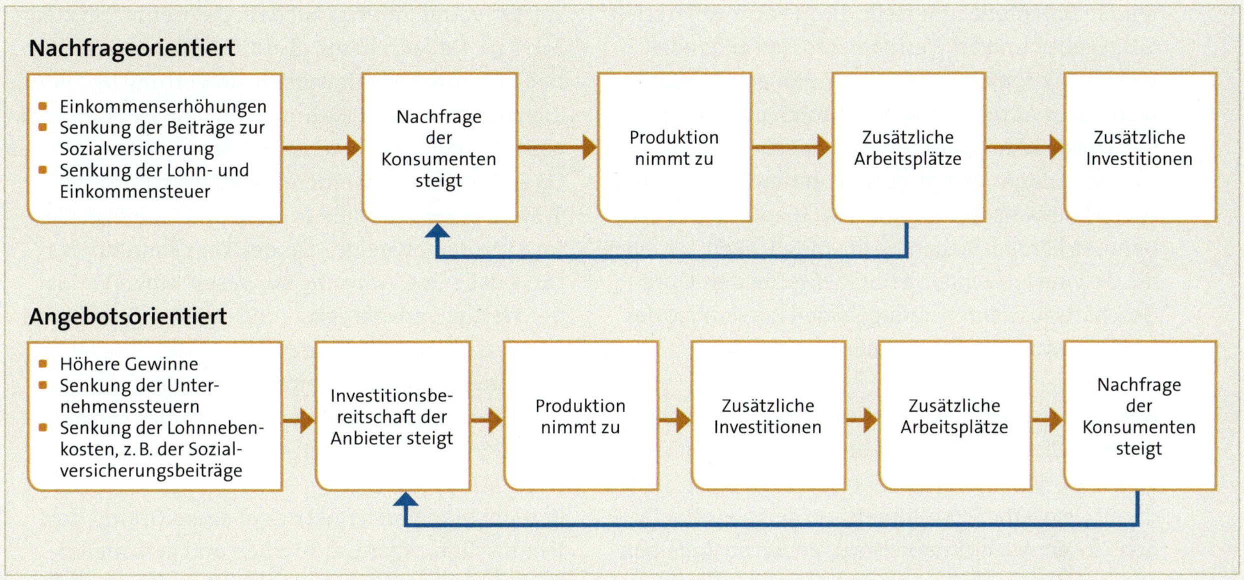

Wissens-Check

1 Beschreibt Mängel, die sich ergeben könnten, wenn das Modell der Freien Marktwirtschaft Realität wäre.

2 Stellt Zusammenhänge zwischen der Sozialen Marktwirtschaft und einzelnen Bestimmungen des Grundgesetzes dar.

3 Beurteilt die Entscheidung der Bundesregierung von 2009, eine „Abwrackprämie“ einzuführen.

4 Charakterisiert mindestens drei wesentliche Merkmale des deutschen Sozialversicherungssystems.

5 Nennt die jeweilige Sozialversicherung, die für nachfolgende Situationen zuständig ist:
- Ida Klein liegt wegen einer Blinddarmoperation im Krankenhaus.
- Walter Klein, Idas Großvater, wird demnächst 65 Jahre alt und will wissen, wie hoch seine zukünftige Rente sein wird.
- Sebastian Klein, Idas Bruder, hatte einen Unfall auf dem Weg zur Arbeit.
- Der Vater von Ida und Sebastian bezieht Arbeitslosengeld I.
- Hilde Klein, die Frau von Walter Klein, ist aufgrund einer körperlichen Behinderung täglich auf Hilfe angewiesen.

6 Bewertet unter dem Aspekt der Demokratiefähigkeit die Einflussnahme von externen Akteuren (Unternehmen, Umweltverbänden, Gewerkschaften und anderen Interessenverbänden) auf Entscheidungen von Regierung und Parlament.

7 Begründet, warum die Europäische Union (EU) trotz vieler Konflikte dennoch ein erfolgreicher Zusammenschluss ist.

8 Erläutert die wirtschaftlichen Probleme Griechenlands und anderer südeuropäischer Staaten innerhalb der Europäischen Währungsunion.

Aktie Das Eigenkapital von Aktiengesellschaften wird in Bruchteile unterteilt, die in Form von Aktien ausgegeben und an Wertpapierbörsen gehandelt werden. Aktionäre haften nur in Höhe des Nennwerts ihrer Aktien. Sie werden durch die Zahlung von Dividenden am unternehmerischen Erfolg (Gewinn) der AG beteiligt. Im Rahmen der ordentlichen Hauptversammlung, an der die Aktionäre teilnehmen können, haben sie die Möglichkeit, u.a. über die Gewinnverwendung mitzuentscheiden. Gute Geschäftsaussichten beflügeln den Börsenkurs der Aktie, bei schlechten sinkt der Kurs.

Anleihe (Festverzinsliches Wertpapier) Staatliche Stellen geben Anleihen mit unterschiedlichen Laufzeiten aus. Die Käufer dieser Papiere, die „dem Staat" damit Geld leihen, profitieren von den gleichbleibenden Zinsen. Auch Unternehmen geben oft Anleihen aus, um sich am Kapitalmarkt Geld zu beschaffen. Im Gegensatz zur Aktie erwerben Käufer einer Unternehmensanleihe keinen Anteil am Eigenkapital des Unternehmens, sondern gewähren ihm einen Kredit.

Arbeitslosengeld I Wer in Deutschland arbeitslos wird und zuvor in die Arbeitslosenversicherung eingezahlt hat, erhält Arbeitslosengeld (ALG I) von der Agentur für Arbeit. Demnach ist das Arbeitslosengeld keine Sozial- sondern eine Versicherungsleistung. Voraussetzung ist die persönliche Arbeitslosmeldung bei der zuständigen Arbeitsagentur. Wer Arbeitslosengeld beziehen will, muss in den letzten zwei Jahren vor der Arbeitslosmeldung mindestens 12 Monate lang in die Arbeitslosenversicherung eingezahlt haben. Von dem im Vorjahreszeitraum erzielten monatlichen Nettoeinkommen erhält der oder die Arbeitslose 60 Prozent, wenn er oder sie Kinder hat, 67 Prozent Arbeitslosengeld. Die maximale Bezugsdauer beträgt ein Jahr, bei älteren Arbeitnehmern bis zu zwei Jahren.

Arbeitslosengeld II Wer mehr als ein Jahr arbeitslos ist, bekommt das gegenüber dem Arbeitslosengeld I meist viel geringere Arbeitslosengeld II, oft auch als „Hartz IV-Leistung" bezeichnet. Arbeitslosengeld II wird aus Steuern finanziert, also nicht aus Mitteln der Arbeitslosenversicherung. Alleinstehende erhalten monatlich 409 Euro (Stand 2017). Zusätzlich werden die Kosten für Unterkunft und Heizung, soweit sie angemessen sind, übernommen.

Aufwertung/Abwertung Eine Währung wird aufgewertet, wenn ihr Preis auf dem Devisenmarkt steigt. Für 1 US-Dollar müssen also z. B. 1,30 Euro statt vorher 1,20 Euro bezahlt werden. Abwertung bedeutet, dass der Preis einer Währung auf dem Devisenmarkt sinkt. Es müssen z. B. weniger Euro für einen US-Dollar bezahlt werden. Die Aufwertung einer Währung verteuert die Exporte und verbilligt die Importe des jeweiligen Landes. Dies kann für das Land, das seine Währung aufwertet, einen Verlust der Wettbewerbsfähigkeit und damit Arbeitsplätzen im Exportbereich bedeuten. Die Abwertung einer Währung gegenüber Fremdwährungen führt zu einer Verbilligung der Exporte und einer Verteuerung der Importe des betreffenden Landes.

Betrieb Man bezeichnet damit einen Ort mit den technischen, organisatorischen und personellen Voraussetzungen für die Herstellung von Produkten und die Bereitstellung von Dienstleistungen. Betriebe können also Fabrikhallen, Werkstätten, Fuhrparks oder auch Laborräume sein.

Betriebliche Altersvorsorge Arbeitnehmer haben grundsätzlich einen Anspruch auf eine betriebliche Altersvorsorge. Das bedeutet, dass Arbeitgeber einen bestimmten Betrag vom Bruttoarbeitsentgelt als Beitrag für eine betriebliche Altersversorgung verwenden können (Entgeltumwandlung). Arbeitgeber sind oft über einen Tarifvertrag verpflichtet, sich am Aufbau der Betriebsrente für ihre Beschäftigten finanziell zu beteiligen oder sie beteiligen sich freiwillig. Die Verwaltungs- und Abschlusskosten von Betriebsrenten sind meist günstiger als bei der privaten Altersvorsorge, weil der Arbeitgeber einen Mengenrabatt vom Versicherungsanbieter erhält. Wird die Betriebsrente durch Beiträge aufgebaut, die aus dem Arbeitsentgelt entnommen werden (Entgeltumwandlung), bleiben diese Beiträge steuer- und sozialversicherungsfrei. Allerdings fallen wegen der Sozialabgabenfreiheit die Ansprüche bei der gesetzlichen Rente und bei der Arbeitslosenversicherung dann entsprechend geringer aus. Von der Sozialabgabenfreiheit profitiert auch der Arbeitgeber.

Betriebsrat Er ist ein von den Mitarbeitern im Betrieb gewähltes Gremium, das deren Interessen gegenüber dem Arbeitgeber vertritt. Wie er gewählt wird, wie viele Betriebsratsmitglieder es gibt und welche Rechte und Aufgaben er hat, regelt das Betriebsverfassungsgesetz (BetrVG). Die Amtszeit beträgt vier Jahre. Die Zahl der Betriebsratsmitglieder ist abhängig von der Zahl der Betriebsangehörigen; z. B. bei 1001 bis 2000 Arbeitnehmern 15 Betriebsratsmitglieder, wovon drei Betriebsräte von ihrer normalen Arbeit freizustellen sind. Der Betriebsrat hat ein Mitbestimmungsrecht in sozialen Angelegenheiten (z. B. Entlohnungsfragen, Betriebsordnung, Beginn und Ende der Arbeitszeit, Urlaubsgrundsätze) und in personellen Angelegenheiten wie Einstellungen, Umsetzungen und Kündigungen. Mitbestimmung bedeutet, dass grundsätzlich erst mit Zustimmung des Betriebsrats Entscheidungen des Arbeitgebers wirksam werden. Für wirtschaftliche Angelegenheiten, z. B. Betriebsstilllegungen oder Rationalisierungsvorhaben, gibt es ein Mitwirkungsrecht. Der Betriebsrat kann hier die Entscheidungen nicht verhindern, wird aber über die Maßnahmen unterrichtet und entscheidet über die Folgen mit.

Betriebsvereinbarung Schriftliche Vereinbarung zwischen der Geschäftsleitung eines Betriebs und dem Betriebsrat, in der gegenseitige Rechte und Pflichten enthalten sind, die nicht durch Tarifvertrag geregelt sind, z. B. Arbeitszeitregelungen bei gleitender Arbeitszeit, Errichtung von Sozialeinrichtungen, Maßnahmen zur Förderung der Vermögensbildung.

Bruttoinlandsprodukt (BIP) Wert aller Sachgüter und Dienstleistungen, die in einem Jahr innerhalb eines Staates (einer Volkswirtschaft) erwirtschaftet werden. Anders als das Bruttosozialprodukt enthält das BIP Deutschlands auch die Leistungen der Ausländer, die innerhalb des Landes arbeiten, während die Leistungen der Inländer, die im Ausland arbeiten, nicht berücksichtigt werden. Bei der Ermittlung des BIP wird zwischen Verteilungs- und Verwendungsrechnung unterschieden. Die Verwendungsrechnung ermittelt das BIP als Summe aus privatem und staatlichem Konsum (Konsumausgaben der privaten Haushalte und des Staatsverbrauchs), Investitionen und dem Außenbeitrag. Die Verteilungsrechnung gibt darüber Auskunft, an wen das Bruttoinlandsprodukt nach Abzug von Abschreibungen und Unternehmenssteuern verteilt worden ist. Ein Teil fließt als Entgelte (Löhne und Gehälter) an die Arbeitnehmer, ein anderer verbleibt als Gewinn bei den Unternehmen. Sowohl Arbeitnehmer als auch Unternehmer beziehen darüber hinaus häufig Vermögenseinkünfte z. B. in Form von Mieten oder Zinsen.

Deflation Rückgang der Preise für Waren und Dienstleistungen. Im Gegensatz zur Inflation als Prozess der Geldentwertung beschreibt die Deflation einen Prozess der Geldaufwertung. Sinkende Preise bedeuten auch eine Entwertung des Sachvermögens. Jede Deflation begünstigt die Gläubiger und benachteiligt die Schuldner. Aus Sicht der Gläubiger steigt der reale Wert von Geldforderungen während einer Deflation an. Der Schuldner muss dagegen zur Begleichung seiner Schuld real mehr Geld aufwenden. Ursachen einer Deflation können sein, dass Unternehmen durch Lohnsenkungen oder Rationalisierungsmaßnahmen versuchen, die eigenen Kosten der Produktion und die Verkaufspreise zu senken. Um wettbewerbsfähig zu bleiben, müssen die Marktkonkurrenten nachziehen und ebenfalls ihre Kosten und Preise senken.

Dienstleistungen Sie werden u. a. von Handwerkern, Banken, Versicherungen, Rechtsanwälten, Ärzten oder Friseuren erbracht. Es geht also um Reparaturen, Beratungen oder Behandlungen. Wenn ein Handwerker ein Fenster einbaut, ist das Fenster ein Sachgut, der Einbau des Fensters eine Dienstleistung.

Duales System (der Berufsausbildung): Zwei Partner teilen sich die Verantwortung für die Berufsausbildung. Ein Betrieb vermittelt die praktische Unterweisung, die Berufsschule die dazu notwendigen fachtheoretischen Kompetenzen und zusätzlich allgemein bildende Inhalte.

Geschäftsfähigkeit Fähigkeit, Willenserklärungen rechtsgültig abzugeben und entgegenzunehmen. Die unbeschränkte Geschäftsfähigkeit wird mit der Volljährigkeit erreicht. Geschäftsunfähig sind Kinder unter sieben Jahren, beschränkt geschäftsfähig Personen zwischen sieben und achtzehn Jahren.

Gewährleistung (Mängelhaftung): Sie beschreibt die gesetzlichen Ansprüche, die dem Käufer bei einem Kaufvertrag zustehen, wenn der Verkäufer eine mangelhafte Ware geliefert hat. Der Verkäufer muss dafür einstehen, dass die verkaufte Sache frei von Sachmängeln ist. Er haftet für alle Mängel, die schon zum Zeitpunkt des Verkaufs bestanden haben – auch für solche Mängel, die erst später bemerkt werden. Die Gewährleistungsfrist beträgt zwei Jahre und kann bei Gebrauchtwaren auf ein Jahr verkürzt werden.

Gewinn Umsatz (Preis • Menge) abzüglich der Kosten eines Betriebs. Sind die Kosten höher als die Umsätze (Erlöse), entstehen Verluste. Gewinne stehen den Eigentümern oder Gesellschaftern von Unternehmen als Einkommen zu oder dienen der Erhöhung ihres Betriebsvermögens.

Einkommensteuer/Lohnsteuer Die Lohnsteuer ist eine Untergruppe der Einkommensteuer. Sie bezeichnet die Art von Steuern auf Einkommen, das nur durch eine unselbstständige Tätigkeit als Arbeitnehmer erzielt wird. Somit zahlen also alle Arbeitnehmer, egal ob Arbeiter oder Angestellter, Lohnsteuer. Kommt nun noch eine andere Einkommensart hinzu, zum Beispiel durch Vermietung oder durch Kapitalgewinne, wird automatisch von einer Einkommensteuer gesprochen.

Entrepreneur Gründer und Inhaber eines Unternehmens mit der Lebenseinstellung und Fähigkeit, immer wieder Innovationen hervorzubringen. Entrepreneure sind durchsetzungsfähig, handeln eigenständig und verantwortungsbewusst. Sie übernehmen aber nicht nur die größte Verantwortung in einem Unternehmen, sondern zeichnen sich auch durch eine besondere Geisteshaltung aus, die ihnen dabei hilft, außergewöhnlich gut mit Unsicherheit und Risiken umzugehen und ihr Unternehmen zum Erfolg zu führen. Es geht beim Wort Entrepreneur also nicht nur um die Übersetzung zum Unternehmer, sondern auch um eine gewisse Lebenseinstellung, die den Entrepreneur befähigt, immer wieder Innovationen hervorzubringen. Das dazugehörige Wort Entrepreneurship beschreibt den gesamten Themenbereich der beruflichen Selbstständigkeit mit der zusätzlichen Maßgabe, dass es solche Unternehmen betrifft, die Innovationen hervorbringen und am Markt durchsetzen.

Euro Europäische Einheitswährung und gesetzliches Zahlungsmittel in den 19 Staaten der Europäischen Wirtschafts- und Währungsunion (Belgien, Deutschland, Estland, Finnland, Frankreich, Griechenland, Irland, Italien, Lettland, Litauen, Luxemburg, Malta, Niederlande, Österreich, Portugal, Slowakei, Slowenien, Spanien, Zypern). Auch in den nicht zur EU gehörenden Staaten Kosovo und Montenegro ist der Euro gesetzliches Zahlungsmittel. Diese Länder dürfen aber keine Euro-Münzen prägen. Verantwortlich für die Geldpolitik im Euroraum ist die Europäische Zentralbank in Frankfurt a. M.

Europäische Union (EU) Wirtschaftliche und politische Partnerschaft zwischen 27 europäischen Staaten, die zusammen einen großen Teil des europäischen Kontinents umfassen. Sie hat ihren Ursprung in der Zeit nach dem Zweiten Weltkrieg. Dahinter stand die Idee, dass Länder, die sich wirtschaftlich verflechten, kriegerische Auseinandersetzungen vermeiden. Das Ergebnis war 1957 die Gründung der Europäischen Wirtschaftsgemeinschaft (EWG) und eine wachsende wirtschaftliche Zusammenarbeit, ursprünglich zwischen sechs Ländern, nämlich Belgien, Deutschland, Frankreich, Italien, Luxemburg und Niederlande. Seither wurde ein riesiger Binnenmarkt geschaffen. Was als reine Wirtschaftsgemeinschaft begonnen hatte, ist zu einer Organisation geworden, die von der Entwicklungshilfe bis zum Verbraucher- und Umweltschutz zahlreiche politische Felder abdeckt. Diesem Wandel wurde 1993 durch Umbenennung der EWG in Europäische Union (EU) Rechnung getragen. Das gesamte Handeln der EU stützt sich auf freiwillig und demokratisch von allen Mitgliedstaaten vereinbarte Verträge. Die Verlagerung von Kompetenzen nach Brüssel und die Freizügigkeit des Personenverkehrs gefallen nicht allen Europäern.

Firma Dazu heißt es in § 17 des Handelsgesetzbuchs (HGB): Die Firma eines Kaufmanns ist der Name, unter dem er seine Geschäfte betreibt und die Unterschrift abgibt. Der Begriff wird umgangssprachlich oft auch für Unternehmen verwendet.

Freie Marktwirtschaft Wirtschaftsform, in der allein der Markt (Angebot und Nachfrage) bestimmt, welche Produkte und Dienstleistungen in welcher Menge und zu welchem Preis produziert und angeboten werden. Voraussetzung für eine freie Marktwirtschaft sind unter anderem freier Wettbewerb, freie Berufswahl und freie Preisbildung. Außerdem müssen sich die Produktionsmittel (Maschinen und Werkzeuge) in Privatbesitz befinden.

Freihandel Gemäß dem Grundsatz des Liberalismus ist der Wohlstand aller Länder am größten, wenn staatliche Beschränkungen des internationalen Handels beseitigt sind (Gegenteil: Protektionismus). Der weltweite Austausch von Gütern und Dienstleistungen soll frei von Zöllen und Handelshemmnissen sein. Nach dem Grundgedanken des Liberalismus hemmt jeder von außen kommende Eingriff den Wirtschaftsablauf. In der Europäischen Union (EU) sind diese Vorgaben erfüllt. Zwischen der EU und vielen anderen Staaten, z.B. Kanada, wurden Freihandelsabkommen geschlossen.

Generationenvertrag Bezeichnung für ein Grundprinzip der gesetzlichen Rentenversicherung in Deutschland. Dem zufolge kommt immer der als Arbeitnehmer tätige Teil der Bevölkerung für die Rentenzahlungen an den nicht mehr arbeitenden Teil auf. Die im Laufe eines Erwerbslebens gezahlten Rentenbeiträge summieren sich nicht zu einem Kapitalstock, von dem die spätere Rente bezahlt wird, vielmehr wird durch die gezahlten Rentenbeiträge lediglich eine Anwartschaft auf Rentenzahlung erworben.

Gewerbliche Schutzrechte Sie verhindern, dass ein Konkurrent die Idee eines Erfinders, einen Firmennamen oder das Design eines Produktes nachahmt. Mit Patenten können technische Erfindungen geschützt werden, die auf einer erfinderischen Tätigkeit beruhen und weltweit neu und gewerblich nutzbar sind. Der Patentinhaber hat für seine Erfindung 20 Jahre lang das ausschließliche Verfügungsrecht. Auch Gebrauchsmuster schützen technische Erfindungen, die neu und gewerblich anwendbar sind. Die Eintragung geht schneller als beim Patent, die Gebühren sind wesentlich geringer, die Schutzdauer beträgt bis zu 10 Jahre. Das Patent- und Markenamt prüft die Schutzvoraussetzungen nicht bei der Anmeldung, sondern nur, wenn ein Dritter gegen das Gebrauchsmuster Einwände erhebt. Marken dienen dazu, die Waren und Dienstleistungen eines Unternehmens von denen eines anderen Unternehmens als unverwechselbar zu kennzeichnen. Dabei können nicht nur Worte geschützt werden, sondern auch Abbildungen oder Melodien. Mit einem eingetragenen Design lassen sich zwei- oder dreidimensionale Gegenstände in der Gestaltung ihrer Formen und Farben schützen. Voraussetzung ist, dass sie neu und eigentümlich sind, also auf einer gewissen schöpferischen Leistung beruhen.

Individualversicherung Freiwillige Versicherung für Personen und Unternehmen. Die Beitragshöhe richtet sich nach der Höhe des zu versichernden Risikos. Die Leistungen werden vertraglich vereinbart. Es herrscht das Individualprinzip, das bedeutet, dass sich jeder selbstverantwortlich gegen Risiken absichern muss.

Inflation In einer Marktwirtschaft können sich die Preise für Waren und Dienstleistungen jederzeit ändern – einige Preise steigen, während andere fallen. Erhöhen sich die Güterpreise allgemein, und nicht nur die Preise einzelner Produkte, so spricht man von „Inflation". Ist dies der Fall, so kann man für einen Euro weniger kaufen oder anders ausgedrückt: Die Kaufkraft des Euro ist dann geringer als zuvor. Bei der Bestimmung der Preissteigerungsrate (des Preisindex) werden alle Waren und Dienstleistungen berücksichtigt, die von den privaten Haushalten durchschnittlich in Anspruch genommen werden. Sie werden vom Statistischen Bundesamt in Form eines „Warenkorbs" zusammengestellt. Jedes Produkt in diesem Warenkorb hat einen Preis, der sich im Laufe der Zeit ändern kann. Die jährliche Inflationsrate ist der Preis des gesamten Warenkorbs in einem bestimmten Monat im Vergleich zum Preis des Warenkorbs im selben Monat des Vorjahrs.

Insolvenz Sie beschreibt die Zahlungsunfähigkeit eines Schuldners, also dessen Unvermögen, seine fälligen Verbindlichkeiten zu erfüllen. Bei einem gerichtlichen Insolvenzverfahren können private Schuldner, die sich bemühen, ihre Schulden wenigstens teilweise zurück zu zahlen, nach sechs Jahren von ihren Restschulden befreit werden.

Jugend- und Auszubildendendenvertretung (JUV) Neben den Betriebsräten als Vertreter aller Beschäftigten gibt es in vielen Betrieben auch eine JUV, die besonders die Interessen von Jugendlichen und Azubis wahrnimmt. Die JUV wird alle zwei Jahre von jugendlichen Beschäftigten bis 18 Jahre und Auszubildenden bis 25 Jahre gewählt. Sie achtet darauf, dass Auszubildende korrekt behandelt werden und dass die Qualität der Ausbildung gewährleistet ist.

Kaufkraft In privaten Haushalten das monatliche für Konsumzwecke verfügbare Einkommen, also derjenige Betrag, der vom Einkommen übrigbleibt, nachdem alle regelmäßig wiederkehrenden Zahlungsverpflichtungen z.B. Wohnungsmiete, Versicherungsbeiträge usw. abgezogen sind.

Konjunkturphasen Schwankungen der Wirtschaftsentwicklung einer Volkswirtschaft, die mithilfe der Veränderung des realen Bruttoinlandsproduktes gemessen werden. Solche Schwankungen lassen sich in vier Phasen einteilen: In der Phase des Aufschwungs wächst die Wirtschaft und erreicht in der Phase des Booms einen Höchststand. In der Phase des Abschwungs, der Rezession, schrumpft die Wirtschaft bis sie in der Phase der Depression einen Tiefpunkt erreicht.

Kosten Ausgaben für Sachgüter und Dienstleistungen, die zur Herstellung eines Produkts oder der Erbringung einer Dienstleistung notwendig sind. Steigen die Kosten mit der Produktmenge, so heißen sie variable Kosten. Diesen stehen die fixen Kosten gegenüber. Je nachdem, ob sich die Kosten einem Fertigerzeugnis zurechnen lassen, spricht man von Einzelkosten oder Gemeinkosten. Einzelkosten sind diejenigen Kosten, die direkt einem Produkt zugeordnet werden können (z. B. Fertigungsmaterial, Fertigungsentgelte). Gemeinkosten sind Kosten, die nicht direkt zu einem Kostenträger zugeordnet werden können (z. B. Gehälter in der Verwaltung, Strom, Wasser, Miete).

Marktversagen Der Markt versagt, wenn Preise nicht alle bei der Produktion anfallenden Kosten enthalten, weil z.B. Umweltbelastungen bei der Preisbildung nicht berücksichtigt werden. Ein anderer Fall von Marktversagen liegt vor, wenn es um öffentliche Güter geht. Niemand kann von der Nutzung von Straßen oder Schulen ausgeschlossen werden. Für deren Nutzung gibt es keinen Marktpreis. Schließlich liegt Marktversagen auch dann vor, wenn es nur einen oder nur wenige Anbieter oder Nachfrager (Monopol, Oligopol) für ein bestimmtes Gut gibt.

Maximalprinzip: Wirtschaftlicher Grundsatz, nach dem mit vorgegebenen Mitteln ein größtmöglicher Erfolg erreicht werden soll. Nach dieser Formulierung des ökonomischen Prinzips bemühen sich z.B. Unternehmen, mit einer gegebenen betrieblichen Ausstattung an Maschinen, Beschäftigten und Rohstoffen oder mit einer bestimmten zur Verfügung stehende Geldmenge eine möglichst große Produktionsmenge zu erreichen.

Mindestlohn Gesetzliche Mindestlöhne gibt es in den meisten europäischen Staaten und in Nordamerika. Sie werden in der Regel vom Staat durch ein Gesetz festgelegt, wobei die genaue Höhe regelmäßig an die Preisentwicklung angepasst wird. In Deutschland beträgt der Mindestlohn pro Stunde 8,84 EUR (Stand 2017). Der gesetzliche Mindestlohn schützt Arbeitnehmerinnen und Arbeitnehmer vor unangemessen niedrigen Löhnen. Damit leistet er zugleich einen Beitrag dazu, dass der Wettbewerb zwischen den Unternehmen nicht durch immer niedrigere Arbeitsentgelte zulasten der Arbeitnehmerinnen und Arbeitnehmer stattfindet. Gleichzeitig sorgt er für mehr Stabilität in den sozialen Sicherungssystemen, weil anderenfalls nicht existenzsichernde Arbeitsentgelte durch den Staat „aufgestockt“ werden müssen.

Minimalprinzip Wirtschaftlicher Grundsatz, nach dem ein bestimmtes vorgegebenes Ziel unter Einsatz geringstmöglicher (Geld-) Mittel erreicht werden soll (Sparprinzip). Nach dieser Formulierung des ökonomischen Prinzips beabsichtigt z.B. ein Unternehmen, eine festgelegte Menge an Fertigungsmaterial mit möglichst geringen Kosten einzukaufen.

Nominallohn Gezahltes Entgelt für geleistete Arbeit, wobei keine Aussage über die Kaufkraft des Geldes, also den Geldwert, gemacht werden. Im Gegensatz dazu werden beim Reallohn die Veränderungen des Preisniveaus durch Inflation oder Deflation berücksichtigt.

Ökonomisches Modell Vereinfachte Abbildung der Wirklichkeit. Wirtschaftliche Zusammenhänge auf möglichst einfache Art und Weise übersichtlich dargestellt. Rahmenbedingungen, wie etwa gutes oder schlechtes Wetter auf dem Wochenmarkt, oder Ströme des Wirtschaftskreislaufs, die für eine bestimmte Aufgabenstellung nicht wichtig sind, bleiben bei der Modellbetrachtung unbeachtet.

Ökonomisches Prinzip Ein bestimmter Nutzen soll mit dem geringsten (Geld-) Einsatz erreicht werden (= Minimalprinzip), oder mit einem bestimmten (Geld-) Einsatz soll ein maximaler Nutzen erreicht werden (= Maximalprinzip).

Oligopol Marktform, bei der wenige Anbieter vielen Nachfragern oder wenige Nachfrager vielen Anbietern gegenüberstehen. Angebotsoligopole sind eine häufig anzutreffende Marktform (z.B. Automobilhersteller, Mineralölindustrie, Computerindustrie, Flugzeugbau, Arznei- und Waschmittelhersteller). Sie entstehen durch den zunehmenden Konzentrationsprozess in der Wirtschaft. Da jeder Wettbewerber einen hohen Marktanteil besitzt, zwingen Maßnahmen eines Oligopolisten, z.B. Preisänderungen oder neue Pkw-Modelle eines Autoherstellers, alle anderen Anbieter zu einer Gegenreaktion. Daraus kann sich ein scharfer Wettbewerb und Preiskampf entwickeln. Andererseits besteht die Gefahr, dass die wenigen großen Anbieter ihr Marktverhalten untereinander abstimmen, um durch Aufteilung der Märkte oder Preisabsprachen den Wettbewerb zu verhindern. Auch Nachfrageoligopole sind möglich. Für Straßen, Schulen oder Kindergärten gibt es wenige Nachfrager, aber oft viele Bauunternehmen, die solche Leistungen anbieten.

Polypol Marktform, bei der viele Anbieter und viele Nachfrager miteinander in Konkurrenz treten. Man spricht dann von einem vollkommenen Markt. Auf polypolistischen Märkten herrscht ein reger Wettbewerb unter den Anbietern und Nachfragern herrscht. Ein einzelner Anbieter kann den Marktpreis nicht direkt beeinflussen, da sein Marktanteil verhältnismäßig gering ist. Preisänderungen durch einen Anbieter führen somit nicht automatisch dazu, dass die anderen Anbieter ebenfalls ihre Preise ändern. Die Nachfrager haben deshalb die Möglichkeit, zu anderen Anbietern, die ihre Güter billiger anbieten, zu wechseln. Die gleichen Bedingungen gelten für die Nachfrager, die den Marktpreis genauso wenig beeinflussen können, weil sie nicht über die entsprechende Marktmacht verfügen.

Produktivität Verhältnis der Produktionsmenge (Output) zu den dazu eingesetzten Werkstoffen, Maschinen oder Arbeitskräften (Input). So berechnet sich z. B. die Arbeitsproduktivität aus der in einem bestimmten Zeitraum erzeugten Produktionsmenge im Verhältnis zu den dazu eingesetzten Arbeitsstunden. Beispiel: 200 Mitarbeiter erzeugen vor der Rationalisierung 42 000 Stück eines Erzeugnisses. Die Produktivität (Output/Input) beträgt demnach 210 Stück je Mitarbeiter. Nach der Rationalisierung kann diese Leistung durch 175 Mitarbeiter erbracht werden. Die Produktivität hat sich damit auf 240 Stück je Mitarbeiter erhöht.

Protektionismus Schutz inländischer Produkte vor ausländischer Konkurrenz mithilfe von Verboten, mengenmäßigen Beschränkungen, Zöllen oder Auflagen. Der Protektionismus steht im Gegensatz zum Freihandel.

Rendite Gesamtertrag eines gesparten oder angelegten Geldbetrags. Sie wird meist in Prozent des Geldbetrags für den Zeitraum von einem Jahr berechnet. Die Rendite ist eine Richtgröße für Geldanleger oder Sparer bei der Auswahl geeigneter Anlageformen.

Rechtsfähigkeit Fähigkeit, Träger von Rechten und Pflichten zu sein. Rechtsfähigkeit besitzen alle Personen, auch Minderjährige.

Rentabilität Sie erfasst den Erfolg eines Unternehmens im Verhältnis zum eingesetzten Kapital. Bei der am häufigsten berechneten Eigenkapitalrentabilität wird die Verzinsung des eingesetzten Kapitals innerhalb eines Jahres ermittelt. Andere Kennziffern sind die Gesamtkapitalrentabilität (Eigen- und Fremdkapital) und die Umsatzrentabilität. Beispiel: Ein Elektronik-Konzern besitzt 7 000 000 Euro Eigenkapital. Der Konzern wirft einen Gewinn von 1 300 000 Euro ab. Die Eigenkapitalrentabilität beträgt demnach 1 300 000 € : 7 000 000 € = 0,1857, also 18,57%.

Riester-Förderung Die staatliche Förderung von Riester-Verträgen, einer Form der privaten Altersvorsorge, erfolgt über Zulagen und Steuervorteile. Um die volle Riester-Förderung zu erhalten, müssen Versicherungsnehmer jährlich vier Prozent ihres Bruttoeinkommens einzahlen. Gefördert werden höchstens 2100 Euro. Die jährliche Grundzulage beträgt 154 Euro pro förderberechtigter Person. Hinzu kommt eine Kinderzulage von 300 Euro für jedes Kind. Riester-Verträge können bei Versicherungsunternehmen oder Kreditinstituten abgeschlossen werden. Zwischen einzelnen Anbietern weisen die Renditen abzüglich der Gebühren deutliche Unterschiede auf.

Sachgüter Gegenstände wie Fahrzeuge, Smartphones oder Möbelstücke, die von Handwerks- und Industriebetrieben hergestellt werden. Auch landwirtschaftliche Erzeugnisse wie Obst und Gemüse sind Sachgüter.

Soziale Marktwirtschaft Wirtschaftsordnung, bei der sich die Preisbildung zwar auf Märkten aufgrund von Angebot und Nachfrage vollzieht, dem Staat aber die Aufgabe zukommt, den Wettbewerb zu gewährleisten und sozialpolitische Korrekturen vorzunehmen. Der Aufbau eines Sozialstaates ist aus Sicht der Sozialen Marktwirtschaft notwendig, um den sozialen Verwerfungen einer ungehemmten Freien Marktwirtschaft (Kapitalismus) entgegen zu wirken.

Sozialstaat Ein Staat, der sich um soziale Gerechtigkeit und soziale Sicherheit seiner Bürgerinnen und Bürger bemüht. Das Grundgesetz legt in Art 20 fest, dass die Bundesrepublik Deutschland „ein demokratischer und sozialer Bundesstaat" sein soll. Die soziale Gesetzgebung hat in Deutschland eine lange Tradition. Als erstes Land der Welt führte Deutschland 1883 eine gesetzliche Krankenversicherung für Arbeiter ein. Sie besteht heute für alle Arbeitnehmer bis zu einer bestimmten Einkommenshöhe als Pflichtversicherung. Weitere gesetzliche Versicherungen sind hinzugekommen, die bei Arbeitslosigkeit, Unfall, Arbeitsunfähigkeit, Pflegebedürftigkeit einspringen und im Alter eine Rente zahlen. Zusätzlich finanziert der Staat soziale Leistungen, z. B.. Kindergeld, Erziehungsgeld, Wohngeld und Arbeitslosengeld II („Hartz IV"). Nach dem Arbeitsförderungsgesetz (AFG) können an Auszubildende Beihilfen zur Berufsausbildung gezahlt werden, ebenso können Studentinnen und Studenten nach dem Berufsausbildungsförderungsgesetz (BaföG) vom Staat finanzielle Zuschüsse oder zinslose Darlehen erhalten. Eine soziale Arbeitsgesetzgebung sorgt dafür, dass Arbeitnehmerinnen und Arbeitnehmer am Arbeitsplatz nicht über Gebühr belastet und werdende Mütter besonders geschützt werden, und dass bei Krankheiten sechs Wochen lang das Arbeitsentgelt weiter bezahlt wird. Im Mietrecht wird der Mieter gegenüber dem Vermieter geschützt. Die Steuergesetze staffeln die Steuerhöhe nach sozialen Gesichtspunkten. Je höher der Verdienst ist, desto höher ist auch der Prozentsatz, der abgegeben werden muss. Dem Sozialstaatsgedanken entspricht es, dass der Besuch staatlicher Schulen und Hochschulen kostenlos ist.

Sozialversicherung Gesetzliche Pflichtversicherung auf der Basis des Solidaritätsprinzips. Sie ist als Teil der staatlichen Sozialpolitik eine Versicherung gegen Risiken des Einkommensausfalles wegen verminderter Erwerbsfähigkeit durch Krankheit oder Unfall, aufgrund von Arbeitslosigkeit, Alter und Invalidität. Zur Sozialversicherung gehören: Krankenversicherung, Pflegeversicherung, Unfallversicherung, Rentenversicherung und Arbeitslosenversicherung. Leistungen und Beiträge bzw. die Art der Beitragsberechnung sind gesetzlich festgelegt. Träger der Krankenversicherung (Krankenkassen) haben aber die Möglichkeit, innerhalb gewisser vom Gesetzgeber vorgezeichneter Grenzen selbst über die angebotenen Leistungen zu entscheiden, sie können auch Zusatzbeiträge erheben. Aufgrund der Mitwirkung des Staates bei der Verwaltung und der Zuschüsse aus Steuergeldern sind Sozialversicherungen Teil der staatlichen Sozialpolitik.

Steuern Abgaben, die der Staat von seinen Bürgerinnen, Bürgern und Unternehmen einfordert. Direkte Steuern sind z. B. die Lohn- und Einkommensteuer, die Kfz-Steuer, die Erbschaftsteuer. Sie sind sichtbar, jeder weiß, wie viel er zahlt. Einige dieser Steuern sind nach sozialen Gesichtspunkten gestaffelt. Der Prozentsatz, den höher Verdienende von ihrem Arbeitsentgelt als Lohn- oder Einkommensteuer bezahlen müssen, ist höher als der, den der Staat von geringer Verdienenden verlangt. Indirekte Steuern dagegen sind unsichtbar. Sie stecken z. B. als Mineralölsteuer im Benzinpreis, als Tabak-, oder Kaffeesteuer im Preis des jeweiligen Produkts. Zusätzlich ist in allen Preisen noch die indirekte Mehrwertsteuer enthalten, die manchmal auf Rechnungen getrennt ausgewiesen wird. Soziale Gesichtspunkte spielen bei den indirekten Steuern keine Rolle. Da

Deutschland ein Bundesstaat ist, wird das Steueraufkommen nach komplizierten Regeln zwischen Bund, Ländern und Gemeinden aufgeteilt.

Tarifkonflikt Nach der Kündigung eines noch laufenden Tarifvertrags treten die Tarifkommissionen von Gewerkschaften und Arbeitgeberverbänden zu Tarifverhandlungen zusammen. Scheitern die Verhandlungen und ist die Friedenspflicht der Tarifparteien erloschen, können Arbeitskampfmaßnahmen eingeleitet werden. Bevor zum Streik aufgerufen wird, muss die Gewerkschaft eine Urabstimmung durchführen. Hierbei müssen alle Gewerkschaftsmitglieder in einem bestimmten Tarifgebiet auf einem Stimmzettel ankreuzen, ob sie für oder gegen einen Arbeitskampf sind. Voraussetzung für die Durchführung eines Streiks ist, dass mindestens 75 Prozent der betroffenen Gewerkschaftsmitglieder sich für Streikmaßnahmen entscheiden.

Tarifverhandlungen Verhandlungen zwischen Gewerkschaften, einzelnen Arbeitgebern oder Vereinigungen von Arbeitgebern. Regelmäßige Tarifverhandlungen über Arbeitsentgelte haben in den letzten Jahrzehnten zu einer deutlichen Verbesserung der Einkommenssituation der Beschäftigten geführt. Dazu kommen Verbesserungen zahlreicher anderer Arbeitsbedingungen, z. B. dem Anspruch auf sechs Wochen Urlaub, wie es in vielen Branchen aufgrund von Tarifverträgen Standard ist. Der Gesetzgeber schreibt dagegen im Bundesurlaubsgesetz (BUrlG) nur einen Mindesturlaub von vier Wochen vor. Auch gesetzliche Regelungen über Arbeitnehmerrechte wie die Entgeltfortzahlung im Krankheitsfall bis zur Dauer von sechs Wochen durch den Arbeitgeber haben ihren Ursprung in tarifvertraglichen Regelungen.

Tarifverträge Sie legen die Mindeststandards für alle wichtigen Arbeits- und Einkommensbedingungen fest: Arbeitsentgelte, Ausbildungsvergütungen, auch Arbeitszeit, Urlaubsansprüche und Kündigungsfristen, soweit sie günstiger sind als die gesetzlichen Regelungen. Tarifverträge werden in der Regel zwischen einer Gewerkschaft und einem Arbeitgeberverband (Flächentarifvertrag) oder einem einzelnen Unternehmer (Haus- oder Firmentarifverträge) abgeschlossen. Tarifverträge greifen in die Markt-Beziehungen zwischen Arbeitnehmern und Arbeitgebern ein, indem sie verbindliche Vorgaben für die Arbeitsverträge machen. Die Höhe der Arbeitsentgelte wird auf diese Weise der möglichen Konkurrenz der Arbeitnehmer untereinander entzogen. Während der Laufzeit der Verträge besteht Friedenspflicht, das heißt, es darf nicht gestreikt werden. Wird ein Tarifvertrag für „allgemeinverbindlich“ erklärt, dann gilt er für alle Arbeitnehmer und Arbeitgeber im Tarifbereich.

Tilgung Rückzahlung eines Kredits oder Darlehens. Meist geschieht dies in Form von Raten. Die Tilgung von Darlehen für ein Wohnhaus oder einer Eigentumswohnung kann 10 Jahre oder länger dauern. Für den noch nicht getilgten Teil des Darlehens müssen Zinsen bezahlt werden.

Umsatz (Erlös) Wert der an Kunden abgegebenen Sachgüter und Dienstleistungen. Er ergibt sich als Produkt aus der Menge der hergestellten Sachgüter und erbrachten Dienstleistungen und dem Verkaufspreis. Ein wertmäßig hoher Umsatz ist nicht mit dem Gewinn eines Unternehmens gleichzusetzen. Den erzielten Umsatzerlösen stehen die Kosten des Material- und Wareneinsatzes, der Produktion und des Absatzes gegenüber. Erst nach dem Abzug dieser Kosten kann der Gewinn ermittelt werden.

Unternehmen Selbstständige Wirtschaftseinheiten, die Dienstleistungen oder Waren für den Markt anbieten. Unternehmen können verschiedenen Rechtsformen haben, z. B. Einzelunternehmen, Personengesellschaften oder Kapitalgesellschaften. Ein Unternehmen kann aus einem oder mehreren Betrieben bestehen.

Vollkommener Markt Es müssen viele Anbieter und viele Nachfrager vorhanden sein (Polypol). Die gehandelten Güter müssen homogen sein, d. h. sie dürfen sich nicht durch Qualität oder Geschmack unterscheiden. Es darf keine Bevorzugung eines bestimmten Anbieters durch den Nachfrager geben und umgekehrt. Darüber hinaus müssen alle Marktteilnehmer eine vollständige Marktübersicht (Markttransparenz) haben. In der Realität kommen vollkommene Märkte nur selten vor. Der Handel mit Wertpapieren an den Börsen kommt den Bedingungen des vollkommenen Marktes jedoch sehr nahe.

Wechselkurs Menge an ausländischer Währung, die man für eine Einheit an inländischer Währung erhält (z. B. 1,15 US-Dollar für 1 Euro). Der Kurs wird bei flexiblen Wechselkursen gemäß Angebot und Nachfrage am Devisenmarkt bestimmt. Sinkt der Wechselkurs des Euro gegenüber dem US-Dollar z. B.. auf 1,05 US-Dollar für 1 Euro (der Euro verliert gegenüber dem US-Dollar an Wert), dann werden Waren aus Euroländern in den USA billiger (der Export wird steigen) und Waren aus den USA in Euroländern teurer (der Import wird sinken).

Wertpapierfonds Sie sind eine beliebte Form der Geldanlage. Investmentgesellschaften sammeln das Geld der Anleger und kaufen dafür eine Vielzahl von unterschiedlichen Aktien oder Festverzinslichen Wertpapieren (Anleihen). Die Vielzahl gleicht Schwankungen des einzelnen Papiers aus. Allerdings verlangen die Investmentgesellschaften für ihre Tätigkeit Gebühren.

Wettbewerb Bezeichnung für den Kampf von Unternehmen um Marktanteile. Wettbewerb führt zum Umwerben der Kunden, zur Produktverbesserung und letzten Endes zu sinkenden Preisen. Das Gegenteil von Wettbewerb am Markt sind Monopole oder die Planwirtschaft, die nach vorgegebenen Quoten produziert. Der Staat fördert den Wettbewerb, indem er Kartelle (z. B. Preisabsprachen) und größere Unternehmenszusammenschlüsse verbietet und die Gründung neuer Unternehmen fördert.

Wirtschaftlichkeit Sie berechnet die Erlöse (Umsätze) eines Unternehmens im Verhältnis zu dessen Kosten. (z. B. Verschleiß von Maschinen und Werkzeugen, Arbeitsentgelt und Material). Die Wirtschaftlichkeit zeigt somit an, wie rentabel ein Unternehmen ist. Sie erhöht sich, wenn die Erlöse steigen oder auch, wenn die Kosten sinken. Ist die Wirtschaftlichkeit größer als 1, erzielt das Unternehmen einen Gewinn. Beispiel: Für eine Charge von Dosen mit Dispersionsfarbe kann am Markt 20 000 Euro erzielt werden. Die Kosten dafür betragen 19 000 Euro. Die Erlöse im Verhältnis zu den Kosten betragen demnach ca. 1,05. Gelingt es dem Farbenhersteller, seine Rohstoffe günstiger einzukaufen und die Kosten dadurch auf 17 000 Euro zu senken, steigt der Quotient aus Erlösen und Kosten und damit die Wirtschaftlichkeit auf ca. 1,12.

Wirtschaftskreislauf Modell zur Erfassung, Darstellung und Untersuchung der Güter- und Geldbewegungen in einer Volkswirtschaft. Die Vorstellung vom Wirtschaftskreislauf hilft, Zusammenhänge in einer arbeitsteiligen Volkswirtschaft zu verstehen und zu veranschaulichen. Dabei wird das Bild eines geschlossenen Kreislaufs (z. B. eines Blutkreislaufs) auf die Wirtschaft übertragen: Zwischen Wirtschaftssektoren Haushalte, Unternehmen, Banken, dem Staat und dem Ausland fließen Geldströme und Güterströme bestimmter Stärke und Richtung. Jedem Güterstrom fließt ein gleich großer Geldstrom entgegen.

Zentralverwaltungswirtschaft (Planwirtschaft) Wirtschaftsordnung, in der eine zentrale Planungsbehörde den gesamten Wirtschaftsprozess unter politischen und wirtschaftlichen Gesichtspunkten plant, lenkt und kontrolliert. Kennzeichen sind z. B. Gemeinschaftseigentum an den Produktionsmitteln, staatliche Preisfestlegung für Güter und Dienstleistungen oder staatliche Lenkung von Berufs- und Arbeitsplatzwahl.

Register

Bildquellen:
Cover: Fotolia/goodluz; **6/7** picture alliance/Eibner-Presse; **8** Cornelsen/Peter Wirtz, Dormagen; **10** Cornelsen/ Jürgen Kochendörfer; **11** Cornelsen/Matthias Pflügner; **12** Fotolia/Kzenon; **13 o** Fotolia/Herrndorff; **13 u** picture alliance/Daniel Karmann; **14** Cornelsen/Matthias Pflügner; **16** picture alliance/Stefan Puchner; **18** picture alliance/Christoph Mohr; **20** Fotolia / Nejron Photo; **22 o** ADAC Motorwelt; **24** picture alliance/ Cultura/Ima; 26 Picture alliance/Arco Images; **27 o** Bundesverband der Deutschen Volksbanken und Raiffeisenbanken e.V. – BVR; **27 u** Deutscher Genossenschaftsverlage eG; **29** Deutscher Genossenschaftsverlage eG **30** Fotolia/aletia2011; **36** Cornelsen/Peter Wirtz; **40** Picture Alliance/Westend61/Rain; **42** Cornelsen/Peter Wirtz; **44** Cornelsen/Peter Wirtz; **46** picture alliance/Jens Büttner/ZB; **48** picture alliance/Eventpress Stauffenberg; **50** picture alliance/Süddeutsche Zeitung; **52** picture alliance/Marijan Murat; **54** picture alliance/ Roland Mühlanger; **56** Fotolia/Kurhan; **60/61** Fotolia/goodluz; **64** Cornelsen/Peter Wirtz; **68** Cornelsen/Jürgen Kochendörfer; **70 o** Cornelsen/Jürgen Kochendörfer; **70 u** Cornelsen/Peter Wirtz; **71** Cornelsen/Matthias Pflügner; **72 alle** Cornelsen/Jürgen Kochendörfer; **78** Fotolia/industrieblick; **79** Cornelsen/Matthias Pflügner; **82** picture alliance/dpa; **84** Fotolia/Gerhard Seybert; **87** Fotolia/pressmaster; **88** Daimler AG; **90** Picture Alliance/Uli Deck **92 o** Daimler AG; **92 u** Cornelsen/Jürgen Kochendörfer; **96/97** picture alliance/Julian Stratenschulte/dpa; **99 u 100** Cornelsen/Matthias Pflügner; **104** Roger Schmidt; **107** ver.di berlin-brandenburg, Fachbereich 4, Karikatur: Bastian Klauke; **108** ver.di, Handel Baden Würtemberg; **110** Cornelsen/ Matthias Pflügner; **112** picture alliance/Ralf Hirschberger, dpa; **114** Shutterstock/Andrey Popov; **116** Cornelsen/Matthias Pflügner; **119** Cornelsen/Jürgen Kochendörfer; **120** IG Metall; **122** IG Metall Baden-Württemberg; **124** Cornelsen/Matthias Pflügner; **128/129** Fotolia/Robert Kneschke; **133** Reiner Schwalme; **134 o** Deutsche Patentamt, München; **134 u** Egmont Ehapa Media GmbH, Berlin; **135** Deutsche Patentamt, München; **137** Fotolia/Tylor Olson; **138 u** Cornelsen/Matthias Pflügner; **142** Cornelsen/Jürgen Kochendörfer; **145** Fotolia/Nejron Photo; **147** Karl Berger; **154** Fotolia/Osterland; **155** Cratoni Helmets GmbH; **156** Cornelsen/ Matthias Pflügner; **160/161** Fotolia/kamasigns; **162** Gerhard Mester; **164** bpk/Gert Koshofer; **169** Waldemar Mandzel; **173** Cornelsen/Matthias Pflügner; **178** Cornelsen/Jürgen Kochendörfer; **181** Fotolia/Tobias Kaltenbach; **184** picture alliance/dpa/Michael Kappeler; **189** picture alliance/Ole Spata/dpa; **196** picture alliance/ ZB/euroluftbild/Martin Elsen